M. Tullius Cicero

Tusculanae disputationes
Gespräche in Tusculum

Lateinisch / Deutsch

Übersetzt und herausgegeben
von Ernst Alfred Kirfel

Reclam

Für Gisela, Johannes und Barbara

Meinem Freund und Kollegen Hans Pesch danke ich für manchen wertvollen Hinweis.

RECLAMS UNIVERSAL-BIBLIOTHEK Nr. 5028
1997 Philipp Reclam jun. GmbH & Co. KG,
Siemensstraße 32, 71254 Ditzingen
info@reclam.de
Bibliographisch ergänzte Ausgabe 2018
Druck und Bindung: Elanders Waiblingen GmbH,
Anton-Schmidt-Straße 15, 71332 Waiblingen
Printed in Germany 2025
RECLAM, UNIVERSAL-BIBLIOTHEK und
RECLAMS UNIVERSAL-BIBLIOTHEK sind eingetragene Marken
der Philipp Reclam jun. GmbH & Co. KG, Stuttgart
ISBN 978-3-15-005028-6
reclam.de

Cicero
Tusculanae disputationes

Einleitung

Tod, Schmerz, Leid und Leidenschaften – mit diesen Grunderfahrungen der menschlichen Existenz beschäftigen sich die ersten vier Bücher der *Gespräche in Tusculum.* Und doch sind die *Tusculanen* kein pessimistisches Werk; denn es geht um die Überwindung dieser das menschliche Leben immer und unausweichlich bedrohenden Faktoren. Das fünfte Buch stellt schließlich die philosophisch gebildete und in sich gefestigte Persönlichkeit dar, den »Weisen«, der – zurückgezogen in der geistigen Welt der Philosophie – alles, was das menschliche Leben bedroht, überwindet. Vielleicht hat Cicero wirklich mit einigen jüngeren Freunden[1] im Jahr 45 auf seinem Landgut im friedlich abgelegenen Tusculum, hoch oben in den Albaner Bergen, an fünf Tagen diese Themen behandelt und die dort vorgetragenen Gedanken anschließend niedergeschrieben, wie er es selbst darstellt,[2] wahrscheinlich ist dieses Gespräch aber Fiktion; wir wissen es nicht. Vorstellen können wir uns jedenfalls, wie Cicero hier auf seinem geliebten Gut Erholung suchte von den zahlreichen Wirren und Kümmernissen seines politischen und privaten Lebens, wie er hier, an einem in etruskischer Zeit bereits bestehenden Ort, in dem der alte Cato geboren wurde, nachdachte, philosophierte und schrieb. Hier wird er auch seine Gäste empfangen haben, um mit ihnen an von Geschäften freien Tagen – ähnlich wie der Scipionenkreis[3] – geistvolle Gespräche über politische, rhetorische oder philosophische Themen zu führen. Cicero hatte sich eigens zu diesen Zwecken und zur sportlichen Be-

1 Siehe S. 22.
2 Siehe Tusc. disp. I 7,8; III 6; V 121.
3 Siehe S. 16.

tätigung zwei Hallen nach Art der griechischen Gymnasien bauen lassen, von denen er die obere, höher gelegene Lykeion, die andere Academia[4] nannte. Die *Gespräche in Tusculum* zeigen eine Situation, die sicher für Cicero wie auch für andere philosophisch interessierte vornehme Römer seiner Zeit nicht ungewöhnlich war. Mit den *Tusculanae disputationes* hat der Meister des klassischen Lateins der Nachwelt ein Werk übergeben, dessen Thematik die Menschen zu allen Zeiten berührt, wenn auch um die Antworten auf die gestellten Fragen immer wieder neu gerungen werden muß.

Schon von frühester Jugend an hatte sich Cicero für die Philosophie interessiert.[5] Die Philosophie bildete die Grundlage – wenn auch nicht immer deutlich sichtbar[6] – für seine Tätigkeit als Anwalt und Politiker.

I

Geboren wurde Marcus Tullius Cicero 106 v. Chr. in Arpinum, einer Stadt 100 km südöstlich von Rom. Sein Vater, der dort ein Landgut besaß, gehörte dem Ritterstand an, der in der politischen Rangordnung die zweite Stelle einnahm. Die höheren Beamten kamen fast ausschließlich aus der Nobilität, einem Kreis alter stadtrömischer Familien. Wenn Cicero dennoch – wie sein Landsmann Marius vor ihm – als *homo novus*, als »Emporkömmling«, bis zum höchsten Staatsamt, dem Konsulat, gelangte, so ist das seinem Ehrgeiz und seinen außergewöhnlichen geistigen und rhetorischen Fähigkeiten zu danken.

Der Vater zog mit seinen beiden Söhnen – Marcus hatte noch den um vier Jahre jüngeren Bruder Quintus – nach

4 Nach den Lehrstätten des Aristoteles und des Platon in Athen. Vgl. Tusc. disp. II 9; III 7.

5 Cic. de off. II 4: *in his studiis ab initio versatus aetatis.*

6 Siehe Cic. de nat. deor. I 6 (*et cum minime videbamur, tum maxime philosophabamur*) und Cic. de off. II 4.

Rom, wo er auf dem Esquilin ein Haus besaß. Sein Ziel war es, seinen beiden Söhnen dort, in der Hauptstadt der damaligen Welt, die beste Ausbildung und damit die Voraussetzung für den *cursus honorum*, die Ämterlaufbahn, zuteil werden zu lassen. Die bekannten Redner Marcus Antonius und Lucius Licinius Crassus waren seine Lehrer in der Rhetorik. Im Jahr 90 erhielt Cicero die *toga virilis* und wurde damit in die Welt der Erwachsenen eingeführt. Nun wurde er dem berühmten Rechtsgelehrten, dem Auguren Quintus Mucius Scaevola beigegeben, um sich die für einen Anwalt notwendigen Kenntnisse im öffentlichen und privaten Recht anzueignen. Scaevola, ein Schwiegersohn des Laelius, machte ihn mit der Gedankenwelt des Scipionenkreises bekannt. Um den jüngeren Scipio, den Zerstörer Karthagos, hatte sich ein Kreis führender, der griechischen Philosophie aufgeschlossener Männer gebildet, unter ihnen der schon erwähnte Laelius sowie Rutilius Rufus, der griechische Philosoph Panaitios und der Historiker Polybios, die die Zeit des *otium* auf ihren Landgütern mit geistreichen Gesprächen über philosophische und politische Fragen verbrachten. Cicero hat diesem Kreis in seinem Werk *De re publica* ein literarisches Denkmal gesetzt.

In den Jahren 90/89 nahm Cicero als Soldat am Bundesgenossenkrieg teil und schloß sich dann nach dem Tod des Augurs Scaevola (etwa 87 v. Chr.) dem Pontifex Maximus Quintus Mucius Scaevola als Rechtslehrer an. Schon von früher Jugend an interessierte sich Cicero für Philosophie. Er hörte den Epikureer Phaidros und den Stoiker Diodotos, dessen Philosophie allerdings wenig Einfluß auf Cicero gehabt zu haben scheint; Cicero blieb aber diesem Philosophen ein Leben lang treu und hatte den Erblindeten bis zu dessen Tod im Jahr 59 in seinem Haus.[7] Mit dem akademischen Skeptizismus machte ihn Philon bekannt, der 88 von Athen nach Rom gekommen war. Er lehrte, daß es unmög-

7 Vgl. Tusc. disp. V 113.

lich sei, zu einer objektiven Wahrheit zu gelangen, daß man aber das Wahrscheinliche (*veri simile*) finden[8] und sich damit der absoluten Erkenntnis nähern könne. Diese Lehre, frei von dogmatischen Schulzwängen, eröffnete die Freiheit zur Forschung und legte den Grund für Ciceros Eklektizismus[9], der Auswahl dessen, was in den einzelnen philosophischen Systemen der Wahrheit am nächsten zu kommen schien. Bereits Ciceros rhetorisches Jugendwerk, *De inventione*, das den ersten Teil der rhetorischen Technik, das Auffinden und Sammeln des Stoffes, behandelt, zeigt sein philosophisches Interesse. In den beiden Proömien dieses Werkes wird ein Hauptanliegen Ciceros deutlich, nämlich die Vereinigung von Rhetorik und Philosophie; die Redekunst soll auf einer philosophischen Grundbildung basieren und im Dienst des Staates stehen.[10]

Nach einem Zivilprozeß (*Pro Quinctio*) trat er im Jahr 80 in einem aufsehenerregenden Mordprozeß erfolgreich als Anwalt auf. In der Rede *Pro Roscio Amerino* ging es um die Machenschaften des Sulla-Günstlings Chrysogonos. Nach diesen Erfolgen und noch einigen weiteren Prozessen begab sich Cicero im Jahr 79 auf eine zweijährige Studienreise nach Griechenland und Kleinasien, um, wie er selbst sagt,[11] seine angegriffene Gesundheit zu kräftigen. In Athen hörte er Antiochos von Askalon, den Leiter der platonischen Akademie, und die Epikureer Phaidros, seinen früheren Lehrer, und Zenon. In Smyrna traf er den verbannten Konsular Rutilius Rufus, das letzte noch lebende Mitglied des Scipionenkreises[12]. Auf Rhodos machte er die Bekannt-

8 Vgl. Tusc. disp. I 8, 17, 23; II 5, 9; IV 7, 47; V 11, 33.

9 Vgl. K. Büchner, Einführung, in: M. Tullius Cicero, Gespräche in Tusculum, Lat./Dt., Zürich ^{2}1966, München 1984 (dtv 6130), S. XVIII.

10 Vgl. Cic. inv. I 2,2; II 3,8.

11 Cic. Brut. 313 f. Plutarch schreibt (Cicero 3), Cicero habe diese Reise angetreten, um sich nach der Rede für Roscius den Verfolgungen Sullas zu entziehen.

12 Er ist der Gewährsmann für das Gespräch in *De re publica*.

schaft des Stoikers Poseidonios, des bedeutendsten Philosophen seiner Zeit. Hier studierte er die Redekunst bei Apollonios Molon, der seinen späteren Redestil stark beeinflußte und einen Wandel von der überschwenglichen Stilrichtung des Asianismus zum schlichten Stil des Attizismus ermöglichte.[13]

Nach seiner Rückkehr 77 v. Chr. nahm er seine Anwaltstätigkeit[14] wieder auf und bereitete sich auf die Ämterlaufbahn vor. 75 wurde er als Quästor in den westlichen Teil der Provinz Sizilien geschickt mit Amtssitz in Lilybaion, dem heutigen Marsala. Seine Amtsführung war gekennzeichnet durch Pflichtbewußtsein, Uneigennützigkeit, Gewissenhaftigkeit und Unbestechlichkeit, was dazu führte, daß sich die Sizilianer kurze Zeit später mit der Bitte um Hilfe an ihren ehemaligen Quästor wandten. Gaius Verres, ein Angehöriger der Nobilität, hatte von 73 bis 71 als Statthalter von Sizilien regiert und die Insel aufs schamloseste ausgebeutet. In einem sogenannten Repetundenprozeß sollte Verres zur Rechenschaft gezogen werden. In der *Divinatio in Caecilium* mußte sich Cicero zunächst das Recht, die Anklage gegen Verres zu führen, erstreiten; Anfang 70 reichte er dann die Klage gegen Verres ein. Verres und seine Anhänger, allen voran sein Anwalt Hortensius, versuchten, den Prozeß zu verschleppen. Deshalb verzichtete Cicero auf eine ausführliche Rede und begann sehr rasch mit dem Verhör der Zeugen. Unter der Last des Beweismaterials ging Verres, ohne das weitere Verfahren abzuwarten, nach Massilia in die Verbannung. Cicero gab die gehaltene Rede (*actio prima*) und die aus fünf Teilen bestehende *actio secunda* heraus. Er war nun der führende Anwalt Roms. Jeweils *suo anno*, also im vorgeschriebenen Mindestalter, bekleidete Cicero die weiteren politischen Ämter: 69 war er Ädil, 66 Prä-

13 Vgl. Cic. Brut. 316.
14 In diese Zeit fällt die Rede *Pro Roscio comoedo*.

tor, und für das Jahr 63 wurde er zum Konsul gewählt und erreichte damit den Höhepunkt seiner Karriere.[15]

Ciceros Konsulat ist untrennbar verbunden mit der Verschwörung des Catilina. Catilina, der bereits 65 bei einem Putschversuch gescheitert war, versuchte 63 erneut, durch einen gewaltsamen Umsturzversuch die Macht im Staat an sich zu reißen. Es ist Ciceros Verdienst, diese Verschwörung erkannt und aufgedeckt zu haben. Nach einem *senatus consultum ultimum*[16] ließ Cicero fünf in Rom zurückgebliebene Mitverschworene Catilinas verhaften und hinrichten. Das Volk feierte Cicero als *pater patriae*, als »Vater des Vaterlandes«, und geleitete ihn feierlich zu seinem Haus. Ciceros politisches Programm in dieser Zeit war die *concordia ordinum*[17], die Eintracht der staatstragenden Stände. Und in der Tat hatte sich die von Cicero geforderte Eintracht im Augenblick der Gefahr bei der Abwehr der Catilinarischen Verschwörung bewährt. Cicero hat zeitlebens an dem Ideal der freien *res publica* und an der von ihm geforderten *concordia ordinum*, die er später[18] erweiterte zu der *concordia omnium bonorum*, der Eintracht aller Gutgesinnten, festgehalten. Doch sollte er sich bald bitter enttäuscht sehen; denn er konnte den Niedergang der römischen Republik und den Aufstieg Caesars zur Macht und zur Alleinherrschaft nicht aufhalten.[19] Nach dem Konsulat gab Cicero zwölf der wäh-

15 In die Zeit vor dem Konsulat fallen folgende Reden: 69: *Pro M. Fonteio* (Repetundenprozeß), *Pro Oppio*; 69/68: *Pro A. Caecina*; 68: *Pro D. Matrinio*; 66: *Pro A. Cluentio Habito, De imperio Cn. Pompei, Pro Q. Gallio*; 66/65: *Pro C. Fundanio*; 65: *Pro C. Cornelio*; 64: *In toga candida*.

16 Die Formel lautet: *videant consules, ne quid res publica detrimenti capiat* – »Die Konsuln sollen dafür sorgen, daß der Staat keinen Schaden nimmt«. Ein solcher Beschluß räumte den Konsuln weitgehende Vollmachten ein.

17 Vgl. Cic. Catil. IV 15, 18 und 19.

18 In der Rede *Pro Sestio* 36.

19 Zur Bewertung von Ciceros politischem Handeln, das u. a. von Mommsen scharf kritisiert wurde, vgl. K. Büchner, *Cicero*, in: *Der Kleine Pauly*, Sp. 1177 f.; M. Giebel, *Cicero*, Reinbek b. Hamburg 1977, S. 48 ff.; M. Gelzer / W. Kroll / R. Philippson / K. Büchner, »M. Tullius Cicero«, RE VII A, Stuttgart 1939, Sp. 890.

rend seiner Amtszeit gehaltenen Reden heraus. Dies sind neben der auch im Konsulat gehaltenen Rede *Pro Murena* die Reden *De lege agraria I* und *II*, *De Othone*, *Pro Rabirio*, *De proscriptorum filiis* – über die Niederlegung seiner Provinz, die berühmten vier Reden gegen Catilina und zwei kleinere Reden zum Ackergesetz. Es folgten 62 die Reden *Pro Sulla* und *Pro Archia poeta*, 61 die verlorene Rede *In Clodium et Curionem* und 59 die Rede *Pro Flacco*. Zur Rechtfertigung seines Konsulats verfaßte Cicero *commentarii* in griechischer und wohl auch in lateinischer Sprache sowie das Gedicht *De consulatu suo*, das wohl im Jahr 60 vollendet worden sein dürfte.

Im Jahr 60 v. Chr. schlossen sich Caesar, Crassus und Pompeius zum sogenannten ersten Triumvirat zusammen, einem Bündnis, dessen Ziel es war, daß nichts im Staat geschehen solle, was einem von den dreien nicht gefalle.[20] Obwohl die republikanische Verfassung bestehenblieb, leiteten in Wirklichkeit diese drei Männer die Geschicke des Staates. Sie versuchten, Cicero für ihre Sache zu gewinnen; doch dieser versagte sich ihren Werbungen, was letztlich zu seinem Gang ins Exil führte.

Ende 58 brachte der Volkstribun Clodius, ein in den Plebejerstand übergetretenes Mitglied der altadligen Familie der Claudii und radikaler Verfechter der popularen Richtung, ein Gesetz ein, wonach jeder geächtet werden sollte, der einen römischen Bürger ohne Gerichtsurteil und Zustimmung des Volkes getötet habe. Die rückwirkende Geltung des Gesetzes richtete sich eindeutig gegen Cicero, der die Catilinarier hatte hinrichten lassen. Cicero ging Mitte 58 nach Dyrrhachion (Durazzo an der albanischen Küste) und später nach Thessaloniki ins Exil; der römische Pöbel zerstörte seine Häuser auf dem Palatin und in Tusculum. In seiner Rückberufung eineinhalb Jahre später und seiner triumphalen Rückkehr nach Rom sah Cicero nochmals die

20 Vgl. Suet. Caes. 19.

concordia ordinum wirksam. In zwei Dankreden an den Senat und das Volk[21] gab er seiner Freude Ausdruck. In seiner Rede *Pro Sestio*, gehalten 56 v. Chr., entwarf Cicero seine Idee, daß der Erhalt und die Erneuerung der *libera res publica* über den *consensus omnium bonorum*[22] führen müsse. Optimaten seien also nicht nur die Angehörigen der Adelspartei, sondern die Gutgesinnten aus allen Ständen und Gegenden. Wenige Wochen nach dieser Rede fand die Konferenz von Lucca statt, auf der Caesar, Crassus und Pompeius ihr Bündnis bestätigten; daraufhin resignierte Cicero und gab den Wünschen der Triumvirn nach.[23]

In die Zeit seines schwindenden politischen Einflusses fiel Ciceros erste schriftstellerische Periode: Zwischen 55 und 51 entstanden die Werke *De oratore*, *De re publica* und *De legibus*. In dem Dialog *De oratore* geht es neben der Erörterung der Ausbildung des Redners, der Redeteile und Redestile um die Frage nach dem *orator perfectus*. Der ideale Redner ist der, der neben historischen und juristischen Kenntnissen vor allem das gesamte Gebiet der Philosophie überblickt. Redekunst und Philosophie, die beiden seit Jahrhunderten auseinandergerissenen Wissensgebiete werden wieder als Einheit begriffen.[24] Der ideale philosophisch gebildete Redner wird seine Fähigkeiten immer zum Wohl seiner Mitbürger, sei es in Verhandlungen vor Gericht, sei es als Staatslenker[25], einsetzen. Folgerichtig schließt sich an die Frage nach dem *orator perfectus* die Frage nach dem besten Staat und dem besten Staatsmann an. In *De re publica* –

21 Neben diesen beiden Reden wurden 57 die Rede *De domo suo ad pontifices* und 56 die Rede *De haruspicum responso* gehalten.

22 Vgl. S. 10.

23 Besonders in der Rede *De provinciis consularibus*, in der Cicero sich dafür einsetzte, daß Caesar die gallischen Provinzen nicht aberkannt wurden. Andere Reden in diesen Jahren sind 56 *In Vatinium testem interrogatio*, *Pro Caelio*, *Pro L. Cornelio Balbo*, 54 *Pro Cn. Plancio*, *Pro Aemilio Scauro*, *Pro C. Rabirio Postumo*, 52 *Pro Milone*.

24 Vgl. Cic. de or. III 61.

25 Vgl. Cic. de or. III 122.

einem Dialog der Mitglieder des Scipionenkreises, besonders des Scipio Aemilianus und des Laelius – werden, fußend auf der griechischen Philosophie, die drei Grundformen der Staatsverfassung dargestellt: Monarchie, Aristokratie und Demokratie. Im Kreislauf der Verfassungen schlägt jede Staatsform in ihre Entartungsform (Tyrannei, Oligarchie und Ochlokratie) um und wird dann von der nächsten abgelöst. Allein eine Staatsform wie die römische, die Elemente aller drei Grundformen enthält, kann von Dauer sein. In den Büchern IV bis VI des nur fragmentarisch erhaltenen Werkes wird der beste Bürger und wahre Staatsmann dargestellt. Nach dem Vorbild Platons folgt auf *De re publica* das Werk *De legibus*, eine Darlegung des Naturrechts, des Sakralrechts und der staatlichen Organisation.

Am 1. Mai 51 ging Cicero als Statthalter nach Kilikien; er verwaltete die Provinz mustergültig und wurde sogar von seinen Soldaten nach einem militärischen Erfolg zum Imperator ausgerufen. Nach Rom zurückgekehrt, versuchte er zwischen den beiden inzwischen verfeindeten Triumvirn Caesar und Pompeius sowie dem Senat zu vermitteln, um den Frieden zu erhalten. Schließlich ging er in das Lager des Pompeius nach Griechenland, löste sich dann aber wieder von ihm, hielt sich eine Zeitlang in Dyrrhacchium auf, kehrte nach Brundisium zurück und wurde am 25. September 47 vom siegreichen Caesar begnadigt.

Nach dem endgültigen Niedergang der Republik wandte sich Cicero erneut seiner literarischen Tätigkeit zu. Er befaßte sich zunächst wieder mit der Redekunst und veröffentlichte 46 *Brutus*, eine Geschichte der römischen Redekunst, und *Orator*. Später, im Jahr 44, erschienen noch die beiden rhetorischen Schriften *De optimo genere oratorum* und *Ad C. Trebatium topica*. In die Jahre 46 und 45 fallen die sogenannten caesarischen Reden *Pro Marcello* (46 entstanden als Dank an Caesar für die Begnadigung seines alten Freundes), *Pro Ligario* (46) und *Pro rege Deiotaro* (45),

in denen Cicero versucht, Caesar zur Selbstüberwindung zu bewegen.

Schwere persönliche Schicksalsschläge trafen Cicero in diesen Jahren: 46 erfolgte die Scheidung von seiner Gattin Terentia, und im Jahr 45 starb seine geliebte Tochter Tullia, ein Verlust, den Cicero wohl nie verschmerzen konnte. Die neue Ehe mit der um viele Jahre jüngeren Publilia war unglücklich und führte bereits nach einem Jahr zur Trennung.

Im Todesjahr Tullias begann Ciceros zweite und weit umfangreichere literarische Periode mit der Abfassung der *Consolatio*, einer nur in Fragmenten erhaltenen Trostschrift, in der Cicero versuchte, den Tod seiner Tochter zu bewältigen. Auf den *Hortensius*, eine verlorene Schrift, die zur Beschäftigung mit der Philosophie aufruft, und die nicht vollständig erhaltenen *Academici libri*, die die Erkenntnistheorie der akademischen Schulen behandeln, folgten die fünf Bücher *De finibus bonorum et malorum*, die die Frage nach dem höchsten Gut und größten Übel und deren Beantwortung in den verschiedenen Philosophenschulen zum Inhalt haben. An dieses Werk schließen sich die fünf Bücher der *Tusculanae disputationes* an. In rascher Folge entstanden dann in den Jahren 45/44 die Werke *De natura deorum* (*Vom Wesen der Götter*), *De fato* (*Vom Schicksal*), *De divinatione* (*Von der Weissagung*), *Cato maior de senectute* (*Über das Alter*), *Laelius de amicitia* (*Über die Freundschaft*) und das an seinen in Athen studierenden Sohn gerichtete Werk *De officiis* (*Vom rechten Handeln*).[26]

Nach Caesars Ermordung sah es zunächst so aus, als könne Cicero noch einmal an verantwortlicher Stelle für sein Ideal der *libera res publica* Entscheidendes leisten. In den vierzehn philippischen Reden kämpfte er gegen Antonius. Sobald sich aber Antonius, Octavian und Lepidus geeinigt und zum Triumvirat zusammengeschlossen hatten,

26 Nicht erhalten aus dieser Zeit sind die Werke *De gloria* und *De virtutibus*.

rächte sich Antonius an seinem erbitterten Widersacher. Am 7. Dezember 43 wurde Cicero von den Soldaten des Antonius ermordet.[27]

II

Der größte Teil von Ciceros philosophischen Werken entstand also in den beiden letzten Jahren seines Lebens. Selbst wenn die Philosophie für Cicero die Grundlage seiner Tätigkeit als Redner und Anwalt war, so beschäftigte er sich mit ihr doch ausschließlich in der Zeit der Muße,[28] die sich durch den Verlust politischen Einflusses von selbst ergab.[29] Der Römer mußte eine »hauptamtliche« literarische und philosophische Tätigkeit rechtfertigen[30], und Cicero tat dies, indem er mit seiner philosophischen Schriftstellerei seinen Landsleuten ein Gebiet erschließen wollte, das es in lateinischer Sprache noch nicht gab.[31] Denn als Bauernvolk waren die Römer zunächst den schönen Künsten und vor allem der Philosophie gegenüber wenig aufgeschlossen. Ihr auf das Praktische gerichteter Sinn beschäftigte sich mit Landwirtschaft und Rechtswissenschaft und war bereit, sich handelnd für die Gemeinschaft einzusetzen. Die Philosophie mit ihren theoretischen Erörterungen fand erst spät und nicht ohne Gegenwehr Eingang in Rom. So wurden 173 v. Chr. die beiden Epikureer Alkaios und Philiskos aus Rom ausgewiesen,[32] und 161 erhielt der Prätor durch einen Senatsbeschluß die Möglichkeit, nötigenfalls mit allen Rhetoren und Philosophen ebenso zu verfahren.[33] Doch um die

27 Seinen Tod schildert eindrucksvoll Livius (frg. Buch CXX).

28 Cic. de off. II 4: *Tantum erat philosophiae loci, quantum superfuerat amicorum et rei publicae temporibus.*

29 Vgl. Tusc. disp. II 1; de off. III 1 ff.; de nat. deor. I 7 ff.

30 Vgl. auch Sall. Cat. 2 ff.; Iug. 4.

31 Siehe Tusc. disp. I 5 f.; IV 1 ff.; vgl. de nat. deor. I 7; de off. II 5 f.; Tusc. disp. V 5.

32 Ael. var. IX 12; Athen. 547a.

33 Suet. de rhet. 1 f.; Gell. Noct. Att. XV 11.

Mitte des 2. Jahrhunderts trat allmählich eine Wende ein. Griechen, die als Geiseln, Gefangene oder auch aus privatem Anlaß nach Rom kamen, beeindruckten durch philosophische Vorträge, wie etwa die sogenannte Philosophengesandtschaft[34]: Im Jahr 155 v. Chr. schickte der Achäische Bund den Akademiker Karneades, den Peripatetiker Kritolaos und den Stoiker Diodotos nach Rom zu Verhandlungen. Weil sich diese länger hinzogen, hielten die Häupter der drei wichtigsten griechischen Philosophenschulen Vorträge in Rom. Und obwohl Cato die sofortige Rücksendung der drei Gelehrten veranlaßte, blieb der Eindruck noch lange im Gedächtnis.

Besonders aufgeschlossen für die Philosophie war das Haus des jüngeren Scipio, um den sich ein Kreis von interessierten Männern bildete, den wir heute als Scipionenkreis bezeichnen. Zu diesem gehörten neben dem Historiker Polybios der Stoiker Panaitios, der es verstand, die stoische Lehre auf römische Lebensverhältnisse zu beziehen. Das Ideal ist »der Mann, der römische Festigkeit mit griechischer Bildung vereint und auf Grund wissenschaftlicher Überzeugung sich nach seiner persönlichen Eigenart das Leben gestaltet«[35].

In der zweiten Hälfte des 2. Jahrhunderts v. Chr. kam also die Weltmacht Rom mit den philosophischen Systemen der Griechen in Kontakt. In Griechenland hatte die Philosophie bereits eine lange Tradition. Schon im 6. Jahrhundert stellte man in Ionien an der heutigen Westküste der Türkei die Frage nach dem Ursprung der Welt. Nach diesen Versuchen, die Natur zu erklären, holte Sokrates die Philosophie vom Himmel auf die Erde und wandte den Blick den Menschen zu.[36] In seiner Nachfolge entwickelten sich die Schule

34 Siehe auch Tusc. disp. V 5.

35 M. Pohlenz, Vorwort, in: *Ciceronis Tusculanarum disputationum Libri V*, Erstes Heft: Libri I et II, Stuttgart 1957, S. 2.

36 Cicero selbst gibt eine kurze Geschichte der Philosophie zu Beginn von Buch V der *Tusculanen*.

der Kyniker, die das Ideal der Tugend im Freisein von Begierden sahen, die Schule der Kyrenaiker, die die Lust des Augenblicks als das höchste Gut betrachteten, und die Schule der Megariker, die lehrten, es gebe nur ein Gut, die Vernunft, und nur eine Tugend, nämlich die Erkenntnis dieses Gutes. Die wahren Nachfolger des Sokrates aber waren Platon und Aristoteles; Platon, den Cicero zeitlebens hochschätzte, gründete die alte Akademie, Aristoteles die peripatetische Schule, die in Rom allerdings weniger Einfluß gewinnen konnte.

Im Zeitalter des Hellenismus wurde die Philosophie von der Frage beherrscht, wie der Mensch glücklich leben könne. Denn nach dem Niedergang der Stadtstaaten lösten sich die inneren Bindungen des Menschen an die bisherige rechtliche und politische Ordnung der Gemeinschaft; dies und eine zunehmende Aufweichung religiöser Traditionen ließen ihn in der Philosophie einen geistigen Halt suchen. Die Schulen der Stoiker und der Epikureer[37] versuchten deshalb, vor allem in ihrer Ethik, dem Menschen praktische Lebenshilfe zu bieten. Epikur, der die Atomtheorie des Vorsokratikers Demokrit übernahm, lehrte, die Seele sei sterblich und bestehe aus Materie. Jede Erkenntnis beruht nach Epikur auf der Sinneswahrnehmung. In der Ethik ist die Lust das höchste Prinzip – allerdings nicht die Lust des Augenblicks wie bei den Kyrenaikern, sondern ungestörte Seelenruhe. So ist manches Vergnügen zu meiden, weil es Schmerz mit sich bringt, und mancher Schmerz zu ertragen, der später größeres Vergnügen bewirkt; Tugend ist nicht um ihrer selbst willen zu erstreben, sondern als Mittel zur

37 Ausführliche Darstellungen der einzelnen philosophischen Systeme finden sich in den Handbüchern (RE, *Der Kleine Pauly*, *Lexikon der Antike*) und in Philosophiegeschichten, z. B. E. Zeller, *Die Philosophie der Griechen in ihrer geschichtlichen Entwicklung*, 7. Aufl., hrsg. v. W. Nestle, Leipzig 1923. Zur Stoa siehe bes. M. Pohlenz, *Die Stoa. Geschichte einer geistigen Bewegung*, 2 Bde., Göttingen 1978–80, und *Stoa und Stoiker. Die Gründer, Panaitios, Poseidonios*, eingel. und übertr. von M. Pohlenz, Zürich 1950.

Glückseligkeit. Cicero hat die Lehre Epikurs, die Lucretius Carus (98 – 55 v. Chr.) in seinem Lehrgedicht *De rerum natura* als erster in Rom literarisch dargestellt hatte, stets bekämpft. Vor allem die Aufforderung λάθε βιώσας (Lebe im Verborgenen!), mit der die Epikureer von einer aktiven Beteiligung an der Politik abrieten, konnte einem Mann wie Cicero nicht gefallen.

Römischer Wesensart lag die stoische Philosophie näher, die die äußeren Güter verachtete, die Tugend als das höchste Ziel ansah, die Pflichten des einzelnen gegenüber der Gemeinschaft betonte und ihn aufforderte, sich aktiv am Staatsleben zu beteiligen. Die Glückseligkeit erreichte man nach stoischer Auffassung im Gehorsam gegenüber der Vernunft, der sich die Ordnung des Seins erschließt. In der Übereinstimmung des menschlichen Verhaltens mit dem sich im Kosmos offenbarenden göttlichen Willen besteht das Wesen der sittlichen Tugend, die allein das Lebensglück gewährleisten kann. Da alle Menschen an der ihr Wesen begründenden Vernunft teilhaben, sind sie einander wesensverwandt; ihre Natur ist auf ein Leben in der Gemeinschaft angelegt. In der strengen stoischen Pflichtenlehre sahen die Römer die alten römischen Tugenden verwirklicht.

Eine eigenständige römische Philosophie gab es also nicht. Es ist Ciceros Verdienst, die Philosophie in Rom »eingebürgert«[38] zu haben. Dabei hat er sich keinem der dogmatischen Systeme angeschlossen. Wenn er stets dem Skeptizismus der neuen Akademie treu geblieben ist, den er durch Philon[39] kennengelernt hatte, so bedeutet das nicht, daß Cicero als Akademiker zu bezeichnen sei. In der Erkenntnistheorie, der Physik und der Metaphysik folgte er weitgehend dem Skeptizismus. In der Ethik hingegen beeindruckten ihn die Lehren der mittleren Stoa, des Poseidonios und Panaitios, am meisten. Cicero wählte aus den Sy-

38 Vgl. R. Harder, »Die Einbürgerung der Philosophie in Rom«, in: R. H.: *Kleine Schriften*, München 1960, S. 330–353.

39 Vgl. S. 7 f.

stemen der führenden Philosophenschulen das aus, was ihm richtig erschien, oder er formte griechische Gedanken nach römischer Geistesart um. Seine Philosophie ist also eklektisch. Cicero wollte[40] seinen Landsleuten die großen philosophischen Probleme aufzeigen und darlegen, welche Lösungen die philosophischen Schulsysteme gefunden hatten. Er wollte seine Mitbürger und vor allem die Jugend erziehen.[41] Weil er dabei nicht nur aus den uns vorliegenden Werken großer Philosophen wie Platon schöpfte, sondern auch die inzwischen verlorenen Schriften der hellenistischen Philosophie berücksichtigte, können wir uns heute ein Bild von den Systemen des Hellenismus machen.

Die meisten seiner philosophischen Werke entstanden in knapp zwei Jahren, in denen Cicero – wie geschildert – mit häuslichen Schwierigkeiten kämpfen, den Tod seiner geliebten Tochter verwinden und mit den politischen Umwälzungen fertig werden mußte. Daß er trotz dieser persönlichen Belastungen die Kraft zu literarischer Tätigkeit fand, ist eine bewundernswerte Leistung. Dabei kam ihm zugute, daß er sich von Jugend an mit der Philosophie beschäftigt hatte, daß er in ihrer Gedankenwelt lebte und auf Vorlagen zurückgreifen konnte. Doch seine Bemerkung gegenüber Atticus, seine Werke seien nur Abschriften, die ihm nicht viel Mühe bereiteten, er bringe nur die Worte bei, an denen er einen großen Überfluß habe,[42] dürfen wir nicht allzu ernst nehmen: kein Werk Ciceros ist die Übersetzung einer einzigen griechischen Quelle. Cicero hat seine Vorlagen miteinander verschmolzen, Änderungen vorgenommen, eigene Gedanken hinzugefügt, aus seinem reichhaltigen Wissen Beispiele aus der griechischen und römischen Geschichte eingearbeitet sowie Zitate aus der griechischen und römischen Literatur beigegeben. Daß Cicero manche Quelle

40 Vgl. M. Pohlenz, Vorwort, S. 17 f.

41 Siehe Cic. de off. II 6; Acad. I 11; de div. II 4.

42 Cic. Att. XII 57,3 (Kasten): ἀπόγραφα *sunt, minore labore fiunt; verba tantum adfero, quibus abundo.*

mißverstand, daß er hier und da Heterogenes zusammenfügte und daß sich manche Inkonsequenz findet, müssen wir ihm nachsehen. Sein Hauptverdienst ist es, die philosophischen Gedanken der Griechen in unvergleichlichen lateinischen Formulierungen zum Ausdruck gebracht zu haben. Die sprachliche Form seiner Werke sichert Cicero Bewunderung bis auf den heutigen Tag.

Die Bedeutung Ciceros ist im Laufe der Zeit unterschiedlich eingeschätzt worden.[43] Als im Rom der Kaiserzeit die Kenntnis des Griechischen mehr und mehr nachließ, griffen vor allem christliche Schriftsteller wie Minucius Felix (um 200 n. Chr.) und L. Caelius Firmianus Lactantius (um 300 n. Chr.) auf Cicero zurück. Ciceros Werk *De officiis* hat der hl. Ambrosius (gest. 397 n. Chr.) zur Grundlage seiner Schrift *De officiis ministrorum* gemacht. Der heute verlorene *Hortensius* war es, der Augustinus[44] zur Aufgabe seines lockeren Lebenswandels bewegte und ihn dazu veranlaßte, sich dem Christentum zuzuwenden. Und der Humanist Petrarca (1303–1374)[45] sagte sogar von sich: *Ciceronianus sum.* Im 19. Jahrhundert sah man – vor allem unter dem Einfluß Mommsens[46] – Cicero nur als Quelle zur Erschließung der hellenistischen Philosophie. In unserem Jahrhundert beurteilt man Cicero wieder differenzierter »und betont vor allem den selbständigen Ansatz seines Philosophierens und dessen Bedeutung für die geistige Entwicklung der Folgezeit«[47].

43 Vgl. Th. Zielinski, *Cicero im Wandel der Jahrhunderte*, Nachdr. Darmstadt 1967; *Ciceros Literarische Leistung*, hrsg. von B. Kytzler, Darmstadt 1973 (WdF 240).

44 Vgl. W. Schmid, »*Cicerowertung und Cicerodeutung*«, in: *Ciceros Literarische Leistung* (s. Anm. 43), S. 65.

45 Stellenangaben bei W. Schmid (s. Anm. 44), S. 66.

46 Der Cicero betreffende Abschnitt aus Bd. 3 der *Römischen Geschichte* (Berlin [9]1904) ist abgedruckt in: *Ciceros Literarische Leistung* (s. Anm. 43), S. 1 ff.

47 M. Giebel (s. Anm. 19), S. 112. Vgl. auch F. Klingner, »Cicero«, in: F. K., *Römische Geisteswelt*, [4]München 1961, S. 110 ff., und O. Seel, *Cicero. Wort, Staat, Welt*, Stuttgart [3]1967; G. Maurach, *Geschichte der römischen Philoso-*

III

Wie viele andere Werke Ciceros, so sind auch die *Tusculanen* in Dialogform geschrieben. Vorbild ist jedoch nicht der platonische, sondern der aristotelische Dialog: Der Hörer stellt eine These auf, zu der der Lehrer dann zusammenhängend seine Ansicht vorträgt und dabei nur selten vom Hörer unterbrochen wird.[48] Die erst in der Spätantike hinzugesetzten Personenbezeichnungen M und Δ, später M und A, werden gedeutet als μαθητής und διδάσκαλος oder als *magister* und *discipulus* bzw. *auditor* oder auch als Marcus und Atticus. Die Rolle des Lehrers hat Cicero natürlich selbst, wenn er auch nicht so genannt werden will.[49] Über den Hörer erfahren wir nur so viel, daß er jung[50] und in die eleusinischen Mysterien eingeweiht ist[51] und in Athen häufig philosophische Vorlesungen gehört hatte[52].

Zum Titel *Gespräche in Tusculum*[53] dürfte Dikaiarch Cicero angeregt haben, der *Gespräche in Lesbos* und *Gespräche in Korinth* geschrieben hatte.[54] Cicero, der seine Werke sonst immer nach dem wichtigsten Dialogpartner oder aber nach dem Hauptgegenstand der Erörterung benannte, dürfte diesen Titel aber auch gewählt haben, weil er hier Themen behandeln wollte, die sich mit einem Sammelbegriff nicht fassen lassen.

phie. Eine Einführung, Darmstadt 1989, S. 5 und S. 53 ff. Eine eigene Wirkungsgeschichte der *Tusculanae disputationes* müßte noch geschrieben werden.

48 Cicero nennt die *Tusculanen* in I 8 *scholae*. Dies sind eben jene in den Schulen vorgetragenen Übungen, bei denen der Hörer überhaupt nicht zu Wort kommt. In den *Tusculanen* läßt Cicero jedoch, um die Fiktion des Gespräches zu erhalten, den Hörer gelegentlich zu Wort kommen.

49 Vgl. de fin. II 1.

50 II 28.

51 I 29.

52 II 26.

53 *Tusculanae disputationes* nennt Cicero selbst sein Werk: Tusc. disp. V 1; vgl. auch de div. II 2; ep. ad Att. XV 3, 4 (Kasten).

54 Tusc. disp. I 21; 77.

Wir dürfen annehmen, daß die fünf Tage, an denen die fingierten Gespräche stattgefunden haben könnten, die Zeit vom 16. bis zum 20. Juni 45 v. Chr. ist. Denn kurz zuvor hatte Brutus Cicero besucht.[55] Am 21. Juni brach Cicero von Tusculum nach Arpinum[56] auf. Zu Besuch hatte Cicero damals einige junge Leute, nämlich Trebatius, Curtius und seinen Schwiegersohn Dolabella.[57] Das Werk ist vermutlich noch im selben Jahr verfaßt worden.[58]

Nach aristotelischem Vorbild stellt Cicero jedem Buch eine Vorrede voran, deren Inhalt mit dem eigentlichen Thema des Buches kaum etwas zu tun hat. In diesen Proömien trägt Cicero seine persönlichen Ansichten und Anliegen vor; hier bietet sich auch die Möglichkeit einer Widmung des Werkes. Cicero widmet die *Tusculanae disputationes* dem als Caesar-Mörder bekannten Brutus (78–42 v. Chr.), mit dem er trotz des Altersunterschiedes in enger Freundschaft stand; davon zeugt der erhaltene Briefwechsel.[59] Es waren nicht nur dieselben politischen Ansichten, sondern auch die philosophischen und literarischen Interessen, die die beiden verbanden. Außer den *Tusculanae disputationes* eignete ihm Cicero auch die Werke *De finibus bonorum et malorum*, *De natura deorum*, *Paradoxa Stoicorum* und den *Orator* zu. Die rhetorische Schrift *Brutus* benannte Cicero unmittelbar nach seinem Freund, dem die Hauptrolle im Dialog zukommt. Brutus schrieb seinerseits philosophische Abhandlungen, eine von ihnen, die heute verlorene Schrift *De virtute*, widmete er Cicero.[60]

Welche Vorlagen und Quellen Cicero für die *Tusculanen* benutzt hat, ist schwer festzustellen. Für das erste Buch

55 ep. ad Att. III 19 (Kasten); vgl. auch ep. ad Att. XIII 23 (Kasten).
56 Vgl. Tusc. disp. V 121; ep. ad Att. XIII 10,3.
57 Vgl. ep. ad Att. XIII 21,1 (Kasten).
58 Vgl. M. Pohlenz, Vorwort, S. 24.
59 Neben dieser Sammlung haben wir die Briefe an Atticus, an seine Freunde und seinen Bruder Quintus. Gerade die Briefe sind eine wichtige Quelle für Ciceros Leben und Denken.
60 Tusc. disp. V 121.

konnte Cicero auf eine reichhaltige Trostschriftenliteratur zurückgreifen. Daneben denkt man an Schriften des Poseidonios, Panaitios, Antiochos oder Chrysipp. Sicherlich hat er auch eine epikureische Schrift benutzt, vielleicht eine des Phaidros. Am wahrscheinlichsten ist, daß er – wie üblich – mehrere Quellen miteinander kombiniert hat.[61] Die *Tusculanen* setzen Ciceros Werk *De finibus* fort,[62] in dem es um die Frage nach dem höchsten Gut und dem größten Übel geht. Mit dem Erreichen des höchsten Gutes war die Glückseligkeit verbunden. Die praktisch orientierten Römer interessierte jedoch die Frage, wie man denn nun das höchste Gut und damit die Glückseligkeit erreichen und bewahren könne. Antwort hierauf gibt Cicero in den *Tusculanen*, indem er darlegt, welche Gefahren das Gleichgewicht der Seele und damit die Glückseligkeit stören und wie man ihnen begegnet. So will er in Buch I und II nachweisen, daß Tod und Schmerz den Menschen nicht aus dem Gleichgewicht bringen dürfen und können. Buch III handelt von der Linderung des Kummers, Buch IV von den übrigen Leidenschaften. In Buch V weist er nach, daß die Tugend allein für ein glückliches Leben ausreiche.

61 Vgl. M. Pohlenz, Einleitung, S. 31 f. und 131 ff.

62 Nachdem Cicero in de div. II 2 die fünf Bücher *de finibus bonorum et malorum* erwähnt hat, fährt er fort: *totidem subsecuti libri Tusculanarum disputationum res ad beate vivendum maxime necessarias aperuerunt. Primus enim est de contemnenda morte, secundus de tolerando dolore, de aegritudine lenienda tertius, quartus de reliquis animi perturbationibus, quintus eum locum complexus est, qui totam philosophiam maxime inlustrat; docet enim ad beate vivendum virtutem se ipsa esse contentam.*

Aufbau und Gliederung des Werkes

Buch I (Über die Verachtung des Todes)

1–8 *Vorrede*

Cicero will die Philosophie unter seinen Landsleuten verbreiten und vergleicht die geistigen Leistungen der Griechen mit denen der Römer

9–25 *Einleitung*

9 These: Der Tod ist ein Übel nicht nur für die, welche bereits gestorben sind, sondern auch für die noch Lebenden. Voraussetzung ist der Tod als völlige Vernichtung

10 Entgegnung: Der Tod ist für keine der beiden Gruppen ein Übel. Die Schrecken der Unterwelt sind Dichtung

11–14 Wenn Tote nicht mehr existieren, haben sie keine Empfindung mehr, können also auch nicht unglücklich sein

15–16 Wenn es nach dem Tod kein Übel gibt, dann sind auch die Lebenden nicht unglücklich

16 Der Tod ist kein Übel, sondern ein Gut

17–25 Übersicht über die Lehren von Tod und Seele. Die Seelen werden entweder nach dem Tod vernichtet oder leben fort. Letzteres soll im folgenden bewiesen werden. Damit auch der, den dieser Beweis nicht überzeugt, keine Todesfurcht zu haben braucht, soll im weiteren gezeigt werden, daß der Tod auch dann kein Übel ist, wenn die Seele völlig vernichtet wird.

26–81 *Hauptteil A*

Die Seele ist unsterblich und der Tod kein Übel

26–75 1. Beweise für die Unsterblichkeit

27–29 a) der Glaube der dem Irrtum weniger ausgesetzten ersten Menschen,

30 b) der gemeinsame Glaube aller Völker,

31–35 c) die Sorge der Besten um die Nachwelt,
36–52 d) die Ansichten der Philosophen, daß die Seelen nach dem Tod zum Himmel emporsteigen und dort ein glückliches Leben führen,
53–55 e) die Seele ist das Prinzip aller Bewegung,
56–71 f) die Seele ist wesensgleich mit Gott, daher kommen ihre geistigen Kräfte
71–81 2. Der Tod ist nur die Trennung der Seele vom Körper. Gegenteilige Meinungen sind zu widerlegen

82–111 *Hauptteil B*

Der Tod bedeutet auch dann kein Übel, wenn die Seele nach dem Tod mit dem Körper vernichtet werden sollte

82 1. Mit dem Tod endet die Empfindung
83–86 2. Der Verlust der irdischen Güter ist kein Unglück
87–89 3. Der Tod bedeutet kein »Entbehren«, wenn nach ihm das Bewußtsein aufhört
90–92 4. Der Zustand der Bewußtlosigkeit ist kein Übel
93–102 5. Frühzeitig zu sterben ist kein Unglück
102–109 6. Sinnlos ist die Sorge um den Leichnam
109–111 7. Der beste Trost ist ein ruhmreich verbrachtes Leben

112–116 *Epilog*

Die Götter selbst haben Menschen oft den Tod als Gut gewährt, und die besten Menschen haben ihn gesucht

117–119 *Schluß*

Tod ist Trennung oder Vernichtung, aber kein Übel

Buch II (Über das Ertragen des Schmerzes)

1–9 *Vorrede*

Cicero rechtfertigt seine philosophische Schriftstellerei

10–14 *Einleitung*

10–13 1. Über den Nutzen der Philosophie
14 2. These: Der Schmerz ist das größte aller Übel

15–33 *Hauptteil A*

Theoretische Erörterung über das Wesen des Schmerzes

15–30 1. Falsche Vorstellungen

15–18 a) der Philosophen (Aristipp, Epikur),

19–27 b) der Dichter,

28–30 c) nochmals Epikur; Stoiker

31–33 2. Die Tugend muß den Schmerz überwinden

34–65 *Hauptteil B*

Der Schmerz kann ertragen werden

34–41 1. durch Gewöhnung und Abhärtung; Beispiele sind

34–36 a) die spartanischen Knaben,

37–39 b) die römischen Soldaten,

40–41 c) Jäger, Boxer, Gladiatoren

42–65 2. durch die Kraft der Vernunft

42–45 a) durch die *virtus*; der Begriff ist abgeleitet von *vir*,

46–53 b) durch Selbstkontrolle und Kontrolle der niederen Triebe; Beispiele hierfür,

53–58 c) durch Willensanstrengung,

58–61 d) durch das Vorbild großer Persönlichkeiten,

62–65 e) durch Handeln um des Ruhmes willen und das Bewußtsein von der Größe der Seele

66–67 *Schluß*

Wenn Schmerz ein Übel ist, so doch ein ganz geringes, das durch Tugend überwunden werden kann. Der Tod steht als Zuflucht zur Verfügung

Buch III (Über die Linderung des Kummers)

1–6 *Vorrede*

Lob der Philosophie als Heilmittel für die Seele

7–13 *Einleitung*

These: Kummer befällt auch den Weisen

Entgegnung:

7–11 1. Kummer ist eine Krankheit der Seele. Vergleich griechischer und lateinischer Begriffe

12–13 2. Es gibt etwas Weiches in unserer Seele, das die Philosophie überwinden muß

14–60 *Hauptteil A*

Die Theorien der Philosophenschulen über den Kummer

14–21 1. die Syllogismen der Stoiker,

22–31 2. nach kurzer Erwähnung der Peripatetiker Erörterung der Ursache des Kummers,

32–34 3. die Ansicht Epikurs,

35–51 4. Widerlegung Epikurs,

52–60 5. die Meinung der Kyrenaiker

61–79 *Hauptteil B*

Möglichkeiten zur Linderung des Kummers

61 1. Die Ursache für den Kummer liegt in einem falschen Urteil und in der Einbildung

62–64 2. Trauer ist keine Pflicht

65–71 3. Menschen können durch den Kummer nichts erreichen

71–75 4. Kummer ist selbstverschuldet und nicht naturgegeben

75–79 5. Die Aufgaben des Tröstenden; verschiedene Methoden des Tröstens

80–84 *Schluß*

Kummer ist nicht naturgegeben, sondern beruht auf einer falschen Vorstellung. Nur die Philosophie kann Heilung bringen

Buch IV (Über die übrigen Leidenschaften)

1–7 *Vorrede*

Lob der Leistungen Roms und die Geschichte der Philosophie in Rom

8–10 *Einleitung*

These: Der Weise scheint nicht von allen Erregungen der Seele frei zu sein
Entgegnung: Er ist frei von Kummer, warum also nicht von den anderen Leidenschaften

Überleitung zum

11–57 *Hauptteil A*

Die Theorien über die Leidenschaften

11–22 1. Die stoische Definition der Leidenschaft; Einteilung in vier Hauptarten und ihre Unterarten; *intemperantia* ist die Quelle aller Leidenschaften
23–33 2. Vergleich körperlicher und seelischer Krankheiten
34–38 3. Widerlegung der Ansicht, der Weise sei nicht frei von Leidenschaften
38–46 4. Die falsche Ansicht der Peripatetiker, Leidenschaften seien naturgegeben und nützlich
47–57 5. Widerlegung der Peripatetiker ausgehend von der stoischen Lehre

58–81 *Hauptteil B*

Heilung der Leidenschaften durch die Philosophie

58–62 1. Bekämpfung der Leidenschaft im allgemeinen oder in bezug auf den Einzelfall
63–81 2. Verfahren bei den einzelnen Leidenschaften
63 a) Kummer
64 b) Furcht
65–67 c) ausgelassene Lust
68–76 d) Begierde
77–81 e) Zorn

82–84 *Schluß*

Nur die Philosophie kann die falschen Vorstellungen und Irrtümer, auf denen die Leidenschaften beruhen, wirkungsvoll bekämpfen

Buch V (Die Tugend allein genügt, um ein glückliches Leben zu führen)

1–11 *Vorrede*

Lob der Philosophie

12–20 *Einleitung*

These: Die Tugend genügt zum glücklichen Leben

21–82 *Hauptteil A*

Behandlung der Frage vor allem vom stoischen Standpunkt aus

21–33 1. Auseinandersetzung mit den Meinungen des Theophrast, Epikur und anderer Philosophen

34–72 2. Beweise dafür, daß die Tugend allein glücklich macht. Der Weise, der sich in den drei Disziplinen der Philosophie auskennt, ist glücklich

73–82 3. Auseinandersetzung mit der Frage, ob das oben Gesagte auch in Folterungen und Qualen gelte (vgl. 12–13), mit Hilfe der Lehre Epikurs

83–118 *Hauptteil B*

Auch bei den übrigen philosophischen Systemen stimmt der Satz, daß die Tugend allein zum glücklichen Leben genüge

83–85 1. Einteilung der Systeme und ihre Ansichten über das höchste Gut

85–87 2. Akademiker und Peripatetiker sehen die Tugend als das höchste Gut an, weit höher als die äußeren und körperlichen Güter

87–118 3. Begründung des Satzes vom Standpunkt der Epikureer aus

119–121 *Schluß*

Wenn sogar die Epikureer, die doch lehren, die Tugend sei nicht um ihrer selbst willen erstrebenswert, behaupten, der Weise sei immer glücklich, so muß dieser Standpunkt den Stoikern, Akademikern und Peripatetikern noch näherliegen

M. Tulli Ciceronis
Tusculanarum disputationum libri quinque

M. Tullius Cicero
Gespräche in Tusculum in fünf Büchern

Liber primus

1 (1) Cum defensionum laboribus senatoriisque muneribus aut omnino aut magna ex parte essem aliquando liberatus, rettuli me, Brute, te hortante maxime ad ea studia, quae retenta animo, remissa temporibus, longo intervallo intermissa revocavi, et cum omnium artium, quae ad rectam vivendi viam pertinerent, ratio et disciplina studio sapientiae, quae philosophia dicitur, contineretur, hoc mihi Latinis litteris inlustrandum putavi, non quia philosophia Graecis et litteris et doctoribus percipi non posset, sed meum semper iudicium fuit omnia nostros aut invenisse per se sapientius quam Graecos aut accepta ab illis fecisse meliora, quae quidem digna statuissent, in quibus elaborarent. (2) Nam mores et instituta vitae resque domesticas ac familiaris nos profecto et melius tuemur et lautius, rem vero publicam nostri maiores certe melioribus temperaverunt et institutis et legibus. quid loquar de re militari? in qua cum virtute nostri multum valuerunt, tum plus etiam disciplina. iam illa, quae natura, non litteris adsecuti sunt, neque cum Graecia neque ulla cum gente sunt conferenda. quae enim tanta gravitas, quae tanta constantia, magnitudo animi, probitas, fides,

Buch I

1 (1) Da ich endlich einmal von meinen Arbeiten als Verteidiger[1] und meinen Aufgaben als Senator[2] ganz oder doch zum großen Teil befreit war, kehrte ich, mein Brutus[3], besonders auf dein Drängen hin zu den Studien zurück, die ich wieder aufnahm, nachdem ich sie im Geist zwar festgehalten, unter den Zeitumständen aber zurückgestellt und während eines langen Zeitabschnittes[4] unterbrochen hatte. Und da Gehalt und Lehre aller Wissenschaften, die sich auf die rechte Lebensführung beziehen, durch das Bemühen um die Weisheit[5], das man Philosophie nennt, umfaßt werden, glaubte ich, dies in lateinischer Sprache darstellen zu sollen, nicht weil die Philosophie aus griechischen Schriften und von griechischen Lehrern[6] nicht gelernt werden könnte; es war vielmehr immer meine Überzeugung, daß unsere Landsleute in allem teils aus eigener Kraft klügere Erfindungen gemacht haben als die Griechen, teils das von ihnen Übernommene verbessert haben, soweit sie es jedenfalls für würdig erachteten, sich damit zu beschäftigen. (2) Denn die Sitten und Lebensformen, die häuslichen und wirtschaftlichen Angelegenheiten beachten wir nun in der Tat besser und angemessener, und was den Staat angeht, so haben ihn unsere Vorfahren sicherlich mit besseren Einrichtungen und Gesetzen geordnet. Was soll ich über das Kriegswesen sagen? Hierin haben unsere Landsleute durch ihre Tüchtigkeit vieles geleistet, noch mehr jedoch durch ihre Disziplin. Bei jenen Dingen gar, die sie durch ihre Veranlagung, nicht durch wissenschaftliche Tätigkeit erreicht haben, lassen sich weder Griechenland noch irgendein anderes Volk vergleichen. Wo gibt es denn eine so große Würde, wo eine solche Standfestigkeit, Seelengröße, Rechtschaffenheit und Zuver-

quae tam excellens in omni genere virtus in ullis fuit, ut sit cum maioribus nostris comparanda? (3) Doctrina Graecia nos et omni litterarum genere superabat; in quo erat facile vincere non repugnantes. nam cum apud Graecos antiquissimum e doctis genus sit poetarum, siquidem Homerus fuit et Hesiodus ante Romam conditam, Archilochus regnante Romulo, serius poeticam nos accepimus. annis fere CCCCCX post Romam conditam Livius fabulam dedit C. Claudio, Caeci filio, M. Tuditano cos. anno ante natum Ennium. qui fuit maior natu quam Plautus et Naevius. **2** sero igitur a nostris poetae vel cogniti vel recepti. quamquam est in Originibus solitos esse in epulis canere convivas ad tibicinem de clarorum hominum virtutibus; honorem tamen huic generi non fuisse declarat oratio Catonis, in qua obiecit ut probrum M. Nobiliori, quod is in provinciam poetas duxisset; duxerat autem consul ille in Aetoliam, ut scimus, Ennium. quo minus igitur honoris erat poetis, eo minora studia fuerunt, nec tamen, si qui magnis ingeniis in eo genere extiterunt, non satis Graecorum gloriae responderunt. (4) an censemus, si Fabio, nobilissimo homini, laudi datum esset, quod pingeret, non multos etiam apud nos futuros Polyclitos et Parrhasios fuisse? honos alit artes, omnesque incenduntur ad studia gloria, iacentque ea semper, quae apud quosque improbantur. summam eruditionem Graeci sitam censebant in nervorum vocumque cantibus; igitur et Epaminondas, princeps meo iudicio Graeciae, fidibus praeclare

lässigkeit, wo denn eine so hervorragende Tüchtigkeit auf jedem Gebiet bei irgend jemandem, daß man mit unseren Vorfahren einen Vergleich anstellen könnte? (3) Griechenland übertraf uns an Gelehrsamkeit und jeder Art von Literatur[7]; dabei war es leicht, uns zu besiegen, da wir uns ja nicht wehrten. Denn während bei den Griechen die Gruppe der Dichter die älteste unter den Gelehrten ist, wenn nämlich Homer und Hesiod vor der Gründung Roms lebten, Archilochos[8] zur Regierungszeit des Romulus, so haben wir die Dichtkunst erst spät aufgenommen. Ungefähr 510[9] Jahre nach der Gründung Roms führte Livius ein Stück auf unter dem Konsulat des C. Claudius, des Sohnes des Caecus, und des M. Tuditanus, ein Jahr vor der Geburt des Ennius. Livius war älter als Plautus und Naevius. **2** Spät also haben unsere Landsleute Dichter kennengelernt und sie aufgenommen. Es heißt zwar in den *Origines*[10], es sei Sitte gewesen, daß beim Gastmahl die Gäste unter Begleitung eines Flötenspielers von den Heldentaten berühmter Männer sangen; doch daß die Dichtkunst kein großes Ansehen besaß, beweist die Rede Catos, in welcher er dem M. Nobilior[11] den Vorwurf machte, er habe in seine Provinz Dichter mitgenommen; hatte er doch, wie wir wissen, als Konsul den Ennius nach Aetolien mitgenommen. Je weniger Ansehen also die Dichter hatten, um so geringer waren die Bemühungen um die Dichtkunst. Doch wenn hochbegabte Männer in dieser Gattung auftraten, entsprachen sie sehr wohl dem Ruhm der Griechen. (4) Oder glauben wir nicht, wenn man dem Fabius[12], einem Mann aus vornehmer Familie, zum Ruhm angerechnet hätte, daß er malte, daß es dann auch bei uns viele Maler von der Qualität eines Polyklet und Parrhasius gegeben hätte? Ansehen fördert die Künste, alle lassen sich durch Ruhm zu großen Bemühungen anspornen; das liegt immer brach, was jeweils keine Anerkennung findet. Nach Auffassung der Griechen bestand die höchste Bildung im Saitenspiel und im Gesang. So soll auch Epameinondas[13], meines Erachtens der bedeutend-

cecinisse dicitur, Themistoclesque aliquot ante annos cum in epulis recusaret lyram, est habitus indoctior. ergo in Graecia musici floruerunt, discebantque id omnes, nec qui nesciebat satis excultus doctrina putabatur. (5) in summo apud illos honore geometria fuit, itaque nihil mathematicis inlustrius; at nos metiendi ratiocinandique utilitate huius artis terminavimus modum.

3 At contra oratorem celeriter complexi sumus, nec eum primo eruditum, aptum tamen ad dicendum, post autem eruditum. nam Galbam Africanum Laelium doctos fuisse traditum est, studiosum autem eum, qui is aetate anteibat, Catonem, post vero Lepidum Carbonem Gracchos, inde ita magnos nostram ad aetatem, ut non multum aut nihil omnino Graecis cederetur. Philosophia iacuit usque ad hanc aetatem nec ullum habuit lumen litterarum Latinarum; quae inlustranda et excitanda nobis est, ut, si occupati profuimus aliquid civibus nostris, prosimus etiam, si possumus, otiosi. (6) in quo eo magis nobis est elaborandum, quod multi iam esse libri Latini dicuntur scripti inconsiderate ab optimis illis quidem viris, sed non satis eruditis. fieri autem potest, ut recte quis sentiat et id quod sentit polite eloqui non possit; sed mandare quemquam litteris cogitationes suas, qui eas nec disponere nec inlustrare possit nec delectatione aliqua allicere lectorem, hominis est intemperanter abutentis et otio et litteris. itaque suos libros ipsi legunt cum suis, nec

ste Mann Griechenlands, vortrefflich zur Kithara gesungen haben; und als Themistokles[14] einige Jahre vorher beim Gastmahl die Lyra ablehnte, galt er als ziemlich ungebildet. Also wurden in Griechenland die Musiker hoch geachtet, und alle versuchten, Musik zu lernen, und wer sich darauf nicht verstand, der galt als nicht genügend gebildet. (5) In höchstem Ansehen stand bei ihnen die Geometrie; deshalb gab es nichts Erlauchteres als Mathematiker[15]; wir hingegen haben das Maß dieser Kunst auf den Nutzen, den wir beim Messen und Rechnen von ihr haben, beschränkt.

3 Aber im Gegensatz dazu haben wir den Redner schnell geachtet, und zwar im Anfang nicht den fachlich ausgebildeten, wohl aber den zum Reden begabten, und erst später den ausgebildeten. Denn nach der Überlieferung[16] waren Galba, Africanus und Laelius ausgebildet; und Cato, der älter war als sie, bemühte sich darum; danach aber folgten Lepidus, Carbo und die Gracchen und dann bis zu unserer Zeit so große Redner, daß man nicht viel oder überhaupt nicht den Griechen nachstand. Die Philosophie hingegen wurde bis zur heutigen Zeit vernachlässigt und fand keine erhellende Darstellung in der lateinischen Literatur. Deshalb ist es unsere Aufgabe, ihr Glanz zu verleihen und sie zum Leben zu erwecken, damit wir, sollten wir in unserer öffentlichen Tätigkeit irgendwie den Mitbürgern genutzt haben, ihnen auch, wenn wir es vermögen, in der Muße nützen. (6) Dabei müssen wir uns um so mehr anstrengen, weil dem Vernehmen nach schon viele lateinische Bücher unüberlegt geschrieben wurden von Männern, die zwar charakterlich hervorragend, aber nicht hinreichend gebildet waren. Es kann aber auch geschehen, daß jemand zwar die richtigen Gedanken hat, aber das, was er denkt, nicht geschliffen aussprechen kann. Wenn aber jemand seine Gedanken niederschreibt, der sie nicht geordnet und klar darzustellen und den Leser nicht durch einen gefälligen Stil anzulocken vermag, so bedeutet das, unbedacht Mußezeit und Wissenschaft zu mißbrauchen. Sie lesen deshalb ihre eige-

quisquam attingit praeter eos, qui eandem licentiam scribendi sibi permitti volunt. quare si aliquid oratoriae laudis nostra attulimus industria, multo studiosius philosophiae fontis aperiemus, e quibus etiam illa manabant.

4 (7) Sed ut Aristoteles, vir summo ingenio, scientia, copia, cum motus esset Isocratis rhetoris gloria, dicere docere etiam coepit adulescentes et prudentiam cum eloquentia iungere, sic nobis placet nec pristinum dicendi studium deponere et in hac maiore et uberiore arte versari. hanc enim perfectam philosophiam semper iudicavi, quae de maximis quaestionibus copiose posset ornateque dicere; in quam exercitationem ita nos studiose operam dedimus, ut iam etiam scholas Graecorum more habere auderemus. ut nuper tuum post discessum in Tusculano cum essent complures mecum familiares, temptavi, quid in eo genere possem. ut enim antea declamitabam causas, quod nemo me diutius fecit, sic haec mihi nunc senilis est declamatio. ponere iubebam, de quo quis audire vellet; ad id aut sedens aut ambulans disputabam. (8) itaque dierum quinque scholas, ut Graeci appellant, in totidem libros contuli. fiebat autem ita ut, cum is qui audire vellet dixisset, quid sibi videretur, tum ego contra dicerem. haec est enim, ut scis, vetus et Socratica ratio contra alterius opinionem disserendi. nam ita facillime, quid veri simillimum esset, inveniri posse Socrates arbitrabatur. Sed quo commodius disputationes nostrae expli-

nen Bücher nur selbst mit ihren Anhängern, und niemand greift zu ihnen außer denen, die sich dieselbe Willkür im Schreiben gestatten wollen. Wenn wir also durch unsere Tätigkeit irgend etwas zum Ruhm der Redekunst beigetragen haben, so werden wir noch viel eifriger die Quellen der Philosophie erschließen, aus denen ja auch jene Erfolge flossen.[17]

4 (7) Wie aber Aristoteles, ein Mann von höchster Begabung, Wissen und Gedankenfülle, weil er durch den Ruhm des Redners Isokrates beeindruckt war, auch begann, junge Leute in der Redekunst zu unterweisen und die Gelehrsamkeit mit der Beredsamkeit zu verbinden, so wollen auch wir unser früheres Bemühen um die Redekunst bewahren und zugleich uns mit der erhabeneren und reicheren Kunst der Philosophie beschäftigen. Das nämlich habe ich immer für die Vollendung der Philosophie gehalten, über die schwierigsten Fragen umfassend und kunstvoll reden zu können. Uns darin zu üben waren wir so eifrig bemüht, daß wir sogar schon Unterricht nach Art der Griechen zu halten wagten. So versuchte ich, als sich neulich nach deiner Abreise mehrere Freunde mit mir im Tusculanum aufhielten, was ich auf diesem Gebiet leisten könnte. Wie ich nämlich früher Übungsreden über Rechtsfälle hielt, was niemand länger tat als ich, so ist dies jetzt meine Redeübung im Alter. Ich forderte jemanden auf, ein Thema zu nennen, über das er etwas hören wollte. Dazu sprach ich sitzend oder auf und ab gehend. (8) Und so habe ich die Erörterungen – *scholae*, wie die Griechen sie nennen – von fünf Tagen in ebenso viele Bücher gefaßt. Wir gingen nun so vor, daß ich, wenn derjenige, der ein Thema hören wollte, seine Ansicht dazu vorgetragen hatte, dann dagegen sprach. Dies ist nämlich, wie du weißt, die alte sokratische Methode, gegen die Meinung eines anderen zu sprechen. Denn Sokrates glaubte, so könne das, was der Wahrheit am nächsten komme, am leichtesten gefunden werden. Damit sich aber unsere Erörterungen bequemer lesen lassen, will ich sie als Dialog wiederge-

centur, sic eas exponam, quasi agatur res, non quasi narretur. ergo ita nascetur exordium:

5 (9) Malum mihi videtur esse mors.

Isne, qui mortui sunt, an is, quibus moriendum est?

Utrisque.

Est miserum igitur, quoniam malum.

Certe.

Ergo et i, quibus evenit iam ut morerentur, et i, quibus eventurum est, miseri.

Mihi ita videtur.

Nemo ergo non miser.

Prorsus nemo.

Et quidem, si tibi constare vis, omnes, quicumque nati sunt eruntve, non solum miseri, sed etiam semper miseri. nam si solos eos diceres miseros quibus moriendum esset, neminem tu quidem eorum qui viverent exciperes – moriendum est enim omnibus –, esset tamen miseriae finis in morte. quoniam autem etiam mortui miseri sunt, in miseriam nascimur sempiternam. necesse est enim miseros esse eos qui centum milibus annorum ante occiderunt, vel potius omnis, quicumque nati sunt.

(10) Ita prorsus existimo.

Dic quaeso: num te illa terrent, triceps apud inferos Cerberus, Cocyti fremitus, travectio Acherontis, 'mento summam aquam attingens enectus siti' Tantalus? tum illud, quod 'Sisyphus versat saxum sudans nitendo neque proficit hilum?' fortasse etiam inexorabiles iudices, Minos et Rhadamanthus? apud quos nec te L. Crassus defendet nec M. Antonius nec, quoniam apud Graecos iudices res agetur,

ben, nicht in erzählender Form. Auf folgende Weise also soll das Gespräch seinen Anfang nehmen:

5 (9) A: Der Tod scheint mir ein Übel zu sein.

M: Für die, die schon tot sind, oder für diejenigen, die noch sterben müssen?

A: Für beide.

M: Der Tod ist also ein Unglück, weil er ja ein Übel ist.

A: Gewiß.

M: Also sind sowohl die, die schon gestorben sind, wie auch diejenigen, denen der Tod noch bevorsteht, unglücklich.

A: Mir scheint es so.

M: Also ist jeder Mensch unglücklich.

A: In der Tat jeder.

M: Und folglich sind, wenn du konsequent bleiben willst, alle, die schon geboren sind und noch geboren werden sollen, nicht nur unglücklich, sondern sogar für ewig unglücklich. Denn wenn du sagtest, daß nur die unglücklich sind, die sterben müssen, würdest du zwar niemanden von den Lebenden ausnehmen – denn alle müssen sterben –, aber das Unglück fände doch mit dem Tod ein Ende. Weil nun aber auch die Toten unglücklich sind, werden wir zu immerwährendem Unglück geboren. Denn notwendigerweise sind auch die unglücklich, die vor hunderttausend Jahren gestorben sind, oder vielmehr alle, die je geboren wurden.

(10) A: So jedenfalls meine ich es.

M: Sage bitte, schrecken dich etwa folgende Geschichten: der dreiköpfige Kerberos in der Unterwelt, das Tosen des Kokytos, die Überfahrt über den Acheron, oder Tantalos, »vom Durst fast zu Tode gequält, obwohl er mit dem Kinn die Wasseroberfläche berührt«[18]; oder dann die Geschichte, daß »Sisyphos den Stein wälzt, schwitzend von der Anstrengung, und doch nichts zustande bringt«.[19] Vielleicht schrecken dich auch die unerbittlichen Richter, Minos und Rhadamanthys? Vor ihnen wird dich weder L. Crassus noch M. Antonius verteidigen, noch wirst du, weil ja der Prozeß

poteris adhibere Demosthenen; tibi ipsi pro te erit maxima corona causa dicenda. haec fortasse metuis et idcirco mortem censes esse sempiternum malum.

Adeone me delirare censes, ut ista esse credam?

6 An tu haec non credis?

Minime vero.

Male hercule narras.

Cur? quaeso.

Quia disertus esse possem, si contra ista dicerem.

(11) Quis enim non in eius modi causa? aut quid negotii est haec poetarum et pictorum portenta convincere?

Atqui pleni libri sunt contra ista ipsa disserentium philosophorum.

Inepte sane. quis enim est tam excors, quem ista moveant?

Ergo apud inferos miseri non sunt, si ne sunt quidem apud inferos ulli.

Ita prorsus existimo.

Ubi sunt ergo i, quos miseros dicis, aut quem locum incolunt? si enim sunt, nusquam esse non possunt.

Ego vero nusquam esse illos puto.

Igitur ne esse quidem?

Prorsus isto modo, et tamen miseros ob id ipsum quidem, quia nulli sint.

(12) Iam mallem Cerberum metueres quam ista tam inconsiderate diceres.

Quid tandem?

vor griechischen Richtern stattfinden wird, Demosthenes hinzuziehen können. Du selbst wirst für dich vor einer riesigen Zuschauermenge deine eigene Sache vertreten müssen. Dies fürchtest du vielleicht und glaubst deswegen, der Tod sei ein ewiges Übel.

A: Meinst du, ich sei so verrückt, daß ich solche Märchen glaube?

6 M: Also glaubst du das nicht?

A: Keineswegs.

M: Das höre ich nicht gern.

A: Warum bitte?

M: Weil ich meine Beredsamkeit voll entfalten könnte, wenn ich dagegen sprechen dürfte.

(11) A: Wer könnte das nicht in einem solchen Fall? Und was ist es schon für eine Aufgabe, diese Schreckensbilder der Dichter und Maler zu widerlegen?

M: Und doch gibt es umfangreiche Bücher von Philosophen, die gerade gegen diese Vorstellungen ankämpfen.

A: Dumm genug. Denn wer ist so töricht, daß ihn diese Erzählungen beeindrucken könnten?

M: Also sind die Menschen in der Unterwelt nicht unglücklich, wenn es in der Unterwelt überhaupt niemanden gibt.

A: So jedenfalls glaube ich.

M: Wo also sind denn diejenigen, die du unglücklich nennst, und welchen Ort bewohnen sie? Wenn es sie denn gibt, müssen sie doch irgendwo sein.

A: Ich meine aber, daß sie nirgendwo sind.

M: Also glaubst du, daß sie überhaupt nicht existieren?

A: Ganz recht, und doch glaube ich, daß sie unglücklich sind, gerade deswegen, weil sie überhaupt nicht mehr existieren.

(12) M: Ich nun wollte lieber, du hättest Furcht vor dem Kerberos als dies so unüberlegt daherzureden.

A: Wieso denn?

Quem esse negas, eundem esse dicis. ubi est acumen tuum? cum enim miserum esse dicis, tum eum qui non sit dicis esse.

Non sum ita hebes, ut istud dicam.

Quid dicis igitur?

Miserum esse verbi causa M. Crassum, qui illas fortunas morte dimiserit, miserum Cn. Pompeium, qui tanta gloria sit orbatus, omnis denique miseros, qui hac luce careant.

Revolveris eodem. sint enim oportet, si miseri sunt; tu autem modo negabas eos esse, qui mortui essent. Si igitur non sunt, nihil possunt esse; ita ne miseri quidem sunt.

Non dico fortasse etiam, quod sentio; nam istuc ipsum, non esse, cum fueris, miserrimum puto.

(13) Quid? miserius quam omnino numquam fuisse? ita, qui nondum nati sunt, miseri iam sunt, quia non sunt, et nos, si post mortem miseri futuri sumus, miseri fuimus ante quam nati. ego autem non commemini, ante quam sum natus, me miserum; tu si meliore memoria es, velim scire, ecquid de te recordere.

7 Ita iocaris, quasi ego dicam eos miseros, qui nati non sint, et non eos miseros, qui mortui sunt.

Esse ergo eos dicis.

Immo, quia non sint, cum fuerint, eo miseros esse.

Pugnantia te loqui non vides? quid enim tam pugnat, quam non modo miserum, sed omnino quicquam esse, qui

M: Von dem, der nach deiner eigenen Aussage nicht existiert, behauptest du gleichzeitig, daß er existiert. Wo bleibt dein Verstand? Du nennst jemanden unglücklich und sagst damit zugleich, daß jemand existiert, der nicht existiert.

A: Ich bin nicht so töricht, solches zu behaupten.

M: Was sagst du also?

A: Daß zum Beispiel M. Crassus[20] unglücklich ist, weil er durch seinen Tod seine Schätze hingeben mußte, daß Cn. Pompeius[21] unglücklich ist, weil er so großen Ruhm verlor, daß schließlich alle unglücklich sind, die das Licht dieser Welt entbehren müssen.

M: Du drehst dich im Kreis. Wenn sie nämlich unglücklich sind, müssen sie existieren. Du aber sagtest eben, daß die Toten nicht mehr existieren. Wenn sie also nicht mehr sind, können sie auch nicht etwas sein; folglich können sie auch nicht unglücklich sein.

A: Vielleicht drücke ich nicht deutlich genug aus, was ich meine. Denn gerade das, nicht mehr zu sein, nachdem man gewesen ist, halte ich für das größte Unglück.

(13) M: Was? Für schlimmer, als überhaupt niemals existiert zu haben?[22] So sind schon diejenigen, die überhaupt noch nicht geboren sind, unglücklich, weil sie nicht sind, und wir waren, wenn wir nach unserem Tod unglücklich sein werden, schon unglücklich vor unserer Geburt. Ich erinnere mich allerdings nicht daran, vor meiner Geburt unglücklich gewesen zu sein. Solltest du aber ein besseres Gedächtnis haben, möchte ich gerne wissen, ob du dich an irgend etwas, was dich betrifft, erinnerst.

7 A: So scherzt du, als ob ich sagte, daß die unglücklich sind, die noch nicht geboren wurden, während ich nur jene meine, die schon gestorben sind.

M: Also behauptest du doch, daß sie existieren.

A: Nein, vielmehr, daß sie deswegen unglücklich sind, weil sie nicht mehr sind, nachdem sie existiert haben.

M: Siehst du nicht, daß du Widersprüchliches sagst? Denn was ist so widersprüchlich wie die Behauptung, je-

non sit? an tu egressus porta Capena cum Calatini Scipionum Serviliorum Metellorum sepulcra vides, miseros putas illos?

Quoniam me verbo premis, posthac non ita dicam, miseros esse, sed tantum miseros, ob id ipsum, quia non sint.

Non dicis igitur: 'miser est M. Crassus', sed tantum: 'miser M. Crassus'?

Ita plane.

(14) Quasi non necesse sit, quicquid isto modo pronunties, id aut esse aut non esse! an tu dialecticis ne imbutus quidem es? in primis enim hoc traditur: omne pronuntiatum (sic enim mihi in praesentia occurrit ut appellarem ἀξίωμα, utar post alio, si invenero melius) – id ergo est pronuntiatum, quod est verum aut falsum. cum igitur dicis: 'miser M. Crassus', aut hoc dicis: 'miser est ⟨M.⟩ Crassus', ut possit iudicari, verum id falsumne sit, aut nihil dicis omnino.

Age, iam concedo non esse miseros, qui mortui sint, quoniam extorsisti, ut faterer, qui omnino non essent, eos ne miseros quidem esse posse. quid? qui vivimus, cum moriendum sit, nonne miseri sumus? quae enim potest in vita esse iucunditas, cum dies et noctes cogitandum sit iam iamque esse moriendum?

8 (15) Ecquid ergo intellegis, quantum mali de humana condicione deieceris?

Quonam modo?

Quia, si mors etiam mortuis miserum esset, infinitum

mand, der nicht existiert, sei nicht nur unglücklich, sondern sei überhaupt. Oder glaubst du, wenn du aus der Porta Capena[23] hinaustrittst und die Gräber des Calatinus, der Scipionen, der Servilier und der Meteller siehst, daß diese unglücklich sind?

A: Da du mich ja mit einem einzigen Wort in die Enge treibst,[24] will ich fortan nicht mehr sagen, daß sie unglücklich sind, sondern sie nur unglücklich nennen, eben deswegen, weil sie nicht mehr leben.

M: Du sagst also nicht: ›unglücklich ist M. Crassus‹, sondern nur ›unglücklicher M. Crassus‹.

A: Ja, ganz genau.

(14) M: Gleichsam als ob nicht alles, was du auf diese Weise aussagst, entweder sein oder nicht sein müßte. Bist du etwa in der Dialektik nicht genügend geschult? Zu den Grundlehren gehört doch folgendes: jede Aussage (denn so kommt es mir jetzt in den Sinn, den Begriff ἀξίωμα wiederzugeben; ich werde später ein anderes Wort verwenden, wenn ich ein besseres gefunden habe) – eine Aussage also ist das, was wahr oder falsch ist. Wenn du also sagst ›unglücklicher M. Crassus‹, so meinst du entweder ›unglücklich ist M. Crassus‹, so daß man beurteilen kann, ob dies wahr oder falsch ist, oder du meinst überhaupt nichts.

A: Nun gut; ich gebe schon zu, daß die Toten nicht unglücklich sind; denn du hast mich dazu gebracht zuzugeben, daß die nicht unglücklich sein können, die überhaupt nicht existieren. Was aber? Sind wir, die wir leben, denn nicht unglücklich, da wir sterben müssen? Denn welche Freude kann man im Leben genießen, wenn man Tag und Nacht daran denken muß, daß man schon sehr bald wird sterben müssen.

8 (15) M: Erkennst du also, wie viel Schlimmes du von der Situation der Menschen abgewälzt hast?

A: Wieso?

M: Weil wir, wäre der Tod auch für die Toten ein Unglück, sozusagen ein nie endendes und immerwährendes

quoddam et sempiternum malum haberemus in vita; nunc video calcem, ad quam cum sit decursum, nihil sit praeterea extimescendum. sed tu mihi videris Epicharmi, acuti nec insulsi hominis ut Siculi, sententiam sequi.

Quam? non enim novi.

Dicam, si potero, Latine. scis enim me Graece loqui in Latino sermone non plus solere quam in Graeco Latine.

Et recte quidem. sed quae tandem est Epicharmi ista sententia?

'Emori nolo, sed me esse mortuum nihil aestimo.'

Iam adgnosco Graecum. sed quoniam coegisti, ut concederem, qui mortui essent, eos miseros non esse, perfice, si potes, ut ne moriendum quidem esse miserum putem.

(16) Iam istuc quidem nihil negotii est, sed ego maiora molior.

Quo modo hoc nihil negotii est? aut quae sunt tandem ista maiora?

Quia, quoniam post mortem mali nihil est, ne mors quidem est malum, cui proxumum tempus est post mortem, in quo mali nihil esse concedis: ita ne moriendum quidem esse malum est; id est enim perveniendum esse ad id, quod non esse malum confitemur.

Uberius ista, quaeso. haec enim spinosiora, prius ut confitear me cogunt quam ut adsentiar. sed quae sunt ea, quae dicis te maiora moliri?

Ut doceam, si possim, non modo malum non esse, sed bonum etiam esse mortem.

Übel im Leben ertragen müßten. Jetzt sehe ich ein Ziel; wenn man zu ihm gelangt ist, gibt es weiter nichts mehr zu fürchten. Du scheinst mir indes der Meinung des Epicharmos[25] zu folgen, eines scharfsinnigen und witzigen Mannes, eben eines typischen Sizilianers.

A: Welcher denn? Ich kenne sie nämlich nicht.

M: Ich werde sie dir, wenn ich kann, lateinisch wiedergeben. Denn du weißt ja, daß ich in der lateinischen Rede ebensowenig griechisch zu sprechen pflege wie in einer griechischen lateinisch.

A: Sehr richtig. Aber was ist denn nun die Meinung des Epicharmos?

M: »Sterben will ich nicht, aber tot zu sein achte ich für nichts.«

A: Nun erinnere ich mich an den griechischen Text. Aber weil du mich ja gezwungen hast zuzugeben, daß die Toten nicht unglücklich sind, so bringe mich auch dahin, wenn du kannst, daß ich auch das Sterbenmüssen nicht als ein Unglück ansehe.

(16) M: Dies ist doch keine Schwierigkeit[26] mehr; ich hingegen habe noch Größeres vor.

A: Wieso ist das keine Schwierigkeit, und was ist das Größere?

M: Aus folgendem Grund: weil es ja nach dem Tod kein Übel gibt, so ist auch der Tod selbst kein Übel; denn es folgt sofort die Zeit nach dem Tod; und darin gibt es, wie du selbst zugestehst, kein Übel; so ist auch das Sterbenmüssen kein Übel. Denn dies bedeutet, zu dem gelangen zu müssen, was, wie wir zugeben, kein Übel ist.

A: Sage mir bitte mehr darüber. Denn dies ist so kompliziert, daß es mich eher zwingt nachzugeben, als aus Überzeugung zuzustimmen. Was meinst du aber damit, daß du sagst, du hättest noch Größeres im Sinn?

M: Daß ich beweise, daß der Tod nicht nur kein Übel, sondern sogar etwas Gutes ist.

Non postulo id quidem, aveo tamen audire. ut enim non efficias quod vis, tamen, mors ut malum non sit, efficies. sed nihil te interpellabo; continentem orationem audire malo.

(17) Quid, si te rogavero aliquid? nonne respondebis?

Superbum id quidem es⟨se⟩t, sed, nisi quid necesse erit, malo non roges.

9 Geram tibi morem et ea quae vis, ut potero, explicabo, nec tamen quasi Pythius Apollo, certa ut sint et fixa, quae dixero, sed ut homunculus unus e multis probabilia coniectura sequens. ultra enim quo progrediar, quam ut veri similia videam, non habeo; certa dicent i, qui et percipi ea posse dicunt et se sapientis esse profitentur.

Tu, ut videtur; nos ad audiendum parati sumus.

(18) Mors igitur ipsa, quae videtur notissima res esse, quid sit, primum est videndum. sunt enim qui discessum animi a corpore putent esse mortem; sunt qui nullum censeant fieri discessum, sed una animum et corpus occidere, animumque in corpore extingui. qui discedere animum censent, alii statim dissipari, alii diu permanere, alii semper. quid sit porro ipse animus aut ubi aut unde, magna dissensio est. aliis cor ipsum animus videtur, ex quo excordes, ve-

A: Dies verlange ich zwar nicht von dir, ich will es aber doch gerne hören. Denn wenn du auch nicht beweisen kannst, was du willst, so wirst du doch nachweisen, daß der Tod kein Übel ist. Ich werde dich nun nicht mehr unterbrechen; denn ich möchte lieber einen zusammenhängenden Vortrag hören.

(17) M: Was aber, wenn ich dir irgendeine Frage stelle? Willst du dann nicht antworten?

A: Das wäre hochmütig. Aber wenn es nicht notwendig ist, wäre es mir lieber, du fragtest mich nicht.

9 M: Ich werde deinem Wunsch entsprechen und das, was du möchtest, darlegen, so gut ich kann, allerdings nicht so wie der Pythische Apoll[27], daß meine Worte sicher und unverrückbar sind, sondern wie ein kleiner Mensch, einer von vielen, der dem, was nach der Vermutung wahrscheinlich ist,[28] folgt. Denn ich kann nicht weiter vordringen, als bis zu dem Punkt, wo ich das Wahrscheinliche sehe. Sicheres werden nur die sagen, die behaupten, man könne diese Dinge begreifen, und die von sich verkünden, sie seien weise[29].

A: Halte du es, wie es dir gut scheint; wir sind bereit zuzuhören.

(18) M: Zuerst müssen wir also untersuchen, was der Tod selbst ist, der doch offensichtlich eine allbekannte Sache ist. Manche[30] sind der Ansicht, der Tod sei die Trennung der Seele vom Körper; andere[31] glauben, daß eine Trennung von Seele und Körper nicht stattfinde, sondern daß die Seele mit dem Körper zusammen sterbe und daß die Seele im Körper erlösche. Von denjenigen, die die Ansicht vertreten, daß die Seele sich vom Körper trenne, sagen manche[32], sie vergehe danach sofort, andere[33], sie habe noch lange Bestand, wieder andere[34], sie existiere ewig. Was ferner die Seele selbst ist, wo sie ihren Sitz hat und woher sie kommt, darüber besteht eine große Meinungsverschiedenheit. Manchen erscheint das Herz selbst die Seele[35] zu sein, wovon die Begriffe abgeleitet sind *excors* (herzlos), *vecors* (mit frevlem Herzen) und

cordes concordesque dicuntur et Nasica ille prudens bis consul 'Corculum' et 'egregie cordatus homo, catus Aelius Sextus'. (19) Empedocles animum esse censet cordi suffusum sanguinem; aliis pars quaedam cerebri visa est animi principatum tenere; aliis nec cor ipsum placet nec cerebri quandam partem esse animum, sed alii in corde, alii in cerebro dixerunt animi esse sedem et locum; animum autem alii animam, ut fere nostri – declarat nomen: nam et agere animam et efflare dicimus et animosos et bene animatos et ex animi sententia; ipse autem animus ab anima dictus est –; Zenoni Stoico animus ignis videtur. sed haec quidem quae dixi, cor, cerebrum, animam, ignem volgo, reliqua fere singuli. ut multo ante veteres, proxime autem Aristoxenus, musicus idemque philosophus, ipsius corporis intentionem quandam, velut in cantu et fidibus quae ἁρμονία dicitur: sic ex corporis totius natura et figura varios motus cieri tamquam in cantu sonos. hic ab artificio suo non recessit et tamen dixit aliquid, quod ipsum quale esset erat multo ante et dictum et explanatum a Platone. (20) Xenocrates animi figuram et quasi corpus negavit esse ullum, numerum dixit esse, cuius vis, ut iam ante Pythagorae visum erat, in natura maxuma esset. eius doctor Plato triplicem finxit animum, cuius principatum, id est rationem, in capite sicut in arce posuit, et duas partes ei parere voluit, iram et cupiditatem,

concors (eines Herzens) oder das Beiwort *Corculum* (Herzchen) für jenen klugen Nasica[36], der zweimal Konsul war, und der ›ausgezeichnet beherzte Mann (*cordatus*), der scharfsinnige Aelius Sextus‹[37]. (19) Empedokles glaubt, die Seele sei das dem Herzen zufließende Blut; andere sind der Ansicht, ein bestimmter Teil des Gehirns enthalte den führenden Teil der Seele[38]; wieder andere behaupten, weder das Herz selbst noch ein Teil des Gehirns sei die Seele, sondern sie lehren, nur Sitz und Ort der Seele seien im Herzen oder im Gehirn[39]; die Seele aber nennen andere einen Hauch[40], wie fast alle unsere Landsleute – die Sprache beweist das; denn wir sagen *animam agere* (in den letzten Zügen liegen), *animam efflare* (die Seele aushauchen), *animosus* (beseelt), *bene animatus* (mit einer guten Seele versehen) und *ex animi sententia* (nach bestem Wissen und Gewissen); jedenfalls ist das Wort *animus* (Seele) selbst von *anima* (Hauch) hergeleitet –; für den Stoiker Zenon ist die Seele Feuer. Aber die genannten Vorstellungen, Herz, Gehirn, Hauch, Feuer, sind weit verbreitet, die übrigen Vorstellungen haben nur einzelne. So haben vor langer Zeit die alten Philosophen[41], zuletzt aber Aristoxenos, ebenso Musiker wie Philosoph, die Seele als eine Art von Spannung des Körpers selbst bezeichnet, wie sie sich beim Gesang und beim Saiteninstrument finde, wo sie ἁρμονία (Harmonie) genannt wird; so kämen aus dem Wesen und der Gestalt des gesamten Körpers verschiedene Schwingungen gleichwie beim Gesang die Töne. Aristoxenos blieb bei seiner Kunst und sagte doch etwas, was in dieser Form schon viel früher von Platon[42] ausgesprochen und erklärt worden war. (20) Xenokrates bestritt, daß die Seele irgendeine körperliche Gestalt habe, er lehrte, sie sei eine Zahl; denn die Zahl habe, wie es schon zuvor Pythagoras[43] glaubte, in der Natur eine sehr große Bedeutung. Sein Lehrer Platon führte die Lehre von der Dreiteilung der Seele[44] ein; ihren führenden Teil, das ist die Vernunft, siedelte er im Kopf wie auf einer Burg an; er wollte, daß die beiden übrigen Seelenteile, Leidenschaft und

quas locis disclusit: iram in pectore, cupiditatem supter praecordia locavit. (21) Dicaearchus autem in eo sermone, quem Corinthi habitum tribus libris exponit, doctorum hominum disputantium primo libro multos loquentes facit; duobus Pherecratem quendam Phthiotam senem, quem ait a Deucalione ortum, disserentem inducit nihil esse omnino animum, et hoc esse nomen totum inane, frustraque animalia et animantis appellari, neque in homine inesse animum vel animam nec in bestia, vimque omnem eam, qua vel agamus quid vel sentiamus, in omnibus corporibus vivis aequabiliter esse fusam nec separabilem a corpore esse, quippe quae nulla sit, nec sit quicquam nisi corpus unum et simplex, ita figuratum ut temperatione naturae vigeat et sentiat. (22) Aristoteles, longe omnibus – Platonem semper excipio – praestans et ingenio et diligentia, cum quattuor nota illa genera principiorum esset complexus, e quibus omnia orerentur, quintam quandam naturam censet esse, e qua sit mens; cogitare enim et providere et discere et docere et invenire aliquid et tam multa [alia] meminisse, amare odisse, cupere timere, angi laetari, haec et similia eorum in horum quattuor generum inesse nullo putat; quintum genus adhibet vacans nomine et sic ipsum animum **ἐνδελέχειαν** appellat novo nomine quasi quandam continuatam motionem et perennem.

11 Nisi quae me forte fugiunt, haec sunt fere de animo sententiae. Democritum enim, magnum illum quidem virum, sed levibus et rotundis corpusculis efficientem ani-

Begierde, ihm gehorchten; diesen wies er getrennte Sitze zu: die Leidenschaft legte er in die Brust, die Begierde unter das Zwerchfell. (21) Dikaiarchos wiederum läßt in dem Gespräch, das in Korinth stattfand und von dem er in drei Büchern berichtet, im ersten Buch eine Menge von gebildeten Männern in Dialogform sprechen. In den beiden anderen Büchern führt er einen gewissen Pherekrates ein, einen alten Mann aus Phthia, von dem er behauptet, er stamme von Deukalion ab. Diesen läßt er ausführen, die Seele sei überhaupt nichts, und schon der Begriff sei völlig unsinnig, und ohne Grund spreche man von *animalia* (beseelte Lebewesen) und *animantes* (Lebende); weder im Menschen sei eine Seele oder ein Lebenshauch noch im Tier, und die ganze Antriebskraft, mit der wir etwas täten oder empfänden, sei in allen lebendigen Körpern gleichmäßig verteilt und könne vom Körper nicht getrennt werden, da sie ja keine eigene Existenz habe; und es gebe nichts außer dem einen einfachen Körper, der so gestaltet sei, daß er durch das lenkende Prinzip der Natur Kraft und Empfinden habe. (22) Aristoteles, der bei weitem alle – Platon nehme ich immer aus – an Begabung und Sorgfalt übertrifft, meint, nachdem er jene vier bekannten Elemente[45], aus denen alles entstehe, behandelt hat, es gebe noch eine Art fünfte Urkraft, aus der der Geist komme. Denn er ist der Ansicht, Denken, Vorausschauen, Lernen und Lehren, Entdecken von etwas Neuem und Erinnern an soviel anderes, Lieben und Hassen, Begehren, Fürchten, Empfinden von Angst und Freude, dies und ähnliches sei in keinem dieser vier Elemente begründet; er führt eine fünfte Kraft ein, die keinen Namen hat, und so benennt er die Seele selbst mit einem neuen Namen ἐνδελέχεια[46], was etwa eine Art von andauernder und ewiger Bewegung meint.

11 Wenn mir nicht zufällig etwas entgangen ist, sind dies so ziemlich die Lehrmeinungen von der Seele. Demokrit nämlich, jenen wahrlich bedeutenden Mann, der jedoch die Seele sich durch einen zufälligen Zusammenschluß von

mum concursu quodam fortuito, omittamus; nihil est enim apud istos, quod non atomorum turba conficiat. (23) Harum sententiarum quae vera sit, deus aliqui viderit; quae veri simillima, magna quaestio est. utrum igitur inter has sententias diiudicare malumus an ad propositum redire?

Cuperem equidem utrumque, si posset, sed est difficile confundere. quare si, ut ista non disserantur, liberari mortis metu possumus, id agamus; sin id non potest nisi hac quaestione animorum explicata, nunc, si videtur, hoc, illud alias.

Quod malle te intellego, id puto esse commodius; efficiet enim ratio ut, quaecumque vera sit earum sententiarum quas exposui, mors aut malum non sit aut sit bonum potius. (24) nam si cor aut sanguis aut cerebrum est animus, certe, quoniam est corpus, interibit cum reliquo corpore; si anima est, fortasse dissipabitur; si ignis, extinguetur; si est Aristoxeni harmonia, dissolvetur. quid de Dicaearcho dicam, qui nihil omnino animum dicat esse? his sententiis omnibus nihil post mortem pertinere ad quemquam potest; pariter enim cum vita sensus amittitur; non sentientis autem nihil est ullam in partem quod intersit. reliquorum sententiae spem adferunt, si te hoc forte delectat, posse animos, cum e corporibus excesserint, in caelum quasi in domicilium suum pervenire.

leichten und runden Körperchen bilden läßt, wollen wir übergehen. Denn bei ihm und seinen Anhängern gibt es ja nichts, was nicht der Wirbel der Atome bewirkte. (23) Welche von diesen Meinungen die wahre ist, mag ein Gott erkennen; welche die wahrscheinlichste ist, das ist die große Frage. Wollen wir also zwischen diesen Meinungen eine Entscheidung treffen oder lieber zu dem Thema zurückkehren, das wir uns vorgenommen haben?[47]

A: Ich jedenfalls wünschte mir beides, wenn es ginge, aber schwierig ist, es miteinander in Einklang zu bringen. Wenn wir also, ohne diese Fragen zu erörtern, von der Todesfurcht befreit werden können, dann wollen wir das tun. Ist dies aber nicht möglich, ohne zuvor die Frage nach dem Wesen der Seele zu entwickeln, so wollen wir dies jetzt, wenn es dir recht ist, jenes später besprechen.

M: Was du, wie ich sehe, vorziehst, das ist auch meines Erachtens besser; denn die Überlegung wird uns dazu bringen zu erkennen, welche der von mir vorgebrachten Meinungen auch immer die wahre ist, daß der Tod nicht nur kein Übel, sondern vielmehr etwas Gutes ist. (24) Denn wenn die Seele Herz, Blut oder Gehirn ist, dann wird sie gewiß, da sie ja Körper ist, mit dem übrigen Teil des Körpers absterben; wenn sie ein Hauch ist, wird sie sich vielleicht verflüchtigen; ist sie Feuer, wird sie erlöschen; ist sie die Harmonie des Aristoxenos, wird sie sich auflösen. Was soll ich über Dikaiarchos sagen, nach dessen Lehre die Seele überhaupt nichts ist? Nach all diesen Vorstellungen kann niemanden nach seinem Tod irgend etwas betreffen; denn man verliert zusammen mit dem Leben auch die Empfindung; wenn aber jemand keine Empfindung hat, gibt es nichts, was ihn in irgendeiner Weise noch berühren könnte. Die Lehren der übrigen geben uns noch die Hoffnung, die Seelen könnten, sollte dich dies vielleicht erfreuen, nach dem Verlassen der Körper in den Himmel[48] und damit gleichsam in ihre Heimat gelangen.

Me vero delectat, idque primum ita esse velim, deinde, etiamsi non sit, mihi persuaderi tamen velim.

Quid tibi ergo opera nostra opus est? num eloquentia Platonem superare possumus? evolve diligenter eius eum librum, qui est de animo: amplius quod desideres nihil erit.

Feci mehercule, et quidem saepius; sed nescio quo modo, dum lego, adsentior, cum posui librum et mecum ipse de inmortalitate animorum coepi cogitare, adsensio omnis illa elabitur.

(25) Quid? hoc dasne aut manere animos post mortem aut morte ipsa interire?

Do vero.

Quid, si maneant?

Beatos esse concedo.

Sin intereant?

Non esse miseros, quoniam ne sint quidem; iam istuc coacti a te paulo ante concessimus.

Quo modo igitur aut cur mortem malum tibi videri dicis? quae aut beatos nos efficiet animis manentibus aut non miseros sensu carentis.

12 (26) Expone igitur, nisi molestum est, primum, si potes, animos remanere post mortem, tum, si minus id obtinebis – est enim arduum –, docebis carere omni malo mortem. ego enim istuc ipsum vereor ne malum sit non dico carere sensu, sed carendum esse.

Auctoribus quidem ad istam sententiam, quam vis obtineri, uti optimis possumus, quod in omnibus causis et debet

A: Natürlich gefällt mir das, und zunächst möchte ich, daß es so sei, dann aber möchte ich, auch wenn es nicht so ist, mich doch davon überzeugen lassen.

M: Warum müssen wir uns also um dich noch mühen? Können wir etwa an Beredsamkeit Platon übertreffen? Lies sorgfältig sein Buch[49], das von der Seele handelt: dann gibt es nichts mehr, was du noch vermissen könntest.

A: Ich habe es getan, beim Herakles, und zwar schon öfter; aber immer, wenn ich lese, stimme ich irgendwie zu, wenn ich das Buch aber aus der Hand gelegt und bei mir selbst über die Unsterblichkeit der Seelen nachzudenken begonnen habe, dann entschwindet jene Zustimmung völlig.

(25) M: Wieso? Gibst du zu, daß die Seelen nach dem Tode entweder fortbestehen oder durch den Tod selbst vergehen?

A: Das gebe ich zu.

M: Was, wenn sie fortleben?

A: Ich räume ein, daß sie glücklich sind.

M: Wenn sie aber zugrunde gehen?

A: Daß sie nicht unglücklich sind, weil sie ja überhaupt nicht sind; wir sind schon kurz zuvor von dir gezwungen worden, das zuzugeben.

M: Wie also oder warum behauptest du, daß der Tod dir als ein Übel erscheine? Er wird uns, wenn die Seelen fortbestehen, glücklich machen, oder jedenfalls nicht unglücklich, wenn wir keine Empfindung mehr haben.

12 (26) A: Lege also dar, wenn es dir nicht beschwerlich ist, erstens, wenn du kannst, daß die Seelen nach dem Tod fortdauern, zweitens, wenn du jenes nicht vermagst – denn es ist schwierig –, beweise, daß der Tod frei von jedem Übel ist. Ich fürchte nämlich, daß gerade das ein Übel ist, ich meine nicht, keine Empfindung zu haben, sondern sie entbehren zu müssen.

M: Wir können uns allerdings hinsichtlich der Ansicht, die du bewiesen haben möchtest, auf die besten Gewährs-

et solet valere plurimum, et primum quidem omni antiquitate, quae quo propius aberat ab ortu et divina progenie, hoc melius ea fortasse quae erant vera cernebat.

(27) Itaque unum illud erat insitum priscis illis, quos cascos appellat Ennius, esse in morte sensum neque excessu vitae sic deleri hominem, ut funditus interiret; idque cum ⟨e⟩ multis aliis rebus, tum e pontificio iure et e caerimoniis sepulcrorum intellegi licet, quas maxumis ingeniis praediti nec tanta cura coluissent nec violatas tam inexpiabili religione sanxissent, nisi haereret in eorum mentibus mortem non interitum esse omnia tollentem atque delentem, sed quandam quasi migrationem commutationemque vitae, quae in claris viris et feminis dux in caelum soleret esse, in ceteris humi retineretur et permaneret tamen. (28) ex hoc et nostrorum opinione 'Romulus in caelo cum diis agit aevum', ut famae adsentiens dixit Ennius, et apud Graecos indeque perlapsus ad nos et usque ad Oceanum Hercules tantus et tam praesens habetur deus; hinc Liber Semela natus eademque famae celebritate Tyndaridae fratres, qui non modo adiutores in proeliis victoriae populi Romani, sed etiam nuntii fuisse perhibentur. quid? Ino Cadmi filia nonne Λευκοθέα nominata a Graecis Matuta habetur a nostris? quid? totum prope caelum, ne pluris persequar, nonne humano genere completum est? **13** (29) si vero scrutari vetera et ex is ea quae scriptores Graeciae prodiderunt eruere

männer berufen, was in allen Angelegenheiten größte Bedeutung haben muß und gewöhnlich auch hat; und zunächst können wir uns auf das gesamte Altertum[50] stützen, das die Wahrheit um so besser erkannte, je näher es dem Ursprung und der göttlichen Herkunft war.

(27) Daher war dieses eine den Alten, die Ennius Urahnen[51] nennt, eingegeben, daß beim Tod eine Empfindung bleibe und am Lebensende der Mensch nicht so zerstört werde, daß er völlig zugrunde gehe; und dies kann man sowohl an vielen anderen Dingen, besonders aber am Priesterrecht[52] und an den Begräbnisfeierlichkeiten erkennen; diese hätten Menschen von höchster Begabung nicht mit einer so großen Sorgfalt beachtet und ihre Verletzung nicht mit so unsühnbarem Fluch belegt, wenn sie nicht davon überzeugt gewesen wären, daß der Tod nicht ein Untergang sei, der alles aufhebe und zerstöre, sondern gleichsam eine Wanderung und eine Änderung der Lebensform, welche die berühmten Männer und Frauen in den Himmel zu führen pflege, während die übrigen in der Erde blieben und doch fortdauerten[53]. (28) Deshalb »verbringt« nach dem Glauben unserer Landsleute »Romulus sein Leben im Himmel mit den Göttern«, wie Ennius[54], der in Übereinstimmung mit dem Mythos dichtete, sagt; und bei den Griechen gilt Herakles, der von dort zu uns und bis zum Ozean gelangt ist, als ein so gewaltiger und so gegenwärtiger Gott; daher gilt auch der von Semele geborene Liber[55] als Gott, und dieselbe Berühmtheit durch den Mythos genießen die beiden Tyndariden[56], die nicht nur, wie man glaubt, dem römischen Volk in Schlachten zum Sieg verhalfen, sondern auch dessen Boten waren. Wie? Wird nicht Ino, die Tochter des Kadmos, bei den Griechen unter dem Namen Leukothea und bei uns als Matuta[57] verehrt? Wie? Ist nicht beinahe der ganze Himmel, um nicht noch mehr Beispiele anzuführen, mit Vertretern des Menschengeschlechts angefüllt? **13** (29) Wenn ich aber versuchen wollte, das Alte zu erforschen und aus ihm das, was die griechischen Schriftsteller überliefert haben, zu ent-

coner, ipsi illi maiorum gentium dii qui habentur hinc nobis profecti in caelum reperientur. quaere, quorum demonstrentur sepulcra in Graecia; reminiscere, quoniam es initiatus, quae tradantur mysteriis: tum denique, quam hoc late pateat, intelleges. sed qui nondum ea quae multis post annis ⟨homines⟩ tractare coepissent physica didicissent, tantum sibi persuaserant, quantum natura admonente cognoverant, rationes et causas rerum non tenebant, visis quibusdam saepe movebantur, isque maxime nocturnis, ut viderentur ei, qui vita excesserant, vivere.

(30) Ut porro firmissimum hoc adferri videtur cur deos esse credamus, quod nulla gens tam fera, nemo omnium tam sit inmanis, cuius mentem non imbuerit deorum opinio (multi de diis prava sentiunt – id enim vitioso more effici solet –, omnes tamen esse vim et naturam divinam arbitrantur, nec vero id conlocutio hominum aut consessus efficit, non institutis opinio est confirmata, non legibus; omni autem in re consensio omnium gentium lex naturae putanda est) – quis est igitur, qui suorum mortem primum non eo lugeat, quod eos orbatos vitae commodis arbitretur? tolle hanc opinionem, luctum sustuleris. nemo enim maeret suo incommodo: dolent fortasse et anguntur, sed illa lugubris lamentatio fletusque maerens ex eo est, quod eum, quem diliximus, vitae commodis privatum arbitramur idque sentire.

nehmen, so könnte ich finden, daß selbst jene Götter, die als Stammväter alter Geschlechter gelten, von hier aus ihren Weg in den Himmel genommen haben. Frage nach denen, deren Gräber man in Griechenland zeigt; erinnere dich, da du ja eingeweiht bist, was in den Mysterien[58] überliefert wird; dann wirst du schließlich erkennen, wie weit diese Vorstellung verbreitet ist. Aber weil diese Menschen die Dinge, die sie viele Jahre später erst zu behandeln begannen, nämlich die Naturphilosophie[59], noch nicht kannten, waren sie nur von so viel überzeugt, wie sie durch Hinweise der Natur erkannt hatten; die Gesetze und Ursachen der Dinge erkannten sie nicht; oft wurden sie durch bestimmte Erscheinungen, besonders bei Nacht, zu der Auffassung gebracht, daß die Toten weiterleben.

(30) Wie ferner dies offensichtlich als stärkster Beweis für unseren Glauben an die Götter angeführt werden kann, daß kein Volk so wild, kein einziger Mensch so roh ist, daß der Glaube an Götter nicht seinen Geist durchdrungen hätte (viele haben falsche Vorstellungen von den Göttern – das nämlich pflegt von einer fehlerhaften Vorstellung der Allgemeinheit zu kommen –, alle glauben dennoch, daß es eine göttliche Macht und ein göttliches Wesen gibt[60], und dies bewirken nicht Verabredung oder Abmachung unter den Menschen, die Vorstellung ist nicht durch besondere Einrichtungen und nicht durch Gesetze gefestigt; bei einer jeden Frage aber muß die Übereinstimmung aller Völker als Naturgesetz angesehen werden) – wer betrauert also den Tod seiner Angehörigen nicht vor allem deswegen, weil er glaubt, sie seien der Freuden des Lebens beraubt?[61] Nimm den Menschen diese Ansicht, und du wirst die Trauer beseitigen. Denn niemand trauert über den Verlust, den er selbst erleidet: man empfindet vielleicht Schmerz und Ärger, aber jenes bittere Wehklagen und trauernde Weinen kommen daher, daß wir glauben, jener, den wir geliebt haben, sei der Annehmlichkeiten des Lebens beraubt und empfinde das auch. Und dies meinen wir, weil unser angeborenes Gefühl

atque haec ita sentimus natura duce, nulla ratione nullaque doctrina. **14** (31) Maxumum vero argumentum est naturam ipsam de inmortalitate animorum tacitam iudicare, quod omnibus curae sunt, et maxumae quidem, quae post mortem futura sint. ‘serit arbores, quae alteri saeclo prosint’, ut ait ⟨Statius⟩ in Synephebis, quid spectans nisi etiam postera saecula ad se pertinere? ergo arbores seret diligens agricola, quarum aspiciet bacam ipse numquam; vir magnus leges instituta rem publicam non seret? quid procreatio liberorum, quid propagatio nominis, quid adoptationes filiorum, quid testamentorum diligentia, quid ipsa sepulcrorum monumenta elogia significant nisi nos futura etiam cogitare?

(32) Quid? illud num dubitas, quin specimen naturae capi deceat ex optima quaque natura? quae est melior igitur in hominum genere natura quam eorum, qui se natos ad homines iuvandos tutandos conservandos arbitrantur? abiit ad deos Hercules: numquam abisset, nisi, cum inter homines esset, eam sibi viam munivisset. **15** vetera iam ista et religione omnium consecrata: quid in hac re p. tot tantosque viros ob rem p. interfectos cogitasse arbitramur? isdemne ut finibus nomen suum quibus vita terminaretur? nemo umquam sine magna spe inmortalitatis se pro patria offerret ad mortem. (33) licuit esse otioso Themistocli, licuit Epaminondae, licuit, ne et vetera et externa quaeram, mihi; sed nescio quo modo inhaeret in mentibus quasi saeclorum

uns dahin bringt, nicht irgendeine vernünftige Überlegung oder eine Wissenschaft. **14** (31) Aber der größte Beweis dafür, daß die Natur selbst stillschweigend über die Unsterblichkeit der Seelen ihr Urteil spricht, ist, daß alle Menschen sich Sorgen machen, und zwar die größten, über das, was nach dem Tod sein wird. ›Er pflanzt Bäume, die einer anderen Generation Früchte bringen sollen‹, wie Statius[62] in den *Synepheben* sagt; auf was hofft er, wenn nicht darauf, daß auch spätere Generationen mit ihm in Beziehung stehen? Also wird der umsichtige Landmann Bäume pflanzen, deren Früchte er selbst niemals sehen wird. Wird ein bedeutender Mann nicht Gesetze geben, Einrichtungen schaffen, einen Staat gründen? Was bedeutet das Zeugen von Kindern, was die Ausbreitung des Namens, was die Adoption von Söhnen, was die Sorgfalt bei der Erstellung von Testamenten, was selbst die Denkmäler und Inschriften auf den Gräbern, außer daß wir auch an die Zukunft noch denken?

(32) Was? Zweifelst du etwa daran, daß man das Wesen einer Gattung von dem jeweils besten Beispiel herleiten muß?[63] Welche Naturanlage aber ist edler beim Menschengeschlecht als die der Menschen, die glauben, sie seien geschaffen, um ihre Mitmenschen zu unterstützen, zu beschützen und zu bewahren?[64] Herakles ist zu den Göttern aufgestiegen! Er wäre niemals aufgestiegen, wenn er nicht, als er unter den Menschen weilte, sich diesen Weg gebahnt hätte. **15** Dieses ist ein altes, schon durch die religiöse Verehrung aller geheiligtes Beispiel. Was, glauben wir, haben in unserem Staat so viele bedeutende Männer, die wegen des Staates den Tod erlitten, gedacht? Daß ihrem Namen dieselbe Grenze gesetzt sei wie ihrem Leben? Niemand würde sich jemals ohne große Hoffnung auf Unsterblichkeit für das Vaterland dem Tod hingeben. (33) Es wäre Themistokles möglich gewesen, in Muße zu leben, es wäre Epameinondas möglich gewesen, es wäre mir möglich gewesen, um nicht nach alten und ausländischen Beispielen zu suchen; aber auf irgendeine Weise sitzt im Geist eine

quoddam augurium futurorum, idque in maximis ingeniis altissimisque animis et existit maxime et apparet facillime. quo quidem dempto quis tam esset amens, qui semper in laboribus et periculis viveret? loquor de principibus; (34) quid? poetae nonne post mortem nobilitari volunt? unde ergo illud:

> 'Aspicite, o cives, senis Enni imaginis formam:
> Hic vestrum panxit maxima facta patrum?'

mercedem gloriae flagitat ab is quorum patres adfecerat gloria, idemque:

> 'Nemo me lacrimis ...
> Cur? volito vivos per ora virum.'

sed quid poetas? opifices post mortem nobilitari volunt. quid enim Phidias sui similem speciem inclusit in clupeo Minervae, cum inscribere ⟨nomen⟩ non liceret? quid? nostri philosophi nonne in is libris ipsis, quos scribunt de contemnenda gloria, sua nomina inscribunt?

(35) Quodsi omnium consensus naturae vox est, omnesque qui ubique sunt consentiunt esse aliquid, quod ad eos pertineat qui vita cesserint, nobis quoque idem existimandum est, et si, quorum aut ingenio aut virtute animus excellit, eos arbitramur, quia natura optima sint, cernere naturae vim maxume, veri simile est, cum optumus quisque maxume posteritati serviat, esse aliquid, cuius is post mortem sensum sit habiturus.

16 (36) Sed ut deos esse natura opinamur, qualesque sint, ratione cognoscimus, sic permanere animos arbitramur consensu nationum omnium, qua in sede maneant qualesque sint, ratione discendum est. cuius ignoratio finxit infe-

bestimmte Vorahnung zukünftiger Zeiten; sie entsteht besonders und zeigt sich am leichtesten bei den größten Begabungen und den edelsten Geistern. Kommt diese Vorahnung abhanden, wer ist dann noch so unvernünftig, ständig in Mühen und Gefahren zu leben? Ich spreche von führenden Staatsmännern. (34) Was? Wollen nicht auch die Dichter nach ihrem Tod gepriesen werden? Aus diesem Wunsch entspringt folgendes[65]: »Seht, ihr Bürger, das Bild des greisen Ennius; dieser hat die größten Taten eurer Väter besungen.« Den Lohn des Ruhmes fordert er von denen, deren Väter er gerühmt hatte; und ebenso: »Niemand soll mich mit Tränen ... Warum? Ich fliege lebend durch den Mund der Männer.« Aber wozu die Dichter erwähnen? Die Bildhauer wollen nach ihrem Tod ebenfalls gerühmt werden. Wozu brachte nämlich Phidias eine ihm ähnliche Figur auf dem Schild der Minerva[66] an, da ihm ja nicht erlaubt war, seinen Namen einzugravieren? Wie? Und schreiben nicht unsere Philosophen auch in die Bücher, die von der Verachtung des Ruhmes handeln, ihre Namen?

(35) Wenn die Übereinstimmung aller die Stimme der Natur ist und alle überall darin übereinstimmen, daß es etwas gibt, was auch die Toten angeht, dann müssen auch wir das glauben; und wenn wir glauben, daß die, deren Geist durch Begabung oder Tüchtigkeit hervorragt, das Wesen der Natur am besten erkennen, weil sie ja die beste Naturanlage besitzen, dann ist es wahrscheinlich, da gerade die Besten der Nachwelt am meisten dienen, daß es irgend etwas gibt, wovon sie nach dem Tod eine Wahrnehmung haben werden.

16 (36) Aber wie wir von Natur aus an die Existenz der Götter glauben und ihr Wesen durch Überlegung erkennen, so glauben wir auf Grund der Übereinstimmung aller Völker auch, daß die Seelen fortbestehen; wo sie sich aufhalten und wie beschaffen sie sind, das muß man durch die Vernunft zu erfassen versuchen. Die Unkenntnis von diesen Dingen erzeugte die Vorstellung von der Unterwelt und die

ros easque formidines, quas tu contemnere non sine causa videbare. in terram enim cadentibus corporibus isque humo tectis, e quo dictum est humari, sub terra censebant reliquam vitam agi mortuorum; quam eorum opinionem magni errores consecuti sunt, quos auxerunt poetae. (37) frequens enim consessus theatri, in quo sunt mulierculae et pueri, movetur audiens tam grande carmen:

'Adsum atque advenio Acherunte vix via alta atque ardua
Per speluncas saxis structas asperis pendentibus
Maxumis, ubi rigida constat crassa caligo inferum',

tantumque valuit error – qui mihi quidem iam sublatus videtur –, ut, corpora cremata cum scirent. tamen ea fieri apud inferos fingerent, quae sine corporibus nec fieri possent nec intellegi. animos enim per se ipsos viventis non poterant mente complecti, formam aliquam figuramque quaerebant. inde Homeri tota **νέκυια**, inde ea quae meus amicus Appius **νεκυομαντεῖα** faciebat, inde in vicinia nostra Averni lacus,

unde animae excitantur obscura umbra opertae, imagines
mortuorum, alto ostio Acheruntis, salso sanguine.

has tamen imagines loqui volunt, quod fieri nec sine lingua nec sine palato nec sine faucium laterum pulmonum vi et figura potest. nihil enim animo videre poterant, ad oculos omnia referebant.

(38) Magni autem est ingenii sevocare mentem a sensibus et cogitationem ab consuetudine abducere. itaque credo equidem etiam alios tot saeculis, sed quod litteris exstet, Pherecydes Syrius primus dixit animos esse hominum sem-

Schreckensbilder, die du offensichtlich nicht ohne Grund verachtetest. Da nämlich die Körper in die Erde sinken und mit Erde bedeckt werden, weshalb man von ›beerdigen‹ spricht, glaubte man, die Toten verbrächten ihr übriges Leben unter der Erde. Diese Vorstellung über sie führte zu großem Irrglauben, den die Dichter noch ausweiteten. (37) Denn eine große Zuschauermenge im Theater, wo auch Frauen und Kinder sind, wird ergriffen, wenn sie so erhabene Verse hört: »Ich bin da und komme vom Acheron mit Mühe auf steilem und steinigem Weg durch Höhlen, gebildet von riesigen, spitzen und hängenden Felsen, wo die kältestarrende und undurchdringliche Finsternis der Unterwelt herrscht.«[67] So viel vermochte der Irrglaube – mir jedenfalls scheint er jetzt beseitigt –, daß, wenn man auch wußte, daß die Körper verbrannt waren, man dennoch Ereignisse in der Unterwelt erdichtete, die ohne Körper weder geschehen noch gedacht werden können. Denn man konnte sich Seelen, die aus eigener Kraft leben, nicht vorstellen und suchte deshalb nach irgendeiner Form und Gestalt. Daher kommt die ganze νέκυια (Totenbefragung) Homers[68], daher auch die νεκυομαντεῖα (Geisterbeschwörungen), die mein Freund Appius zu veranstalten pflegte, daher in unserer Nachbarschaft der Averner See[69], »aus dem die Seelen, mit dunklen Schatten bedeckt, mit salzigem Blut hervorgelockt werden, Bilder der Toten, aus der tiefen Mündung des Acheron«. Doch sie lassen diese Bilder sprechen, was doch ohne Zunge, ohne Gaumen, ohne die Fähigkeit und Gestalt des Rachens, der Brust und der Lunge nicht geschehen kann. Denn sie konnten mit dem Geist nichts auffassen, sie bezogen alles auf die Augen.

(38) Es zeugt von einer großen Begabung, den Geist von der Sinneswahrnehmung wegzurufen und das Denken von der gewohnten Bahn abzubringen. Deshalb glaube ich, daß schon viele andere in so vielen Jahrhunderten so weit gekommen sind; aber literarisch faßbar lehrte Pherekydes von Syros[70] als erster, die Seelen der Menschen seien ewig, und

piternos, antiquus sane; fuit enim meo regnante gentili. hanc opinionem discipulus eius Pythagoras maxime confirmavit, qui cum Superbo regnante in Italiam venisset, tenuit Magnam illam Graeciam cum honore disciplinae, tum etiam auctoritate, multaque saecula postea sic viguit Pythagoreorum nomen, ut nulli alii docti viderentur. **17** sed redeo ad antiquos. rationem illi sententiae suae non fere reddebant, nisi quid erat numeris aut descriptionibus explicandum: (39) Platonem ferunt, ut Pythagoreos cognosceret, in Italiam venisse et didicisse Pythagorea omnia primumque de animorum aeternitate non solum sensisse idem quod Pythagoram, sed rationem etiam attulisse. quam, nisi quid dicis, praetermittamus et hanc totam spem inmortalitatis relinquamus.

An tu cum me in summam exspectationem adduxeris, deseris? errare mehercule malo cum Platone, quem tu quanti facias scio et quem ex tuo ore admiror, quam cum istis vera sentire.

(40) Macte virtute! ego enim ipse cum eodem ipso non invitus erraverim. num igitur dubitamus –? an sicut pleraque? quamquam hoc quidem minime; persuadent enim mathematici terram in medio mundo sitam ad universi caeli complexum quasi puncti instar optinere, quod **κέντρον** illi vocant; eam porro naturam esse quattuor omnia gignentium corporum, ut, quasi partita habeant inter se ac divisa momenta, terrena et umida suopte nutu et suo pondere ad paris angulos in terram et in mare ferantur, reliquae duae partes,

er gehört gewiß zu den Alten. Er lebte nämlich, als mein Gentilgenosse[71] König war. Diese Meinung festigte besonders sein Schüler Pythagoras, der zur Regierungszeit des Superbus nach Italien gekommen war und jenes Großgriechenland nicht nur durch die Würde seiner Lehre, sondern auch durch sein Ansehen beeindruckte, und noch viele Jahrhunderte später stand der Name der Pythagoreer in einem solchen Ruf, daß niemand sonst gelehrter zu sein schien. **17** Ich kehre jedoch zu den Alten zurück. Eine Begründung für ihre Ansicht gaben sie kaum, außer wenn etwas durch Zahlen oder Zeichnungen zu erklären war. (39) Platon ist der Überlieferung nach, um die Pythagoreer kennenzulernen, nach Italien gekommen[72] und hat die gesamte pythagoreische Lehre aufgenommen, und er hat als erster über die Unsterblichkeit der Seele nicht nur dasselbe gedacht wie Pythagoras, sondern auch eine Begründung dafür gebracht. Diese werden wir, wenn du nichts dagegen hast, übergehen und die ganze Hoffnung auf die Unsterblichkeit beiseite lassen.

A: Läßt du mich nun, nachdem du in mir die größte Erwartung geweckt hast, im Stich? Ich möchte wirklich lieber mit Platon, von dem ich weiß, wie hoch du ihn schätzt, und den ich auf Grund deiner Worte bewundere, in die Irre gehen als mit jenen das Wahre denken.

(40) M: Gut so! Denn ich selbst möchte nicht ungern gerade mit ihm in die Irre gehen. Zweifeln wir also etwa daran?[73] – oder tun wir es doch, wie in den meisten Fällen? Aber gewiß hier doch wohl am wenigsten. Denn die Mathematiker überzeugen uns davon, daß die Erde im Mittelpunkt des Weltalls liegt und im Verhältnis zum Umfang des gesamten Himmels gleichsam nur einen Punkt einnimmt, den sie κέντρον (Zentrum) nennen. Ferner sei dies die Natur der vier Körper, die alles hervorbringen, daß, gleichsam als hätten sie verschiedene und untereinander aufgeteilte Bewegungen, das Irdische und Feuchte durch seine eigene Neigung und sein Gewicht senkrecht auf die Erde und ins

una ignea altera animalis, ut illae superiores in medium locum mundi gravitate ferantur et pondere, sic hae rursum rectis lineis in caelestem locum subvolent, sive ipsa natura superiora adpetente sive quod a gravioribus leviora natura repellantur. quae cum constent, perspicuum debet esse animos, cum e corpore excesserint, sive illi sint animales, id est spirabiles, sive ignei, sublime ferri. (41) si vero aut numerus quidam sit animus, quod subtiliter magis quam dilucide dicitur, aut quinta illa non nominata magis quam non intellecta natura, multo etiam integriora ac puriora sunt, ut a terra longissime se ecferant. Horum igitur aliquid ani⟨mum pute⟩mus ne tam vegeta mens aut in corde cerebrove aut in Empedocleo sanguine demersa iaceat. **18** Dicaearchum vero cum Aristoxeno aequali et condiscipulo suo, doctos sane homines, omittamus; quorum alter ne condoluisse quidem umquam videtur, qui animum se habere non sentiat, alter ita delectatur suis cantibus, ut eos etiam ad haec transferre conetur. harmonian autem ex intervallis sonorum nosse possumus, quorum varia compositio etiam harmonias efficit pluris; membrorum vero situs et figura corporis vacans animo quam possit harmoniam efficere, non video. sed hic quidem, quamvis eruditus sit, sicut est, haec magistro concedat Aristoteli, canere ipse doceat; bene enim illo Graecorum proverbio praecipitur: ‘quam quisque norit artem, in hac se exerceat.’ (42) illam vero funditus eiciamus individuorum corporum levium et rutundorum concursionem fortuitam, quam tamen Democritus concalefactam et spirabilem, id est animalem, esse volt. is autem animus, qui, si est

Meer streben; die übrigen beiden Elemente, das Feurige und das Luftige steigen so, wie jene ersten durch ihre Schwerkraft und ihr Gewicht in die Mitte des Weltalls stürzen, ihrerseits in geraden Linien zum Ort des Himmels empor, sei es weil ihre Natur selbst nach oben strebt, sei es weil vom Schweren das Leichtere naturgemäß abgewiesen wird. Da das feststeht, muß es klar sein, daß die Seelen nach dem Verlassen des Körpers nach oben sich bewegen, seien sie nun aus Luft, das heißt aus Atem, seien sie aus Feuer. (41) Wenn aber die Seele eine Art Zahl ist, was mehr geistreich als einleuchtend behauptet wird, oder jenes fünfte, eher nicht benannte als nicht verstandene Element, dann sind das noch viel einfachere und reinere Wesen, so daß sie sich von der Erde sehr weit erheben können. Etwas davon sollten wir als die Seele ansehen, damit nicht ein so lebhafter Geist im Herzen, im Gehirn oder im Blut, wie Empedokles meint, eingetaucht liegt. **18** Dikaiarchos[74] aber wollen wir zusammen mit seinem Zeitgenossen und Mitschüler Aristoxenos[75], gewiß gelehrte Männer, übergehen. Der eine von diesen scheint nicht einmal je betrübt gewesen zu sein, da er nicht merkt, eine Seele zu haben, der andere erfreut sich so an seinen Gesängen, daß er sie sogar auf das Problem der Seele zu übertragen versucht. Eine Harmonie aber können wir aus den Intervallen der Töne erkennen, deren verschiedenartige Zusammensetzung sogar mehrere Harmonien hervorbringt. Ich sehe indes nicht, wie die Lage der Glieder und die Gestalt des Körpers ohne Seele eine Harmonie bewirken können. Aber dieser möge, obschon er gebildet ist, und das ist er, dies doch seinem Lehrer Aristoteles überlassen, und selbst zu singen lehren. Gut nämlich rät das bekannte griechische Sprichwort: »Ein jeder übe sich in der Kunst, auf die er sich versteht.« (42) Gänzlich verwerfen wollen wir aber jene Lehre von dem zufälligen Zusammentreffen von unteilbaren leichten und runden Körpern, auch wenn es nach Ansicht Demokrits erwärmt und atemartig, das heißt belebt ist. Wenn die Seele aber zu den Elementen

horum quattuor generum, ex quibus omnia constare dicuntur, ex inflammata anima constat, ut potissimum videri video Panaetio, superiora capessat necesse est. nihil enim habent haec duo genera proni et supera semper petunt. ita, sive dissipantur, procul a terris id evenit, sive permanent et conservant habitum suum, hoc etiam magis necesse est ferantur ad caelum et ab is perrumpatur et dividatur crassus hic et concretus aer, qui est terrae proximus. calidior est enim vel potius ardentior animus quam est hic aer, quem modo dixi crassum atque concretum; quod ex eo sciri potest, quia corpora nostra terreno principiorum genere confecta ardore animi concalescunt. **19** (43) accedit ut eo facilius animus evadat ex hoc aere, quem saepe iam appello, eumque perrumpat, quod nihil est animo velocius, nulla est celeritas quae possit cum animi celeritate contendere. qui si permanet incorruptus suique similis, necesse est ita feratur, ut penetret et dividat omne caelum hoc, in quo nubes imbres ventique coguntur, quod et umidum et caliginosum est propter exhalationes terrae.

Quam regionem cum superavit animus naturamque sui similem contigit et adgnovit, iunctis ex anima tenui et ex ardore solis temperato ignibus insistit et finem altius se ecferendi facit. cum enim sui similem et levitatem et calorem adeptus ⟨est⟩, tamquam paribus examinatus ponderibus nullam in partem movetur, eaque ei demum naturalis est sedes, cum ad sui simile penetravit; in quo nulla re egens aletur et sustentabitur isdem rebus, quibus astra sustentantur et aluntur.

gehört, aus denen, wie man sagt, alles besteht, so ist sie aus feuriger Luft[76], wie besonders Panaitios annimmt, wie ich sehe; und sie strebt dann notwendigerweise nach oben. Denn diese beiden Elemente haben nichts Erdverhaftetes und streben immer nach oben. Wenn sie sich auflösen, so geschieht das weit entfernt von der Erde, und wenn sie fortdauern und ihren Zustand behalten, so müssen sie um so mehr zum Himmel emporsteigen und diese dichte und feste Luft, die der Erde am nächsten ist, durchbrechen und zerteilen. Wärmer nämlich oder vielmehr feuriger ist die Seele als diese Luft hier, die ich eben als dicht und fest bezeichnet habe; dies kann man daran erkennen, daß unsere Körper, die aus dem Stoff der irdischen Elemente gebildet sind, von der Hitze der Seele ihre Wärme erhalten. **19** (43) Hinzu kommt, daß die Seele sich um so leichter aus dieser Luft, die ich schon oft erwähnt habe, wegbewegt und sie durchbricht, weil nichts schneller ist als die Seele, weil es keine Geschwindigkeit gibt, die es mit der Geschwindigkeit der Seele aufnehmen könnte. Wenn sie unzerstört und sich selbst gleich fortdauert, muß sie sich so bewegen, daß sie den ganzen Himmel, in dem Wolken, Regen und Winde sich sammeln und der wegen der Ausdünstungen der Erde feucht und diesig ist, durchdringt und durchteilt.

Wenn die Seele diese Region überwunden hat und ein ihr gleiches Element erreicht und erkannt hat, macht sie halt auf Feuern, die aus zartem Hauch und der gemäßigten Glut der Sonne zusammengesetzt sind, und sie beendet ihren Höhenflug. Wenn sie nämlich eine ihr gleiche Leichtigkeit und Wärme erreicht hat, bewegt sie sich, wie durch gleiche Gewichte in der Schwebe gehalten, in keine Richtung mehr, und dieser Sitz ist schließlich ihrem Wesen entsprechend, wenn sie zu dem ihr Gleichen vorgedrungen ist. Dort entbehrt sie nichts mehr, und sie wird ernährt und erhalten werden mit denselben Dingen, mit denen die Gestirne erhalten und ernährt werden.

(44) Cumque corporis facibus inflammari soleamus ad omnis fere cupiditates eoque magis incendi, quod is aemulemur, qui ea habeant quae nos habere cupiamus, profecto beati erimus, cum corporibus relictis et cupiditatum et aemulationum erimus expertes; quodque nunc facimus, cum laxati curis sumus, ut spectare aliquid velimus et visere, id multo tum faciemus liberius totosque nos in contemplandis rebus perspiciendisque ponemus, propterea quod et natura inest in mentibus nostris insatiabilis quaedam cupiditas veri videndi et orae ipsae locorum illorum, quo pervenerimus, quo faciliorem nobis cognitionem rerum caelestium, eo maiorem cognoscendi cupiditatem dabant. (45) haec enim pulchritudo etiam in terris 'patritam' illam et 'avitam', ut ait Theophrastus, philosophiam cognitionis cupiditate incensam excitavit. praecipue vero fruentur ea, qui tum etiam, cum has terras incolentes circumfusi erant caligine, tamen acie mentis dispicere cupiebant.

20 Etenim si nunc aliquid adsequi se putant, qui ostium Ponti viderunt et eas angustias, per quas penetravit ea quae est nominata

Argo, quia Argivi in ea delecti viri
Vecti petebant pellem inauratam arietis,

aut i qui Oceani freta illa viderunt, 'Europam Libyamque rapax ubi dividit unda', quod tandem spectaculum fore putamus, cum totam terram contueri licebit eiusque cum situm, formam, circumscriptionem, tum et habitabiles regiones et rursum omni cultu propter vim frigoris aut caloris vacantis? (46) nos enim ne nunc quidem oculis cernimus ea quae videmus; neque est enim ullus sensus in corpore, sed,

(44) Und da wir ja von den Fackeln des Körpers zu fast allen Begierden entflammt zu werden und um so mehr in Brand zu geraten pflegen, weil wir mit denen wetteifern, die das besitzen, was wir zu haben wünschen, werden wir in der Tat erst dann glücklich sein, wenn wir, von den Körpern befreit, keine Begierden und keine Eifersucht mehr kennen. Und was wir schon jetzt tun in Zeiten, in denen wir von Sorgen frei sind, nämlich daß wir etwas zu sehen und zu schauen wünschen, das werden wir dann viel freier tun und uns ganz der Betrachtung und Erforschung der Dinge widmen; denn von Natur aus ist in unserem Geist eine unersättliche Begierde, die Wahrheit zu schauen, und gerade die Gefilde jener Gegend, in die wir gelangen, werden uns um so mehr Verlangen nach Erkenntnis geben, je leichter sie uns die Erkenntnis der himmlischen Dinge machen. (45) Denn deren Schönheit hat auch auf Erden jene Philosophie »der Väter und Großväter«, wie Theophrast sagt, durch das Verlangen nach Erkenntnis entfacht und zur Entfaltung gebracht. Vornehmlich aber werden diejenigen sie genießen, die schon zu der Zeit, als sie noch auf dieser Erde lebten und von Dunkel umhüllt waren, dennoch mit der Schärfe ihres Geistes hindurchzublicken verlangten.

20 Denn wenn jetzt diejenigen schon glauben, etwas zu erreichen, die den Eingang zum Schwarzen Meer gesehen haben und die Meerenge, durch die hindurchdrang die sogenannte »Argo, weil auf ihr erlesene argivische Männer dahinfahrend das Goldene Vlies des Widders suchten«[77], oder die, die des Ozeans Enge gesehen haben, »wo die reißende Woge Europa und Libyen trennt«[78], was, glauben wir, wird es erst für ein Schauspiel sein, wenn wir die ganze Erde und ihre Lage, ihre Gestalt, ihren Umfang, dann auch die bewohnbaren Gegenden und wiederum die Gebiete, die wegen der Gewalt des Frostes oder der Hitze ohne jede Bebauung sind, betrachten können? (46) Denn wir nehmen auch jetzt nicht mit den Augen wahr, was wir sehen; denn es gibt keinen Wahrnehmungssinn im Körper, sondern, wie

ut non physici solum docent verum etiam medici, qui ista aperta et patefacta viderunt, viae quasi quaedam sunt ad oculos, ad auris, ad naris a sede animi perforatae. itaque saepe aut cogitatione aut aliqua vi morbi impediti apertis atque integris et oculis et auribus nec videmus nec audimus, ut facile intellegi possit animum et videre et audire, non eas partis quae quasi fenestrae sint animi, quibus tamen sentire nihil queat mens, nisi id agat et adsit. quid, quod eadem mente res dissimillimas comprendimus, ut colorem, saporem, calorem, odorem, sonum? quae numquam quinque nuntiis animus cognosceret, nisi ad eum omnia referrentur et is omnium iudex solus esset. atque ea profecto tum multo puriora et dilucidiora cernentur, cum, quo natura fert, liber animus pervenerit. (47) nam nunc quidem, quamquam foramina illa, quae patent ad animum a corpore, callidissimo artificio natura fabricata est, tamen terrenis concretisque corporibus sunt intersaepta quodam modo: cum autem nihil erit praeter animum, nulla res obiecta impediet, quo minus percipiat, quale quidque sit.

21 Quamvis copiose haec diceremus, si res postularet, quam multa, quam varia, quanta spectacula animus in locis caelestibus esset habiturus. (48) quae quidem cogitans soleo saepe mirari non nullorum insolentiam philosophorum, qui naturae cognitionem admirantur eiusque inventori et principi gratias exultantes agunt eumque venerantur ut deum; liberatos enim se per eum dicunt gravissimis dominis, terrore sempiterno et diurno ac nocturno metu. quo terrore? quo

nicht nur die Naturphilosophen, sondern auch die Ärzte lehren, die das offen daliegend gesehen haben, gibt es gleichsam bestimmte Wege, die zu den Augen, Ohren und der Nase hin vom Sitz der Seele aus durchgebohrt sind. So kommt es häufig vor, daß wir, durch eine Überlegung oder die Heftigkeit einer Krankheit beansprucht, weder sehen noch hören, obwohl Augen und Ohren offen und unversehrt sind; daran kann man leicht erkennen, daß die Seele sieht und hört und nicht die Körperteile, die gleichsam die Fenster der Seele sind, mit denen der Geist dennoch nichts wahrnehmen könnte, wenn er sich nicht darauf konzentriert und aufmerksam ist. Nehmen wir außerdem nicht mit demselben Geist die unterschiedlichsten Dinge wahr wie Farbe, Geschmack, Hitze, Geruch und Klang? Das würde die Seele niemals durch ihre fünf Boten erkennen, wenn sich nicht alles auf sie bezöge und sie nicht allein über alles Richterin wäre. Und diese Dinge werden gewiß dann viel reiner und klarer erkannt werden, wenn die Seele frei dorthin gelangt, wohin sie ihre Natur treibt. (47) Denn jetzt jedenfalls sind jene Gänge, die zur Seele vom Körper führen, obschon die Natur sie mit der feinsinnigsten Kunstfertigkeit gebaut hat, doch auf gewisse Weise durch irdische und feste Körper versperrt.[79] Wenn aber nichts mehr außer der Seele sein wird, dann wird nichts dazwischentreten und sie hindern, das Wesen einer jeden Sache zu erfassen.

21 Ganz ausführlich könnten wir darüber sprechen, wenn die Sache es erforderte, wie viele, wie verschiedene, wie großartige Schauspiele die Seele im Himmel genießen wird. (48) Wenn ich darüber nachdenke, pflege ich mich oft zu wundern über die Unverschämtheit gewisser Philosophen, die die Naturerkenntnis bewundern, ihrem Erfinder und Wegweiser überschwenglich danken und ihn verehren wie einen Gott[80]; denn sie sagen, sie seien durch ihn von den schlimmsten Herren befreit worden, nämlich von ewigem Schrecken und von Furcht bei Tag und Nacht. Von welchem Schrecken? Von welcher Furcht? Welches alte Weib ist denn

metu? quae est anus tam delira quae timeat ista, quae vos videlicet, si physica non didicissetis, timeretis, 'Acherunsia templa alta Orci, pallida leti, nubila tenebris loca'? non pudet philosophum in eo gloriari, quod haec non timeat et quod falsa esse cognoverit? e quo intellegi potest, quam acuti natura sint, quoniam haec sine doctrina credituri fuerunt. (49) praeclarum autem nescio quid adepti sunt, quod didicerunt se, cum tempus mortis venisset, totos esse perituros. quod ut ita sit – nihil enim pugno –, quid habet ista res aut laetabile aut gloriosum? Nec tamen mihi sane quicquam occurrit, cur non Pythagorae sit et Platonis vera sententia. ut enim rationem Plato nullam adferret – vide, quid homini tribuam –, ipsa auctoritate me frangeret: tot autem rationes attulit, ut velle ceteris, sibi certe persuasisse videatur.

22 (50) Sed plurimi contra nituntur animosque quasi capite damnatos morte multant, neque aliud est quicquam cur incredibilis is animorum videatur aeternitas, nisi quod nequeunt qualis animus sit vacans corpore intellegere et cogitatione comprehendere. quasi vero intellegant, qualis sit in ipso corpore, quae conformatio, quae magnitudo, qui locus; ut, si iam possent in homine vivo cerni omnia quae nunc tecta sunt, casurusne in conspectum videatur animus, an tanta sit eius tenuitas, ut fugiat aciem? (51) haec reputent isti qui negant animum sine corpore se intellegere posse: videbunt, quem in ipso corpore intellegant. mihi quidem na-

so von Sinnen, daß sie das fürchtete, was ihr offensichtlich, wenn ihr nicht Naturwissenschaft studiert hättet, fürchten würdet, »die tiefen Hallen am Acheron im Orkus, die todesbleichen, neblig dunklen Orte«[81]. Muß sich ein Philosoph denn nicht schämen, sich zu rühmen, daß er dieses nicht fürchtet und daß er es als falsch erkannt hat? Daraus kann man erkennen, wie scharfsinnig jene von Natur aus sind, da sie ja dieses Zeug ohne ihre Belehrung geglaubt hätten. (49) Etwas Großartiges durchaus haben sie damit erreicht, daß sie gelernt haben, sie würden, wenn die Stunde des Todes gekommen sei, ganz zugrunde gehen. Mag das so sein – ich will nämlich nicht dagegen angehen –, was hat diese Erkenntnis Erfreuliches oder Großartiges? Und doch kommt mir gewiß nichts in den Sinn, weshalb die Ansicht des Pythagoras und Platon unrichtig[82] sein sollte. Selbst wenn Platon keinen Beweis erbrächte – schau, wie ich diesem Mann vertraue –, er würde mich allein schon durch sein Ansehen überzeugen; er brachte allerdings so viele Beweise, daß er die anderen davon überzeugen wollte, wie es scheint, wovon er selbst fest überzeugt war.

22 (50) Aber sehr viele halten dagegen und bestrafen die Seelen gleichsam wie zur Hinrichtung Verurteilte mit dem Tod, und dabei haben sie keinen anderen Grund, warum ihnen die Ewigkeit der Seelen unglaublich erscheint, außer daß sie nicht in der Lage sind, zu erkennen und durch Nachdenken zu begreifen, wie eine Seele ohne Körper beschaffen sein kann, als ob sie wirklich verstünden, wie beschaffen sie im Körper selbst ist, welche Form und welche Größe sie hat und an welcher Stelle sie ist; angenommen, man könnte all das, was jetzt verborgen ist, schon bei einem lebenden Menschen sichtbar machen, würde dann auch die Seele ins Blickfeld geraten, oder ist ihre Zartheit so groß, daß sie sich dem Blick der Augen entzieht? (51) Das sollen jene bedenken, die behaupten, sie könnten sich eine Seele ohne Körper nicht vorstellen. Sie werden schon sehen, wie sie sich die Seele im Körper selbst vorstellen. Mir jedenfalls

turam animi intuenti multo difficilior occurrit cogitatio, multo obscurior, qualis animus in corpore sit tamquam alienae domi, quam qualis, cum exierit et in liberum caelum quasi domum suam venerit. nisi enim, quod numquam vidimus, id quale sit intellegere non possumus, certe et deum ipsum et divinum animum corpore liberatum cogitatione complecti possumus. Dicaearchus quidem et Aristoxenus, quia difficilis erat animi quid aut qualis esset intellegentia, nullum omnino animum esse dixerunt. (52) est illud quidem vel maxumum animo ipso animum videre, et nimirum hanc habet vim praeceptum Apollinis, quo monet ut se quisque noscat. non enim credo id praecipit, ut membra nostra aut staturam figuramve noscamus; neque nos corpora sumus, nec ego tibi haec dicens corpori tuo dico. cum igitur 'nosce te' dicit, hoc dicit: 'nosce animum tuum.' nam corpus quidem quasi vas est aut aliquod animi receptaculum; ab animo tuo quicquid agitur, id agitur a te. hunc igitur nosse nisi divinum esset, non esset hoc acrioris cuiusdam animi praeceptum tributum deo [sc. hoc se ipsum posse cognoscere].

(53) Sed si, qualis sit animus, ipse animus nesciet, dic quaeso, ne esse quidem se sciet, ne moveri quidem se? ex quo illa ratio nata est Platonis, quae a Socrate est in Phaedro explicata, a me autem posita est in sexto libro de re p.: **23** 'Quod semper movetur, aeternum est; quod autem motum adfert alicui quodque ipsum agitatur aliunde, quando finem habet motus, vivendi finem habeat necesse

erscheint, wenn ich über das Wesen der Seele nachdenke, die Überlegung viel schwieriger und viel dunkler, wie beschaffen die Seele im Körper ist, wo sie sich gleichsam in einer fremden Wohnung aufhält, als die Überlegung, wie beschaffen die Seele ist, wenn sie den Körper verlassen hat und in den freien Himmelsraum wie in ihr Zuhause gelangt ist. Wenn wir nämlich etwas, was wir niemals gesehen haben, in seiner Beschaffenheit sehr wohl erkennen können, so können wir uns sicherlich von Gott selbst und der vom Körper befreiten göttlichen Seele durch unser Denken eine Vorstellung machen. Dikaiarchos allerdings und Aristoxenos[83] sagten, weil ja die Vorstellung davon, was und wie beschaffen die Seele ist, für sie schwierig war, es gebe überhaupt keine Seele. (52) Das jedenfalls ist das Allergrößte, mit der Seele selbst die Seele zu erkennen, und offensichtlich hat das Gebot Apollos diese Bedeutung, wenn er sagt, daß ein jeder sich selbst erkennen solle. Ich glaube nämlich nicht, daß er befiehlt, wir sollten unsere Glieder oder unsere Gestalt oder unser Aussehen erkennen. Denn wir sind nicht Körper, und wenn ich dies zu dir sage, dann sage ich es nicht deinem Körper. Wenn er also sagt: »Erkenne dich«[84], dann meint er dies: ›erkenne deine Seele‹. Denn der Körper ist gleichsam ein Gefäß oder eine Art von Behälter für die Seele; nur was von deiner Seele getan wird, das wird von dir getan. Wenn es also nicht etwas Göttliches wäre, diese zu erkennen, dann wäre auch nicht dieses Gebot eines überaus scharfen Geistes einem Gott zugeschrieben worden.

(53) Wenn aber die Seele selbst nicht wissen sollte, wie die Seele beschaffen ist, sag mir bitte, wird sie dann nicht wenigstens wissen, daß sie existiert und daß sie sich bewegt. Aus dieser Überlegung ist jener Beweis Platons entstanden, der von Sokrates im *Phaidros*[85] entwickelt und von mir im 6. Buch von *De re publica*[86] angeführt wurde: **23** »Was sich immer bewegt, ist ewig; was aber etwas anderes bewegt und selbst anderswoher bewegt wird, hat notwendigerweise dann sein Lebensende, wenn es ein Ende der Bewegung er-

est. solum igitur, quod se ipsum movet, quia numquam deseritur a se, numquam ne moveri quidem desinit; quin etiam ceteris quae moventur hic fons, hoc principium est movendi. (54) principii autem nulla est origo; nam e principio oriuntur omnia, ipsum autem nulla ex re alia nasci potest; nec enim esset id principium, quod gigneretur aliunde. quod si numquam oritur, ne occidit quidem umquam; nam principium extinctum nec ipsum ab alio renascetur nec ex se aliud creabit, siquidem necesse est a principio oriri omnia. ita fit, ut motus principium ex eo sit, quod ipsum a se movetur; id autem nec nasci potest nec mori, vel concidat omne caelum omnisque natura ⟨et⟩ consistat necesse est nec vim ullam nanciscatur, qua a primo inpulsa moveatur. cum pateat igitur aeternum id esse, quod se ipsum moveat, quis est qui hanc naturam animis esse tributam neget? inanimum est enim omne, quod pulsu agitatur externo; quod autem est animal, id motu cietur interiore et suo; nam haec est propria natura animi atque vis. quae si est una ex omnibus quae se ipsa [semper] moveat, neque nata certe est et aeterna est.' (55) licet concurrant omnes plebei philosophi – sic enim i, qui a Platone et Socrate et ab ea familia dissident, appellandi videntur –, non modo nihil umquam tam eleganter explicabunt, sed ne hoc quidem ipsum quam subtiliter conclusum sit intellegent. sentit igitur animus se moveri; quod cum sentit, illud una sentit, se vi sua, non aliena moveri, nec acci-

fährt. Also nur das, was sich selbst bewegt, hört niemals auf, sich zu bewegen, weil es niemals von sich im Stich gelassen wird. Ja, sogar für das übrige, was sich bewegt, ist dies die Quelle, dies der Urgrund der Bewegung. (54) Für einen Urgrund aber gibt es keinen Anfang; denn aus dem Urgrund entsteht alles, er selbst aber kann aus nichts anderem entstehen. Denn das wäre kein Urgrund, was anderswoher entstände. Wenn etwas niemals entsteht, geht es auch niemals zugrunde; denn ein Urgrund, wenn er einmal vernichtet ist, wird selbst nicht von etwas anderem her neu entstehen und nicht aus sich selbst ein anderes hervorbringen, wenn notwendigerweise von einem Urgrund alles entsteht. Folglich kommt der Urgrund der Bewegung aus dem, was sich selbst von sich aus bewegt; das aber kann weder geboren werden noch sterben, oder der ganze Himmel müßte einstürzen und die ganze Natur zum Stehen kommen und keine Kraft mehr erlangen, wodurch sie von neuem in Bewegung gesetzt würde. Da das offensichtlich ewig ist, was sich selbst bewegt, wer könnte da leugnen, daß diese Wesensart den Seelen zu eigen ist? Unbeseelt nämlich ist alles, was durch einen Antrieb von außen bewegt wird; was aber ein Lebewesen ist, dieses wird von einem inneren und eigenen Antrieb bewegt; denn dies ist das der Seele eigentümliche Wesen und ihre Kraft. Wenn sie von allem das einzige ist, was sich unaufhörlich selbst bewegt, dann ist sie gewiß nicht entstanden, und sie ist ewig.« (55) Alle plebejischen Philosophen[87] mögen nun zusammenlaufen – so nämlich muß man offensichtlich diejenigen, die von Platon und Sokrates und ihrer Schule abweichen, nennen –, sie werden nicht nur niemals etwas so fein erklären können, sondern nicht einmal erkennen, wie genau diese Beweisführung ist. Es empfindet nun die Seele, daß sie sich bewegt. Wenn sie dies spürt, fühlt sie zugleich auch, daß sie durch ihre eigene, nicht durch fremde Kraft bewegt wird und daß sie unmöglich jemals von sich selbst im Stich gelassen wer-

dere posse ut ipse umquam a se deseratur. ex quo efficitur aeternitas, nisi quid habes ad haec.

Ego vero facile sim passus ne in mentem quidem mihi aliquid contra venire; ita isti faveo sententiae.

24 (56) Quid? illa tandem num leviora censes, quae declarant inesse in animis hominum divina quaedam? quae si cernerem quem ad modum nasci possent, etiam quem ad modum interirent viderem. nam sanguinem bilem pituitam ossa nervos venas, omnem denique membrorum et totius corporis figuram videor posse dicere unde concreta et quo modo facta sint: animum ipsum – si nihil esset in eo nisi id, ut per eum viveremus, tam natura putarem hominis vitam sustentari quam vitis, quam arboris; haec enim etiam dicimus vivere. item si nihil haberet animus hominis nisi ut appeteret aut fugeret, id quoque esset ei commune cum bestiis. (57) Habet primum memoriam, et eam infinitam rerum innumerabilium. quam quidem Plato recordationem esse volt vitae superioris. nam in illo libro, qui inscribitur Menon, pusionem quendam Socrates interrogat quaedam geometrica de dimensione quadrati. ad ea sic ille respondet ut puer, et tamen ita faciles interrogationes sunt, ut gradatim respondens eodem perveniat, quo si geometrica didicisset. ex quo effici volt Socrates, ut discere nihil aliud sit nisi recordari. quem locum multo etiam accuratius explicat in eo sermone, quem habuit eo ipso die, quo excessit e vita; docet enim quemvis, qui omnium rerum rudis esse videatur, bene interroganti respondentem declarare se non tum illa discere,

den kann. Daraus ergibt sich ihre Ewigkeit – wenn du nichts dagegen einzuwenden hast.

A: Ich habe es mir ganz gerne gefallen lassen, daß mir ein Einwand dagegen nicht einmal in den Sinn gekommen ist; so sehr gefällt mir diese Ansicht.

24 (56) M: Was nun? Hältst du etwa die Tatsachen für weniger wichtig, die zeigen, daß in den Seelen der Menschen etwas Göttliches ist?[88] Wenn ich erkennen könnte, wie dies entstehen kann, könnte ich auch sehen, wie es zugrunde geht. Denn vom Blut, der Galle, dem Schleim, den Knochen, den Sehnen, den Venen, dem ganzen Aussehen der Glieder schließlich und des ganzen Körpers glaube ich sagen zu können, woraus sie zusammengefügt und wie sie entstanden sind: Was die Seele selbst aber angeht, wenn nichts in ihr wäre außer dem Vermögen, daß wir durch sie leben, würde ich glauben, daß von der Natur das Leben des Menschen in derselben Weise aufrechterhalten wird wie das eines Weinstocks und eines Baumes; denn auch davon sagen wir, daß sie leben. Ebenso wenn die Seele des Menschen keine andere Fähigkeit hätte, außer zu erstreben oder zu meiden, so hätte sie auch das mit den Tieren gemein. (57) Aber sie hat vor allem das Gedächtnis, und zwar ein unbegrenztes für unzählige Dinge. Nach Platons Ansicht ist dies jedenfalls die Erinnerung an ein früheres Leben. Denn in dem Buch, das den Titel *Menon*[89] trägt, stellt Sokrates einem Jungen geometrische Fragen über den Flächeninhalt des Quadrats. Darauf antwortet jener, wie es von einem Kind nicht anders zu erwarten ist, und doch sind die Fragen so geschickt, daß er, Schritt für Schritt antwortend, an denselben Punkt gelangt, zu dem er gekommen wäre, wenn er Geometrie gelernt hätte. Sokrates will damit beweisen, daß Lernen nichts anderes sei als Wiedererinnerung[90]. Dieses Thema entwickelt er noch viel genauer in dem Gespräch, das er ausgerechnet an seinem Todestag führte.[91] Denn er lehrt, daß jeder, der in allen Dingen ungebildet zu sein scheine, durch Antworten auf geschickte Fragen zeige, daß

sed reminiscendo recognoscere, nec vero fieri ullo modo posse, ut a pueris tot rerum atque tantarum insitas et quasi consignatas in animis notiones, quas ἐννοίας vocant, haberemus, nisi animus, ante quam in corpus intravisset, in rerum cognitione viguisset. (58) cumque nihil esset ⟨eorum, quae sensibus perciperentur⟩, ut omnibus locis a Platone disseritur – nihil enim putat esse, quod oriatur et intereat, idque solum esse, quod semper tale sit quale est (ἰδέαν appellat ille, nos speciem) –, non potuit animus haec in corpore inclusus adgnoscere, cognita attulit; ex quo tam multarum rerum cognitionis admiratio tollitur. neque ea plane videt animus, cum repente in tam insolitum tamque perturbatum domicilium inmigravit, sed cum se collegit atque recreavit, tum adgnoscit illa reminiscendo. ita nihil est aliud discere nisi recordari. (59) Ego autem maiore etiam quodam modo memoriam admiror. quid est enim illud quo meminimus, aut quam habet vim aut unde naturam? non quaero, quanta memoria Simonides fuisse dicatur, quanta Theodectes, quanta is, qui a Pyrrho legatus ad senatum est missus, Cineas, quanta nuper Charmadas, quanta, qui modo fuit, Scepsius Metrodorus, quanta noster Hortensius: de communi hominum memoria loquor, et eorum maxume qui in aliquo maiore studio et arte versantur, quorum quanta mens sit, difficile est existimare; ita multa meminerunt. **25** (60) Quorsus igitur haec spectat oratio? quae sit illa vis et unde sit, intellegendum puto. non est certe nec cordis nec sanguinis nec cerebri nec atomorum; animae sit

er die Dinge nicht im Moment lerne, sondern durch Wiedererinnern wiedererkenne; in der Tat könnten wir unmöglich von Kindheit an Begriffe von so vielen und so bedeutenden Dingen in unseren Seelen eingepflanzt und gleichsam gesiegelt haben, die man ἔννοιαι nennt, wenn nicht die Seele vor ihrem Eintritt in den Körper eine lebendige Kenntnis der Gegenstände besessen hätte. (58) Da ferner ⟨von dem, was mit den Sinnen erfaßt werden kann⟩ nichts existiert, wie Platon immer wieder darlegt – er glaubt nämlich, daß das, was entstehe und vergehe, nichts sei und daß nur das wirklich existiere, was immer so beschaffen sei, wie es sei (er nennt es ἰδέα [Idee], wir *species* [Form]) –, konnte die Seele, im Körper eingeschlossen, dies nicht erkennen, sondern brachte nur bereits Bekanntes bei; daher schwindet das Wunderbare an der Tatsache, daß sie so viele Dinge erkennt. Aber die Seele sieht diese Dinge nicht sogleich klar, wenn sie plötzlich in eine so ungewohnte und unruhige Wohnung eingezogen ist, sondern wenn sie sich innerlich gesammelt und erholt hat, dann erkennt sie jene Dinge durch Wiedererinnern. So ist Lernen nichts anderes als Wiedererinnern. (59) Ich aber bewundere in noch weit höherem Maße das Gedächtnis.[92] Denn was ist das, durch das wir uns erinnern, oder welche Kraft hat es oder woher sein Wesen? Ich frage nicht, welche Gedächtnisstärke Simonides[93] besessen haben soll, welche Theodektes oder Kineas, der von Pyrrhus als Gesandter zum Senat geschickt wurde, oder in jüngerer Zeit Charmadas oder Metrodoros von Skepsis, der kürzlich verstorben ist, oder unser Landsmann Hortensius: ich spreche über das allen Menschen gemeinsame Gedächtnis, und besonders über das derjenigen, die sich auf einem wichtigen Gebiet der Wissenschaft oder Kunst betätigen. Es ist schwierig abzuschätzen, wie umfassend deren Geist ist. An so vieles erinnern sie sich. **25** (60) Worauf zielt also diese Darlegung? Ich glaube, man muß erkennen, was jene Kraft ist und woher sie kommt. Sie kommt gewiß nicht von dem Herzen, dem Blut, dem Gehirn und den Atomen; ich

ignisne nescio, nec me pudet ut istos fateri nescire quod nesciam: illud, si ulla alia de re obscura adfirmare possem, sive anima sive ignis sit animus, eum iurarem esse divinum. quid enim, obsecro te, terrane tibi hoc nebuloso et caliginoso caelo aut sata aut concreta videtur tanta vis memoriae? si quid sit hoc non vides, at quale sit vides; si ne id quidem, at quantum sit profecto vides. (61) quid igitur? utrum capacitatem aliquam in animo putamus esse, quo tamquam in aliquod vas ea quae meminimus infundantur? absurdum id quidem; qui enim fundus aut quae talis animi figura intellegi potest aut quae tanta omnino capacitas? an inprimi quasi ceram animum putamus, et esse memoriam signatarum rerum in mente vestigia? quae possunt verborum, quae rerum ipsarum esse vestigia, quae porro tam inmensa magnitudo, quae illa tam multa possit effingere?

(62) Quid? illa vis quae tandem est quae investigat occulta, quae inventio atque excogitatio dicitur? ex hacne tibi terrena mortalique natura et caduca concreta ea videtur? aut qui primus, quod summae sapientiae Pythagorae visum est, omnibus rebus imposuit nomina? aut qui dissipatos homines congregavit et ad societatem vitae convocavit, aut qui sonos vocis, qui infiniti videbantur, paucis litterarum notis terminavit, aut qui errantium stellarum cursus praegressiones insti[tu]tiones notavit? omnes magni; etiam superiores,

weiß nicht, ob sie Luft oder Feuer ist, und ich schäme mich nicht wie jene zuzugeben, nicht zu wissen, was ich nicht weiß: Wenn ich überhaupt in irgendeiner unklaren Sache eine sichere Aussage machen könnte, so würde ich, gleichgültig, ob die Seele nun Atemhauch oder Feuer ist, beschwören, daß sie göttlich ist. Wie denn, ich bitte dich: erscheint dir aus der Erde, umgeben von diesem wolkigen und dunklen Himmel, die so gewaltige Kraft des Gedächtnisses entstanden oder gebildet zu sein? Wenn du schon nicht erkennst, was sie ist, dann siehst du doch, wie sie beschaffen ist. Wenn du auch dies nicht siehst, so doch, wie bedeutend sie ist. (61) Wie nun? Sollen wir annehmen, daß in der Seele irgendein Raum ist, in den gleichsam wie in ein Gefäß das, woran wir uns erinnern, hineingegossen wird? Das allerdings ist Unsinn. Denn wie kann man sich einen Boden oder eine solche Gestalt der Seele oder überhaupt einen so großen Raum vorstellen? Oder sollen wir annehmen, daß die Seele wie Wachs Eindrücke aufnehmen kann und daß das Gedächtnis die Spuren der im Geist eingeprägten Dinge sei? Aber was können die Spuren von Worten, was die Spuren von den Dingen selbst sein; ferner, welches Ausmaß ist so unermeßlich, daß es derart viele Eindrücke in einem Abbild festhalten kann?

(62) Und weiter? Was ist schließlich jene Fähigkeit, die Verborgenes erforscht und die man als Erfindungsgabe und Denken bezeichnet? Glaubst du, sie sei aus dieser irdischen, sterblichen und hinfälligen Natur geschaffen? Oder die Fähigkeit dessen, der als erster, was Pythagoras als Leistung höchster Weisheit bezeichnet, allen Dingen ihre Namen gab?[94] Oder die Fähigkeit dessen, der die zerstreut lebenden Menschen zusammenscharte und sie zu einer Lebensgemeinschaft zusammenrief, oder die desjenigen, der die Töne der Stimme, die unbegrenzt schienen, durch wenige Schriftzeichen begrenzte, oder die desjenigen, der die Bahnen der Planeten, ihr Vorrücken und ihren Stillstand aufzeichnete? Lauter bedeutende Männer. Auch die Früheren, die Früchte,

qui fruges, qui vestitum, qui tecta, qui cultum vitae, qui praesidia contra feras invenerunt, a quibus mansuefacti et exculti a necessariis artificiis ad elegantiora defluximus. nam et auribus oblectatio magna parta est inventa et temperata varietate et natura sonorum, et astra suspeximus cum ea quae sunt infixa certis locis, tum illa non re sed vocabulo errantia, quorum conversiones omnisque motus qui animo vidit, is docuit similem animum suum eius esse, qui ea fabricatus esset in caelo. (63) nam cum Archimedes lunae solis quinque errantium motus in sphaeram inligavit, effecit idem quod ille, qui in Timaeo mundum aedificavit, Platonis deus, ut tarditate et celeritate dissimillimos motus una regeret conversio. quod si in hoc mundo fieri sine deo non potest, ne in sphaera quidem eosdem motus Archimedes sine divino ingenio potuisset imitari. **26** (64) Mihi vero ne haec quidem notiora et inlustriora carere vi divina videntur, ut ego aut poetam grave plenumque carmen sine caelesti aliquo mentis instinctu putem fundere, aut eloquentiam sine maiore quadam vi fluere abundantem sonantibus verbis uberibusque sententiis. philosophia vero, omnium mater artium, quid est aliud nisi, ut Plato, donum, ut ego, inventum deorum? haec nos primum ad illorum cultum, deinde ad ius hominum, quod situm est in generis humani societate, tum ad modestiam magnitudinemque animi erudivit, eademque ab animo tamquam ab oculis caliginem dispulit,

Kleidung, Häuser, feinere Lebensart und Schutz gegen wilde Tiere entdeckten, und die, von denen wir zivilisiert und kultiviert wurden und so allmählich von den lebensnotwendigen Fertigkeiten auf eine höhere Kulturstufe gelangten. Denn dadurch, daß man das Wesen der Töne erkannte und durch Mischung verschiedener Töne zu einer Harmonie kam, schuf man einen großen Genuß für die Ohren, und wir schauen auf zu den Sternen, sowohl zu denen, die an einem bestimmten Ort feststehen, als auch zu denen, die nur dem Namen nach, nicht aber in Wirklichkeit umherirren[95]; wer deren Umdrehungen und all ihre Bewegungen mit dem Geist erkannt hat, der hat bewiesen, daß seine Seele der Seele desjenigen ähnlich ist, der sie am Himmel geschaffen hat. (63) Denn dadurch daß Archimedes[96] die Bewegungen des Mondes, der Sonne und der fünf Planeten auf einer Kugel verknüpfte, bewirkte er dasselbe wie jener Gott Platons, der im *Timaios* das Weltall erbaute, nämlich daß eine einzige Umdrehung die in Langsamkeit und Schnelligkeit sehr unterschiedlichen Bewegungen lenkte. Wenn das in diesem Weltall ohne Gott nicht geschehen kann, dann hätte auch Archimedes dieselben Bewegungen auf einer Kugel nicht ohne göttliche Begabung nachbilden können. **26** (64) Mir scheinen auch jene bekannteren und berühmteren Künste nicht ohne göttliche Kraft zu bestehen, so daß ich glauben sollte, ein Dichter könne ein erhabenes und inhaltsreiches Gedicht ohne eine Art himmlischer Inspiration des Geistes schaffen, oder die Beredsamkeit könne ohne eine höhere Kraft dahinfließen, überreich an wohlklingenden Worten und gehaltvollen Sätzen. Die Philosophie aber, die Mutter aller Künste, was ist sie anderes, wie Platon[97] es sagt, als ein Geschenk, wie ich aber meine, als eine Erfindung der Götter? Sie hat uns zunächst zu deren Verehrung, dann zum Recht der Menschen untereinander, das in der Gemeinschaft des Menschengeschlechts begründet ist, und dann zu Mäßigung und Erhabenheit des Geistes erzogen, und eben sie hat vor dem Geist gleichsam

ut omnia supera infera prima ultima media videremus. (65) prorsus haec divina mihi videtur vis, quae tot res efficiat et tantas. quid est enim memoria rerum et verborum? quid porro inventio? profecto id, quo ne in deo quidem quicquam maius intellegi potest. non enim ambrosia deos aut nectare aut Iuventate pocula ministrante laetari arbitror, nec Homerum audio, qui Ganymeden ab dis raptum ait propter formam, ut Iovi bibere ministraret; non iusta causa, cur Laomedonti tanta fieret iniuria. fingebat haec Homerus et humana ad deos transferebat: divina mallem ad nos. quae autem divina? vigere, sapere, invenire, meminisse. ergo animus qui ⟨viget, qui sapit, qui invenit, qui meminit⟩, ut ego dico, divinus est, ut Euripides dicere audet, deus. Et quidem, si deus aut anima aut ignis est, idem est animus hominis. nam ut illa natura caelestis et terra vacat et umore, sic utriusque harum rerum humanus animus est expers; sin autem est quinta quaedam natura, ab Aristotele inducta primum, haec et deorum est et animorum. Hanc nos sententiam secuti his ipsis verbis in Consolatione hoc expressimus: **27** (66) 'Animorum nulla in terris origo inveniri potest; nihil enim est in animis mixtum atque concretum aut quod ex terra natum atque fictum esse videatur, nihil ne aut umidum quidem aut flabile aut igneum. his enim in naturis nihil inest, quod vim memoriae mentis cogitationis habeat,

wie vor den Augen die Dunkelheit vertrieben, damit wir alles oben und unten, Anfang, Ende und Mitte erkennen können. (65) Mit einem Wort, dies scheint mir eine göttliche Kraft zu sein, die so viele bedeutende Dinge hervorbringt. Denn was ist die Erinnerung an Dinge und Worte? Was ferner die Erfindungsgabe? Doch in der Tat etwas, wie man es sich nicht einmal bei einem Gott größer vorstellen kann. Denn ich glaube nicht, daß sich die Götter an Ambrosia, Nektar oder an Hebe[98], die bei Tisch die Becher reicht, erfreuen; und ich stimme nicht Homer zu, der erzählt, Ganymed[99] sei von den Göttern seiner schönen Gestalt wegen geraubt worden, um Iuppiter als Mundschenk zu dienen. Das wäre kein rechter Grund, Laomedon ein solches Unrecht zuzufügen. Diese Dinge dachte sich Homer aus und übertrug menschliche Verhältnisse auf die Götter. Mir wäre lieber, er hätte die göttlichen auf uns übertragen. Welche göttlichen aber? Tätig sein, weise sein, Erfindungen machen, sich erinnern. Also ist die Seele, ⟨die tätig ist, die weise ist, die Erfindungen macht, die sich erinnert,⟩ wie ich behaupte, göttlich, oder wie Euripides[100] zu sagen wagt, Gott. Und wenn die Gottheit Hauch oder Feuer ist, so ist es auch die Seele des Menschen. Denn wie jenes himmlische Wesen frei ist von Erde und Feuchtigkeit, so hat auch die menschliche Seele an diesen beiden Elementen keinen Anteil; wenn es aber ein gewisses fünftes Element gibt, wie es zuerst von Aristoteles[101] eingeführt wurde, so ist dies das Wesen sowohl der Götter wie auch der Seelen. Dieser Ansicht folgend, haben wir uns in der *Trostschrift*[102] wörtlich folgendermaßen ausgedrückt: **27** (66) »Den Ursprung der Seelen kann man nicht auf Erden finden; denn an den Seelen gibt es nichts, was gemischt und zusammengesetzt oder was aus Erde entstanden oder gebildet zu sein scheint, allerdings auch nichts Feuchtes, Hauchartiges oder Feuriges. Denn diese Elemente haben nichts an sich, was die Kraft des Gedächtnisses, des Geistes und des Denkens hätte, was das Vergangene festhalten, das Zukünftige vorausschauen und

quod et praeterita teneat et futura provideat et complecti possit praesentia. quae sola divina sunt, nec invenietur umquam, unde ad hominem venire possint nisi a deo. singularis est igitur quaedam natura atque vis animi seiuncta ab his usitatis notisque naturis. ita, quicquid est illud, quod sentit quod sapit quod vivit quod viget, caeleste et divinum ob eamque rem aeternum sit necesse est. nec vero deus ipse, qui intellegitur a nobis, alio modo intellegi potest nisi mens soluta quaedam et libera, segregata ab omni concretione mortali, omnia sentiens et movens ipsaque praedita motu sempiterno. hoc e genere atque eadem e natura est humana mens.'

(67) Ubi igitur aut qualis est ista mens? – ubi tua aut qualis? potesne dicere? an, si omnia ad intellegendum non habeo quae habere vellem, ne is quidem quae habeo mihi per te uti licebit? non valet tantum animus, ut se ipse videat, at ut oculus, sic animus se non videns alia cernit. non videt autem, quod minimum est, formam suam (quamquam fortasse id quoque, sed relinquamus); vim certe, sagacitatem, memoriam, motum, celeritatem videt. haec magna, haec divina, haec sempiterna sunt; qua facie quidem sit aut ubi habitet, ne quaerendum quidem est.

28 (68) Ut cum videmus speciem primum candoremque caeli, dein conversionis celeritatem tantam quantam cogitare non possumus, tum vicissitudines dierum ac noctium commutationesque temporum quadrupertitas ad maturitatem frugum et ad temperationem corporum aptas eorumque omnium moderatorem et ducem solem, lunamque adcretione et deminutione luminis quasi fastorum notantem

das Gegenwärtige umfassen könnte. Dies allein ist göttlich, und niemals wird man entdecken können, woher es zum Menschen kommen kann, wenn nicht von Gott. Einzigartig ist also das Wesen und die Fähigkeit der Seele, geschieden von den geläufigen und bekannten Urstoffen. So muß das, was auch immer es ist, was fühlt und erkennt, lebt und tätig ist, himmlisch und göttlich und deswegen ewig sein. Man kann sich Gott selbst aber, von dem wir uns eine Vorstellung machen, auf keine andere Weise vorstellen, außer als einen selbständigen und freien Geist, abgeschieden von jeder sterblichen Körperlichkeit, der alles wahrnimmt und bewegt und selbst mit ewiger Bewegung begabt ist. Von dieser Art und eben diesem Wesen ist auch der menschliche Geist.«

(67) Wo nun und wie beschaffen ist dieser Geist? – Wo ist dein Geist, und wie ist er beschaffen? Kannst du es sagen? Wenn ich, um mir eine Vorstellung zu machen, nicht alle Möglichkeiten habe, die ich haben möchte, wirst du mir dann nicht gestatten, wenigstens die zu gebrauchen, die ich habe? Die Seele vermag nicht so viel, daß sie sich selbst sieht, aber wie das Auge, so sieht auch die Seele anderes, nicht sich selbst. Sie sieht aber nicht ihre eigene Gestalt, was auch ganz unwichtig ist (vielleicht sieht sie sogar dies, doch lassen wir das); bestimmt aber erkennt sie ihre Kraft, ihren Scharfsinn, ihre Erinnerungskraft, ihre Bewegung und ihre Schnelligkeit. Diese Dinge sind groß, sie sind göttlich, sie sind ewig. Welche Gestalt die Seele hat oder wo sie ihren Sitz hat, das braucht man nicht einmal zu fragen.

28 (68) Wie wenn wir zuerst das Aussehen und den Glanz des Himmels betrachten[103], dann die Schnelligkeit seiner Umdrehung, die so groß ist, wie wir sie uns nicht denken können, dann den Wechsel von Tag und Nacht und dann den viergeteilten Wandel der Jahreszeiten, die dem Reifen der Früchte und der Gesundheit der Körper angepaßt sind, und die Sonne als Lenkerin und Führerin von allem und den Mond, der mit der Zunahme und Abnahme seines

et significantem dies, tum in eodem orbe in duodecim partes distributo quinque stellas ferri eosdem cursus constantissime servantis disparibus inter se motibus, nocturnamque caeli formam undique sideribus ornatam, tum globum terrae eminentem e mari, fixum in medio mundi universi loco, duabus oris distantibus habitabilem et cultum, quarum altera, quam nos incolimus,

Sub axe posita ad stellas septem, unde horrifer,
Aquilonis stridor gelidas molitur nives,

altera australis, ignota nobis, quam vocant Graeci ἀντίχθονα, ceteras partis incultas, quod aut frigore rigeant aut urantur calore; (69) hic autem, ubi habitamus, non intermittit suo tempore

Caelum nitescere, arbores frondescere,
Vites laetificae pampinis pubescere,
Rami bacarum ubertate incurvescere,
Segetes largiri fruges, florere omnia,
Fontes scatere, herbis prata convestirier,

tum multitudinem pecudum partim ad vescendum, partim ad cultus agrorum, partim ad vehendum, partim ad corpora vestienda, hominemque ipsum quasi contemplatorem caeli ac deorum cultorem atque hominis utilitati agros omnis et maria parentia –: (70) haec igitur et alia innumerabilia cum cernimus, possumusne dubitare quin is praesit aliquis vel effector, si haec nata sunt, ut Platoni videtur, vel, si semper fuerunt, ut Aristoteli placet, moderator tanti operis et muneris? sic mentem hominis, quamvis eam non videas, ut deum non vides, tamen, ut deum adgnoscis ex operibus eius, sic ex memoria rerum et inventione et celeritate motus

Lichtes gleichsam die Tage des Kalenders angibt und bezeichnet, ferner, daß in demselben Kreis, der in zwölf Teile[104] gegliedert ist, die fünf Planeten sich drehen, die dieselbe Bahn äußerst beständig trotz untereinander unterschiedlicher Bewegungen einhalten, dann das überall mit Sternen geschmückte Bild des nächtlichen Himmels, dann den Erdball[105], der aus dem Meer herausragt und in der Mitte des Universums unbeweglich ruht, der in zwei voneinander entfernten Zonen bewohnbar und bebaut ist, von denen der eine, den wir bewohnen, »unter dem Pol beim Siebengestirn liegt, von wo das schreckenbringende Brausen des Nordwindes eisige Schneemassen bringt«[106], von denen der andere im Süden liegt, den die Griechen Gegenerde (ἀντίχθων) nennen, und die übrigen Teile, die unbebaut sind, weil sie entweder in Kälte erstarren oder von Hitze verbrannt werden; (69) hier aber, wo wir leben, hört es nicht auf, daß zur rechten Zeit »der Himmel strahlt, die Bäume Blätter tragen, die üppigen Weinstöcke mit Weinlaub sich bekleiden, die Zweige sich unter der Fülle der Beeren krümmen, die Saaten Feldfrüchte schenken, alles blüht, die Quellen sprudeln und die Wiesen sich mit Gräsern schmükken«[107]; dann die Menge des Viehs, das teils zu unserer Ernährung, teils zum Bebauen der Äcker, teils zum Fahren, teils zur Bekleidung des Körpers dient; schließlich den Menschen selbst, als Betrachter des Himmels und Verehrer der Götter, und all die Äcker und Meere, die zum Nutzen des Menschen da sind –: (70) wenn wir all dies und unzähliges andere betrachten, können wir dann noch zweifeln, daß jemand dieses regiert, sei es ein Schöpfer, wenn diese Dinge entstanden sind, wie Platon[108] glaubt, sei es, wenn sie immer bestanden haben, wie Aristoteles[109] annimmt, ein Lenker dieses ungeheuren Werkes und Prachtbaus. Wie du also Gott nicht siehst, ihn aber doch aus seinen Werken erkennen kannst, so erkenne auch im Geist des Menschen, obwohl du ihn nicht sehen kannst, aus seinem Erinnerungsvermögen, seiner Erfindergabe, der Schnelligkeit seiner Be-

omnique pulchritudine virtutis vim divinam mentis adgnoscito.

29 In quo igitur loco est? credo equidem in capite et cur credam adferre possum. sed alias, ubi sit animus; certe quidem in te est. quae est eius natura? propria, puto, et sua. sed fac igneam, fac spirabilem: nihil ad id de quo agimus. illud modo videto, ut deum noris, etsi eius ignores et locum et faciem, sic animum tibi tuum notum esse oportere, etiamsi ignores et locum et formam. (71) in animi autem cognitione dubitare non possumus, nisi plane in physicis plumbei sumus, quin nihil sit animis admixtum, nihil concretum, nihil copulatum, nihil coagmentatum, nihil duplex: quod cum ita sit, certe nec secerni nec dividi nec discerpi nec distrahi potest, ne interire ⟨quidem⟩ igitur. est enim interitus quasi discessus et secretio ac diremptus earum partium, quae ante interitum iunctione aliqua tenebantur.

His et talibus rationibus adductus Socrates nec patronum quaesivit ad iudicium capitis nec iudicibus supplex fuit adhibuitque liberam contumaciam a magnitudine animi ductam, non a superbia, et supremo vitae die de hoc ipso multa disseruit et paucis ante diebus, cum facile posset educi e custodia, noluit, et tum, paene in manu iam mortiferum illud tenens poculum, locutus ita est, ut non ad mortem trudi, verum in caelum videretur escendere. **30** (72) Ita enim censebat itaque disseruit, duas esse vias duplicesque cursus ani-

wegung und aus der ganzen Schönheit seiner Fähigkeit die göttliche Kraft des Geistes.

29 An welchem Ort aber ist er? Ich meinerseits glaube, im Kopf, und ich kann begründen, warum ich es glaube. Aber darüber, wo die Seele ist, mehr bei einer anderen Gelegenheit. Sie ist gewiß in dir. Was aber ist ihr Wesen? Ein ihr eigentümliches, wie ich meine, und ein nur ihr zukommendes. Aber stelle sie dir feuerartig, stelle sie dir luftartig vor: das ist für unsere Untersuchung bedeutungslos. Schau nur auf folgendes: wie du Gott erkennst, obschon du seinen Sitz und sein Aussehen nicht kennst, so muß dir auch deine Seele bekannt sein, obschon du ihren Sitz und ihre Gestalt nicht kennst. (71) Beim Erkennen der Seele aber können wir nicht zweifeln, wenn wir in naturwissenschaftlichen Dingen nicht ganz unbedarft sind, daß die Seelen nichts Beigemischtes, nichts Zusammengesetztes, nichts Verbundenes, nichts Zusammengefügtes und nichts aus zwei Teilen Bestehendes an sich haben: Da dies so ist, kann sie gewiß nicht zerteilt, zerschnitten, zerpflückt oder zerrissen werden, sie kann also nicht zugrunde gehen. Denn Untergang ist gleichsam ein Auseinandergehen, eine Absonderung und Trennung der Teile, die vor dem Untergang durch irgendeine Verbindung zusammengehalten wurden.

Auf Grund dieser und ähnlicher Überlegungen suchte Sokrates[110] für seinen Prozeß, bei dem es um Leben und Tod ging, weder einen Anwalt, noch flehte er die Richter um Gnade an, er zeigte vielmehr freimütiges Selbstbewußtsein, das sich von seiner Seelengröße und nicht von Hochmut herleitete, und am letzten Tag seines Lebens sprach er viel gerade über unser Thema, und wenige Tage zuvor, als er leicht aus dem Gefängnis hätte befreit werden können, wollte er es nicht, und schließlich, als er jenen todbringenden Becher schon fast in seiner Hand hielt, sprach er so, daß es nicht schien, er werde in den Tod getrieben, sondern steige vielmehr in den Himmel auf. **30** (72) Denn so dachte und lehrte er: es gebe zwei Wege und zwei Bahnen für die

morum e corpore excedentium: nam qui se huius vitiis contaminavissent et se totos libidinibus dedissent, quibus caecati vel domesticis vitiis atque flagitiis se inquinavissent vel re publica violanda fraudes inexpiabiles concepissent, is devium quoddam iter esse, seclusum a concilio deorum; qui autem se integros castosque servavissent, quibusque fuisset minima cum corporibus contagio seseque ab is semper sevocavissent essentque in corporibus humanis vitam imitati deorum, is ad illos a quibus essent profecti reditum facilem patere. (73) Itaque commemorat, ut cygni, qui non sine causa Apollini dicati sint, sed quod ab eo divinationem habere videantur, qua providentes quid in morte boni sit cum cantu et voluptate moriantur, sic omnibus bonis et doctis esse faciendum. (nec vero de hoc quisquam dubitare posset, nisi idem nobis accideret diligenter de animo cogitantibus, quod is saepe usu venit, qui [cum] acriter oculis deficientem solem intuerentur, ut aspectum omnino amitterent; sic mentis acies se ipsa intuens non numquam hebescit, ob eamque causam contemplandi diligentiam amittimus. itaque dubitans circumspectans haesitans, multa adversa reverens tamquam in rate in mari inmenso nostra vehitur oratio). (74) sed haec et vetera et a Graecis; Cato autem sic abiit e vita, ut causam moriendi nactum se esse gauderet. vetat enim dominans ille in nobis deus iniussu hinc nos suo demigrare; cum vero causam iustam deus ipse dederit, ut tunc Socrati, nunc Catoni, saepe multis, ne ille me Dius Fidius

Seelen, die den Körper verließen: denn für diejenigen, die sich mit den Lastern des Körpers befleckt und sich ganz den Gelüsten hingegeben hätten, von denen verblendet, sie sich mit Lastern und Schandtaten im Privatleben besudelt oder den Staat verletzt und dabei unsühnbare Verbrechen auf sich geladen hätten, gebe es sozusagen einen abseitigen Weg ohne Zugang zur Gemeinschaft mit den Göttern; denjenigen jedoch, die sich untadelig und rein bewahrt hätten, die die geringste Berührung mit ihren Körpern gehabt und sich von ihnen ständig ferngehalten und trotz des Aufenthaltes im menschlichen Leib das Leben der Götter nachgeahmt hätten, stehe eine leichte Rückkehr zu den Göttern offen, von denen sie hergekommen seien. (73) Deshalb erinnert er daran: wie die Schwäne[111], die nicht ohne Grund Apollon heilig seien, sondern weil sie von ihm die Sehergabe zu haben schienen, mit der sie vorausschauen könnten, was der Tod an Gutem mit sich bringe, und deshalb mit Gesang und Freude in den Tod gingen, so müßten es alle Guten und Weisen halten. (Und daran könne in der Tat niemand zweifeln, wenn uns nicht bei sorgfältigem Nachdenken über die Seelen dasselbe geschähe, was oft denen widerfahre, die mit ihren Augen eine Sonnenfinsternis scharf betrachteten, daß sie nämlich ihre Sehschärfe gänzlich verlören; so stumpft auch die Schärfe des Geistes, wenn er sich selbst betrachtet, bisweilen ab, und aus diesem Grund verlieren wir die Genauigkeit des Betrachtens. Daher fährt unsere Rede, zweifelnd umherschauend, zögernd, viele Hindernisse fürchtend, wie auf einem Floß auf dem unermeßlichen Meer.[112]) (74) Aber das ist alt und stammt von den Griechen; Cato[113] aber ging so aus dem Leben, daß er sich freute, einen Grund für das Sterben gefunden zu haben. Denn der in uns herrschende Gott verbietet es uns, von hier ohne seinen Befehl wegzugehen; wenn aber der Gott selbst einen triftigen Grund gegeben hat, wie damals dem Sokrates, jetzt dem Cato und häufig vielen anderen, dann wird, bei Gott, der Weise freudig aus dieser Dunkelheit in jenes Licht hinaus-

vir sapiens laetus ex his tenebris in lucem illam excesserit, nec tamen ille vincla carceris ruperit – leges enim vetant –, sed tamquam a magistratu aut ab aliqua potestate legitima, sic a deo evocatus atque emissus exierit. **31** (75) Tota enim philosophorum vita, ut ait idem, commentatio mortis est. nam quid aliud agimus, cum a voluptate, id est a corpore, cum a re familiari, quae est ministra et famula corporis, cum a re publica, cum a negotio omni sevocamus animum, quid, inquam, tum agimus nisi animum ad se ipsum advocamus, secum esse cogimus maximeque a corpore abducimus? secernere autem a corpore animum, nec quicquam aliud, est mori discere. quare hoc commentemur, mihi crede, disiungamusque nos a corporibus, id est consuescamus mori. hoc, et dum erimus in terris, erit illi caelesti vitae simile, et cum illuc ex his vinclis emissi feremur, minus tardabitur cursus animorum. nam qui in compedibus corporis semper fuerunt, etiam cum soluti sunt, tardius ingrediuntur, ut i qui ferro vincti multos annos fuerunt. quo cum venerimus, tum denique vivemus. nam haec quidem vita mors est, quam lamentari possem, si liberet.

(76) Satis tu quidem in Consolatione es lamentatus; quam cum lego, nihil malo quam has res relinquere, his vero modo auditis multo magis.

Veniet tempus, et quidem celeriter, sive retractabis sive properabis; volat enim aetas. tantum autem abest ab eo ut malum mors sit, quod tibi dudum videbatur, ut verear ne

treten; er wird aber nicht die Fesseln des Körpers von sich aus brechen – denn das verbieten die Gesetze –, sondern er wird gehen, weil er von Gott gleichsam wie von einer Behörde oder irgendeiner gesetzlichen Macht abberufen und hinausgeschickt wurde.[114] **31** (75) Denn das ganze Leben der Philosophen ist, wie derselbe Sokrates sagt, Vorbereitung auf den Tod.[115] Denn was tun wir anderes, wenn wir unsere Seele von der Lust, also vom Körper, wenn wir sie vom Besitz, der der Diener und Gehilfe des Körpers ist, wenn wir sie vom Staat, wenn wir sie von jeglicher Beschäftigung wegrufen, was, sage ich, tun wir anderes, als die Seele zu sich selbst zu rufen, sie zu zwingen, sich allein anzugehören, und sie möglichst weit vom Körper wegzuführen? Die Seele aber vom Körper zu trennen, das eben heißt sterben lernen. Deshalb wollen wir uns darauf vorbereiten, glaube mir, und uns von unseren Körpern lösen, das heißt, wir wollen uns daran gewöhnen zu sterben. Das wird, solange wir uns auf Erden aufhalten, jenem Leben im Himmel ähnlich sein, und wenn wir dann, von den Fesseln hier befreit, dorthin entschweben, wird der Flug der Seelen weniger verzögert werden. Denn diejenigen, die immer in den Fesseln des Körpers gesteckt haben, gehen auch dann langsamer einher, wenn sie gelöst sind, so wie die, die viele Jahre in Eisenketten gelegen haben. Wenn wir dorthin gekommen sind, dann werden wir endlich leben; denn das Leben hier ist in Wahrheit Tod; ich könnte ihn beklagen, wenn ich Lust dazu hätte.

(76) A: Darüber hast du zur Genüge in der *Trostschrift* geklagt; wenn ich sie lese, wünsche ich nichts lieber als diese Welt hier zu verlassen; und nachdem ich eben dies hier gehört habe, wünsche ich es noch viel mehr.

M: Es wird der Augenblick kommen, und zwar schnell, magst du dich auch dagegen stemmen oder es beschleunigen; denn die Lebenszeit fliegt dahin. Der Tod aber ist so weit davon entfernt, ein Übel zu sein, was er dir vorhin noch zu sein schien, daß ich fürchte, für den Menschen ist

homini nihil sit non malum aliud certius, nihil bonum aliud potius, si quidem vel di ipsi vel cum dis futuri sumus ...

Quid refert?

Adsunt enim, qui haec non probent. ego autem numquam ita te in hoc sermone dimittam, ulla uti ratione mors tibi videri malum possit.

Qui potest, cum ista cognoverim?

(77) Qui possit, rogas? catervae veniunt contra dicentium, nec solum Epicureorum, quos equidem non despicio, sed nescio quo modo doctissimus quisque [contemnit], acerrume autem deliciae meae Dicaearchus contra hanc inmortalitatem disseruit. is enim tris libros scripsit, qui Lesbiaci vocantur quod Mytilenis sermo habetur, in quibus volt efficere animos esse mortalis. Stoici autem usuram nobis largiuntur tamquam cornicibus: diu mansuros aiunt animos, semper negant. **32** num non vis igitur audire, cur, etiamsi ita sit, mors tamen non sit in malis?

Ut videtur, sed me nemo de inmortalitate depellet.

(78) Laudo id quidem, etsi nihil nimis oportet confidere; movemur enim saepe aliquo acute concluso, labamus mutamusque sententiam clarioribus etiam in rebus; in his est enim aliqua obscuritas. id igitur si acciderit, simus armati.

Sane quidem, sed ne accidat, providebo.

nichts anderes mit mehr Gewißheit kein Übel und nichts anderes ein größeres Gut als der Tod, wenn wir denn selbst Götter oder doch wenigstens mit den Göttern zusammen sein werden ...

A: Was tut das zur Sache?

M: Es gibt nämlich Leute, die dieser Ansicht nicht zustimmen. Ich aber werde dich niemals aus diesem Gespräch so entlassen, daß dir auf irgendeine Weise der Tod doch noch als Übel erscheinen könnte.

A: Wie kann er das, nachdem ich deine Beweise kennengelernt habe?

(77) M: Wie er das könne, fragst du? Scharen von Leuten kommen, die dagegen sprechen, nicht nur von Epikureern, die ich nicht unbedingt verachte; aber sonderbarerweise haben gerade hochgelehrte Männer, am schärfsten aber mein Liebling Dikaiarchos, gegen die Unsterblichkeit gesprochen. Denn er hat drei Bücher geschrieben, die man die ›Lesbischen‹ nennt, weil das Gespräch in Mytilene stattfindet; in diesen Büchern will er beweisen, die Seelen seien sterblich. Die Stoiker aber räumen uns eine lange Nutzung der Seele ein, als ob wir Krähen[116] wären. Sie sagen, die Seelen hätten eine lange Lebensdauer, leugnen aber, daß sie für immer erhalten bleiben. **32** Willst du also nicht auch hören, warum der Tod auch dann, wenn das so sein sollte, dennoch nicht zu den Übeln zu rechnen ist?

A: Wie du willst, aber niemand wird mir mehr meine Überzeugung von der Unsterblichkeit nehmen können.

(78) M: Ich lobe das zwar, auch wenn man sich seiner Sache nicht allzu sicher sein darf[117]. Wir lassen uns nämlich oft von irgendeiner scharfsinnigen Schlußfolgerung beeindrucken, werden dann unsicher und ändern unsere Meinung sogar bei einfacheren Problemen; in unseren Problemen liegt doch noch eine ziemliche Unsicherheit. Wenn das also eintritt, wollen wir gewappnet sein.

A: Sicherlich, aber ich werde dafür sorgen, daß es nicht eintritt.

Num quid igitur est causae, quin amicos nostros Stoicos dimittamus? eos dico, qui aiunt manere animos, cum e corpore excesserint, sed non semper.

Istos vero qui, quod tota in hac causa difficillimum est, suscipiant, posse animum manere corpore vacantem, illud autem, quod non modo facile ad credendum est, sed eo concesso, quod volunt, consequens, id vero non dant, ut, cum diu permanserit, ne intereat.

(79) Bene reprehendis, et se isto modo res habet. credamus igitur Panaetio a Platone suo dissentienti? quem enim omnibus locis divinum, quem sapientissimum, quem sanctissimum, quem Homerum philosophorum appellat, huius hanc unam sententiam de inmortalitate animorum non probat. volt enim, quod nemo negat, quicquid natum sit interire; nasci autem animos, quod declaret eorum similitudo qui procreentur, quae etiam in ingeniis, non solum in corporibus appareat. alteram autem adfert rationem, nihil esse quod doleat, quin id aegrum esse quoque possit; quod autem in morbum cadat, id etiam interiturum; dolere autem animos, ergo etiam interire. **33** (80) haec refelli possunt: sunt enim ignorantis, cum de aeternitate animorum dicatur, de mente dici, quae omni turbido motu semper vacet, non de partibus is, in quibus aegritudines irae libidinesque versentur, quas is, contra quem haec dicuntur, semotas a mente et disclusas putat. iam similitudo magis apparet in bestiis, quarum animi sunt rationis expertes; hominum autem simi-

M: Gibt es nun etwa einen Grund, unsere Freunde, die Stoiker, nicht beiseite zu lassen? Ich meine diejenigen, die behaupten, die Seelen dauerten fort nach Verlassen des Körpers, aber nicht ewig.

A: Du meinst also diejenigen, die vertreten, was in dieser ganzen Frage das Schwierigste ist, nämlich daß die Seele ohne Körper existieren kann, aber das nicht zugeben, was nicht nur leicht zu glauben, sondern was sich auf Grund ihres Zugeständnisses auch zwangsläufig ergibt, daß sie nämlich, wenn sie lange bestanden hat, nicht zugrunde geht.

(79) M: Du tadelst sie zu Recht, und das Problem verhält sich so. Sollen wir also Panaitios[118] glauben, der hier mit seiner Meinung von seinem Lehrer Platon abweicht? Denn ihn bezeichnet er an allen Stellen seines Werkes als göttlich, als den weisesten, den heiligsten, er nennt ihn den Homer unter den Philosophen, aber diese seine Ansicht über die Unsterblichkeit der Seelen teilt er als einzige nicht. Denn er meint, was niemand bestreitet, daß all das, was entstanden sei, auch untergehe; die Seelen aber würden entstehen, was die Ähnlichkeit der Kinder mit ihren Eltern[119] beweise, die sich auch in der geistigen Veranlagung und nicht nur in der körperlichen Gestalt deutlich zeige. Er führt noch einen zweiten Grund an, nämlich daß nichts Schmerz empfinde, was nicht auch krank sein könne; was aber krank werden könne, das werde auch zugrunde gehen. Die Seelen könnten Schmerz empfinden, also gingen sie zugrunde. **33** (80) Diese Ansicht kann man widerlegen: Denn es ist die Ansicht eines Mannes, der nicht weiß, daß, wenn von der Unsterblichkeit der Seelen die Rede ist, vom Geist gesprochen wird, der immer frei ist von jeder stürmischen Bewegung, und nicht von den Teilen, in denen sich die Krankheiten, Zorn und Leidenschaften befinden; von denen glaubt der[120], gegen den dies vorgebracht wird, daß sie vom Geist getrennt und abgesondert sind. Ferner zeigt sich die Ähnlichkeit mehr bei Tieren, deren Seelen keinen Anteil an der Vernunft haben. Die Ähnlichkeit der Menschen zeigt sich

litudo in corporum figura magis exstat, et ipsi animi magni refert quali in corpore locati sint. multa enim e corpore existunt, quae acuant mentem, multa, quae obtundant. Aristoteles quidem ait omnis ingeniosos melancholicos esse, ut ego me tardiorem esse non moleste feram. enumerat multos, idque quasi constet, rationem cur ita fiat adfert. quod si tanta vis est ad habitum mentis in is quae gignuntur in corpore, ea sunt autem, quaecumque sunt, quae similitudinem faciant, nihil necessitatis adfert, cur nascantur animi, similitudo. (81) omitto dissimilitudines. vellem adesse posset Panaetius – vixit cum Africano –, quaererem ex eo, cuius suorum similis fuisset Africani fratris nepos, facie vel patris, vita omnium perditorum ita similis, ut esset facile deterrimus; cuius etiam similis P. Crassi, et sapientis et eloquentis et primi hominis, nepos multorumque aliorum clarorum virorum, quos nihil attinet nominare, nepotes et filii.

Sed quid agimus? oblitine sumus hoc nunc nobis esse propositum, cum satis de aeternitate dixissemus, ne si interirent quidem animi, quicquam mali esse in morte?

Ego vero memineram, sed te de aeternitate dicentem aberrare a proposito facile patiebar.

34 (82) Video te alte spectare et velle in caelum migrare. spero fore ut contingat id nobis. sed fac, ut isti volunt, animos non remanere post mortem: video nos, si ita sit, privari

mehr in der körperlichen Gestalt, und es kommt für die Seelen selbst sehr darauf an, in welchem Körper sie beheimatet sind. Denn vom Körper geht vieles aus, was den Geist schärft, vieles auch, was ihn abstumpft.[121] Aristoteles jedenfalls behauptet, daß alle Hochbegabten Melancholiker[122] seien, so daß ich nicht traurig bin, geistig etwas langsamer zu sein. Er zählt viele als Beispiele auf und führt, als ob das eine feststehende Tatsache wäre, einen Grund für diesen Sachverhalt an. Wenn aber die Dinge, die im Körper entstehen, einen so großen Einfluß auf die Beschaffenheit des Geistes haben, sie es aber sind, was auch immer sie sind, die die Ähnlichkeit bewirken, so bringt die Ähnlichkeit keinen Beweis dafür, daß Seelen entstehen. (81) Ich übergehe die Unähnlichkeiten. Könnte doch Panaitios hier sein – er lebte bei Africanus –, ich würde ihn fragen, wem von seinen Verwandten der Enkel des Bruders des Africanus[123] ähnlich war; in den Gesichtszügen wohl dem Vater, in der Lebensführung war er allen Verbrechern so ähnlich, daß er leicht als der schlimmste von ihnen angesehen werden konnte. Wem war der Enkel des P. Crassus[124] ähnlich, eines weisen, beredten und herausragenden Mannes, und die Enkel und Söhne vieler anderer berühmter Männer, die zu nennen nichts zur Sache tut?

Aber worüber sprechen wir? Haben wir vergessen, daß wir als Thema uns vorgenommen haben, nachdem wir zu Genüge über die Ewigkeit der Seelen gesprochen haben, zu erörtern, daß nicht einmal dann, wenn die Seelen zugrunde gingen, im Tod ein Übel liege?

A: Ich dachte wohl daran, aber ich ertrug es leicht, daß du über die Ewigkeit sprachst und dabei vom vereinbarten Thema abkamst.

34 (82) M: Ich sehe, daß du nach oben schaust und in den Himmel steigen möchtest. Ich hoffe, es gelingt uns. Aber stell dir vor, daß die Seelen, wie jene meinen, nach dem Tod nicht fortbestehen: ich sehe, daß uns, wenn das so sein sollte, die Hoffnung auf ein glücklicheres Leben genommen

spe beatioris vitae; mali vero quid adfert ista sententia? fac enim sic animum interire ut corpus: num igitur aliquis dolor aut omnino post mortem sensus in corpore est? nemo id quidem dicit, etsi Democritum insimulat Epicurus, Democritii negant. ne in animo quidem igitur sensus remanet; ipse enim nusquam est. ubi igitur malum est, quoniam nihil tertium est? an quod ipse animi discessus a corpore non fit sine dolore? ut credam ita esse, quam est id exiguum! sed falsum esse arbitror, et fit plerumque sine sensu, non numquam etiam cum voluptate, totumque hoc leve est, qualecumque est; fit enim ad punctum temporis. (83) 'Illud angit vel potius excruciat, discessus ab omnibus is quae sunt bona in vita.' vide ne 'a malis' dici verius possit. quid ego nunc lugeam vitam hominum? vere et iure possum; sed quid necesse est, cum id agam ne post mortem miseros nos putemus fore, etiam vitam efficere deplorando miseriorem? fecimus hoc in eo libro, in quo nosmet ipsos, quantum potuimus, consolati sumus. a malis igitur mors abducit, non a bonis, verum si quaerimus. et quidem hoc a Cyrenaico Hegesia sic copiose disputatur, ut is a rege Ptolomaeo prohibitus esse dicatur illa in scholis dicere, quod multi is auditis mortem sibi ipsi consciscerent. (84) Callimachi quidem epigramma in Ambraciotam Theombrotum est, quem ait, cum ei nihil accidisset adversi, e muro se in mare abiecisse lecto Platonis libro. eius autem, quem dixi, Hegesiae liber est **Ἀποκαρτερῶν**, quo a vita quidem per inediam discedens revocatur ab amicis; quibus respondens vitae humanae enu-

wird; was Schlimmes bringt uns diese Ansicht? Nimm an, die Seele ginge so zugrunde wie der Körper: ist dann im Körper etwa noch irgendein Schmerz oder überhaupt eine Empfindung nach dem Tod? Niemand sagt das, auch wenn Epikur dies dem Demokrit zuschiebt, leugnen es die Anhänger des Demokrit. Also auch in der Seele bleibt keine Empfindung zurück; denn sie selbst ist ja nirgends. Wo also ist das Übel, da es ja nichts Drittes gibt? Vielleicht darin, daß gerade die Trennung der Seele vom Körper nicht ohne Schmerz geschieht? Wenn ich das wirklich annähme, wie geringfügig ist das doch. Aber ich glaube, es ist falsch, und meistens geschieht die Trennung ohne Empfindung, manchmal sogar mit einem angenehmen Gefühl, und das Ganze ist, wie auch immer es sich verhält, unbedeutend. Denn es geschieht in einem einzigen Augenblick. (83) »Jenes ängstigt oder vielmehr quält uns, nämlich die Trennung von all dem, was im Leben Güter sind.« Sieh ein, daß man nicht mit mehr Recht »von Übeln« reden kann. Warum soll ich jetzt das Leben der Menschen betrauern? In Wahrheit und zu Recht könnte ich es; wozu ist es aber nötig, auch noch das Leben durch Klagen unglücklicher zu machen, da ich darauf ziele, die Meinung zu widerlegen, wir seien nach dem Tode unglücklich? Wir haben das in dem Buch[125] getan, in dem wir uns selbst, so gut wir konnten, getröstet haben. Von Übeln also, nicht von Gütern führt uns der Tod hinweg, wenn wir nach der Wahrheit suchen. Und diese Ansicht wird in der Tat von dem Kyrenaiker Hegesias so wortreich dargelegt, daß ihm vom König Ptolemaios[126] verboten worden sein soll, sie in den Schulen zu lehren, weil viele, nachdem sie sie gehört hatten, Selbstmord begingen. (84) Es gibt zudem ein Epigramm des Kallimachos[127] auf Theombrotos aus Ambrakia, von dem er erzählt, er habe sich, obwohl ihm kein Übel widerfahren sei, nach der Lektüre von Platons Buch von einer Mauer ins Meer gestürzt. Das Buch aber des von mir erwähnten Hegesias heißt »Der Faster« (**'Ἀποκαρτερῶν**); darin wird jemand, der durch Hungern

merat incommoda. possem idem facere, etsi minus quam ille, qui omnino vivere expedire nemini putat. mitto alios: etiamne nobis expedit? qui et domesticis et forensibus solaciis ornamentisque privati certe si ante occidissemus, mors nos a malis, non a bonis abstraxisset. **35** (85) Sit igitur aliquis, qui nihil mali habeat, nullum a fortuna volnus acceperit: Metellus ille honoratis quattuor filiis at quinquaginta Priamus, e quibus septemdecim iusta uxore natis; in utroque eandem habuit fortuna potestatem, sed usa in altero est: Metellum enim multi filii filiae nepotes neptes in rogum inposuerunt, Priamum tanta progenie orbatum, cum in aram confugisset, hostilis manus interemit. hic si vivis filiis incolumi regno occidisset

astante ope barbarica
Tectis caelatis laqueatis,

utrum tandem a bonis an a malis discessisset? tum profecto videretur a bonis. at certe ei melius evenisset nec tam flebiliter illa canerentur:

'Haec omnia vidi inflammari,
Priamo vi vitam evitari,
Iovis aram sanguine turpari.'

quasi vero ista vi quicquam tum potuerit ei melius accidere! quodsi ante occidisset, talem eventum omnino amisisset; hoc autem tempore sensum amisit malorum. (86) Pompeio, nostro familiari, cum graviter aegrotaret Neapoli, melius est

aus dem Leben scheiden will, von seinen Freunden zurückgerufen; als Antwort zählt er ihnen die Nachteile des menschlichen Lebens auf. Ich könnte das gleiche tun, wenn auch in geringerem Maße als jener, der glaubt, zu leben bringe überhaupt niemandem Gewinn. Ich übergehe andere. Bringt es uns denn einen Gewinn? Wenn wir, die wir der Tröstungen und Ehrungen zu Hause[128] und auf dem Forum[129] beraubt sind, vorher gestorben wären, hätte uns der Tod gewiß von Übeln, nicht aber von Gütern weggeführt. **35** (85) Angenommen, es gäbe jemanden, der kein Unglück erlitten, der vom Schicksal keine Wunde erhalten hat. Metellus[130] hatte vier Söhne in ehrenvollen Stellungen, Priamos[131] aber fünfzig, von denen siebzehn von seiner rechtmäßigen Gattin geboren wurden; über beide hatte das Schicksal dieselbe Macht, aber es hat sie nur beim zweiten angewandt. Den Metellus haben nämlich seine zahlreichen Söhne, Töchter, Enkel und Enkelinnen auf den Scheiterhaufen gelegt, den Priamos aber, der seiner so zahlreichen Nachkommenschaft beraubt war, tötete Feindeshand, obwohl er sich zu einem Altar geflüchtet hatte. Wenn er gestorben wäre, während seine Söhne noch lebten und sein Reich unversehrt war und »die Macht der Barbaren noch bestand in dem mit getriebener Arbeit gezierten und getäfelten Palast«[132], hätte er sich dann von Gütern oder von Übeln trennen müssen? Damals, so hätte es scheinen können, von Gütern. Aber sicherlich wäre es für ihn besser gewesen, und man würde nicht so traurig folgende Verse singen: »Dies alles sah ich in Flammen aufgehen, sah, wie Priamos mit Gewalt das Leben geraubt und der Altar des Iuppiter mit Blut befleckt wurde.«[133] Als ob in der Tat ihm damals etwas Besseres hätte widerfahren können als dieser gewaltsame Tod! Wäre er aber vorher gestorben, wäre er doch einem solchen Ende überhaupt entgangen. Zu dieser Stunde aber verlor er wenigstens die Empfindung für sein Unglück. (86) Als Pompeius, unser Freund, in Neapel schwer erkrankte, widerfuhr ihm Besseres. Die Neapolitaner und na-

factum. coronati Neapolitani fuerunt, nimirum etiam Puteolani; volgo ex oppidis publice gratulabantur: ineptum sane negotium et Graeculum, sed tamen fortunatum. utrum igitur, si tum esset extinctus, a bonis rebus an a malis discessisset? certe a miseris. non enim cum socero bellum gessisset, non inparatus arma sumpsisset, non domum reliquisset, non ex Italia fugisset, non exercitu amisso nudus in servorum ferrum et manus incidisset, non liberi defleti, non fortunae omnes a victoribus possiderentur. qui, si mortem tum obisset, in amplissimis fortunis occidisset, is propagatione vitae quot, quantas, quam incredibilis hausit calamitates!
36 haec morte effugiuntur, etiamsi non evenerunt, tamen, quia possunt evenire; sed homines ea sibi accidere posse non cogitant: Metelli sperat sibi quisque fortunam, proinde quasi aut plures fortunati sint quam infelices aut certi quicquam sit in rebus humanis aut sperare sit prudentius quam timere.

(87) Sed hoc ipsum concedatur, bonis rebus homines morte privari: ergo etiam carere mortuos vitae commodis idque esse miserum? certe ita dicant necesse est. an potest is, qui non est, re ulla carere? triste enim est nomen ipsum carendi, quia subicitur haec vis: habuit, non habet; desiderat requirit indiget. haec, opinor, incommoda sunt carentis: caret oculis, odiosa caecitas; liberis, orbitas. valet hoc in vivis,

türlich auch die Einwohner von Puteoli waren bekränzt; in Scharen kamen sie aus den Städten und sprachen ihm im Namen aller Bürger ihre Glückwünsche aus. Eine gewiß alberne und typisch griechische Sache, die aber doch auch von seinem Glück zeugt. Hätte er sich damals also, wenn er gestorben wäre, von guten oder schlechten Verhältnissen getrennt? Gewiß doch von unglücklichen. Denn dann hätte er nicht mit seinem Schwiegervater[134] Krieg geführt, nicht unvorbereitet zu den Waffen gegriffen, nicht sein Haus aufgegeben und nicht fluchtartig Italien verlassen müssen, und er wäre nicht nach dem Verlust seines Heeres wehrlos in das Schwert und die Hände der Sklaven geraten; (seine Kinder wären nicht beweint worden, sein gesamtes Vermögen wäre nicht in den Händen der Sieger)[135]. Wäre er damals gestorben, wäre er auf dem Höhepunkt seines Erfolges aus dem Leben gegangen; wie zahlreich, wie groß und wie unglaublich waren die Schicksalsschläge, die er durch die Verlängerung seines Lebens noch erfahren hat. **36** Diesen entgeht man durch den Tod, auch wenn sie sich noch nicht ereignet haben, so doch, weil sie eintreten können; jedoch die Menschen denken nicht daran, daß ihnen so etwas widerfahren kann. Jeder erhofft für sich das Glück eines Metellus, gerade so, als ob mehr Menschen glücklich als unglücklich wären oder es in den menschlichen Verhältnissen etwas Sicheres gäbe oder es klüger wäre zu hoffen als zu fürchten.

(87) Man mag aber selbst das zugestehen, daß die Menschen durch den Tod guter Verhältnisse beraubt werden: aber folgt daraus dann auch, daß die Toten die Annehmlichkeiten des Lebens entbehren und dies beklagenswert ist? Gewiß müssen sie[136] so sprechen. Kann aber derjenige, der nicht existiert, irgendeine Sache entbehren? Der Begriff ›entbehren‹ an sich ist nämlich schon traurig, weil ihm folgende Bedeutung unterlegt wird: man hatte, man hat nicht mehr; man vermißt, sucht, entbehrt. Folgende sind nach meiner Meinung die Qualen, die ein Entbehrender erduldet: Er entbehrt seine Augen, die Blindheit ist fürchterlich; er

mortuorum autem non modo vitae commodis, sed ne vita quidem ipsa quisquam caret. de mortuis loquor, qui nulli sunt: nos, qui sumus, num aut cornibus caremus aut pinnis? ecquis id dixerit? certe nemo. quid ita? quia, cum id non habeas quod tibi nec usu nec natura sit aptum, non careas, etiamsi sentias te non habere. (88) hoc premendum etiam atque etiam est et urguendum confirmato illo, de quo, si mortales animi sunt, dubitare non possumus, quin tantus interitus in morte sit, ut ne minima quidem suspicio sensus relinquatur – hoc igitur probe stabilito et fixo illud excutiendum est, ut sciatur, quid sit carere, ne relinquatur aliquid erroris in verbo. carere igitur hoc significat: egere eo quod habere velis; inest enim velle in carendo, nisi cum sic tamquam in febri dicitur alia quadam notione verbi. dicitur enim alio modo etiam carere, cum aliquid non habeas et non habere te sentias, etiamsi id facile patiare. ⟨ita⟩ carere in morte non dicitur; nec enim esset dolendum; dicitur illud: 'bono carere', quod est malum. sed ne vivus quidem bono caret, si eo non indiget; sed in vivo intellegi tamen potest regno te carere – dici autem hoc in te satis subtiliter non potest; posset in Tarquinio, cum regno esset expulsus –: at in mortuo ne intellegi

entbehrt Kinder, die Kinderlosigkeit ist schlimm. Das gilt bei den Lebenden, von den Toten aber entbehrt niemand die Annehmlichkeiten des Lebens, nicht einmal das Leben selbst. Ich spreche von den Toten, die gar nicht sind: Entbehren wir, die wir existieren, etwa Hörner oder Federn? Könnte das jemand sagen? Gewiß doch niemand. Wieso? Weil man, wenn man das nicht hat, was weder nützlich noch von Natur aus passend ist, es nicht entbehrt, auch wenn man merkt, daß man es nicht hat. (88) Dies muß man immer wieder betonen und bekräftigen, wenn jener Satz feststeht, an dem wir, wenn die Seelen sterblich sind, nicht zweifeln können, daß nämlich ein so vollständiger Untergang mit dem Tod verbunden ist, daß nicht einmal die kleinste Spur einer Empfindung zurückbleibt. Wenn diese Ansicht also vollkommen gefestigt und gesichert ist, dann muß man die Bedeutung des Begriffs ›entbehren‹ (*carere*) gründlich untersuchen[137], damit kein Irrtum bei diesem Begriff zurückbleibt. ›Entbehren‹ also bedeutet folgendes: das vermissen, was man haben möchte. Denn im Begriff ›entbehren‹ steckt immer ein Wünschen, außer wenn man das Wort wie beim Fieber in einem ganz anderen Sinn gebraucht. Denn in einem anderen Sinn spricht man auch von ›entbehren‹, wenn man etwas nicht hat und empfindet, daß man es nicht hat, auch wenn man das leicht ertragen kann. In diesem Sinn allerdings spricht man nicht von ›entbehren‹ in bezug auf den Tod; denn dann läge ja kein Grund zur Klage vor; das Wort wird vielmehr in jener anderen Bedeutung gebraucht: ›etwas Gutes entbehren‹, und das ist ja ein Übel. Aber nicht einmal ein Lebender entbehrt ein Gut, wenn er es nicht vermißt. Doch bei einem Lebenden kann man wenigstens verstehen ›du entbehrst die Königsherrschaft‹ – bei dir aber kann man das genaugenommen nicht sagen; bei Tarquinius[138] wäre es möglich, da er aus seiner Königsherrschaft vertrieben war –: aber bei einem Toten kann man es nicht einmal verstehen. Denn entbehren kann nur jemand, der eine Empfindung hat; doch ein Toter

quidem. carere enim sentientis est; nec est sensus in mortuo: ne carere quidem igitur in mortuo est.

37 (89) Quamquam quid opus est in hoc philosophari, cum rem non magnopere philosophia egere videamus? quotiens non modo ductores nostri, sed universi etiam exercitus ad non dubiam mortem concurrerunt! quae quidem si timeretur, non Lucius Brutus arcens eum reditu tyrannum, quem ipse expulerat, in proelio concidisset; non cum Latinis decertans pater Decius, cum Etruscis filius, cum Pyrrho nepos se hostium telis obiecissent; non uno bello pro patria cadentis Scipiones Hispania vidisset, Paulum et Geminum Cannae, Venusia Marcellum, Litana Albinum, Lucani Gracchum. num quis horum miser hodie? ne tum quidem post spiritum extremum; nec enim potest esse miser quisquam sensu perempto. (90) 'At id ipsum odiosum est, sine sensu esse.' odiosum, si id esset carere; cum vero perspicuum sit nihil posse in eo esse qui ipse non sit, quid potest esse in eo odiosum qui nec careat nec sentiat? quamquam hoc quidem nimis saepe, sed eo quod in hoc inest omnis animi contractio ex metu mortis. qui enim satis viderit, id quod est luce clarius, animo et corpore consumpto totoque animante deleto et facto interitu universo illud animal, quod fuerit, factum esse nihil, is plane perspiciet inter Hippocentaurum, qui numquam fuerit, et regem Agamemnonem nihil interesse, nec pluris nunc facere M. Camillum hoc civile bellum,

hat keine Empfindung; also kann auch ein Toter nicht entbehren.

37 (89) Aber wozu ist es nötig, bei dieser Frage zu philosophieren, da wir doch sehen, daß die Sache die Philosophie kaum nötig hat? Wie oft sind nicht nur unsere Führer, sondern auch ganze Heere in einen sicheren Tod gelaufen! Wäre er ein Grund zur Furcht, wäre Lucius Brutus nicht im Kampf gefallen, als er den Tyrannen, den er selbst vertrieben hatte, an der Rückkehr hinderte. Und der Vater Decius[139] hätte sich nicht in der Entscheidungsschlacht mit den Latinern, sein Sohn nicht im Kampf gegen die Etrusker und sein Enkel nicht im Krieg gegen Pyrrhus den Geschossen der Feinde entgegengeworfen. Spanien hätte nicht die Scipionen[140] in einem einzigen Krieg für das Vaterland fallen sehen, Cannae[141] nicht Paulus und Geminus, Venusia[142] nicht den Marcellus, Litana[143] nicht den Albinus und die Lukaner[144] nicht den Gracchus. Ist denn einer von ihnen heute unglücklich? Nicht einmal damals nach dem letzten Atemzug waren sie es. Denn niemand kann unglücklich sein, wenn ihm die Empfindung genommen ist. (90) »Aber gerade das ist abscheulich, ohne Empfindung zu sein.« Es wäre abscheulich, wenn es bedeutete, »sie zu entbehren«; da es aber klar ist, daß nichts in dem sein kann, der selbst nicht mehr ist, was kann dann abscheulich in dem sein, der weder entbehrt noch empfindet? Zwar sprechen wir allzu häufig über diesen Punkt, aber nur aus dem Grund, weil hierin die ganze, aus der Todesfurcht kommende Beklommenheit der Seele liegt. Wer nämlich, was sonnenklar ist, deutlich erkannt hat, daß nach dem Tod der Seele und des Körpers, nach der Zerstörung des ganzen Lebewesens und nach seinem vollständigen Untergang jenes Lebewesen, das existiert hat, zu nichts geworden ist, der wird ganz und gar einsehen, daß zwischen einem Hippokentaurus, den es niemals gegeben hat, und dem König Agamemnon[145] kein Unterschied besteht, und daß M. Camillus[146] sich um diesen Bürgerkrieg ebensowenig sorgt, wie ich mich zu seinen Lebzeiten um

quam ego illo vivo fecerim Romam captam. Cur igitur et Camillus doleret, si haec post trecentos et quinquaginta fere annos eventura putaret, et ego doleam, si ad decem milia annorum gentem aliquam urbe nostra potituram putem? quia tanta caritas patriae est, ut eam non sensu nostro, sed salute ipsius metiamur. **38** (91) itaque non deterret sapientem mors, quae propter incertos casus cotidie imminet, propter brevitatem vitae numquam potest longe abesse, quo minus in omne tempus rei p. suisque consulat, cum posteritatem ipsam, cuius sensum habiturus non sit, ad se putet pertinere. quare licet etiam mortalem esse animum iudicantem aeterna moliri, non gloriae cupiditate, quam sensurus non sis, sed virtutis, quam necessario gloria, etiamsi tu id non agas, consequatur.

Natura vero ⟨si⟩ se sic habet, ut, quo modo initium nobis rerum omnium ortus noster adferat, sic exitum mors, ut nihil pertinuit ad nos ante ortum, sic nihil post mortem pertinebit. in quo quid potest esse mali, cum mors nec ad vivos pertineat nec ad mortuos? alteri nulli sunt, alteros non attinget. (92) quam qui leviorem faciunt, somni simillimam volunt esse: quasi vero quisquam ita nonaginta annos velit vivere, ut, cum sexaginta confecerit, reliquos dormiat; ne sui quidem id velint, non modo ipse. Endymion vero, si fabulas audire volumus, ut nescio quando in Latmo obdormivit, qui est mons Cariae, nondum, opinor, est experrectus. num igitur eum curare censes, cum Luna laboret, a qua consopitus putatur, ut eum dormientem oscularetur? quid curet

die Einnahme Roms gesorgt habe. Warum also hätte Camillus Schmerz empfinden sollen, wenn er angenommen hätte, daß sich dies nach ungefähr dreihundertfünfzig Jahren ereignen würde, und warum sollte ich Schmerz empfinden, wenn ich annähme, daß nach nahezu zehntausend Jahren irgendein Volk sich unserer Stadt bemächtigen würde? Weil unsere Liebe zum Vaterland so groß ist, daß wir sie nicht nach unserer Empfindungsfähigkeit, sondern nach seinem Wohlergehen bemessen.[147] **38** (91) Deshalb hält der Tod, der täglich wegen ungewisser Zufälle droht und wegen der Kürze des Lebens niemals weit entfernt sein kann, einen Weisen nicht davon ab, für alle Zeit um den Staat und seine Angehörigen Sorge zu tragen, da seiner Meinung nach die ganze Nachwelt, von der er keine Empfindung haben wird, mit ihm in Beziehung steht. Deshalb darf man, selbst wenn man der Ansicht ist, die Seele sei sterblich, ewige Werte schaffen, nicht aus Verlangen nach Ruhm, den man nicht empfinden wird, sondern aus Verlangen nach Tugend, der notwendigerweise der Ruhm folgt, auch wenn man ihn nicht erstrebt.

Wenn die Natur sich wirklich so verhält, daß, wie unsere Geburt uns den Anfang aller Dinge bringt, der Tod das Ende, dann wird, wie nichts vor unserer Geburt uns etwas anging, so auch nach dem Tod uns nichts angehen. Was kann daran Schlechtes sein, da der Tod weder die Lebenden noch die Toten etwas angeht? Die letzteren existieren nicht, die ersteren wird er nicht berühren.[148] (92) Diejenigen, die den Tod erträglicher machen, behaupten, er sei dem Schlaf ganz ähnlich[149]: wie wenn jemand neunzig Jahre so leben möchte, daß er, wenn er sechzig Jahre vollendet hat, die übrigen Jahre schlafe; nicht einmal seine Angehörigen möchten das, geschweige denn er selbst. Endymion aber, wenn wir die Mythen hören wollen, ist, seitdem er irgendwann einmal auf dem Latmos, einem Berg in Karien, in tiefen Schlaf gesunken war, wie ich glaube, noch nicht erwacht. Glaubst du etwa, er kümmere sich darum, wenn Luna, von

autem, qui ne sentit quidem? habes somnum imaginem mortis eamque cotidie induis: et dubitas quin sensus in morte nullus sit, cum in eius simulacro videas esse nullum sensum?

39 (93) Pellantur ergo istae ineptiae paene aniles, ante tempus mori miserum esse. quod tandem tempus? naturaene? at ea quidem dedit usuram vitae tamquam pecuniae nulla praestituta die. quid est igitur quod querare, si repetit, cum volt? ea enim condicione acceperas. Idem, si puer parvus occidit, aequo animo ferendum putant, si vero in cunis, ne querendum quidem. atqui ab hoc acerbius exegit natura quod dederat. 'nondum gustaverat', inquit, 'vitae suavitatem; hic autem iam sperabat magna, quibus frui coeperat.' at id quidem in ceteris rebus melius putatur, aliquam partem quam nullam attingere: cur in vita secus? (quamquam non male ait Callimachus multo saepius lacrimasse Priamum quam Troilum). eorum autem, qui exacta aetate moriuntur, fortuna laudatur. (94) cur? nam, reor, nullis, si vita longior daretur, posset esse iucundior; nihil enim est profecto homini prudentia dulcius, quam, ut cetera auferat, adfert certe senectus. Quae vero aetas longa est, aut quid omnino homini longum? nonne

Modo pueros, modo adulescentes in cursu a tergo insequens
Nec opinantis adsecuta est

der er in Schlaf versetzt worden sein soll, sich müht, ihn im Schlaf zu küssen? Um was soll sich einer aber kümmern, der nicht einmal eine Empfindung hat? Da hast du also den Schlaf als Bild des Todes, und du fällst täglich in ihn: und du zweifelst noch daran, daß es beim Tod keine Empfindung mehr gibt, obwohl du siehst, daß es in seinem Ebenbild keine Empfindung gibt?

39 (93) Also weg mit diesen Albernheiten, ich möchte fast sagen: diesem Altweibergeschwätz, daß es ein Unglück sei, vor der Zeit zu sterben. Vor welcher Zeit denn? Vor der Zeit, die die Natur bestimmt? Sie gab ja doch die Nutznießung des Lebens wie die von geliehenem Geld, ohne eine Frist zu bestimmen.[150] Warum solltest du dich also beklagen, wenn sie es zurückfordert, wann sie will? Denn unter dieser Bedingung hattest du es erhalten. Dieselben Leute meinen, wenn ein kleiner Junge stirbt, müsse man es mit Gleichmut ertragen, und wenn einer in der Wiege sterbe, dürfe man nicht einmal klagen. Und doch hat die Natur von diesem rücksichtsloser zurückgefordert, was sie gegeben hatte. »Er hatte noch nicht«, sagt man, »die Süße des Lebens gekostet; dieser aber hoffte schon auf Großes, das zu genießen er begonnen hatte.« Aber bei den übrigen Dingen gilt es als besser, einen Teil zu erreichen als gar nichts. Warum sollte es beim Leben anders sein? (Allerdings sagt Kallimachos treffend, Priamos habe viel häufiger geweint als Troilos.[151]) Dagegen lobt man das Schicksal derjenigen, die im Greisenalter sterben. (94) Warum? Ich glaube nämlich, daß für niemanden das Leben angenehmer sein könnte, wenn ihm ein längeres gegeben würde. Freilich ist in der Tat für einen Menschen nichts köstlicher als die Weisheit, die das Alter gewiß mit sich bringt, mag es auch das Übrige wegnehmen. Welches Leben ist aber lang, oder was ist überhaupt für einen Menschen lang? »Ist nicht denen, die eben noch Kinder und eben noch junge Männer waren, in schnellem Lauf von hinten das Greisenalter gefolgt und hat sie eingeholt, ohne daß sie es merkten?«[152] Weil wir aber dar-

senectus? sed quia ultra nihil habemus, hoc longum dicimus. Omnia ista, perinde ut cuique data sunt pro rata parte, ita aut longa aut brevia dicuntur. apud Hypanim fluvium, qui ab Europae parte in Pontum influit, Aristoteles ait bestiolas quasdam nasci, quae unum diem vivant. ex his igitur hora VIII quae mortua est, provecta aetate mortua est; quae vero occidente sole, decrepita, eo magis, si etiam solstitiali die. confer nostram longissimam aetatem cum aeternitate: in eadem propemodum brevitate qua illae bestiolae reperiemur.

40 (95) Contemnamus igitur omnis ineptias – quod enim levius huic levitati nomen inponam? – totamque vim bene vivendi in animi robore ac magnitudine et in omnium rerum humanarum contemptione ac despicientia et in omni virtute ponamus. nam nunc quidem cogitationibus mollissimis effeminamur, ut, si ante mors adventet quam Chaldaeorum promissa consecuti sumus, spoliati magnis quibusdam bonis, inlusi destitutique videamur. (96) quodsi expectando et desiderando pendemus animis, cruciamur, angimur, pro di inmortales, quam illud iter iucundum esse debet, quo confecto nulla reliqua cura, nulla sollicitudo futura sit! quam me delectat Theramenes! quam elato animo est! etsi enim flemus, cum legimus, tamen non miserabiliter vir clarus emoritur: qui cum coniectus in carcerem triginta iussu tyrannorum venenum ut sitiens obduxisset, reliquum sic e poculo eiecit, ut id resonaret, quo sonitu reddito adridens 'propino' inquit 'hoc pulchro Critiae', qui in eum fuerat

über hinaus nichts haben, nennen wir das lang. All diese Dinge nennt man, je nachdem wie sie einem jeden nach einem bestimmten Verhältnis gegeben worden sind, lang oder kurz. Aristoteles[153] berichtet, am Fluß Hypanis[154], der von Europa her in den Pontus fließt, würden bestimmte Tierchen geboren, die nur einen Tag leben. Welches von diesen also zur achten Stunde stirbt, das ist in fortgeschrittenem Alter gestorben; welches aber bei Sonnenuntergang stirbt, das ist altersschwach gestorben, und das um so mehr, wenn es noch am Tag der Sommersonnenwende eingegangen ist. Vergleiche nun unsere längste Lebenszeit mit der Ewigkeit: Dabei wird sich herausstellen, daß wir beinahe dieselbe kurze Lebenszeit haben wie jene Tierchen.

40 (95) Wir wollen also alle Albernheiten verachten – welche mildere Bezeichnung könnte ich dieser Leichtfertigkeit geben? – und die ganze Kraft eines guten Lebens wollen wir auf die Stärke und Größe der Seele, die Verachtung und Geringschätzung aller menschlichen Dinge und auf die Tugend überhaupt verwenden. Denn jetzt lassen wir uns jedenfalls noch durch sehr schwächliche Gedanken verweichlichen, so daß wir uns, wenn der Tod kommen sollte, ehe wir erreicht haben, was uns die Chaldäer[155] versprochen haben, gewisser großer Güter beraubt, verspottet und betrogen vorkommen. (96) Wenn wir aber in Erwartung und Verlangen hangen und bangen, uns quälen und ängstigen, wie angenehm, bei den unsterblichen Göttern, muß dann jener Weg sein, nach dessen Vollendung es keine Sorge und keinen Kummer mehr geben wird! Welche Freude macht mir doch Theramenes![156] Von welch erhabener Gesinnung ist er! Denn auch wenn wir weinen, wenn wir es lesen, so stirbt doch dieser berühmte Mann nicht beklagenswert: Als dieser auf Befehl der dreißig Tyrannen in den Kerker geworfen worden war und das Gift wie ein Dürstender geschlürft hatte, schüttete er den Rest so aus dem Becher, daß es klatschte[157]; als dieses Geräusch erklang, sagte er lachend: »Ich trinke dies auf das Wohl des schönen Kritias.« Dieser war gegen ihn nämlich

taeterrimus. Graeci enim ⟨in⟩ conviviis solent nominare, cui poculum tradituri sint. lusit vir egregius extremo spiritu, cum iam praecordiis conceptam mortem contineret, vereque ei, cui venenum praebiberat, mortem eam est auguratus, quae brevi consecuta est.

(97) Quis hac maximi animi aequitate in ipsa morte luderet, si mortem malum iudicaret? vạdit [enim] in eundem carcerem atque in eundem paucis post annis scyphum Socrates, eodem scelere iudicum quo tyrannorum Theramenes. quae est igitur eius oratio, qua facit eum Plato usum apud iudices iam morte multatum? **41** 'magna me' inquit 'spes tenet, iudices, bene mihi evenire, quod mittar ad mortem. necesse est enim sit alterum de duobus, ut aut sensus omnino omnes mors auferat aut in alium quendam locum ex his locis morte migretur. quam ob rem, sive sensus extinguitur morsque ei somno similis est, qui non numquam etiam sine visis somniorum placatissimam quietem adfert, di boni, quid lucri est emori! aut quam multi dies reperiri possunt, qui tali nocti anteponantur! cui si similis est perpetuitas omnis consequentis temporis, quis me beatior? (98) sin vera sunt quae dicuntur, migrationem esse mortem in eas oras, quas qui e vita excesserunt incolunt, id multo iam beatius est. tene, cum ab is, qui se iudicum numero haberi volunt, evaseris, ad eos venire, qui vere iudices appellentur, Minoem Rhadamanthum Aeacum Triptolemum, convenireque eos qui iuste ⟨et⟩ cum fide vixerint – haec peregrinatio mediocris vobis videri potest? ut vero conloqui cum Orpheo Musaeo Homero Hesiodo liceat, quanti tan-

der Schlimmste gewesen. Denn beim Gastmahl pflegen die Griechen den zu nennen, dem sie den Becher weiterreichen wollen. So scherzte dieser hervorragende Mann beim letzten Atemzug, als er schon den Tod in seinem Innern aufgenommen hatte, und sagte wirklich dem, dem er mit dem Gift zugetrunken hatte, den Tod voraus, der dann auch bald darauf eintrat.[158]

(97) Wer würde mit dieser Gelassenheit eines glänzenden Geistes im Angesicht des Todes scherzen, wenn er den Tod für ein Übel hielte? In denselben Kerker und zu demselben Giftbecher schreitet wenige Jahre später Sokrates durch dasselbe Verbrechen der Richter wie Theramenes durch das der Tyrannen. Wie lautet nun seine Rede, die ihn Platon vor den Richtern gleich nach seiner Verurteilung zum Tod halten läßt?[159] **41** »Ich habe große Hoffnung, ihr Richter«, sagte er, »daß es für mich gut ist, in den Tod geschickt zu werden. Denn er ist notwendigerweise eines von zwei Dingen; entweder nimmt der Tod uns alle Sinneswahrnehmungen völlig, oder man wandert durch den Tod von hier aus zu einem anderen Ort. Darum, sei es daß die Empfindung erlischt und der Tod dem Schlaf ähnlich ist, der manchmal sogar ohne Traumbilder eine sehr friedliche Ruhe bringt, was ist es dann für ein Gewinn zu sterben, ihr guten Götter! Oder wie viele Tage kann man finden, die man einer solchen Nacht vorziehen könnte. Wenn ihr die Ewigkeit der ganzen folgenden Zeit ähnlich ist, wer ist dann glücklicher als ich? (98) Wenn aber wahr ist, was man sagt, daß der Tod in einer Wanderung in die Gefilde besteht, die die Toten bewohnen, dann ist das noch viel beglückender. Daß man, wenn man denen, die unter die Richter gezählt werden wollen, entronnen ist, zu denen gelangt, die wirklich den Namen Richter verdienen, zu Minos, Rhadamanthys, Aiakos und Triptolemos[160], und mit denen zusammenkommt, die gerecht und gewissenhaft gelebt haben – kann eine solche Wanderung euch gering erscheinen? Wenn man sich sogar mit Orpheus, Musaios[161], Homer und Hesiod unterhalten

dem aestimatis? equidem saepe emori, si fieri posset, vellem, ut ea quae dico mihi liceret invisere. quanta delectatione autem adficerer, cum Palamedem, cum Aiacem, cum alios iudicio iniquo circumventos convenirem! temptarem etiam summi regis, qui maximas copias duxit ad Troiam, et Ulixi Sisyphique prudentiam, nec ob eam rem, cum haec exquirerem sicut hic faciebam, capite damnarer. – Ne vos quidem, iudices i qui me absolvistis, mortem timueritis. (99) nec enim cuiquam bono mali quicquam evenire potest nec vivo nec mortuo, nec umquam eius res a dis inmortalibus neglegentur, nec mihi ipsi hoc accidit fortuito. nec vero ego is, a quibus accusatus aut a quibus condemnatus sum, habeo quod suscenseam, nisi quod mihi nocere se crediderunt.' et haec quidem hoc modo; nihil autem melius extremo: 'sed tempus est' inquit 'iam hinc abire, me, ut moriar, vos, ut vitam agatis. utrum autem sit melius, dii inmortales sciunt, hominem quidem scire arbitror neminem.'

42 Ne ego haud paulo hunc animum malim quam eorum omnium fortunas, qui de hoc iudicaverunt. etsi, quod praeter deos negat scire quemquam, id scit ipse utrum sit melius – nam dixit ante –, sed suum illud, nihil ut adfirmet, tenet ad extremum; (100) nos autem teneamus, ut nihil censeamus esse malum, quod sit a natura datum omnibus, intellegamusque, si mors malum sit, esse sempiternum malum. nam vitae miserae mors finis esse videtur; mors si est misera, finis esse nullus potest.

darf, wie hoch schätzt ihr das erst? Ich jedenfalls möchte, wenn es möglich wäre, oft sterben, um das Genannte erfahren zu können. Welche Freude aber würde ich empfinden, wenn ich mit Palamedes, mit Aias[162] und mit anderen, die durch ein ungerechtes Urteil hintergangen wurden, zusammenkäme! Ich würde auch die Klugheit des erhabensten Königs[163], der das riesige Heer gegen Troja führte, und die des Odysseus und des Sisyphus auf die Probe stellen und würde deswegen nicht, wenn ich diese Fragen stellte, die ich hier zu stellen pflegte, zum Tode verurteilt werden. – Auch ihr, die Richter, die ihr mich freigesprochen habt, fürchtet den Tod nicht! (99) Denn keinem Gutgesinnten kann etwas Schlechtes widerfahren, weder im Leben noch im Tod, und niemals werden seine Dinge von den unsterblichen Göttern vernachlässigt werden, und auch mir widerfährt dies hier nicht aus Zufall. Ich habe aber auch keinen anderen Grund, denen, die mich angeklagt oder verurteilt haben, zu zürnen, außer deswegen, weil sie glaubten, mir zu schaden.« Das also waren seine Worte; nichts aber ist besser als der Schlußsatz: »Aber es ist Zeit«, sagte er, »jetzt von hier wegzugehen, für mich, um zu sterben, für euch aber, um euer Leben zu führen. Was von beidem aber besser ist, wissen die unsterblichen Götter; denn von den Menschen, glaube ich, weiß es niemand.«

42 Ich hätte viel lieber diese Gesinnung als das Vermögen all derjenigen, die über ihn geurteilt haben. Wenn er auch das, wovon er sagt, niemand außer den Göttern wisse es, selbst wohl weiß, nämlich was von beidem besser ist – denn er hat es ja vorher gesagt –, so hält er doch bis zu seinem Lebensende fest an seinem Grundsatz, nichts als sicher zu behaupten. (100) Wir aber wollen daran festhalten, daß wir nichts als ein Übel ansehen, was von der Natur allen gegeben ist, und wir wollen einsehen, daß der Tod, wenn er denn ein Übel sein sollte, ein ewiges Übel ist. Denn der Tod ist offenbar das Ende eines beklagenswerten Lebens; wenn der Tod beklagenswert ist, kann es dafür kein Ende geben.

Sed quid ego Socratem aut Theramenem, praestantis viros virtutis et sapientiae gloria, commemoro, cum Lacedaemonius quidam, cuius ne nomen quidem proditum est, mortem tantopere contempserit, ut, cum ad eam duceretur damnatus ab ephoris et esset voltu hilari atque laeto dixissetque ei quidam inimicus: 'contemnisne leges Lycurgi?', responderit: 'ego vero illi maximam gratiam habeo, qui me ea poena multaverit, quam sine mutuatione et sine versura possem dissolvere.' o virum Sparta dignum! ut mihi quidem, qui tam magno animo fuerit, innocens damnatus esse videatur. (101) talis innumerabilis nostra civitas tulit. sed quid duces et principes nominem, cum legiones scribat Cato saepe alacris in eum locum profectas, unde redituras se non arbitrarentur? pari animo Lacedaemonii in Thermopylis occiderunt, in quos Simonides:

'Dic, hospes, Spartae nos te hic vidisse iacentis,
Dum sanctis patriae legibus obsequimur.'

quid ille dux Leonidas dicit? 'pergite animo forti, Lacedaemonii, hodie apud inferos fortasse cenabimus.' fuit haec gens fortis, dum Lycurgi leges vigebant. e quibus unus, cum Perses hostis in conloquio dixisset glorians: 'solem prae iaculorum multitudine et sagittarum non videbitis', 'in umbra igitur' inquit 'pugnabimus.' (102) viros commemoro: qualis tandem Lacaena? quae cum filium in proelium misisset et interfectum audisset, 'idcirco' inquit 'genueram, ut esset, qui pro patria mortem non dubitaret occumbere'. **43** Esto: fortes et duri Spartiatae; magnam habet vim rei p. disciplina. quid? Cyrenaeum Theodorum, philosophum non ignobi-

Aber wozu erwähne ich Sokrates und Theramenes, durch den Ruhm ihrer Tüchtigkeit und Weisheit herausragende Männer, da doch ein Spartaner, dessen Namen nicht einmal überliefert ist, den Tod so sehr verachtete, daß er, als er nach seiner Verurteilung durch die Ephoren[164] auf dem Weg zur Hinrichtung eine heitere und frohe Miene zeigte und ihn ein Feind fragte: »Verachtest du die Gesetze des Lykurg?«, antwortete: »Ich bin ihm vielmehr zu höchstem Dank verpflichtet, weil er mich mit der Strafe belegt hat, die ich bezahlen kann, ohne Geld zu leihen und ohne Zins zu zahlen.« Ein Mann, Spartas würdig! Mir jedenfalls scheint jemand, der eine solche Geistesgröße zeigte, unschuldig verurteilt worden zu sein. (101) Unser Staat hatte unzählige Männer mit einer solchen Gesinnung. Aber wozu soll ich Heerführer und Staatsmänner erwähnen, da doch Cato[165] schreibt, die Legionen seien oft fröhlich dorthin gezogen, von wo es nach ihrer Überzeugung für sie keine Rückkehr mehr geben konnte? Mit gleicher Gesinnung sind in den Thermopylen die Lakedaimonier gefallen, auf die Simonides[166] dichtete: »Wanderer, kommst du nach Sparta, verkündige dorten, du habest uns hier liegen gesehn, wie das Gesetz es befahl.« Was sagt jener Feldherr Leonidas? »Vorwärts mit tapferem Mut, Lakedaimonier, vielleicht werden wir heute noch in der Unterwelt speisen.« Dieses Volk war tapfer, solange die Gesetze des Lykurg Bestand hatten. Als ein persischer Feind in einer Unterredung prahlerisch gesagt hatte: »Ihr werdet wegen der Menge der Speere und Pfeile die Sonne nicht sehen«, sagte einer von ihnen: »Also werden wir im Schatten kämpfen.«[167] (102) Ich rede von Männern: Welche Haltung zeigte eine Spartanerin? Als sie ihren Sohn in den Kampf geschickt und gehört hatte, er sei gefallen, sagte sie: »Dazu habe ich ihn geboren, daß er bereit sei, ohne Zögern für das Vaterland den Tod zu erleiden.«

43 Mag sein: die Spartaner sind tapfer und hart, eine große Bedeutung hat die Zucht des Staates. Aber nun? Bewundern wir Theodoros aus Kyrene,[168] einen hochangesehenen Phi-

lem, nonne miramur? cui cum Lysimachus rex crucem minaretur, 'istis, quaeso' inquit 'ista horribilia minitare purpuratis tuis: Theodori quidem nihil interest, humine an sublime putescat.'

Cuius hoc dicto admoneor, ut aliquid etiam de humatione et sepultura dicendum existimem, rem non difficilem, is praesertim cognitis, quae de nihil sentiendo paulo ante dicta sunt. de qua Socrates quidem quid senserit, apparet in eo libro in quo moritur, de quo iam tam multa diximus. (103) cum enim de inmortalitate animorum disputavisset et iam moriendi tempus urgeret, rogatus a Critone, quem ad modum sepeliri vellet, 'multam vero' inquit 'operam, amici, frustra consumpsi; Critoni enim nostro non persuasi me hinc avolaturum neque mei quicquam relicturum. verum tamen, Crito, si me adsequi potueris aut sicubi nanctus eris, ut tibi videbitur, sepelito. sed, mihi crede, nemo me vestrum, cum hinc excessero, consequetur.' praeclare is quidem, qui et amico permiserit et se ostenderit de hoc toto genere nihil laborare. (104) durior Diogenes, et is quidem eadem sentiens, sed ut Cynicus asperius: proici se iussit inhumatum. tum amici: 'volucribusne et feris?' 'minime vero' inquit, 'sed bacillum propter me, quo abigam, ponitote.' 'qui poteris?' illi, 'non enim senties.' 'quid igitur mihi ferarum laniatus oberit nihil sentienti?' praeclare Anaxagoras, qui cum Lampsaci moreretur, quaerentibus amicis, velletne

losophen, etwa nicht? Als der König Lysimachos ihm mit dem Tod am Kreuz drohte, sagte er: »Bitte, drohe dieses schreckliche Schicksal doch deinen Purpurträgern an. Für Theodoros jedenfalls hat es keine Bedeutung, ob er auf der Erde oder in der Luft verwest.«

Dessen Ausspruch bringt mich darauf, daß ich glaube, noch etwas sagen zu müssen über Beerdigung und Bestattung, ein leichtes Problem, besonders wenn man das eingesehen hat, was kurz zuvor über die Empfindungslosigkeit gesagt worden ist. Was Sokrates darüber dachte, wird deutlich in dem Buch[169], in dem von seinem Tod berichtet wird und über das wir schon so viel gesagt haben. (103) Als er nämlich über die Unsterblichkeit der Seelen gesprochen hatte und die Todesstunde kurz bevorstand, fragte ihn Kriton, wie er bestattet werden wolle. Er antwortete: »Viel Mühe, Freunde, habe ich in der Tat vergeblich aufgewandt; denn unseren Freund Kriton habe ich nicht davon überzeugen können, daß ich von hier wegfliegen und nichts von mir hier zurücklassen werde. Wenn du mich aber, mein Kriton, einholen kannst oder irgendwo erreichst, dann bestatte mich, wie du willst. Aber glaube mir, niemand von euch wird mich, wenn ich von hier weggegangen bin, einholen.« Ausgezeichnet hat er das gesagt, weil er sich sowohl dem Freund gegenüber nachgiebig zeigte als auch bewies, daß er sich um diese ganze Angelegenheit keine Sorgen mache. (104) Derber war Diogenes, und das, obwohl er dasselbe dachte, aber er sprach eben bissiger, weil er ja ein Kyniker war: Er befahl, man solle ihn unbeerdigt einfach hinwerfen. Da fragten seine Freunde: »Den Vögeln und den wilden Tieren?« Er antwortete: »Keineswegs, sondern legt neben mich einen Stock, mit dem ich sie vertreiben kann.« »Wie wirst du das können?« sagten darauf jene, »denn du wirst keine Empfindung mehr haben.« »Was also wird es mir ausmachen, von wilden Tieren zerfleischt zu werden, wenn ich keine Empfindung mehr habe?« Treffend sprach auch Anaxagoras[170], der, als er in Lampsakos[171] im Sterben lag,

Clazomenas in patriam, si quid accidisset, auferri, 'nihil necesse est' inquit, 'undique enim ad inferos tantundem viae est.' totaque de ratione humationis unum tenendum est, ad corpus illam pertinere, sive occiderit animus sive vigeat. in corpore autem perspicuum est vel extincto animo vel elapso nullum residere sensum. 44 (105) Sed plena errorum sunt omnia. trahit Hectorem ad currum religatum Achilles: lacerari eum et sentire, credo, putat. ergo hic ulciscitur, ut quidem sibi videtur; at illa sicut acerbissimam rem maeret:

'Vidi, videre quod me passa aegerrume,
Hectorem curru quadriiugo raptarier.'

quem Hectorem, aut quam diu ille erit Hector? melius Accius et aliquando sapiens Achilles:

'Immo enimvero corpus Priamo reddidi, Hectora abstuli.'

non igitur Hectora traxisti, sed corpus quod fuerat Hectoris. (106) ecce alius exoritur e terra, qui matrem dormire non sinat:

'Mater, te appello, tu, quae curam somno suspensam levas,
Neque te mei miseret, surge et sepeli natum –!'

haec cum pressis et flebilibus modis, qui totis theatris maestitiam inferant, concinuntur, difficile est non eos qui inhumati sint miseros iudicare. 'prius quam ferae volucresque –' metuit, ne laceratis membris minus bene utatur; ne combustis, non extimescit.

'Neu reliquias semesas sireis denudatis ossibus
Per terram sanie delibutas foede divexarier –'

non intellego, quid metuat, cum tam bonos septenarios fundat ad tibiam. Tenendum est igitur nihil curandum esse

auf die Frage seiner Freunde, ob er in seine Heimat Klazomenai[172] gebracht werden wolle, wenn ihm etwas zustoße, sagte: »Es ist nicht nötig, denn von überall her ist der Weg in die Unterwelt gleich weit.« Bei dieser ganzen Frage der Bestattung muß man eines festhalten, daß sie sich nur auf den Körper bezieht, gleichgültig ob die Seele nun zugrunde gegangen ist oder weiterbesteht. Es ist aber klar, daß im Körper, sei es, daß die Seele erloschen oder entwichen ist, keine Empfindung zurückbleibt. **44** (105) Aber alles ist voll von Irrtümern. Achill schleift den an seinen Wagen gebundenen Hektor hinter sich her: Er glaubt, wie ich meine, daß er zerfleischt werde und es auch empfinde. Also rächt er sich, wie er jedenfalls meint. Jene[173] aber trauert wie über das schlimmste Unglück: »Ich sah, was zu sehen ich nur unter schweren Qualen ertrug, daß Hektor von einem Viergespann dahingeschleift wurde.« Welchen Hektor, oder wie lange wird jener noch Hektor sein? Besser sagen es Accius[174] und Achill, der manchmal weise ist: »Ja wahrhaftig, dem Priamos gab ich die Leiche nur, den Hektor nahm ich weg.« Du hast also nicht Hektor dahingeschleift, sondern nur den Körper, der Hektor gehört hatte. (106) Siehe, ein anderer erhebt sich aus der Erde, der seine Mutter nicht schlafen läßt: »Mutter, ich rufe dich an, die du die bange Sorge durch Schlaf linderst und mit mir kein Mitleid hast, erhebe dich und bestatte deinen Sohn.«[175] Wenn diese Worte zu verhaltenen und klagenden Weisen, die das ganze Theater mit Schmerz erfüllen, gesungen werden, ist es schwierig, diejenigen, die nicht bestattet sind, nicht für unglücklich zu halten. »Ehe die wilden Tiere und die Vögel –«, er fürchtet, die zerfleischten Glieder weniger gebrauchen zu können; bei verbrannten fürchtet er das nicht. »Laß nicht zu, daß meine halbzerfressenen Reste mit entblößten Knochen, besudelt mit Eiter, scheußlich über die Erde hin und her gezerrt werden.« Ich verstehe nicht, was er fürchtet, wenn er so gute Septenare[176] zur Flöte von sich gibt. Man muß also daran festhalten, daß man sich nach dem Tod um nichts Sor-

post mortem, cum multi inimicos etiam mortuos poeniuntur. exsecratur luculentis sane versibus apud Ennium Thyestes, primum ut naufragio pereat Atreus: durum hoc sane; talis enim interitus non est sine gravi sensu; illa inania:

'Ipse summis saxis fixus asperis, evisceratus,
Latere pendens, saxa spargens tabo, sanie et sanguine atro –'

(107) non ipsa saxa magis sensu omni vacabunt quam ille 'latere pendens', cui se hic cruciatum censet optare. quae essent dura, si sentiret, ⟨sunt⟩ nulla sine sensu. illud vero perquam inane:

'Neque sepulcrum, quo recipiat, habeat, portum corporis,
Ubi remissa humana vita corpus requiescat malis.'

vides, quanto haec in errore versentur: portum esse corporis et requiescere in sepulcro putat mortuum; magna culpa Pelopis, qui non erudierit filium nec docuerit, quatenus esset quidque curandum. **45** (108) Sed quid singulorum opiniones animadvertam, nationum varios errores perspicere cum liceat? condiunt Aegyptii mortuos et eos servant domi; Persae etiam cera circumlitos condunt, ut quam maxime permaneant diuturna corpora. Magorum mos est non humare corpora suorum, nisi a feris sint ante laniata; in Hyrcania plebs publicos alit canes, optumates domesticos: nobile autem genus canum illud scimus esse, sed pro sua quisque facultate parat a quibus lanietur, eamque optumam illi esse

gen machen muß, auch wenn viele ihre Feinde noch nach dem Tod bestrafen. In wirklich beeindruckenden Versen stößt Thyest bei Ennius Verwünschungen aus, zunächst, Atreus[177] solle durch einen Schiffbruch untergehen: Hart ist dies freilich; denn ein solcher Tod geschieht nicht ohne schlimme Qual; folgendes aber ist unsinnig: »Er selbst aber soll mit seinem Körper an rauhen Felsspitzen aufgespießt hängen, mit herausquellenden Eingeweiden, die Felsen mit Jauche, Eiter und schwarzem Blut besprengend.« (107) Die Felsen selbst werden ebensowenig eine Empfindung haben wie jener »mit dem Körper Hängende«, dem dieser glaubt, die Qual wünschen zu sollen. Das wäre hart, wenn er Empfindung hätte, so aber bedeutet es nichts, da ja die Empfindung fehlt. Folgendes jedoch ist völlig unsinnig: »Und er soll kein Grab, wo er sich bergen könnte, haben, einen Hafen für den Körper, wo der Körper, wenn das menschliche Leben zu Ende ist, sich von seinen Leiden ausruhen kann.« Du siehst, auf welch großem Irrtum diese Worte beruhen: Er glaubt, es gebe einen Hafen für den Körper, und der Tote finde Ruhe im Grab; hierin liegt eine große Schuld des Pelops, weil er seinen Sohn nicht unterwies und nicht belehrte, wie weit man sich um alles Sorgen machen muß.

45 (108) Aber wozu soll ich die Meinungen von Einzelpersonen rügen, da man doch mannigfache Irrtümer ganzer Völker betrachten kann? Die Ägypter balsamieren ihre Toten ein und bewahren sie zu Hause auf; die Perser setzen sie bei, nachdem sie sie sogar mit Wachs überzogen haben, damit die Leichen möglichst lange erhalten bleiben. Die Magier[178] haben die Sitte, die Leichen ihrer Angehörigen erst dann zu beerdigen, wenn sie zuvor von wilden Tieren zerfleischt wurden. In Hyrkanien[179] hält das Volk auf Staatskosten Hunde, die Vornehmen auf eigene Kosten zu Hause: wir wissen aber, daß es sich um eine edle Hunderasse handelt, doch ein jeder zieht nach seinen Vermögensverhältnissen welche, um sich von ihnen zerreißen zu lassen, und sie glauben, dies sei die beste Art der Bestattung.

censent sepulturam. permulta alia colligit Chrysippus, ut est in omni historia curiosus, sed ita taetra sunt quaedam, ut ea fugiat et reformidet oratio. totus igitur hic locus est contemnendus in nobis, non neglegendus in nostris, ita tamen, ut mortuorum corpora nihil sentire vivi sentiamus; (109) quantum autem consuetudini famaeque dandum sit, id curent vivi, sed ita, ut intellegant nihil id ad mortuos pertinere.

Sed profecto mors tum aequissimo animo oppetitur, cum suis se laudibus vita occidens consolari potest. nemo parum diu vixit, qui virtutis perfectae per[fecto] functus est munere. multa mihi ipsi ad mortem tempestiva fuerunt. quam utinam potuissem obire! nihil enim iam adquirebatur, cumulata erant officia vitae, cum fortuna bella restabant. quare si ipsa ratio minus perficiet, ut mortem neglegere possimus, at vita acta perficiat, ut satis superque vixisse videamur. quamquam enim sensus abierit, tamen suis et propriis bonis laudis et gloriae, quamvis non sentiant, mortui non carent. etsi enim nihil habet in se gloria cur expetatur, tamen virtutem tamquam umbra sequitur. **46** (110) verum multitudinis iudicium de bonis si quando est, magis laudandum est quam illi ob eam rem beati. non possum autem dicere, quoquo modo hoc accipietur, Lycurgum Solonem legum et publicae disciplinae carere gloria, Themistoclem Epaminondam bellicae virtutis. ante enim Salamina ipsam Neptunus obruet quam Salaminii tropaei memoriam, prius-

Sehr vieles andere noch sammelt Chrysipp, da er ja in seiner ganzen Forschung um Neues bemüht ist, aber manches ist so ekelerregend, daß meine Rede es meidet und davor zurückschreckt. Also dieses ganze Problem ist, soweit es unsere eigene Person angeht, ohne Bedeutung, soweit es unsere Angehörigen angeht, darf man es nicht vernachlässigen, doch so, daß wir als Lebende uns bewußt sind, daß die Körper der Toten keine Empfindung haben. (109) Wie viele Zugeständnisse man aber der Tradition und der öffentlichen Meinung machen muß, darum sollen sich die Lebenden kümmern, aber so, daß sie einsehen, daß dies die Toten nichts angeht.

Jedoch stirbt man in der Tat dann mit dem größten Gleichmut, wenn man sich am Ende des Lebens mit seinen Verdiensten trösten kann. Niemand hat zu kurz gelebt, der die Aufgabe sittlicher Vollkommenheit voll erfüllt hat. Es gab für mich manche Umstände, da mir der Tod gelegen gekommen wäre. Hätte ich doch sterben können! Denn nichts ließ sich mehr erreichen[180]; die Aufgaben des Lebens waren in höchstem Maß erfüllt; nur noch Kämpfe mit dem Schicksal blieben übrig. Darum, wenn die Vernunftgründe allein nicht erreichen, daß wir den Tod verachten können, dürfte doch das verbrachte Leben erreichen, daß wir den Eindruck haben, mehr als genug gelebt zu haben. Denn obschon die Empfindung geschwunden ist, entbehren die Toten dennoch nicht die ihnen eigenen und ihnen gehörenden Güter der Ehre und des Ruhmes, auch wenn sie es nicht merken. Wenn auch der Ruhm nichts an sich hat, weswegen man ihn erstreben sollte, so folgt er doch der Tüchtigkeit wie ein Schatten. **46** (110) Eher ist das Urteil der Menge über die Tüchtigen, wenn es sich einmal als wahr erweist, zu loben, als daß jene deswegen glücklich sind. Ich kann aber nicht sagen – wie auch immer man dies auffassen mag –, daß Lykurg und Solon den Ruhm für ihre Gesetze und die Staatsordnung und Themistokles und Epameinondas für ihre Tüchtigkeit im Krieg entbehren. Denn eher wird Nep-

que e Boeotia Leuctra tollentur quam pugnae Leuctricae gloria. multo autem tardius fama deseret Curium Fabricium Calatinum, duo Scipiones duo Africanos, Maximum Marcellum Paulum, Catonem Laelium, innumerabilis alios; quorum similitudinem aliquam qui arripuerit, non eam fama populari, sed vera bonorum laude metiens, fidenti animo, si ita res feret, gradietur ad mortem; in qua aut summum bonum aut nullum malum esse cognovimus. secundis vero suis rebus volet etiam mori; non enim tam cumulus bonorum iucundus esse potest quam molesta decessio. (111) hanc sententiam significare videtur Laconis illa vox, qui, cum Rhodius Diagoras, Olympionices nobilis, uno die duo suos filios victores Olympiae vidisset, accessit ad senem et gratulatus: 'morere, Diagora' inquit; 'non enim in caelum ascensurus es.' magna haec, et nimium fortasse, Graeci putant vel tum potius putabant, isque, qui hoc Diagorae dixit, permagnum existimans tris Olympionicas una e domo prodire cunctari illum diutius in vita fortunae obiectum inutile putabat ipsi.

Ego autem tibi quidem, quod satis esset, paucis verbis, ut mihi videbar, responderam – concesseras enim nullo in malo mortuos esse –; sed ob eam causam contendi ut plura dicerem, quod in desiderio et luctu haec est consolatio maxima. nostrum enim et nostra causa susceptum dolorem modice ferre debemus, ne nosmet ipsos amare videamur; illa suspicio intolerabili dolore cruciat, si opinamur eos qui-

tun Salamis selbst zerstören als das Andenken an den Sieg von Salamis, und eher wird Leuktra aus Böotien entfernt als der Ruhm der Schlacht bei Leuktra. Noch viel später aber wird der Ruhm des Curius, des Fabricius, des Calatinus, der beiden Scipionen, der beiden Africani, des Maximus, des Marcellus, des Paulus, des Cato, des Laelius und unzähliger anderer verblassen; wer eine Ähnlichkeit mit diesen Männern gewinnt, indem er sie nicht am Urteil der Menge, sondern an der ehrlichen Anerkennung der Tüchtigen mißt, der wird zuversichtlichen Herzens, wenn es einmal sein muß, zum Tod schreiten, in dem nach unserer Erkenntnis entweder das höchste Gut oder doch kein Übel liegt. In seinem Glück aber wird er sogar sterben wollen. Denn die Fülle des Glücks kann nicht so angenehm sein wie ihr Schwinden bedrückend ist. (111) Diese Auffassung scheint auch der bekannte Ausspruch eines Spartaners auszudrükken, der, als Diagoras von Rhodos, ein berühmter Olympiasieger, an einem Tag zwei seiner Söhne als Sieger in Olympia gesehen hatte, zu dem alten Mann hinging, gratulierte und sagte: »Stirb, Diagoras; denn in den Himmel wirst du nicht aufsteigen können.« Für groß und vielleicht für allzu groß halten oder vielmehr hielten damals die Griechen diese Dinge, und der, der das dem Diagoras sagte, hielt es für sehr bedeutend, daß drei Olympiasieger aus einem einzigen Haus hervorgingen, und er glaubte, es sei für ihn bedenklich, länger im Leben zu verweilen und dem Schicksal ausgesetzt zu sein.

Ich hatte dir zwar mit wenigen Worten eine nach meiner Meinung ausreichende Antwort gegeben – du hattest nämlich zugegeben, daß die Toten sich in keinem Unglück befinden –; aber deswegen bemühte ich mich, mehr darüber zu sagen, weil in Schmerz und in Trauer dies der größte Trost ist. Denn unseren persönlichen Schmerz und den, den wir unsretwegen erleiden, müssen wir maßvoll ertragen, damit es nicht den Anschein hat, wir liebten uns selbst; jene falsche Vorstellung quält uns mit unerträglichem Schmerz,

bus orbati sumus esse cum aliquo sensu in is malis quibus volgo opinantur. hanc excutere opinionem mihimet volui radicitus, eoque fui fortasse longior.

47 (112) Tu longior? non mihi quidem. prior enim pars orationis tuae faciebat, ut mori cuperem, posterior, ut modo non nollem, modo non laborarem; omni autem oratione illud certe perfectum est, ut mortem non ducerem in malis.

Num igitur etiam rhetorum epilogum desideramus? an hanc iam artem plane relinquimus?

Tu vero istam ne reliqueris, quam semper ornasti, et quidem iure; illa enim te, verum si loqui volumus, ornaverat. sed quinam est iste epilogus? aveo enim audire, quicquid est.

(113) Deorum inmortalium iudicia solent in scholis proferre de morte, nec vero ea fingere ipsi, sed Herodoto auctore aliisque pluribus. primum Argiae sacerdotis Cleobis et Bito filii praedicantur. nota fabula est. cum enim illam ad sollemne et statu[tu]m sacrificium curru vehi ius esset satis longe ab oppido ad fanum morarenturque iumenta, tum iuvenes i quos modo nominavi veste posita corpora oleo perunxerunt, ad iugum accesserunt. ita sacerdos advecta in fanum, cum currus esset ductus a filiis, precata a dea dicitur, ut id illis praemii daret pro pietate, quod maxumum homini dari posset a deo; post epulatos cum matre adulescentis

wenn wir meinen, diejenigen, die uns genommen sind, seien mit irgendeiner Empfindung in dem Unglück, in dem sie sich nach der Vorstellung der Menge befinden. Diese Vorstellung wollte ich in mir selbst von Grund auf beseitigen und war vielleicht deswegen zu ausführlich.

47 (112) A: Du zu ausführlich? Für mich jedenfalls nicht. Denn der erste Teil deiner Ausführungen bewirkte, daß ich zu sterben wünschte, der zweite Teil, daß ich mich bald nicht sträubte, bald mich deswegen nicht mehr beunruhigte. Durch deine ganze Rede aber hast du gewiß das erreicht, daß ich den Tod nicht zu den Übeln zähle.

M: Verlangen wir nun auch noch nach einem rhetorischen Nachwort, oder geben wir jetzt diese Kunst völlig auf?

A: Gib du doch diese Kunst nicht auf, deren Zierde du immer, und zwar mit Recht, gewesen bist; denn jene war es, die dich, wenn wir die Wahrheit sagen wollen, berühmt gemacht hat. Doch wie sieht dieses Nachwort aus? Ich bin begierig, es zu hören, wie auch immer es sein mag.

(113) M: In den Schulen pflegen sie die Urteile der unsterblichen Götter über den Tod vorzubringen, aber sie erfinden sie nicht selbst, sondern zitieren Herodot als Autor und andere mehr. Zuerst preist man die Söhne einer argivischen Priesterin, Kleobis und Biton. Die Geschichte ist bekannt.[181] Es war fester Brauch, daß sie zu einem feierlichen, regelmäßig wiederkehrenden Opfer mit dem Wagen zu einem Heiligtum gefahren wurde, das ziemlich weit von der Stadt entfernt lag. Als nun die Zugtiere nicht pünktlich eintrafen, da legten die von mir eben genannten jungen Männer ihre Kleidung ab, salbten ihre Körper mit Öl und gingen unters Joch. So fuhr die Priesterin zum Heiligtum; und weil der Wagen von ihren Söhnen gezogen worden war, habe sie, so wird erzählt, die Göttin gebeten, sie möge jenen für ihre fromme Gesinnung die Belohnung geben, die von einem Gott als größte einem Menschen gegeben werden könne; nach einem Mahl mit der Mutter hätten sich die Söhne zum Schlafen niedergelegt und seien am Morgen tot

somno se dedisse, mane inventos esse mortuos. (114) simili precatione Trophonius et Agamedes usi dicuntur; qui cum Apollini Delphis templum exaedificavissent, venerantes deum petiverunt mercedem non parvam quidem operis et laboris sui: nihil certi, sed quod esset optimum homini. quibus Apollo se id daturum ostendit post eius diei diem tertium; qui ut inluxit, mortui sunt reperti. iudicavisse deum dicunt, et eum quidem deum, cui reliqui dii concessissent, ut praeter ceteros divinaret. **48** adfertur etiam de Sileno fabella quaedam; qui cum a Mida captus esset, hoc ei muneris pro sua missione dedisse scribitur: docuisse regem non nasci homini longe optimum esse, proximum autem quam primum mori. (115) qua est sententia in Cresphonte usus Euripides:

'Nam nos decebat coetus celebrantis domum
Lugere, ubi esset aliquis in lucem editus,
Humanae vitae varia reputantis mala;
At, qui labores morte finisset gravis,
Hunc omni amicos laude et laetitia exsequi.'

simile quiddam est in Consolatione Crantoris: ait enim Terinaeum quendam Elysium, cum graviter filii mortem maereret, venisse in psychomantium quaerentem, quae fuisset tantae calamitatis causa; huic in tabellis tris huius modi versiculos datos:

'Ignaris homines in vita mentibus errant:
Euthynous potitur fatorum numine leto.
Sic fuit utilius finiri ipsique tibique.'

(116) his et talibus auctoribus usi confirmant causam rebus a diis inmortalibus iudicatam. Alcidamas quidem, rhetor antiquus in primis nobilis, scripsit etiam laudationem

aufgefunden worden. (114) Eine ähnliche Bitte sollen Trophonius und Agamedes[182] ausgesprochen haben; als diese dem Apoll den Tempel in Delphi erbaut hatten, beteten sie zu dem Gott und baten ihn um einen Lohn, und zwar um keinen geringen, für ihr Werk und ihre Mühe: um nichts Bestimmtes, sondern um das, was für einen Menschen das Beste sei. Apollon tat kund, er werde es ihnen nach dem dritten Tag, von diesem an gerechnet, geben; als der genannte Tag anbrach, wurden sie tot aufgefunden. Man sagt, der Gott habe sein Urteil gesprochen, und zwar der Gott, dem die übrigen Götter zugestanden hätten, vor allen anderen zu weissagen. **48** Man führt auch eine nette Geschichte über Silen[183] an. Als dieser von Midas gefangen worden sei, habe er ihm, wie man schreibt, folgendes Geschenk für seine Freilassung gemacht: Er habe den König gelehrt, daß es für einen Menschen bei weitem das beste sei, nicht geboren zu werden, das nächstbeste aber sei, so bald wie möglich zu sterben. (115) Diese Ansicht vertritt auch Euripides im *Kresphontes*[184]: »Denn wir müßten uns versammeln und das Haus betrauern, wo ein Kind geboren wird, wenn wir die verschiedenen Übel des Lebens bedenken; aber den, der die schweren Mühen durch seinen Tod vollendet hat, den müßten seine Freunde mit allem Lobpreis und aller Freude zu Grabe geleiten.« Ähnliches findet sich in der *Trostschrift* Krantors: Er erzählt nämlich, ein Elysios aus Terina[185] sei, als er den Tod seines Sohnes tief betrauerte, zu einer Geisterbeschwörung gekommen und habe gefragt, welches die Ursache für sein großes Unglück gewesen sei; ihm seien auf Täfelchen drei Verse folgenden Inhalts gegeben worden: »Die Menschen irren mit unwissendem Geist im Leben: Euthynous ist tot nach dem Willen des Schicksals. So zu sterben war besser für ihn und für dich.« (116) Unter Berufung auf diese und ähnliche Autoren belegen sie, daß unsere Frage von den unsterblichen Göttern durch Tatsachen entschieden worden sei. Ein gewisser Alkidamas, ein alter und besonders berühmter Redner, schrieb sogar eine Lobrede

mortis, quae constat ex enumeratione humanorum malorum; cui rationes eae quae exquisitius a philosophis colliguntur defuerunt, ubertas orationis non defuit. Clarae vero mortes pro patria oppetitae non solum gloriosae rhetoribus, sed etiam beatae videri solent. repetunt ab Erechtheo, cuius etiam filiae cupide mortem expetiverunt pro vita civium; ⟨commemorant⟩ Codrum, qui se in medios inmisit hostis veste famulari, ne posset adgnosci, si esset ornatu regio, quod oraculum erat datum, si rex interfectus esset, victrices Athenas fore; Menoeceus non praetermittitur, qui item oraculo edito largitus est patriae suum sanguinem; ⟨neque⟩ Iphigenia; ⟨nam⟩ Aulide duci se immolandam iubet, ut hostium eliciatur suo. **49** veniunt inde ad propiora: Harmodius in ore ⟨est⟩ et Aristogiton; Lacedaemonius Leonidas, Thebanus Epaminondas viget. nostros non norunt, quos enumerare magnum est: ita sunt multi, quibus videmus optabilis mortes fuisse cum gloria.

(117) Quae cum ita sint, magna tamen eloquentia est utendum atque ita velut superiore e loco contionandum, ut homines mortem vel optare incipiant vel certe timere desistant? nam si supremus ille dies non extinctionem, sed commutationem adfert loci, quid optabilius? sin autem perimit ac delet omnino, quid melius quam in mediis vitae laboribus obdormiscere et ita coniventem somno consopiri sempiterno? quod si fiat, melior Enni quam Solonis oratio. hic enim noster: ‘nemo me lacrimis decoret’ inquit ‘nec funera fletu faxit!’ at vero ille sapiens:

auf den Tod, die in einer Aufzählung der Übel des menschlichen Lebens besteht; ihm fehlten zwar die Beweise, die von den Philosophen sorgfältiger gesammelt werden, aber an rednerischer Fülle mangelte es ihm nicht. Sich für das Vaterland durch einen ruhmvollen Heldentod aufzuopfern gilt den Rednern nicht nur als ruhmreich, sondern auch als glückselig. Sie beginnen bei Erechtheus[186], dessen Töchter sogar begierig den Tod suchten um des Lebens ihrer Mitbürger willen; sie führen auch Kodros[187] an, der sich mitten in die Feinde warf, als Diener verkleidet, damit er nicht erkannt werden könnte, wenn er mit einem königlichen Gewand bekleidet wäre; denn es war ein Orakel gegeben worden, Athen werde siegreich sein, wenn sein König getötet sei. Man übergeht nicht Menoikeus[188], der ebenfalls sein Blut auf Grund eines Orakels dem Vaterland schenkte; und auch nicht Iphigeneia[189]; denn in Aulis befiehlt sie, daß man sie zur Opferung führe, damit durch ihr Blut das der Feinde hervorgelockt werde. **49** Dann kommen sie zu Näherliegendem: Harmodios und Aristogeiton[190] sind in ihrem Munde; der Lakedaimonier Leonidas[191] und der Thebaner Epameinondas[192] haben Beweiskraft. Unsere Landsleute kennen sie nicht, die aufzuzählen eine schwierige Aufgabe wäre: so viele sind es, für die, wie wir sehen, ein ruhmvoller Tod wünschenswert gewesen ist.

(117) Muß man dennoch, obwohl das so ist, die große Redekunst aufwenden und gleichsam von einer höheren Stelle aus einen Vortrag halten, damit die Menschen beginnen, den Tod zu wünschen oder doch wenigstens aufhören, ihn zu fürchten? Denn wenn jener letzte Tag keinen völligen Untergang, sondern nur einen Ortswechsel bringt, was gibt es dann Wünschenswerteres? Wenn er aber vernichtet und völlig zerstört, was ist dann besser, als mitten in den Mühen des Lebens zu entschlafen und so mit geschlossenen Augen in ewigen Schlaf zu sinken? Wenn das geschieht, ist die Rede des Ennius besser als die Solons. Denn unser Dichter sagt[193]: »Niemand soll mich mit Tränen ehren oder mich

'Mors mea ne careat lacrimis: linquamus amicis
Maerorem, ut celebrent funera cum gemitu.'

(118) nos vero, si quid tale acciderit, ut a deo denuntiatum videatur ut exeamus e vita, laeti et agentes gratias pareamus emittique nos e custodia et levari vinclis arbitremur, ut aut in aeternam et plane in nostram domum remigremus aut omni sensu molestiaque careamus; sin autem nihil denuntiabitur, eo tamen simus animo, ut horribilem illum diem aliis nobis faustum putemus nihilque in malis ducamus, quod sit vel a diis inmortalibus vel a natura parente omnium constitutum. non enim temere nec fortuito sati et creati sumus, sed profecto fuit quaedam vis, quae generi consuleret humano nec id gigneret aut aleret, quod cum exanclavisset omnes labores, tum incideret in mortis malum sempiternum: portum potius paratum nobis et perfugium putemus. (119) quo utinam velis passis pervehi liceat! sin reflantibus ventis reiciemur, tamen eodem paulo tardius referamur necesse est. quod autem omnibus necesse est, idne miserum esse uni potest? Habes epilogum, ne quid praetermissum aut relictum putes.

Ego vero, et quidem fecit etiam iste me epilogus firmiorem.

Optime, inquam. sed nunc quidem valetudini tribuamus aliquid, cras autem et quot dies erimus in Tusculano, agamus haec et ea potissimum, quae levationem habeant aegritudinum formidinum cupiditatum, qui omnis philosophiae est fructus uberrimus.

unter Klagen bestatten.« Jener Weise[194] aber: »Mein Tod soll nicht der Tränen entbehren: wir wollen den Freunden Trauer hinterlassen, damit sie die Bestattung unter Schluchzen begehen.« (118) Wir aber wollen, wenn etwas Derartiges geschieht, daß es von Gott angekündigt erscheint, aus dem Leben zu scheiden, freudig und dankbar gehorchen und überzeugt sein, aus einem Gefängnis entlassen und von Fesseln befreit zu werden, um entweder in das ewige und ganz uns gehörende Haus zurückzuwandern oder aber jede Sinneswahrnehmung und Mühsal hinter uns zu lassen. Wenn aber nichts angekündigt wird, wollen wir doch eine solche Gesinnung haben, daß wir jenen für andere schrecklichen Tag für uns als glücklich ansehen und nichts zu den Übeln zählen, was von den unsterblichen Göttern oder von der Mutter aller, der Natur, festgesetzt ist. Denn wir sind nicht zufällig oder aufs Geratewohl gezeugt und geschaffen, sondern es gab gewiß eine Macht, die sich um das Menschengeschlecht sorgte und es nicht hervorbrachte oder aufzog, auf daß es dann, wenn es alle Mühen ausgehalten hätte, in das ewige Unglück des Todes fiele: wir wollen vielmehr glauben, daß uns ein Hafen und Zufluchtsort bereitet ist. (119) Möge es uns erlaubt sein, mit vollen Segeln dorthin zu gelangen! Wenn wir aber von widrigen Winden zurückgeworfen werden, so müssen wir doch, wenn auch etwas später, ebendorthin zurückkehren. Kann aber das, was für alle notwendig ist, für einen einzelnen ein Unglück sein? Hier hast du das Nachwort, damit du nicht meinst, es sei etwas übergangen oder ausgelassen worden.

A: Wirklich, mich hat dieses Nachwort jedenfalls noch mehr in meiner Ansicht bekräftigt.

M: Das ist gut so, sage ich. Aber jetzt wollen wir etwas für unsere Gesundheit tun, morgen aber und alle Tage, die wir noch auf dem Tusculanum verbringen, wollen wir dies weiter betreiben, und zwar besonders das, was den Kummer, die Ängste und die Leidenschaften lindern kann; denn das ist der reichste Gewinn aus der ganzen Philosophie.

Liber secundus

1 (1) Neoptolemus quidem apud Ennium philosophari sibi ait necesse esse, sed paucis; nam omnino haud placere: ego autem, Brute, necesse mihi quidem esse arbitror philosophari – nam quid possum, praesertim nihil agens, agere melius? – sed non paucis, ut ille. difficile est enim in philosophia pauca esse ei nota, cui non sint aut pleraque aut omnia. nam nec pauca nisi e multis eligi possunt nec, qui pauca perceperit, non idem reliqua eodem studio persequetur. (2) sed tamen in vita occupata atque, ut Neoptolemi tum erat, militari pauca ipsa multum saepe prosunt et ferunt fructus, si non tantos quanti ex universa philosophia percipi possunt, tamen eos quibus aliqua ex parte interdum aut cupiditate aut aegritudine aut metu liberemur. velut ex ea disputatione, quae mihi nuper habita est in Tusculano, magna videbatur mortis effecta contemptio, quae non minimum valet ad animum metu liberandum. nam qui id quod vitari non potest metuit, is vivere animo quieto nullo modo potest; sed qui non modo quia necesse est mori, verum etiam quia nihil habet mors quod sit horrendum, mortem non timet, magnum is sibi praesidium ad beatam vitam comparavit. (3) Quamquam non sumus ignari multos studiose contra esse dicturos; quod vitare nullo modo potuimus, nisi nihil omnino scriberemus. etenim si orationes, quas nos multitudinis iudicio probari volebamus (popularis est enim

Buch II

1 (1) Neoptolemos sagt bei Ennius[1], für ihn sei es zwar notwendig zu philosophieren, aber nur in einem geringen Maß; denn umfassend gefalle es ihm nicht: ich aber, mein Brutus, glaube, daß es für mich zwar notwendig ist zu philosophieren – denn was kann ich Besseres tun, zumal da ich nicht tätig bin –, aber nicht in geringem Umfang, wie jener. Es ist nämlich schwierig, daß in der Philosophie jemand nur weniges kennt, dem nicht das meiste oder alles bekannt ist. Denn weniges kann man nur aus vielem auswählen, und wer weniges erfaßt hat, wird auch dem übrigen mit demselben Eifer nachgehen. (2) Aber dennoch nützt in einem tätigen Leben und in einem Soldatenleben, wie es damals Neoptolemos führte, schon weniges oft viel und bringt Gewinn, wenn auch nicht so großen, wie man ihn aus der ganzen Philosophie ziehen kann, immerhin aber den, daß wir zu einem gewissen Teil bisweilen befreit werden von Begierde, Kummer oder Furcht. Zum Beispiel hatte das Gespräch, das ich neulich auf dem Tusculanum führte, offenbar eine große Verachtung des Todes zum Ergebnis; diese vermag es in hohem Maße, die Seele von Furcht zu befreien. Denn wer fürchtet, was man nicht meiden kann, der kann auf keinen Fall in einer ruhigen Gemütsverfassung leben; wer aber den Tod nicht fürchtet, nicht nur, weil es eine Notwendigkeit ist zu sterben, sondern auch, weil der Tod nichts Erschreckendes an sich hat, erwirbt sich eine große Hilfe für ein glückliches Leben. (3) Doch wir wissen genau, daß viele hier heftig widersprechen werden; das hätten wir nur vermeiden können, wenn wir überhaupt nichts schrieben. Denn wenn die Reden, die wir durch das Urteil der Menge[2] gebilligt zu sehen wünschten (denn jene Fähigkeit ist für die

illa facultas, et effectus eloquentiae est audientium adprobatio) – sed si reperiebantur non nulli, qui nihil laudarent nisi quod se imitari posse confiderent, quemque sperandi sibi, eundem bene dicendi finem proponerent, et cum obruerentur copia sententiarum atque verborum, ieiunitatem et famem se malle quam ubertatem et copiam dicerent, unde erat exortum genus Atticorum is ipsis, qui id sequi se profitebantur, ignotum, qui iam conticuerunt paene ab ipso foro inrisi: (4) quid futurum putamus, cum adiutore populo, quo utebamur antea, nunc minime nos uti posse videamus? est enim philosophia paucis contenta iudicibus, multitudinem consulto ipsa fugiens eique ipsi et suspecta et invisa, ut, vel si quis universam velit vituperare, secundo id populo facere possit, vel si in eam quam nos maxime sequimur conetur invadere, magna habere possit auxilia e reliquorum philosophorum disciplinis. **2** Nos autem universae philosophiae vituperatoribus respondimus in Hortensio, pro Academia autem quae dicenda essent, satis accurate in Academicis quattuor libris explicata arbitramur; sed tamen tantum abest ut scribi contra nos nolimus, ut id etiam maxime optemus. in ipsa enim Graecia philosophia tanto in honore numquam fuisset, nisi doctissimorum contentionibus dissensionibusque viguisset.

(5) Quam ob rem hortor omnis, qui facere id possunt, ut huius quoque generis laudem iam languenti Graeciae eripiant et transferant in hanc urbem, sicut reliquas omnis, quae quidem erant expetendae, studio atque industria sua maiores nostri transtulerunt. atque oratorum quidem laus ita

Öffentlichkeit bestimmt, und der Beifall der Zuhörer ist der Erfolg der Redekunst) – wenn sich aber einige fanden[3], die nur das lobten, was sie selbst glaubten, nachahmen zu können, und als Ziel des richtigen Redens eben das ansahen, was sie für sich erreichen zu können hofften, und, wenn sie von der Fülle der Gedanken und Worte überschüttet wurden, sagten, sie zögen Nüchternheit und Hunger dem Überfluß und der Fülle vor, woraus die Gruppe der Attiker entstanden war, unbekannt selbst denen, die verkündeten, sie folgten ihr; diese sind nun, vom Forum selbst verspottet, fast schon verstummt: (4) Was glauben wir, wird sein, wenn wir sehen, daß wir die Hilfe des Volkes, deren wir uns vorher bedienten, jetzt keineswegs mehr haben können? Die Philosophie nämlich ist mit wenigen Richtern zufrieden, sie meidet bewußt die Menge und ist gerade ihr verdächtig und verhaßt, so daß, wenn jemand sie insgesamt tadeln möchte, er das mit Zustimmung des Volkes tun, oder wenn er versuchen möchte, die philosophische Richtung, der wir vornehmlich folgen, anzugreifen, er große Hilfen aus den Lehren der übrigen Philosophen erhalten könnte. 2 Wir aber haben denen, die die Philosophie überhaupt kritisieren, im *Hortensius* geantwortet; was aber für die Akademie gesagt werden mußte, glauben wir, gründlich genug in den vier Büchern der *Academica* entwickelt zu haben; aber dennoch sind wir weit davon entfernt, nicht zu wollen, daß man gegen uns schreibt; wir wünschen das sogar besonders. Denn selbst in Griechenland hätte die Philosophie niemals ein so hohes Ansehen besessen, wenn sie nicht aus den Streitgesprächen und Meinungsverschiedenheiten der gelehrtesten Männer Kraft geschöpft hätte.

(5) Deshalb fordere ich alle auf, die dazu in der Lage sind, den Ruhm auch auf diesem Gebiet dem schon erschlaffenden Griechenland zu entreißen und in unsere Stadt hineinzutragen, so wie unsere Vorfahren auch alle übrigen Dinge, soweit sie erstrebenswert waren, mit Eifer und Fleiß herübergebracht haben. Der Ruhm der Redner begann ganz

ducta ab humili venit ad summum, ut iam, quod natura fert in omnibus fere rebus, senescat brevique tempore ad nihilum ventura videatur, philosophia nascatur Latinis quidem litteris ex his temporibus, eamque nos adiuvemus nosque ipsos redargui refellique patiamur. quod i ferunt animo iniquo, qui certis quibusdam destinatisque sententiis quasi addicti et consecrati sunt eaque necessitate constricti, ut etiam, quae non probare soleant, ea cogantur constantiae causa defendere: nos, qui sequimur probabilia nec ultra [quam] id quod veri simile occurrit progredi possumus, et refellere sine pertinacia et refelli sine iracundia parati sumus.

(6) Quodsi haec studia traducta erunt ad nostros, ne bibliothecis quidem Graecis egebimus, in quibus multitudo infinita librorum propter eorum est multitudinem, qui scripserunt. eadem enim dicuntur a multis, ex quo libris omnia referserunt. quod accidet etiam nostris, si ad haec studia plures confluxerint. sed eos, si possumus, excitemus, qui liberaliter eruditi adhibita etiam disserendi elegantia ratione et via philosophantur. **3** (7) est enim quoddam genus eorum qui se philosophos appellari volunt, quorum dicuntur esse Latini sane multi libri; quos non contemno equidem, quippe quos numquam legerim; sed quia profitentur ipsi illi, qui eos scribunt, se neque distincte neque distribute neque eleganter neque ornate scribere, lectionem sine ulla delectatione neglego. quid enim dicant et quid sentiant i qui

klein und gelangte zum höchsten Gipfel, so daß er schon, was die Natur ja bei fast allen Dingen mit sich bringt, altert und wahrscheinlich in Kürze zu einem Nichts[4] kommen wird; die Philosophie aber möge infolge der jetzigen Zeitumstände nun auch in der lateinischen Literatur geboren werden, und wir wollen ihr dabei helfen und es ertragen, selbst angegriffen und widerlegt zu werden. Das ertragen nur diejenigen mit Unmut, die sich bestimmten und festgelegten Meinungen gleichsam verschrieben und verschworen haben und durch diese Verpflichtung gebunden sind, so daß sie gezwungen werden, sogar das, was sie gewöhnlich nicht billigen, der Konsequenz wegen zu verteidigen: Wir aber, die wir dem Wahrscheinlichen[5] folgen und nicht über das hinaus, was als wahrscheinlich sich darbietet, vordringen können, sind bereit, ohne Starrsinn zu widerlegen und ohne Zorn uns widerlegen zu lassen.

(6) Wenn nun diese Studien zu unseren Landsleuten herübergebracht sind, werden wir nicht einmal mehr die griechischen Bibliotheken nötig haben, in denen sich eine unendliche Menge von Büchern befindet wegen der großen Anzahl derer, die geschrieben haben. Denn viele sagen dasselbe, und deswegen haben sie alles mit Büchern vollgestopft. Dasselbe wird unseren Landsleuten passieren, wenn sie sich in größerer Zahl diesen Studien widmen. Wir wollen aber nach Kräften diejenigen ermuntern, die, gründlich gebildet, mit Überlegung und Methode philosophieren und dabei auch Fähigkeit zu klarer Erörterung zeigen. 3 (7) Es gibt nämlich eine Gruppe von Leuten[6], die Philosophen genannt werden wollen und von denen es ziemlich viele Bücher in lateinischer Sprache geben soll; ich verachte sie zwar nicht, da ich sie niemals gelesen habe; doch weil die Verfasser dieser Bücher selbst gestehen, daß sie weder klar noch gegliedert noch gewählt noch gefällig schreiben, so lehne ich eine Lektüre ab, die mir kein Vergnügen bringen würde. Denn was diejenigen sagen und denken, die sich zu dieser Lehre bekennen, weiß jeder nur

sunt ab ea disciplina, nemo ⟨ne⟩ mediocriter quidem doctus ignorat. quam ob rem, quoniam quem ad modum dicant ipsi non laborant, cur legendi sint nisi ipsi inter se qui idem sentiunt, non intellego. (8) nam, ut Platonem reliquosque Socraticos et deinceps eos, qui ab his profecti sunt, legunt omnes, etiam qui illa aut non adprobant aut non studiosissime consectantur, Epicurum autem et Metrodorum non fere praeter suos quisquam in manus sumit, sic hos Latinos i soli legunt, qui illa recte dici putant. nobis autem videtur, quicquid litteris mandetur, id commendari omnium eruditorum lectioni decere; nec, si id ipsi minus consequi possumus, idcirco minus id ita faciendum esse sentimus. (9) Itaque mihi semper Peripateticorum Academiaeque consuetudo de omnibus rebus in contrarias partis disserendi non ob eam causam solum placuit, quod aliter non posset, quid in quaque re veri simile esset, inveniri, sed etiam quod esset ea maxuma dicendi exercitatio. qua princeps usus est Aristoteles, deinde eum qui secuti sunt. nostra autem memoria Philo, quem nos frequenter audivimus, instituit alio tempore rhetorum praecepta tradere, alio philosophorum: ad quam nos consuetudinem a familiaribus nostris adducti in Tusculano, quod datum est temporis nobis, in eo consumpsimus. itaque cum ante meridiem dictioni operam dedissemus, sicut pridie feceramus, post meridiem in Academiam descendimus. in qua disputationem habitam non quasi narrantes exponimus, sed eisdem fere verbis, ut actum disputatumque est.

4 (10) Est igitur ambulantibus ad hunc modum sermo ille nobis institutus et a tali quodam ductus exordio:

mittelmäßig Gebildete ganz genau. Da sie sich ja selbst nicht darum bemühen, wie sie etwas ausdrücken, sehe ich deshalb keinen Grund, warum jemand außer in dem Kreis derer, die dieselbe Meinung vertreten, sie lesen sollte. (8) Denn wie alle Platon, die übrigen Sokratiker und schließlich der Reihe nach die, die sich von ihnen herleiten[7], lesen, auch diejenigen, die ihrer Lehre nicht zustimmen oder ihr nicht mit großem Eifer folgen, den Epikur aber und den Metrodor[8] außer ihren Anhängern niemand in die Hand nimmt, so lesen diese lateinischen Autoren nur diejenigen, welche an die Richtigkeit ihrer Aussagen glauben. Wir aber sind der Ansicht, daß das, was schriftlich niedergelegt wird, sich der Lektüre aller Gebildeten empfehlen muß. Wenn wir das auch selbst nicht erreichen können, so glauben wir doch nicht, daß man dieses Ziel deswegen weniger verfolgen müsse. (9) Deshalb gefiel mir immer die Gewohnheit der Peripatetiker und der Akademie, über alle Dinge nach beiden Seiten zu diskutieren, nicht nur deswegen, weil auf andere Weise nicht herausgefunden werden kann, was in einer jeden Sache das Wahrscheinliche ist, sondern auch weil dies die beste Übung im Reden ist. Als erster hat sie Aristoteles eingeführt, dann seine Nachfolger. Zu unserer Zeit aber hat Philo[9], den wir häufig gehört haben, damit begonnen, zu der einen Zeit die Vorschriften der Redner, zu einer anderen die der Philosophen zu lehren: Zu dieser Gewohnheit sind wir von unseren Freunden gebracht worden und haben die uns zur Verfügung stehende Zeit auf dem Tusculanum damit verbracht. Nachdem wir uns also vormittags mit der rhetorischen Übung beschäftigt hatten, so wie wir es am Tag zuvor getan hatten, sind wir nachmittags in die Akademie[10] hinabgestiegen. Das dort geführte Gespräch stellen wir nicht in erzählender Form dar, sondern mit ungefähr denselben Worten, wie es bei der Diskussion geführt wurde.

4 (10) Beim Aufundabgehen ist also das Gespräch auf folgende Weise von uns begonnen worden, und es nahm etwa folgendermaßen seinen Anfang:

Dici non potest, quam sim hesterna disputatione tua delectatus vel potius adiutus. etsi enim mihi sum conscius numquam me nimis vitae cupidum fuisse, tamen interdum obiciebatur animo metus quidam et dolor cogitanti fore aliquando finem huius lucis et amissionem omnium vitae commodorum. hoc genere molestiae sic, mihi crede, sum liberatus, ut nihil minus curandum putem.

(11) Minime mirum id quidem; nam efficit hoc philosophia: medetur animis, inanes sollicitudines detrahit, cupiditatibus liberat, pellit timores. sed haec eius vis non idem potest apud omnis: tum valet multum, cum est idoneam complexa naturam. fortis enim non modo fortuna adiuvat, ut est in vetere proverbio, sed multo magis ratio, quae quibusdam quasi praeceptis confirmat vim fortitudinis. te natura excelsum quendam videlicet et altum et humana despicientem genuit; itaque facile in animo forti contra mortem habita insedit oratio. sed haec eadem num censes apud eos ipsos valere nisi admodum paucos, a quibus inventa disputata conscripta sunt? quotus enim quisque philosophorum invenitur, qui sit ita moratus, ita animo ac vita constitutus, ut ratio postulat? qui disciplinam suam non ostentationem scientiae, sed legem vitae putet? qui obtemperet ipse sibi et decretis suis pareat? (12) videre licet alios tanta levitate et iactatione, ut iis fuerit non didicisse melius, alios pecuniae cupidos, gloriae non nullos, multos libidinum servos, ut cum eorum vita mirabiliter pugnet oratio. quod quidem mihi videtur esse turpissimum. ut enim si grammaticum se

A: Ich kann dir gar nicht sagen, wie mir deine gestrige Darlegung Freude gemacht oder vielmehr geholfen hat. Denn wenn ich mir auch bewußt bin, niemals allzu sehr am Leben gehangen zu haben, so befiel doch den Geist bisweilen eine Furcht und ein Schmerz bei dem Gedanken, daß einmal das Ende dieses Lichts und der Verlust aller Annehmlichkeiten des Lebens eintreten werde. Von dieser Art Last bin ich, glaube mir, so befreit, daß ich glaube, mich um nichts weniger sorgen zu müssen.

(11) M: Das ist keineswegs verwunderlich; denn das bewirkt die Philosophie: Sie heilt die Seelen, nimmt grundlosen Kummer, befreit von Begierden und vertreibt Ängste. Aber diese ihre Kraft vermag nicht dasselbe bei allen: sie hat nur dann eine große Wirkung, wenn sie auf eine geeignete Natur trifft. Denn dem Tapferen hilft nicht nur das Glück, wie es in einem alten Sprichwort heißt, sondern noch viel mehr die Vernunft, die gleichsam durch bestimmte Vorschriften die Kraft der Tapferkeit stärkt. Dich hat die Natur geboren als einen Menschen, der gewiß edel und hochgesinnt ist und die menschlichen Dinge verachtet. Deshalb konnte die Rede, die wir gegen den Tod hielten, leicht in einem tapferen Geist haftenbleiben. Aber glaubst du etwa, daß eben diese Lehren auf die selbst – außer ganz wenigen – Einfluß haben können, von denen sie erfunden, erörtert und aufgeschrieben worden sind? Wie selten läßt sich ein Philosoph finden, der so lebt, so in seinem Geist und seinem Leben beschaffen ist, wie die Vernunft es erfordert? Der seine Lehre nicht für ein Prunkstück des Wissens, sondern für ein Lebensgesetz hält? Der sich selbst gehorcht und seinen eigenen Lehren folgt? (12) Man kann Philosophen entdecken, die von einer solchen Leichtfertigkeit und Eitelkeit sind, daß es für sie besser wäre, nichts gelernt zu haben, andere, die geldgierig, einige auch, die ruhmsüchtig sind, viele, die Sklaven ihrer Begierden sind, so daß ihr Reden in erstaunlicher Weise ihrem Leben widerspricht.[11] Gerade das scheint mir das schlimmste zu sein. Wie nämlich je-

professus quispiam barbare loquatur, aut si absurde canat is qui se haberi velit musicum, hoc turpior sit, quod in eo ipso peccet, cuius profitetur scientiam, sic philosophus in vitae ratione peccans hoc turpior est, quod in officio, cuius magister esse vult, labitur artemque vitae professus delinquit in vita.

5 Nonne verendum est igitur, si est ita, ut dicis, ne philosophiam falsa gloria exornes? quod est enim maius argumentum nihil eam prodesse, quam quosdam perfectos philosophos turpiter vivere?

(13) Nullum vero id quidem argumentum est. nam ut agri non omnes frugiferi sunt qui coluntur, falsumque illud Acci:

'Probae etsi in segetem sunt deteriorem datae
Fruges tamen ipsae suapte natura enitent',

sic animi non omnes culti fructum ferunt. atque, ut in eodem simili verser, ut ager quamvis fertilis sine cultura fructuosus esse non potest, sic sine doctrina animus; ita est utraque res sine altera debilis. cultura autem animi philosophia est; haec extrahit vitia radicitus et praeparat animos ad satus accipiendos eaque mandat is et, ut ita dicam, serit, quae adulta fructus uberrimos ferant. Agamus igitur, ut coepimus. dic, si vis, de quo disputari velis.

(14) Dolorem existimo maxumum malorum omnium.

Etiamne maius quam dedecus?

Non audeo id quidem dicere, et me pudet tam cito de sententia esse deiectum.

mand, wenn er sich Grammatiker nennt und ungebildet spricht, oder wenn jemand schlecht singt, der als Musiker gelten will, deswegen so schändlich dasteht, weil er gerade darin fehlt, worin er behauptet, etwas zu wissen, so verdient auch ein Philosoph, der in seiner Lebensführung fehlt, deswegen Tadel, weil er in der Aufgabe, deren Lehrer er sein will, schwankt und weil er die Lebenskunst als seine Aufgabe angibt, in seinem Leben aber fehlt.

5 A: Muß man aber nicht fürchten, wenn es so ist, wie du sagst, daß du die Philosophie mit falschem Ruhm schmückst? Denn gibt es einen stärkeren Beweis für die Behauptung, die Philosophie bringe keinen Nutzen, als die Tatsache, daß manche ausgebildeten Philosophen schändlich leben?

(13) M: Das ist doch kein Argument. Denn wie nicht alle Äcker Frucht tragen, die bebaut werden, und folgender Ausspruch des Accius[12] falsch ist: »wenn auch guter Samen in einen schlechten Acker gegeben wird, so geht er doch durch die Kraft seiner Natur üppig auf«, so tragen auch nicht alle Seelen, obwohl sie ausgebildet worden sind, Frucht. Und um bei demselben Bild zu bleiben: wie ein Acker, mag er auch noch so fruchtbar sein, ohne Pflege keine Frucht tragen kann, so auch die Seele nicht ohne Unterweisung; beides ist ohne das andere wirkungslos. Pflege der Seele aber ist die Philosophie. Diese zieht die Laster mit der Wurzel aus und bereitet die Seelen darauf vor, die Saat aufzunehmen, und gibt ihnen das und, um es so auszudrükken, sät, was, herangewachsen, reichste Früchte trägt. Wir wollen also fortfahren, wie wir begonnen haben. Sag, wenn du willst, worüber du eine Erörterung wünschst.

(14) A: Den Schmerz halte ich für das größte aller Übel.

M: Sogar noch für ein größeres als die Schande?

A: Das allerdings wage ich nicht zu behaupten, und ich schäme mich, so schnell in meiner Auffassung verunsichert worden zu sein.

Magis esset pudendum, si in sententia permaneres. quid enim minus est dignum quam tibi peius quicquam videri dedecore flagitio turpitudine? quae ut effugias, quis est non modo recusandus, sed non ultro adpetendus subeundus excipiendus dolor?

Ita prorsus existimo. quare ne sit sane summum malum dolor, malum certe est.

Videsne igitur, quantum breviter admonitus de doloris terrore deieceris?

(15) Video plane, sed plus desidero.

Experiar equidem; sed magna res est, animoque mihi opus est non repugnante.

Habebis id quidem. ut enim heri feci, sic nunc rationem, quo ea me cumque ducet, sequar.

6 Primum igitur de inbecillitate multorum et de variis disciplinis philosophorum loquar. quorum princeps et auctoritate et antiquitate Socraticus Aristippus non dubitavit summum malum dolorem dicere. deinde ad hanc enervatam muliebremque sententiam satis docilem se Epicurus praebuit. hunc post Rhodius Hieronymus dolore vacare summum bonum dixit: tantum in dolore duxit mali. ceteri praeter Zenonem, Aristonem, Pyrrhonem idem fere quod modo tu: malum illud quidem, sed alia peiora. (16) ergo id quod natura ipsa et quaedam generosa virtus statim respuit, ne scilicet dolorem summum malum diceres oppositoque dedecore sententia depellerere, in eo magistra vitae philosophia tot saecula permanet. quod huic officium, quae laus, quod decus erit tanti, quod adipisci cum dolore corporis velit, qui dolorem summum malum sibi esse persuaserit?

M: Du müßtest dich mehr schämen, wenn du bei deiner Ansicht bliebest. Denn was ist unwürdiger, als daß dir etwas schlimmer zu sein scheint als Schande, Schlechtigkeit und Schmach? Welchen Schmerz muß man, um dem zu entgehen, nicht nur meiden, sondern sogar freiwillig erstreben, auf sich nehmen und ertragen?

A: Das glaube ich auch. Zugegeben also, daß der Schmerz freilich nicht das größte Übel ist, ein Übel ist er gewiß doch.

M: Siehst du also, wieviel du von deiner Angst vor dem Schmerz durch eine kurze Ermahnung aufgegeben hast?

(15) A: Ich sehe es deutlich, aber ich wünsche noch mehr.

M: Ich werde es versuchen, aber es ist ein großes Unterfangen, und ich brauche einen Geist, der nicht widerstrebt.

A: Das sollst du haben. Wie ich es nämlich gestern getan habe, so werde ich auch jetzt der Vernunft folgen, wohin sie mich auch führt.

6 M: Zunächst nun werde ich über die Schwäche vieler Philosophen und ihre verschiedenen Lehren sprechen. Unter ihnen zögerte der Sokratiker Aristippos[13], an Ansehen und Alter der erste, nicht, den Schmerz als das größte Übel zu bezeichnen. Dann erwies sich dieser haltlosen und weibischen Auffassung gegenüber Epikur als recht gelehriger Schüler. Nach ihm sagte Hieronymos von Rhodos[14], von Schmerz frei zu sein, sei das höchste Gut. Ein so großes Übel sah er im Schmerz. Die übrigen, außer Zenon, Ariston und Pyrrhon[15], haben fast dieselbe Ansicht vertreten wie du eben: er sei zwar ein Übel, es gebe aber andere schlimmere. (16) Also die Lehre, welche die Natur selbst und eine edel gesinnte sittliche Haltung sofort ablehnten, daß du nämlich den Schmerz nicht das größte Übel nanntest und du, als die Schande ihm entgegengestellt wurde, von deiner Meinung abgingst, in dieser Lehre verharrt die Philosophie, die Lehrmeisterin des Lebens, viele Jahrhunderte lang. Welche Aufgabe, welcher Ruhm, welche Ehre wird dem, der davon überzeugt ist, der Schmerz sei das größte Übel, so viel bedeuten, daß er sie mit körperlichen Schmerzen erlangen

quam porro quis ignominiam, quam turpitudinem non pertulerit, ut effugiat dolorem, si id summum malum esse decreverit? quis autem non miser non modo tunc, cum premetur summis doloribus, si in his est summum malum, sed etiam cum sciet id sibi posse evenire? et quis est, cui non possit? ita fit, ut omnino nemo esse possit beatus. (17) Metrodorus quidem perfecte eum beatum putat, cui corpus bene constitutum sit et exploratum ita semper fore. quis autem est iste, cui id exploratum possit esse? 7 Epicurus vero ea dicit, ut mihi quidem risus captare videatur. adfirmat enim quodam loco, si uratur sapiens, si crucietur – expectas fortasse, dum dicat: 'patietur, perferet, non succumbet'; magna mehercule laus et eo ipso, per quem iuravi, Hercule, digna; sed Epicuro, homini aspero et duro, non est hoc satis: in Phalaridis tauro si erit, dicet: 'quam suave est, quam hoc non curo!' suave etiam? an parum est, si non amarum? at id quidem illi ipsi, qui dolorem malum esse negant, non solent dicere, cuiquam suave esse cruciari: asperum, difficile, odiosum, contra naturam dicunt, nec tamen malum. hic, qui solum hoc malum dicit et malorum omnium extremum, sapientem censet id suave dicturum. (18) ego a te non postulo, ut dolorem eisdem verbis adficias quibus voluptatem Epicurus, homo, ut scis, voluptarius. ille dixerit sane idem in Phalaridis tauro, quod, si esset in lectulo; ego tantam vim non tribuo sapientiae contra dolorem. si fortis est in perferendo, officio satis est; ut laetetur etiam,

wollte? Welche Schande ferner, welchen Schimpf wird er nicht ertragen, um dem Schmerz zu entgehen, wenn er entschieden hat, daß dieser das größte Übel sei? Wer aber ist nicht unglücklich, nicht nur dann, wenn er von den heftigsten Schmerzen gepeinigt wird, sofern darin das größte Übel liegt, sondern auch dann, wenn er weiß, daß ihm dies widerfahren kann? Und wem könnte das nicht widerfahren? So kommt es, daß überhaupt niemand glücklich sein kann. (17) Metrodoros[16] hält zwar den für vollkommen glücklich, der eine gute körperliche Verfassung und die Gewißheit hat, daß dies immer so sein werde. Wer aber kann diese Gewißheit haben? 7 Epikur aber redet so, daß es mir scheint, er wolle uns zum Lachen bringen. Denn er behauptet an einer Stelle, wenn ein Weiser verbrannt, wenn er gefoltert werde – du erwartest vielleicht, er werde sagen: »er wird es erdulden, ertragen, nicht unterliegen«; ein großes Lob, beim Herakles, und gerade des Herakles, bei dem ich geschworen habe, würdig; – aber Epikur, einem rauhen und harten Mann, ist das nicht genug: Wenn er im Stier des Phalaris[17] liegt, wird er sagen: »Wie angenehm ist das, wie gleichgültig läßt mich das!«[18] Sogar angenehm? Ist es zu wenig, wenn es nicht bitter ist? Doch nicht einmal diejenigen, die leugnen[19], daß der Schmerz ein Übel sei, pflegen zu sagen, daß es für jemanden angenehm sei, gefoltert zu werden: sie nennen es hart, schwierig, abscheulich, wider die Natur, aber freilich kein Übel. Er, der nur den Schmerz ein Übel nennt, und zwar das schlimmste aller Übel, meint, ein Weiser werde das angenehm nennen. (18) Ich fordere von dir nicht, den Schmerz mit denselben Worten zu belegen wie Epikur die Lust, ein Mensch, wie du weißt, ganz der Lust ergeben. Jener mag freilich im Stier des Phalaris dasselbe sagen, wie wenn er im Bett läge[20]; eine solche Kraft weise ich der Weisheit gegen den Schmerz nicht zu. Wenn jemand tapfer ist, ihn zu ertragen, genügt er der Pflicht; daß er sich auch noch freue, fordere ich nicht. Denn er ist

non postulo. tristis enim res est sine dubio, aspera, amara, inimica naturae, ad patiendum tolerandumque difficilis.

(19) Aspice Philoctetam, cui concedendum est gementi; ipsum enim Herculem viderat in Oeta magnitudine dolorum eiulantem. nihil igitur hunc virum sagittae, quas ab Hercule acceperat, tum consolabantur, cum

E viperino morsu venae viscerum
Veneno inbutae taetros cruciatus cient.

itaque exclamat auxilium expetens, mori cupiens:

'Heu, qui salsis fluctibus mandet
Me ex sublimo vertice saxi!
Iam iam absumor; conficit animam
Vis volneris, ulceris aestus.'

difficile dictu videtur eum non in malo esse, et magno quidem, qui ita clamare cogatur. **8** (20) Sed videamus Herculem ipsum, qui tum dolore frangebatur, cum inmortalitatem ipsa morte quaerebat: quas hic voces apud Sophoclem in Trachiniis edit! cui cum Deianira sanguine Centauri tinctam tunicam induisset inhaesissetque ea visceribus, ait ille:

'O multa dictu gravia, perpessu aspera,
Quae corpore exanclata atque animo pertuli!
Nec mihi Iunonis terror inplacabilis
Nec tantum invexit tristis Eurystheus mali,
Quantum una vaecors Oenei partu edita.
Haec me inretivit veste furiali inscium,
Quae latere inhaerens morsu lacerat viscera
Urgensque graviter pulmonum haurit spiritus:
Iam decolorem sanguinem omnem exorbuit.
Sic corpus clade horribili absumptum extabuit,
Ipse inligatus peste interimor textili.
Hos non hostilis dextra, non Terra edita
Moles Gigantum, non biformato impetu
Centaurus ictus corpori inflixit meo,
Non Graia vis, non barbara ulla inmanitas,

ohne Zweifel eine traurige Sache, rauh, bitter, naturwidrig, schwer durchzuhalten und zu ertragen.

(19) Schau dir Philoktet[21] an, dem man erlauben muß zu stöhnen. Denn er hatte selbst Herakles auf dem Oeta wegen der Heftigkeit seiner Schmerzen klagen sehen. Die Pfeile, die er von Herakles bekommen hatte, trösteten diesen Helden also damals nicht, als »durch den Schlangenbiß die Adern der Eingeweide, durchtränkt mit Gift, schlimme Pein erregen«[22]. Deshalb ruft er aus, Hilfe suchend und den Tod wünschend, »Wehe, wer soll mich den salzigen Fluten von der Höhe des Felsens herab übergeben? Schon, schon werde ich verzehrt; die Gewalt der Wunde und der Brand der Verletzung vernichten mein Leben«.[23] Es erscheint schwer zu behaupten, daß er, der sich gezwungen sieht, so zu schreien, sich nicht in einem Übel, und zwar in einem großen, befindet. **8** (20) Aber sehen wir Herakles selbst, der damals unter Schmerzen zusammenbrach, als er gerade durch seinen Tod die Unsterblichkeit erstrebte: Welche Schmerzensrufe stößt er bei Sophokles in den *Trachinierinnen*[24] aus! Als Deianira ihm das mit dem Blut des Kentauren getränkte Gewand angelegt hatte und es an seinem Körper haftete, sagte er: »O viel Schweres zu sagen, Hartes zu erleiden, das ich an Körper und Seele aufgenommen und ertragen habe! Weder der unversöhnliche Zorn der Iuno noch der elende Eurystheus[25] haben mir so viel Übel zugefügt, wie als einzige die törichte Tochter des Oineus. Sie bekleidete mich Ahnungslosen mit einem Gewand der Furien, das am Körper klebt und beißend mein Fleisch zerfetzt und heftig auf die Lungen drückt und ihnen die Luft wegnimmt. Schon hat es all mein farbloses Blut herausgesogen. So ist mein Körper ausgezehrt, hinweggerafft durch ein schreckliches Unheil. Ich selbst vergehe, in dem Pestgewand gefesselt. Diese Schläge hat nicht die Rechte des Feindes, nicht die erdentsprossene Wucht der Giganten[26], nicht der Kentaur durch seinen zweigestaltigen Angriff meinem Körper beigebracht, nicht die Gewalt der Griechen, nicht die Un-

Non saeva terris gens relegata ultimis,
Quas peragrans undique omnem ecferitatem expuli,
Sed feminae vir feminea interimor manu.
O nate, vere hoc nomen usurpa patri, 9
Ne me occidentem matris superet caritas.
Huc arripe ad me manibus abstractam piis;
Iam cernam, mene an illam potiorem putes.
Perge, aude, nate! inlacrima patris pestibus, (21)
Miserere: gentes nostras flebunt miserias.
Heu, virginalem me ore ploratum edere,
Quem vidit nemo ulli ingemescentem malo!
Ecfeminata virtus adflicta occidit.
Accede, nate, adsiste, miserandum aspice
Eviscteratum corpus lacerati patris!
Videte, cuncti, tuque, caelestum sator,
Iace, obsecro, in me vim coruscam fulminis!
Nunc, nunc dolorum anxiferi torquent vertices,
Nunc serpit ardor. o ante victrices manus,
O pectora, o terga, o lacertorum tori, (22)
Vestrone pressu quondam Nemeaeus leo
Frendens efflavit graviter extremum halitum?
Haec dextra Lernam taetra mactata excetra
Pacavit? haec bicorporem adflixit manum?
Erymanthiam haec vastificam abiecit beluam?
Haec e Tartarea tenebrica abstractum plaga
Tricipitem eduxit Hydra generatum canem?
Haec interemit tortu multiplicabili
Draconem auriferam optutu adservantem arborem?
Multa alia victrix nostra lustravit manus,
Nec quisquam e nostris spolia cepit laudibus.'

Possumusne nos contemnere dolorem, cum ipsum Herculem tam intoleranter dolere videamus? 10 (23) Veniat Aeschylus, non poeta solum, sed etiam Pythagoreus; sic

menschlichkeit der Barbaren, nicht ein wildes Volk, verbannt an die Grenzen der Welt, die ich durchwandernd von jeglicher Roheit befreit habe, sondern als Mann einer Frau sterbe ich durch die Hand einer Frau. 9 Mein Sohn[27], erwirb dir diesen Namen wirklich in Liebe zu deinem Vater. Meinen Untergang soll die Liebe zu deiner Mutter nicht überleben. Hierher schleppe sie zu mir, reiße sie mit frommen Händen weg; ich werde schon sehen, ob du mich oder sie für mächtiger hältst. (21) Auf, wag es, mein Sohn! Weine über das Unheil deines Vaters, erbarme dich: Die Völker werden mein Unheil beweinen. Wehe, daß ich aus dem Mund wie ein Mädchen Jammern ertönen lasse, ich, den niemand über irgendein Unglück hat klagen sehen! Die Tapferkeit ist verweichlicht, angeschlagen und verschwunden. Komm, mein Sohn, steh mir bei, schau den erbarmenswerten, geschundenen Körper deines zerfleischten Vaters! Schaut alle, und du, Vater der Himmlischen, schleudere, ich flehe dich an, die funkelnde Gewalt eines Blitzes auf mich! Jetzt, jetzt quälen mich die angsterzeugenden Gipfel der Schmerzen, jetzt schleicht die Glut; (22) o ihr früher siegreichen Hände, o Brust, o Rücken, o ihr mächtigen Arme, durch euren Druck hat einst der Nemäische Löwe, mit den Zähnen knirschend, unter schwerem Stöhnen seinen letzten Atemzug getan? Hat diese Rechte die scheußliche Schlange getötet und Lerna befriedet? Hat sie die zweigestaltige Schar niedergemacht? Hat sie das verwüstende Untier vom Erymanthos niedergestreckt? Hat sie von dem dunklen Gestade des Tartaros den dreiköpfigen Hund, von der Hydra geboren, weggeführt und heraufgebracht? Hat sie den Drachen mit seinen vielfältigen Windungen getötet, der mit seinem Blick den goldtragenden Baum bewachte? Vieles andere hat meine siegreiche Hand gereinigt, und niemand hat von meinen Ruhmestaten etwas für sich in Anspruch genommen.«

Können wir den Schmerz verachten, wenn wir selbst Herakles so unerträglich leiden sehen? 10 (23) Es soll Aischy-

enim accepimus. quo modo fert apud eum Prometheus dolorem, quem excipit ob furtum Lemnium,

Unde ignis cluet mortalibus clam
Divisus; eum doctus Prometheus
Clepsisse dolo poenasque Iovi
Fato expendisse supremo?

has igitur poenas pendens adfixus ad Caucasum dicit haec:

'Titanum suboles, socia nostri sanguinis,
Generata Caelo, aspicite religatum asperis
Vinctumque saxis, navem ut horrisono freto
Noctem paventes timidi adnectunt navitae.
Saturnius me sic infixit Iuppiter,
Iovisque numen Mulciberi adscivit manus.
Hos ille cuneos fabrica crudeli inserens
Perrupit artus; qua miser sollertia
Transverberatus castrum hoc Furiarum incolo.
Iam tertio me quoque funesto die (24)
Tristi advolatu aduncis lacerans unguibus
Iovis satelles pastu dilaniat fero.
Tum iecore opimo farta et satiata adfatim
Clangorem fundit vastum et sublime avolans
Pinnata cauda nostrum adulat sanguinem.
Cum vero adesum inflatu renovatumst iecur,
Tum rursum taetros avida se ad pastus refert.
Sic hanc custodem maesti cruciatus alo,
Quae me perenni vivum foedat miseria.
Namque, ut videtis, vinclis constrictus Iovis
Arcere nequeo diram volucrem a pectore.
Sic me ipse viduus pestes excipio anxias (25)
Amore mortis terminum anquirens mali;
Sed longe a leto numine aspellor Iovis,
Atque haec vetusta, saeclis glomerata horridis,
Luctifica clades nostro infixa est corpori;
E quo liquatae solis ardore excidunt
Guttae, quae saxa adsidue instillant Caucasi.'

los[28] kommen, nicht nur ein Dichter, sondern auch ein Pythagoreer; so nämlich haben wir es gehört. Wie erträgt bei ihm Prometheus[29] seinen Schmerz, den er auf sich nehmen muß wegen seines Diebstahls auf Lemnos, »von wo, wie es heißt, das Feuer heimlich den Sterblichen zugeteilt wurde; Prometheus soll es mit List gestohlen haben und es dem hehren Iuppiter durch sein letztes Geschick gebüßt haben«. So bestraft, an den Kaukasus geschmiedet, sagt er folgendes: »Nachkommenschaft der Titanen, Verbündete unseres Blutes, vom Himmel gezeugt, schaut den, der an rauhe Felsen angebunden und gefesselt ist, wie die furchtsamen Seeleute bei schrecklich tönender See, die Nacht fürchtend, ihre Schiffe anbinden. Der Sohn des Saturnus, Iuppiter, ließ mich so fesseln, und der Wille des Iuppiter holte zu Hilfe die Hände des Volcanus. Er schlug diese Nägel mit grausamer Kunst ein und zerriß meine Glieder. Durch seine Kunstfertigkeit durchbohrt, bewohne ich Elender diese Behausung der Furien. (24) Und an jedem dritten unheilvollen Tag zerfleischt mich in traurigem Anflug mit gekrümmten Krallen der Begleiter des Iuppiter und zerreißt mich in grausigem Fraß. Dann, mit fetter Leber vollgestopft und reichlich gesättigt, erhebt er ein entsetzliches Geschrei, fliegt in die Höhe und wischt mit seinem gefiederten Schwanz mein Blut ab. Wenn aber anschwellend die verzehrte Leber nachgewachsen ist, dann wiederum kehrt er gierig zurück zum gräßlichen Fraß. So ernähre ich ihn als Wächter meiner traurigen Pein, der mich lebendig mit ewigem Unglück entstellt. Denn, wie ihr seht, kann ich, in den Fesseln des Iuppiter gebunden, den schrecklichen Vogel nicht von meiner Brust abhalten. (25) So von mir selbst verlassen, erleide ich quälendes Unheil und suche in Todessehnsucht ein Ende meiner Qual; aber durch den Willen des Iuppiter werde ich vom Tod weit ferngehalten, und diese alte, in schrecklichen Jahrhunderten aufgehäufte schmerzbringende Verderbnis ist meinem Körper eingepflanzt; aus ihm fallen durch die Sonnenglut geschmolzene Tropfen, die die Felsen des Kaukasus

vix igitur posse videmur ita adfectum non miserum dicere et, si hunc miserum, certe dolorem malum.

11 (26) Tu quidem adhuc meam causam agis, sed hoc mox videro; interea, unde isti versus? non enim adgnosco.

Dicam hercle; etenim recte requiris. videsne abundare me otio?

Quid tum?

Fuisti saepe, credo, cum Athenis esses, in scholis philosophorum.

Vero, ac libenter quidem.

Animadvertebas igitur, etsi tum nemo erat admodum copiosus, verum tamen versus ab is admisceri orationi.

Ac multos quidem a Dionysio Stoico.

Probe dicis. sed is quasi dictata, nullo dilectu, nulla elegantia: Philo et proprium numerum et lecta poemata et loco adiungebat. itaque postquam adamavi hanc quasi senilem declamationem, studiose equidem utor nostris poetis; sed sicubi illi defecerunt – verti etiam multa de Graecis, ne quo ornamento in hoc genere disputationis careret Latina oratio.

(27) Sed videsne, poetae quid mali adferant? lamentantis inducunt fortissimos viros, molliunt animos nostros, ita sunt deinde dulces, ut non legantur modo, sed etiam ediscantur. sic ad malam domesticam disciplinam vitamque umbratilem et delicatam cum accesserunt etiam poetae, nervos omnis virtutis elidunt. recte igitur a Platone eiciuntur ex ea civitate, quam finxit ille, cum optimos mores et optimum

ohne Unterlaß benetzen.« Wir können also offensichtlich kaum umhin, einen so Betroffenen unglücklich zu nennen und, wenn wir ihn unglücklich nennen, den Schmerz gewiß für ein Übel zu halten.

11 (26) A: Du vertrittst jedenfalls bis jetzt meine Sache. Aber das werde ich bald sehen; unterdessen sage mir, woher stammen diese Verse? Ich kenne sie nämlich nicht.

M: Ich werde es dir, beim Herakles, sagen; denn du fragst zu Recht. Siehst du, daß ich Überfluß an Muße habe?

A: Und?

M: Du warst, glaube ich, bei deinem Aufenthalt in Athen häufig bei Vorträgen der Philosophen.

A: Das ist wahr, und ich war gern dort.

M: Du hast also wahrgenommen, daß, auch wenn damals niemand sehr redegewandt war, doch Verse von ihnen in ihre Reden eingestreut wurden.

A: Ja, und zwar viele von dem Stoiker Dionysios[30].

M: Das ist richtig. Aber er redete gleichsam Diktiertes nach, ohne Auswahl und ohne Eleganz: Philo behielt das Versmaß bei, wählte die Gedichte aus und fügte sie an der passenden Stelle ein. So bediene auch ich mich eifrig, nachdem ich diese sozusagen zu meinem Greisenalter passende Art der Deklamation liebgewonnen habe, unserer Dichter. Wo aber jene versagen, da habe ich auch vieles aus dem Griechischen übersetzt, damit die lateinische Rede in dieser Art der Erörterung keines Schmuckes entbehre.

(27) Siehst du aber, welches Unheil die Dichter bringen? Die tapfersten Helden stellen sie jammernd dar, sie verweichlichen unsere Herzen, ferner sind sie so einschmeichelnd, daß man sie nicht nur liest, sondern sogar auswendig lernt. Wenn also zu einer schlechten häuslichen Erziehung und zu einem im Schatten verwöhnten Leben[31] die Dichter noch hinzukommen, machen sie alle Kraftanstrengungen der Tugend zunichte. Mit Recht also werden sie von Platon aus dem Staat verwiesen, den er sich ausgedacht hat, als er nach den besten Sitten und der besten Staatsverfas-

rei p. statum exquireret. at vero nos, docti scilicet a Graecia, haec [et] a pueritia legimus ediscimus, hanc eruditionem liberalem et doctrinam putamus.

12 (28) Sed quid poetis irascimur? virtutis magistri, philosophi, inventi sunt, qui summum malum dolorem dicerent. at tu, adulescens, cum id tibi paulo ante dixisses videri, rogatus a me, etiamne maius quam dedecus, verbo de sententia destitisti. roga hoc idem Epicurum: maius dicet esse malum mediocrem dolorem quam maxumum dedecus; in ipso enim dedecore mali nihil esse, nisi sequantur dolores. quis igitur Epicurum sequitur dolor, cum hoc ipsum dicit, summum malum esse dolorem? quo dedecus maius a philosopho nullum expecto. quare satis mihi dedisti, cum respondisti maius tibi videri malum dedecus quam dolorem. hoc ipsum enim si tenebis, intelleges quam sit obsistendum dolori; nec tam quaerendum est, dolor malumne sit, quam firmandus animus ad dolorem ferendum.

(29) Concludunt ratiunculas Stoici, cur non sit malum; quasi de verbo, non de re laboretur. quid me decipis, Zeno? nam cum id, quod mihi horribile videtur, tu omnino malum negas esse, capior et scire cupio, quo modo id, quod ego miserrimum existimem, ne malum quidem sit. ‘nihil est’ inquit ‘malum nisi quod turpe atque vitiosum est.’ ad ineptias redis; illud enim, quod me angebat, non eximis. scio dolorem non esse nequitiam; desine id me docere: hoc doce, doleam necne doleam, nihil interesse. ‘numquam quicquam’

sung suchte.[32] Aber wir, freilich von den Griechen belehrt, lesen dies von Kindheit an, lernen es auswendig und halten das für eine edle Erziehung und Bildung.

12 (28) Aber warum zürnen wir den Dichtern? Es gab Lehrer der Tugend, Philosophen, die den Schmerz das höchste Übel nannten. Aber du, junger Mann, hast, obwohl du kurz zuvor gesagt hattest, das scheine dir auch so, dann aber auf meine Frage, ob der Schmerz auch ein größeres Übel als die Schande sei, auf ein Wort hin von deiner Meinung Abstand genommen. Stelle eben diese Frage dem Epikur: Er wird sagen, ein mäßiger Schmerz sei ein größeres Übel als die größte Schande; denn in der Schande selbst liege kein Übel, wenn nicht Schmerzen folgten. Was für ein Schmerz folgt nun für Epikur, wenn er sagt, der Schmerz sei das größte Übel? Eine größere Schande als dies kann ich bei einem Philosophen nicht erwarten. Deshalb hast du mir genug zugestanden, als du antwortetest, dir scheine die Schande ein größeres Übel als der Schmerz zu sein. Wenn du nämlich daran festhältst, wirst du erkennen, wie entschieden man dem Schmerz entgegentreten muß; und man darf nicht so sehr danach fragen, ob der Schmerz ein Übel ist, man muß vielmehr den Geist stärken, damit er den Schmerz erträgt.

(29) Nichtssagende Schlußfolgerungen[33] stellen die Stoiker auf, warum der Schmerz kein Übel sei; als ob man um das Wort und nicht um die Sache streite. Warum täuschst du mich, Zenon? Denn wenn du behauptest, das, was mir schrecklich erscheint, sei überhaupt kein Übel, werde ich gereizt und wünsche zu wissen, wie das, was ich als das größte Elend ansehe, nicht einmal ein Übel sein kann. »Nichts ist[34]«, sagt er, »ein Übel außer dem, was schändlich und lasterhaft ist.« Du kehrst zu Torheiten zurück: das, was mich ängstigte, beseitigst du nicht. Ich weiß, daß der Schmerz kein Laster ist; höre auf, mich dies zu lehren: lehre mich, daß es ohne Bedeutung ist, ob ich Schmerz empfinde oder keinen Schmerz empfinde. »Es hat niemals«, sagt

inquit 'ad beate quidem vivendum, quod est in una virtute positum; sed est tamen reiciendum.' cur? 'asperum est, contra naturam, difficile perpessu, triste, durum.' **13** (30) haec est copia verborum, quod omnes uno verbo malum appellamus, id tot modis posse dicere. definis tu mihi, non tollis dolorem, cum dicis asperum, contra naturam, vix quod ferri tolerarique possit; nec mentiris; sed re succumbere non oportebat verbis gloriantem. 'dum nihil bonum nisi quod honestum, nihil malum nisi quod turpe –' optare hoc quidem est, non docere; illud et melius et verius, omnia quae natura aspernetur in malis esse, quae adsciscat, in bonis. hoc posito et verborum concertatione sublata tantum tamen excellet illud quod recte amplexantur isti, quod honestum, quod rectum, quod decorum appellamus, quod idem interdum virtutis nomine amplectimur, ut omnia praeterea, quae bona corporis et fortunae putantur, perexigua et minuta videantur, ⟨igitur⟩ ne malum quidem ullum, nec si in unum locum conlata omnia sint, cum turpitudinis malo comparanda. (31) quare si, ut initio concessisti, turpitudo peius est quam dolor, nihil est plane dolor. nam dum tibi turpe nec dignum viro videbitur gemere, eiulare, lamentari, frangi, debilitari dolore, dum honestas, dum dignitas, dum decus aderit, tuque in ea intuens te continebis, cedet profecto virtuti dolor et animi inductione languescet.

Aut enim nulla virtus est aut contemnendus omnis dolor. prudentiamne vis esse, sine qua ne intellegi quidem ulla vir-

er, »auch nur die geringste Bedeutung für ein glückliches Leben, welches allein in der Tugend besteht; aber dennoch muß man den Schmerz verwerfen.«[35] Warum? »Er ist rauh, naturwidrig, schwer zu erdulden, traurig, hart.«
13 (30) Das ist Wortfülle, das, was wir mit einem Wort ein Übel nennen, auf so viele Arten umschreiben zu können. Du definierst mir den Schmerz, nimmst ihn aber nicht weg, wenn du ihn rauh, naturwidrig und als etwas benennst, was man kaum ertragen und aushalten kann; und du lügst nicht. Du solltest aber nicht mit Worten prahlen und in der Sache unterliegen. »Solange nichts gut ist, außer was ehrenvoll ist, und nichts schlecht ist, außer was schändlich ist« – das heißt wünschen, aber nicht lehren; folgendes ist besser und wahrer, daß alles, was die Natur ablehnt, zu den Übeln gehört, was sie erstrebt, aber zu den Gütern.[36] Wenn das feststeht und der Streit um Worte wegfällt, so wird freilich das stark hervortreten, woran diese[37] mit Recht festhalten und was wir ehrenhaft, was wir richtig, was wir geziemend nennen und was wir bisweilen mit dem Begriff Tugend umfassen; daneben wird dann alles, was man als Güter des Körpers und des Glückes ansieht, sehr gering und klein erscheinen; folglich darf kein Übel, auch nicht, wenn alle an einer Stelle zusammengetragen wären, mit dem Übel der Schande verglichen werden. (31) Deshalb ist, wenn, wie du es am Anfang zugestanden hast[38], die Schande etwas Schlimmeres ist als der Schmerz, der Schmerz überhaupt nichts. Denn solange es dir schändlich und eines Mannes unwürdig erscheint zu seufzen, zu jammern, zu klagen, sich zu beugen, unter dem Schmerz schwach zu werden, solange Anstand, solange Würde, solange Ehre vorhanden sind und du im Blick darauf dich beherrschst, wird in der Tat der Schmerz der Tugend weichen und unter der Willensanstrengung ermatten.

Denn entweder gibt es keine Tugend, oder jeder Schmerz ist zu verachten. Willst du, daß es die Klugheit[39] gibt, ohne die man sich irgendeine Tugend nicht einmal vorstellen

tus potest? quid ergo? ea patieturne te quicquam facere nihil proficientem et ⟨frustra⟩ laborantem? an temperantia sinet te inmoderate facere quicquam? an coli iustitia poterit ab homine propter vim doloris enuntiante commissa, prodente conscios, multa officia relinquente? (32) quid? fortitudini comitibusque eius, magnitudini animi, gravitati, patientiae, rerum humanarum despicientiae, quo modo respondebis? adflictusne et iacens et lamentabili voce deplorans audies: 'o virum fortem!'? te vero ita adfectum ne virum quidem quisquam dixerit. amittenda igitur fortitudo est aut sepeliendus dolor. **14** Ecquid scis igitur, si quid de Corinthiis tuis amiseris, posse habere te reliquam supellectilem salvam, virtutem autem si unam amiseris – etsi amitti non potest virtus, sed si unam confessus eris te non habere, nullam esse te habiturum? (33) num igitur fortem virum, num magno animo, num patientem, num gravem, num humana contemnentem potes dicere aut Philoctetam illum –? a te enim malo discedere, sed ille certe non fortis, qui iacet

in tecto umido,
Quod eiulatu, questu, gemitu, fremitibus
Resonando mutum flebilis voces refert.

non ego dolorem dolorem esse nego – cur enim fortitudo desideraretur? – sed eum opprimi dico patientia, si modo est aliqua patientia; si nulla est, quid exornamus philosophiam aut quid eius nomine gloriosi sumus? pungit dolor, vel fodiat sane: si nudus es, da iugulum; sin tectus Volcaniis

kann? Was also? Wird sie dulden, daß du irgend etwas tust, bei dem du keinen Gewinn hast, sondern dich vergeblich bemühst? Oder wird die Selbstbeherrschung zulassen, daß du etwas unbeherrscht tust? Oder wird die Gerechtigkeit gepflegt werden können von einem Menschen, der unter der Gewalt des Schmerzes anvertraute Geheimnisse verrät, Mitwisser preisgibt und viele Pflichten nicht erfüllt? (32) Was? Wie wirst du der Tapferkeit und ihren Begleitern, der Seelengröße, der Würde, der Standhaftigkeit, der Verachtung der menschlichen Dinge antworten? Wirst du, wenn du niedergeschlagen bist, am Boden liegst und mit jammernder Stimme klagst, zu hören bekommen: »O dieser tapfere Mann!«? Wenn du so angeschlagen bist, wird man dich nicht einmal mehr als Mann bezeichnen. Man muß also die Tapferkeit preisgeben oder den Schmerz begraben.

14 Du weißt doch, daß du, wenn du eines deiner korinthischen Gefäße[40] verlierst, das übrige Geschirr wohlbehalten weiter benutzen kannst, wenn du aber eine einzige Tugend verlierst[41] – auch wenn man eine Tugend nicht verlieren kann –, sondern wenn du zugibst, eine nicht zu besitzen, daß du dann keine einzige besitzen wirst?[42] (33) Kannst du als tapferen Mann, als Menschen mit Geistesgröße, als duldsam, als würdevoll, als Verächter des Menschlichen etwa jenen Philoktet bezeichnen –? Von dir will ich nämlich lieber nicht reden; aber jener ist gewiß nicht tapfer, der daliegt »in einer feuchten Hütte, die durch den Widerhall von Jammern, Klagen, Seufzen und Stöhnen, selbst stumm, die klagenden Töne wiedergibt«[43]. Ich leugne nicht, daß der Schmerz ein Schmerz ist – warum nämlich brauchte man sonst Tapferkeit –, sondern ich behaupte, daß er durch Standhaftigkeit unterdrückt wird, wenn es denn überhaupt eine Standhaftigkeit gibt; wenn es sie nicht gibt, wozu prunken wir mit der Philosophie oder sind stolz unter Berufung auf sie? Der Schmerz sticht, oder er mag dich sogar durchbohren: Wenn du nackt bist, biete ihm die Kehle; wenn du aber mit den Waffen des Volcanus[44] versehen bist, das heißt

armis, id est fortitudine, resiste; haec enim te, nisi ita facies, custos dignitatis relinquet et deseret.

(34) Cretum quidem leges, quas ⟨sive Iuppiter⟩ sive Minos sanxit de Iovis quidem sententia, ut poetae ferunt, itemque Lycurgi laboribus erudiunt iuventutem, venando currendo, esuriendo sitiendo, algendo aestuando. Spartae vero pueri ad aram sic verberibus accipiuntur, 'ut multus e visceribus sanguis exeat', non numquam etiam, ut, cum ibi essem, audiebam, ad necem; quorum non modo nemo exclamavit umquam, sed ne ingemuit quidem. quid ergo? hoc pueri possunt, viri non poterunt? et mos valet, ratio non valebit?

15 (35) Interest aliquid inter laborem et dolorem. sunt finitima omnino, sed tamen differt aliquid. labor est functio quaedam vel animi vel corporis gravioris operis et muneris, dolor autem motus asper in corpore alienus a sensibus. haec duo Graeci illi, quorum copiosior est lingua quam nostra, uno nomine appellant. itaque industrios homines illi studiosos vel potius amantis doloris appellant, nos commodius laboriosos: aliud est enim laborare, aliud dolere. o verborum inops interdum, quibus abundare te semper putas, Graecia! aliud, inquam, est dolere, aliud laborare. cum varices secabantur C. Mario, dolebat; cum aestu magno ducebat agmen, laborabat. est inter haec quaedam tamen similitudo: consuetudo enim laborum perpessionem dolorum efficit faciliorem. (36) itaque illi, qui Graeciae formam rerum publi-

mit der Tapferkeit, leiste Widerstand; denn wenn du es nicht so machst, wird dich diese Hüterin deiner Würde verlassen und preisgeben.

(34) Die Gesetze der Kreter, die Iuppiter selbst oder Minos[45], dann allerdings im Sinne Iuppiters, gegeben hat, wie die Dichter erzählen, und ebenso die Gesetze des Lykurg erziehen die Jugend durch Anstrengungen, Jagen und Laufen und durch das Ertragen von Hunger, Durst, Schmerz und Hitze. In Sparta aber werden die Knaben am Altar so mit Schlägen empfangen[46], »daß viel Blut aus ihren Eingeweiden dringt«[47], nicht selten sogar, wie ich bei meinem Aufenthalt dort hörte[48], bis zum Tod; von ihnen hat keiner jemals geschrien, ja nicht einmal gestöhnt. Was also? Knaben können das, werden Männer es nicht können? Und hat die Sitte Kraft, wird die Vernunft keine haben?

15 (35) Es besteht ein Unterschied zwischen Anstrengung und Schmerz. Sie sind nahe verwandt, aber doch trennt sie etwas. Anstrengung ist eine Art Leistung des Geistes oder des Körpers bei einer besonders schweren Arbeit oder Aufgabe, der Schmerz aber ist eine rauhe Bewegung im Körper, die den Sinnen zuwider ist. Diese beiden Dinge benennen die Griechen, deren Sprache sonst wortreicher ist als unsere, mit einem Begriff. Deshalb nennen sie fleißige Menschen ›eifrig bemüht‹ oder vielmehr ›schmerzliebend‹[49], wir dagegen zutreffender ›bereit zur Anstrengung‹. Denn eines ist es, sich anzustrengen, etwas anderes, Schmerz zu empfinden. O Griechenland, wie arm bist du bisweilen an Worten, an denen du immer glaubst Überfluß zu haben! Eines ist es, Schmerz zu empfinden, sage ich, etwas anderes, sich anzustrengen. Als dem Marius[50] die Krampfadern weggeschnitten wurden, empfand er Schmerz. Wenn er bei großer Hitze sein Heer führte, strengte er sich an. Und doch besteht zwischen diesen beiden Empfindungen eine gewisse Ähnlichkeit: denn die Gewöhnung an Anstrengungen macht das Ertragen von Schmerzen leichter. (36) Deshalb wollten die, die Griechenland die Staatsformen gaben, daß die Körper der

carum dederunt, corpora iuvenum firmari labore voluerunt; quod Spartiatae etiam in feminas transtulerunt, quae ceteris in urbibus mollissimo cultu 'parietum umbris occuluntur'. illi autem voluerunt nihil horum simile esse

apud Lacaenas virgines,
Quibus magis palaestra Eurota sol pulvis labor
Militia in studio est quam fertilitas barbara.

ergo his laboriosis exercitationibus et dolor intercurrit non numquam, inpelluntur feriuntur abiciuntur cadunt, et ipse labor quasi callum quoddam obducit dolori.

16 (37) Militiam vero – nostram dico, non Spartiatarum, quorum procedit ad modum ⟨acies⟩ ac tibiam, nec adhibetur ulla sine anapaestis pedibus hortatio –, nostri exercitus primum unde nomen habeant, vides; deinde qui labor, quantus agminis: ferre plus dimidiati mensis cibaria, ferre, si quid ad usum velint, ferre vallum (nam scutum gladium galeam in onere nostri milites non plus numerant quam umeros lacertos manus: arma enim membra militis esse dicunt; quae quidem ita gerunt[ur] apte, ut, si usus fuerit, abiectis oneribus expeditis armis ut membris pugnare possint). quid? exercitatio legionum, quid? ille cursus concursus clamor quanti laboris est! ex hoc ille animus in proeliis paratus ad volnera. adduc pari animo inexercitatum militem: mulier videbitur. (38) cur tantum interest inter novum et veterem exercitum, quantum experti sumus? aetas tironum plerumque melior,

jungen Leute durch Anstrengung gestärkt würden. Das übertrugen die Spartaner sogar auf die Frauen, die in den übrigen Staaten in einer sehr weichlichen Lebensführung »sich im Schatten der Wände verbergen«. Jene aber wollten, daß es nichts Derartiges gebe »bei den jungen Frauen Spartas, die mehr Eifer verwenden auf die Sportschule und den Eurotas, die Sonne, den Staub, die Anstrengung und das Kriegswesen als auf barbarische Fruchtbarkeit«[51]. Bei diesen anstrengenden Übungen also tritt nicht selten auch der Schmerz auf, sie werden gestoßen, geschlagen, zu Boden geworfen und fallen, und die Anstrengung selbst erzeugt eine gewisse Unempfindlichkeit gegen den Schmerz.

16 (37) Den Kriegsdienst aber – ich meine unseren, nicht den der Spartaner, deren Schlachtreihe nach Takt und Klang der Flöte vorrückt und bei denen es keine andere Ermunterung gibt als Gesänge im anapästischen Versmaß –, woher unsere Heere ihren Namen haben[52], siehst du sofort; dann, welche Anstrengung es ist zu marschieren: Proviant für mehr als einen halben Monat zu tragen, ferner, was man zum persönlichen Gebrauch haben will, außerdem den Schanzpfahl; denn den Schild, das Schwert und den Helm zählen unsere Soldaten ebensowenig zum Gepäck wie die Schultern, die Arme und die Hände: denn sie sagen, die Waffen seien die Glieder des Soldaten; diese allerdings tragen sie so geschickt, daß sie, wenn die Notwendigkeit besteht, ihr Gepäck wegwerfen und mit den blanken Waffen wie mit ihren Gliedern kämpfen können. Und weiter? Die Übung der Legionen, der berühmte Sturmlauf, der Angriff und das Kampfgeschrei, welche Anstrengung bedeutet das? Daraus entsteht der Mut, der in den Kämpfen bereit ist, Wunden zu empfangen. Bringe mir einen Soldaten, der denselben Mut hat, aber ungeübt ist: Er wird wie ein Weib erscheinen. (38) Warum besteht zwischen einem neuen und einem altgedienten Heer ein so großer Unterschied, wie wir ihn erfahren haben?[53] Die Jugend der Rekruten ist meistens von Vorteil, aber nur die Gewöhnung lehrt, Anstrengung

sed ferre laborem, contemnere volnus consuetudo docet. quin etiam videmus ex acie efferri saepe saucios, et quidem rudem illum et inexercitatum quamvis levi ictu ploratus turpissimos edere: at vero ille exercitatus et vetus ob eamque rem fortior medicum modo requirens, a quo obligetur:

'O Patricoles' inquit, 'ad vos adveniens auxilium et vestras manus
Peto, prius quam oppeto malam pestem mandatam hostili manu,
Neque sanguis ullo potis est pacto profluens consistere,
Si qui sapientia magis vestra mors devitari potest.
Namque Aesculapi liberorum saucii opplent porticus;
Non potest accedi. –
Certe Eurypylus hic quidem est. hominem exercitum!'

17 (39) Ubi tantum luctus continuatur, vide quam non flebiliter respondeat, rationem etiam adferat cur aequo animo sibi ferendum sit:

'Qui alteri exitium parat,
Eum scire oportet sibi paratum, pestem ut participet parem.'

abducet Patricoles, credo, ut conlocet in cubili, ut volnus obliget. siquidem homo esset; sed nihil vidi minus. quaerit enim, quid actum sit:

'Eloquere eloquere, res Argivum proelio ut se sustinet. –
Non potest ecfari tantum dictis, quantum factis suppetit
Laboris.'

quiesce igitur et volnus alliga. etiamsi Eurypylus posset, non posset Aesopus:

zu ertragen und eine Wunde zu verachten. Ja, wir sehen, daß Verwundete oft aus der Schlachtreihe weggetragen werden und daß dabei ein junger und ungeübter Soldat schon bei einem leichten Hieb schlimmste Wehlaute von sich gibt: aber der geübte und alte und deswegen tapferere Soldat verlangt nur nach dem Arzt, um sich von ihm verbinden zu lassen, und sagt[54]: »O Patroklos, zu euch komme ich und erbitte Hilfe und eure Hände, bevor ich dem schlimmen Unheil, zugefügt von Feindeshand, unterliege. Es ist auf keine Weise möglich, das hervorquellende Blut zu stillen, und höchstens durch eure Weisheit kann ich dem Tod entgehen. Denn die Verwundeten füllen die Zelte der Jünger des Aeskulap[55]; man kann keinen Zutritt erhalten. – Das ist gewiß Eurypylos. Hart geprüfter Mann!« **17** (39) Wo man sonst nur das Klagen fortsetzt[56], schau, wie er ohne zu weinen antwortet und sogar einen Grund anführt, warum er mit Gleichmut leiden muß: »Wer einem anderen den Untergang bereitet, der muß wissen, daß auch ihm bereitet ist, am gleichen Unheil teilzuhaben.« Patroklos wird ihn, so nehme ich einmal an, wegführen, um ihn auf eine Liege zu legen und die Wunde zu verbinden. Gewiß, wenn er ein gewöhnlicher Mensch wäre; aber nichts desgleichen habe ich gesehen. Er fragt ihn nämlich vielmehr, was geschehen sei: »Sprich, sprich, wie behauptet sich die Sache der Argiver im Kampf? – Man kann in Worten gar nicht ausdrücken, wie viel an Mühe es tatsächlich ist.« Nun sei schon ruhig und verbinde die Wunde! Wenn auch Eurypylos es könnte, Aesopus[57] vermöchte es nicht: »Als das Glück Hektors un-

'Ubi fortuna Hectoris nostram acrem aciem
inclinatam ...'

et cetera explicat in dolore; sic est enim intemperans militaris in forti viro gloria. ergo haec veteranus miles facere poterit, doctus vir sapiensque non poterit? ille vero melius, ac non paulo quidem. (40) Sed adhuc de consuetudine exercitationis loquor, nondum de ratione et sapientia. aniculae saepe inediam biduum aut triduum ferunt; subduc cibum unum diem athletae: Iovem, Iovem Olympium, eum ipsum, cui se exercebit, inplorabit, ferre non posse clamabit. consuetudinis magna vis est: pernoctant venatores in nive in montibus; uri se patiuntur Indi; pugiles caestibus contusi ne ingemescunt quidem. (41) sed quid hos, quibus Olympiorum victoria consulatus ille antiquus videtur? gladiatores, aut perditi homines aut barbari, quas plagas perferunt! quo modo illi, qui bene instituti sunt. accipere plagam malunt quam turpiter vitare! quam saepe apparet nihil eos malle quam vel domino satis facere vel populo! mittunt etiam volneribus confecti ad dominos, qui quaerant quid velint: si satis is factum sit, se velle decumbere. quis mediocris gladiator ingemuit, quis vultum mutavit umquam? quis non modo stetit, verum etiam decubuit turpiter? quis, cum decubuisset, ferrum recipere iussus collum contraxit? tantum exercitatio meditatio consuetudo valet. ergo hoc poterit 'Samnis, spurcus homo, vita illa dignus locoque'; vir natus ad gloriam ullam partem animi tam mollem habebit, quam

sere mutige Schlachtreihe zum Wanken gebracht hatte ...«, und das übrige erzählt er trotz seiner Schmerzen; denn so ohne Mäßigung ist der Soldatenruhm bei einem tapferen Mann. Das also wird ein altgedienter Soldat leisten können, wird es ein gebildeter und weiser Mann nicht vermögen? Gewiß besser, und zwar viel besser. (40) Aber bisher spreche ich nur über die Gewöhnung durch Übung, noch nicht über Vernunft und Weisheit. Alte Frauen ertragen den Hunger oft zwei oder drei Tage lang. Entzieh einem Athleten seine Speise für nur einen Tag: Iuppiter, den Olympischen Iuppiter, ihn selbst, für den er sich übt, wird er anflehen, er wird rufen, er könne es nicht ertragen. Die Gewöhnung besitzt eine große Kraft: im Gebirge übernachten Jäger im Schnee; die Inder ertragen es, verbrannt zu werden; Faustkämpfer, die vom Schlagriemen[58] zerhauen sind, stöhnen nicht einmal. (41) Aber was rede ich von denen, für die der Olympiasieg so viel zu bedeuten scheint wie bei uns in alter Zeit das Konsulat?[59] Die Gladiatoren, heruntergekommene Menschen oder Barbaren, welche Schläge ertragen sie! Wie ziehen doch die Athleten, die gut ausgebildet sind, es vor, einen Schlag zu erhalten als ihm in Schande auszuweichen! Wie oft zeigt es sich, daß sie nichts lieber wollen als ihrem Herrn oder dem Volk Genüge zu tun! Sie schicken selbst dann, wenn sie von Wunden erschöpft sind, zu ihren Herren, um anzufragen, was sie wünschen: Wenn es ihnen genug sei, wollten sie sich niederwerfen.[60] Welcher auch nur mittelmäßige Gladiator hat je gestöhnt, welcher jemals eine Miene verzogen? Wer hat sich nicht nur im Kampf, sondern auch im Niederwerfen schimpflich gezeigt? Wer hat, wenn er sich niedergeworfen hatte, auf den Befehl hin, den Todesstoß hinzunehmen, mit dem Hals gezuckt? So viel vermag die Übung, die geistige Vorbereitung und die Gewöhnung! Dies also soll »ein Samnite, ein gemeiner Kerl, würdig dieses Lebens und Ranges«[61] vermögen; wird ein zum Ruhm geborener Mann in irgendeinem Teil seiner Seele so verweichlicht sein, daß er ihn nicht durch die geistige Vor-

non meditatione et ratione conroboret? crudele gladiatorum spectaculum et inhumanum non nullis videri solet, et haud scio an ita sit, ut nunc fit; cum vero sontes ferro depugnabant, auribus fortasse multae, oculis quidem nulla poterat esse fortior contra dolorem et mortem disciplina.

18 (42) De exercitatione et consuetudine et commentatione dixi. age sis, nunc de ratione videamus, nisi quid vis ad haec.

Egone ut te interpellem? ne hoc quidem vellem: ita me ad credendum tua ducit oratio.

Sitne igitur malum dolere necne, Stoici viderint, qui contortulis quibusdam et minutis conclusiunculis nec ad sensus permanantibus effici volunt non esse malum dolorem. ego illud, quicquid sit, tantum esse, quantum videatur, non puto, falsaque eius visione et specie moveri homines dico vehementius, doloremque [eius] omnem esse tolerabilem.

Unde igitur ordiar? an eadem breviter attingam, quae modo dixi, quo facilius oratio progredi possit longius? (43) inter omnis igitur hoc constat, nec doctos homines solum sed etiam indoctos, virorum esse fortium et magnanimorum et patientium et humana vincentium toleranter dolorem pati; nec vero quisquam fuit, qui eum, qui ita pateretur, non laudandum putaret. quod ergo et postulatur a fortibus et laudatur, cum fit, id aut extimescere veniens aut non ferre praesens nonne turpe est? atqui vide ne, cum omnes rectae animi adfectiones virtutes appellentur, non sit

bereitung und Vernunft stärken könnte? Das Gladiatorenspiel pflegt manchen als grausam und unmenschlich zu erscheinen, und vielleicht stimmt das, so wie es jetzt durchgeführt wird[62]; wenn aber Verbrecher mit dem Schwert um ihr Leben kämpften, gab es für die Ohren vielleicht viele, für die Augen allerdings konnte es keine härtere Schulung gegen den Schmerz und den Tod geben.

18 (42) Ich habe über Übung, Gewöhnung und innere Vorbereitung gesprochen. Wohlan, jetzt wollen wir über die Vernunft nachdenken, wenn du nichts mehr zu dem Bisherigen sagen möchtest.

A: Ich sollte dich unterbrechen? Ich wollte, es hätte nicht einmal diese Unterbrechung gegeben. So überzeugend ist deine Rede für mich.

M: Ob der Schmerz also ein Übel ist oder nicht, das sollen die Stoiker untersuchen, die mit ihren verdrehten und kleinlichen Schlußfolgerungen, die unser Gefühl nicht beeinflussen[63], beweisen wollen, daß der Schmerz kein Übel ist. Wie auch immer es sich verhält, ich glaube nicht, daß es so bedeutend ist, wie es scheint, und ich behaupte, daß die Menschen sich durch eine falsche Vorstellung von ihm zu stark beeindrucken lassen und daß jeder Schmerz ihnen erträglich ist.

Wo soll ich nun beginnen? Soll ich das, was ich eben sagte, nochmals kurz streifen, damit die Rede um so leichter weiter fortschreiten kann? (43) Unter allen also, nicht nur unter Gebildeten, sondern auch unter Ungebildeten, steht fest, daß es für tapfere, hochgesinnte, standhafte und die menschlichen Schwächen überwindende Menschen selbstverständlich ist, den Schmerz geduldig zu ertragen; und es hat niemanden gegeben, der nicht den, der ihn so ertrug, für lobenswert erachtet hätte. Ist es also nicht schändlich, das, was man von tapferen Männern erwartet und bei ihnen lobt, wenn es sie trifft, zu fürchten, wenn es kommt, oder nicht zu ertragen, wenn es da ist? Und überlege, da alle richtigen Verhaltensweisen der Seele Tugenden genannt

hoc proprium nomen omnium, sed ab ea quae una ceteris excellebat omnes nominatae sint. appellata est enim ex viro virtus; viri autem propria maxime est fortitudo, cuius munera duo sunt maxima: mortis dolorisque contemptio. utendum est igitur his, si virtutis compotes vel potius si viri volumus esse, quoniam a viris virtus nomen est mutuata.

Quaeres fortasse, quo modo, et recte: talem enim medicinam philosophia profitetur. **19** (44) venit Epicurus, homo minime malus vel potius vir optimus; tantum monet, quantum intellegit. ‘neglege’ inquit ‘dolorem.’ quis hoc dicit? idem, qui dolorem summum malum? vix satis constanter. audiamus. ‘si summus dolor est’ inquit, ‘brevem necesse est esse.’ ‘iteradum eadem ista mihi!’ non enim satis intellego, quid summum dicas esse, quid breve. ‘summum, quo nihil sit superius, breve, quo nihil brevius. contemno magnitudinem doloris, a qua me brevitas temporis vindicabit ante paene quam venerit.’ sed si est tantus dolor, quantus Philoctetae? ‘bene plane magnus mihi quidem videtur, sed tamen non summus; nihil enim dolet nisi pes: possunt oculi, potest caput latera pulmones, possunt omnia; longe igitur abest a summo dolore. ergo’ inquit ‘dolor diuturnus habet laetitiae plus quam molestiae.’ (45) nunc ego non possum tantum hominem nihil sapere dicere, sed nos ab eo derideri puto. ego summum dolorem – summum autem dico, etiamsi decem atomis est maior alius – non continuo esse dico brevem multosque possum bonos viros nominare, qui com-

werden, ob nicht dies der unpassende Name für alle ist, sondern alle nach der benannt sind, die allein aus den übrigen hervorragte. Der Begriff Tugend (*virtus*) nämlich ist abgeleitet vom ›Mann‹ (*vir*); dem Mann aber besonders zu eigen ist die Tapferkeit, die zwei sehr bedeutende Leistungen mit sich bringt: die Verachtung von Tod und Schmerz. Wir müssen diese also erfüllen, wenn wir an der Tugend teilhaben oder besser, wenn wir Männer sein wollen, weil ja die Tugend ihren Namen von den Männern hergeleitet hat.

Du wirst vielleicht fragen, auf welche Weise, und zu Recht: denn ein Heilmittel hierfür verspricht die Philosophie. **19** (44) Jetzt kommt Epikur, ein keineswegs übler, nein vielmehr ein hervorragender Mann; er mahnt soviel, wie er versteht. »Mißachte«, sagt er, »den Schmerz!« Wer sagt das? Derselbe, der den Schmerz das höchste Übel nennt? Das ist wenig konsequent. Wir wollen weiter hören! »Wenn der Schmerz der heftigste ist«, sagt er, »muß er kurz sein.«[64] »Wiederhole mir das doch!«[65] Denn ich verstehe nicht genau, was du mit »der heftigste« meinst und was mit »kurz«. »›Der heftigste‹ bedeutet: es gibt nichts Heftigeres als dies; ›kurz‹ heißt: es gibt nichts Kürzeres als dies. Ich achte die Heftigkeit eines Schmerzes gering, von der mich die Kürze der Zeit befreien wird, fast ehe er eingetreten ist.« Aber wenn der Schmerz so groß ist wie der des Philoktet? »Er erscheint mir zwar recht groß, aber doch nicht der heftigste zu sein; denn nichts schmerzt außer dem Fuß. Es könnten aber auch die Augen leiden, der Kopf, die Seiten, die Lunge, alles; er ist also noch weit vom heftigsten Schmerz entfernt. Also«, sagt Epikur, »ein lange währender Schmerz hat mehr Freude als Mißbehagen.« (45) Jetzt kann ich zwar nicht behaupten, daß ein so großer Mann ohne Verstand sei, aber ich glaube, wir werden von ihm verspottet. Ich behaupte nun nicht sogleich, daß der heftigste Schmerz – ich nenne ihn den heftigsten, auch wenn ein anderer um zehn Atome heftiger ist[66] – kurz sei, und ich kann viele treffliche Männer nennen, die mehrere Jahre hindurch

plures annos doloribus podagrae crucientur maximis. sed homo catus numquam terminat nec magnitudinis nec diuturnitatis modum, ut sciam, quid summum dicat in dolore, quid breve in tempore. omittamus hunc igitur nihil prorsus dicentem cogamusque confiteri non esse ab eo doloris remedia quaerenda, qui dolorem malorum omnium maxumum dixerit, quamvis idem forticulum se in torminibus et in stranguria sua praebeat. Aliunde igitur est quaerenda medicina, et maxime quidem, si, quid maxime consentaneum sit, quaerimus, ab is quibus, quod honestum sit, summum bonum, quod turpe, summum videtur malum. his tu praesentibus gemere et iactare te non audebis profecto.

20 (46) loquetur enim eorum voce Virtus ipsa tecum: 'tune, cum pueros Lacedaemone, adulescentis Olympiae, barbaros in harena videris excipientis gravissimas plagas et ferentis silentio, si te forte dolor aliquis pervellerit, exclamabis ut mulier, non constanter et sedate feres?' 'fieri non potest; natura non patitur.' audio. pueri ferunt gloria ducti, ferunt pudore alii, multi metu, et tamen veremur, ut hoc, quod a tam multis et quod tot locis perferatur, natura patiatur? illa vero non modo patitur, verum etiam postulat: nihil enim habet praestantius, nihil quod magis expetat quam honestatem, quam laudem, quam dignitatem, quam decus. hisce ego pluribus nominibus unam rem declarari volo, sed utor, ut quam maxime significem, pluribus. volo autem dicere illud homini longe optumum esse, quod ipsum sit optandum per se, a virtute profectum vel in ipsa virtute situm, sua sponte laudabile, quod idem citius dixerim solum quam non summum

von den heftigsten Podagraschmerzen gepeinigt werden. Aber der listige Mann bestimmt weder jemals das Maß der Größe noch das der Dauer, damit ich weiß, was er beim Schmerz als »das heftigste« und bei der Zeit als »kurz« bezeichnet. Wir wollen ihn nun weiter nicht beachten, da er ja eigentlich nichts sagt, und ihn zwingen zu gestehen, daß Heilmittel gegen den Schmerz bei ihm nicht zu suchen sind, da er ja den Schmerz als das größte aller Übel bezeichnet, obschon er selbst sich recht tapfer in seinen Krämpfen und Nierenbeschwerden zeigt. Anderswo muß man also ein Heilmittel suchen, und zwar vornehmlich, wenn wir danach suchen, was besonders folgerichtig ist, bei denen, für die das Sittlichgute das höchste Gut und das Schändliche das größte Übel zu sein scheint.[67] In ihrer Gegenwart wirst du in der Tat nicht wagen zu stöhnen und dich in Schmerzen zu winden. 20 (46) Denn mit ihrer Stimme wird die Tugend selbst zu dir sprechen: ›Wirst du, obwohl du gesehen hast, wie die Knaben in Sparta, junge Männer in Olympia, die Barbaren in der Arena die schwersten Schläge aushalten und in Schweigen ertragen, aufschreien wie ein Weib und nicht standhaft und gelassen ihn ertragen, wenn dich einmal irgendein Schmerz getroffen hat?‹ ›Es ist unmöglich; die Natur läßt es nicht zu.‹ Ich verstehe; die Knaben ertragen ihn aus Ehrgeiz, andere aus Scham, viele aus Furcht, und doch haben wir Sorge, ob die Natur das, was von so vielen und was an so vielen Orten ertragen wird, zuläßt? Sie läßt es nicht nur zu, sie fordert es sogar: denn sie kennt nichts Herausragenderes, nichts, was sie mehr erstrebt als eine sittlichgute Haltung, als Ruhm, als Würde, als Ehre. Ich möchte mit diesen verschiedenen Begriffen eine einzige Sache bezeichnen, verwende aber, um sie möglichst deutlich zu machen, mehrere Begriffe. Ich will aber sagen, daß das für den Menschen bei weitem das beste ist, was selbst an sich erstrebenswert ist, was von der Tugend ausgeht oder in der Tugend selbst liegt, was von sich aus lobenswert ist, und was ich eher das einzige als nicht das höchste Gut nennen

bonum. atque ut haec de honesto, sic de turpi contraria: nihil tam taetrum, nihil tam aspernandum, nihil homine indignius.

(47) Quod si tibi persuasum est – principio enim dixisti plus in dedecore mali tibi videri quam in dolore –, reliquum est, ut tute tibi imperes. quamquam hoc nescio quo modo dicatur. quasi duo simus, ut alter imperet, alter pareat! non inscite tamen dicitur. **21** est enim animus in partis tributus duas, quarum altera rationis est particeps, altera expers. cum igitur praecipitur, ut nobismet ipsis imperemus, hoc praecipitur, ut ratio coerceat temeritatem. est in animis omnium fere natura molle quiddam, demissum, humile, enervatum quodam modo et languidum. si nihil esset aliud, nihil esset homine deformius. sed praesto est domina omnium et regina ratio, quae conixa per se et progressa longius fit perfecta virtus. haec ut imperet illi parti animi, quae oboedire debet, id videndum est viro. (48) 'quonam modo?' inquies. vel ut dominus servo vel ut imperator militi vel ut parens filio. si turpissime se illa pars animi geret, quam dixi esse mollem, si se lamentis muliebriter lacrimisque dedet, vinciatur et constringatur amicorum propinquorumque custodiis; saepe enim videmus fractos pudore, qui ratione nulla vincerentur. ergo hos quidem ut famulos vinclis prope ac custodia, qui autem erunt firmiores nec tamen robustissimi, hos admonitu oportebit ut bonos milites revocatos dignitatem tueri. non nimis in Niptris ille sapientissimus Graeciae

möchte. Und wie dies beim Sittlich-Guten gilt, so gilt für die Schande das Gegenteil: nichts ist so scheußlich, nichts so zu verachten, nichts eines Menschen unwürdiger.

(47) Wenn du davon überzeugt bist – anfangs hast du nämlich gesagt, daß dir in der Schande mehr Übel zu liegen scheine als im Schmerz –, dann bleibt nur, daß du dir selbst befiehlst. Doch ich verstehe nicht recht, wie man das so sagen kann. Als ob wir zwei Wesen wären, so daß das eine befiehlt, das andere gehorcht! Dennoch sagt man das nicht unbedacht.[68] **21** Denn die Seele ist in zwei Teile geteilt, von denen der eine an der Vernunft teilhat, der andere aber nicht. Wenn also die Vorschrift aufgestellt wird, daß wir uns selbst beherrschen, dann wird damit befohlen, daß die Vernunft die Unbesonnenheit bezwingt. In den Seelen fast aller Wesen ist von Natur etwas Weiches, Unterwürfiges, Niedriges, gewissermaßen Kraftloses und Schlaffes. Wenn es nichts anderes gäbe, gäbe es nichts Mißgestalteteres als den Menschen. Aber zu Diensten ist als Herrin und Königin von allem die Vernunft, die sich aus eigener Kraft emporrichtet, weiter fortschreitet und zur vollkommenen Tugend wird.[69] Daß sie jenem Seelenteil, der gehorchen muß, befiehlt, darauf muß ein Mann achten. (48) ›Wie denn?‹ wirst du fragen. Wie ein Herr seinem Sklaven, ein Feldherr dem Soldaten oder ein Vater seinem Sohn. Wenn der Teil der Seele, den ich weich genannt habe, sich sehr schimpflich benimmt, wenn er sich weibisch Klagen und Tränen hingibt, dann soll er gebunden und gefesselt werden durch Wachen von Freunden und Verwandten[70]; oft sehen wir nämlich solche, die sich durch keine Vernunft besiegen ließen, von Scham überwältigt. Diese also werden wie Sklaven durch Fesseln und Wachen überwältigt werden müssen, die aber stärker, jedoch noch nicht vollkommen gefestigt sind, werden durch Zuspruch ermahnt werden müssen, ihre Würde zu wahren, wie gute Soldaten. Nicht übertrieben, vielmehr maßvoll klagt in den *Niptra*[71] jener klügste Mann Griechenlands, als er verwundet ist, und spricht: »Geht Schritt für

saucius lamentatur vel modice potius: 'pedetemptim', inquit, 'ite

et sedato nisu
Ne succussu arripiat maior
Dolor'

(49) (Pacuvius hoc melius quam Sophocles; apud illum enim perquam flebiliter Ulixes lamentatur in volnere); tamen huic leviter gementi illi ipsi, qui ferunt saucium, personae gravitatem intuentes non dubitant dicere:

'Tu quoque, Ulixes, quamquam graviter
Cernimus ictum, nimis paene animo es
Molli, qui consuetus in armis
Aevom agere ...'

intellegit poeta prudens ferendi doloris consuetudinem esse non contemnendam magistram. (50) atque ille non inmoderate magno in dolore:

'Retinete, tenete! opprimit ulcus;
Nudate! heu miserum me: excrucior.'

incipit labi, deinde ilico desinit:

'Operite, abscedite iam iam!
Mittite! nam attrectatu et quassu
Saevum amplificatis dolorem.'

videsne, ut obmutuerit non sedatus corporis, sed castigatus animi dolor? itaque in extremis Niptris alios quoque obiurgat, idque moriens:

'Conqueri fortunam adversam, non lamentari decet:
Id viri est officium, fletus muliebri ingenio additus.'

22 (51) Huius animi pars illa mollior rationi sic paruit ut severo imperatori miles pudens. in quo vero erit perfecta sapientia – quem adhuc nos quidem vidimus neminem; sed philosophorum sententiis, qualis hic futurus sit, si modo

Schritt und mit ruhiger Bewegung, damit nicht durch einen Stoß mich größerer Schmerz erfaßt.« (49) Pacuvius sagt dies besser als Sophokles; bei ihm nämlich klagt Odysseus sehr weinerlich bei seiner Verwundung; dennoch zögern selbst jene, die den Verwundeten tragen, im Hinblick auf die Würde seiner Person nicht, ihm, obwohl er nur leicht stöhnt, zu sagen: »Auch du, Odysseus, hast, obwohl wir die schwere Verwundung erkennen, einen beinahe allzu weichen Geist, der du doch gewohnt bist, in Waffen dein Leben zu führen ...« Der kluge Dichter erkennt, daß die Gewohnheit, Schmerz zu ertragen, eine nicht zu verachtende Lehrmeisterin ist. (50) Und er sagt ganz beherrscht in seinem großen Schmerz: »Haltet fest, haltet! Die Wunde drückt; legt sie frei! Weh mir Armem: ich werde gequält.« Er beginnt zu stürzen, doch dann hört er sofort mit Klagen auf: »Bedeckt mich, geht nunmehr. Laßt mich! Denn durch Berühren und Schütteln vergrößert ihr den schlimmen Schmerz.« Siehst du, wie er verstummt ist, nicht weil der körperliche Schmerz zur Ruhe gekommen ist, sondern weil der seelische Schmerz gebändigt ist. Deshalb tadelt er am Schluß der *Niptra* auch andere, und das noch im Sterben. »Man darf sich über das Unglück beklagen, aber nicht jammern. Das ist die Pflicht eines Mannes, das Weinen gehört zum Wesen der Frau.«[72]

22 (51) Sein weicher Seelenteil gehorchte der Vernunft so wie ein Soldat mit Ehrgefühl seinem strengen Feldherrn. Wer aber die vollendete Weisheit besitzt – bisher haben wir zwar noch keinen gesehen; aber in den Lehren der Philosophen wird dargelegt, wie beschaffen er sein wird, wenn es

aliquando fuerit, exponitur –, is igitur sive ea ratio, quae erit in eo perfecta atque absoluta, sic illi parti imperabit inferiori ut iustus parens probis filiis; nutu, quod volet, conficiet, nullo labore, nulla molestia; eriget ipse se, suscitabit, instruet, armabit, ut tamquam hosti sic obsistat dolori. quae sunt ista arma? contentio confirmatio sermoque intumus, cum ipse secum: (52) 'cave turpe quicquam, languidum, non virile.' obversentur species honestae animo: Zeno proponatur Eleates, qui perpessus est omnia potius quam conscios delendae tyrannidis indicaret; de Anaxarcho Democritio cogitetur, qui cum Cypri in manus Timocreontis regis incidisset, nullum genus supplicii deprecatus est neque recusavit. Callanus Indus, indoctus ac barbarus, in radicibus Caucasi natus, sua voluntate vivus combustus est; nos, si pes condoluit, si dens (sed fac totum dolere corpus), ferre non possumus. opinio est enim quaedam effeminata ac levis – nec in dolore magis quam eadem in voluptate –, qua cum liquescimus fluimusque mollitia, apis aculeum sine clamore ferre non possumus. (53) at vero C. Marius, rusticanus vir, sed plane vir, cum secaretur, ut supra dixi, principio vetuit se alligari, nec quisquam ante Marium solutus dicitur esse sectus. cur ergo postea alii? valuit auctoritas. videsne igitur opinionis esse, non naturae malum? et tamen fuisse acrem morsum doloris idem Marius ostendit; crus enim alterum non praebuit. ita et tulit dolorem ut vir et ut homo maiorem ferre sine causa necessaria noluit.

ihn überhaupt einmal geben sollte –, dieser also, oder die Vernunft, die in ihm vollendet und vollkommen sein wird, wird jenem niederen Seelenteil so gebieten wie ein gerechter Vater seinen folgsamen Söhnen; er wird durch einen Wink seinen Willen durchsetzen, ohne Anstrengung und ohne Mühe. Er wird sich selbst aufrichten, sich anspornen, rüsten, bewaffnen, um dem Schmerz wie einem Feind entgegenzutreten. Welches sind diese Waffen? Anspannung, Stärkung, ein inneres Gespräch, wenn er zu sich sagt: (52) ›Hüte dich vor allem Schändlichen, Schlaffen, Unmännlichen!‹ Dem Geist sollen die ehrenvollen Beispiele vorschweben: Als Vorbild halte man sich Zenon aus Elea[73] vor Augen, der alles lieber ertrug, als die Mitwisser eines Aufstandes gegen die Tyrannei anzuzeigen; man soll an Anaxarchos[74], einen Anhänger Demokrits, denken, der, als er auf Kypros in die Hände des Königs Timokreon gefallen war, vor keiner Art von Folter um Gnade bat und sich nicht wehrte. Der Inder Callanus[75], ein ungebildeter Barbar, geboren am Fuß des Kaukasus, ließ sich auf eigenen Wunsch hin lebendig verbrennen; wir aber können es nicht ertragen, wenn ein Fuß, wenn ein Zahn schmerzt (aber stell dir vor, der ganze Körper schmerzt). Unsere innere Einstellung ist gewissermaßen verweichlicht und schwach – und zwar genauso beim Schmerz wie bei der Lust; deshalb können wir, wenn wir weich werden und in Weichheit zerfließen, den Stachel der Biene ohne Geschrei nicht ertragen. (53) Doch C. Marius, ein bäurischer Mann, aber ein Mann durch und durch, verbot von Anfang an, als er operiert wurde, wie ich oben erwähnte, angebunden zu werden, und niemand vor Marius soll operiert worden sein, ohne angebunden worden zu sein. Warum also danach andere? Sein Vorbild wirkte. Siehst du also, daß das Übel in der Einstellung[76] und nicht in der Natur liegt? Und doch zeigte eben dieser Marius, daß der Biß des Schmerzes heftig war; sein anderes Bein ließ er nicht operieren. So ertrug er den Schmerz wie ein Mann, er wollte aber als Mensch auch keinen größeren Schmerz ohne zwingenden Grund ertragen.

Totum igitur in eo est, ut tibi imperes. ostendi autem, quod esset imperandi genus; atque haec cogitatio, quid patientia, quid fortitudine, quid magnitudine animi dignissimum sit, non solum animum comprimit, sed ipsum etiam dolorem nescio quo pacto mitiorem facit. **23** (54) ut enim fit in proelio, ut ignavus miles ac timidus, simul ac viderit hostem, abiecto scuto fugiat quantum possit, ob eamque causam pereat non numquam etiam integro corpore, cum ei qui steterit nihil tale evenerit, sic qui doloris speciem ferre non possunt, abiciunt se atque ita adflicti et exanimati iacent; qui autem restiterunt, discedunt saepissime superiores. sunt enim quaedam animi similitudines cum corpore. ut onera contentis corporibus facilius feruntur, remissis opprimunt, simillime animus intentione sua depellit pressum omnem ponderum, remissione autem sic urgetur, ut se nequeat extollere. (55) et si verum quaerimus, in omnibus officiis persequendis animi est adhibenda contentio; ea est sola officii tamquam custodia. sed hoc idem in dolore maxume est providendum, ne quid abiecte, ne quid timide, ne quid ignave, ne quid serviliter muliebriterve faciamus, in primisque refutetur ac reiciatur Philocteteus ille clamor. Ingemescere non numquam viro concessum est, idque raro, eiulatus ne mulieri quidem; et hic nimirum est 'lessus', quem duodecim tabulae in funeribus adhiberi vetuerunt. (56) nec vero umquam ne ingemescit quidem vir fortis ac sapiens, nisi forte ut se intendat ad firmitatem, ut in stadio cursores exclamant quam maxime possunt. faciunt idem, cum exercentur, athletae; pugiles vero, etiam cum feriunt adversarium,

Es kommt also ganz darauf an, daß du dir selbst gebietest. Ich habe aber dargelegt, wie die Art des Gebietens ist; und diese Überlegung, was der Standhaftigkeit, was der Tapferkeit, was der Seelengröße am meisten würdig sei, unterdrückt nicht nur das Bedürfnis zu klagen, sondern macht auch den Schmerz selbst irgendwie milder. **23** (54) Wie es nämlich im Gefecht vorkommt, daß ein feiger und furchtsamer Soldat beim Anblick des Feindes seinen Schild wegwirft und flieht, so schnell er kann, und deswegen manchmal sogar, obwohl er nicht verwundet ist, umkommt, während dem, der auf seinem Posten geblieben ist, nichts Derartiges widerfährt, so geben die, welche die Vorstellung des Schmerzes nicht ertragen können, sich selbst auf und liegen darum niedergeschlagen und ohnmächtig am Boden; die aber Widerstand leisten, gehen sehr oft als Sieger davon. Es gibt nämlich gewisse Ähnlichkeiten zwischen Seele und Körper. Wie sich Lasten mit angespanntem Körper leichter tragen lassen, sie aber bei entspanntem Körper niederdrükken, so vertreibt in sehr ähnlicher Weise die Seele durch ihre Anspannung ganz den Druck der Lasten, bei Entspannung aber wird sie so bedrängt, daß sie sich nicht aufrichten kann. (55) Und wenn wir der Sache auf den Grund gehen, ist bei der Erfüllung aller Pflichten die Anspannung der Seele notwendig. Sie allein überwacht gleichsam die Erfüllung der Pflicht. Aber beim Schmerz muß man eben darauf besonders achten, daß wir nichts verzagt, nichts furchtsam, nichts feige, nichts in der Art von Sklaven oder Weibern tun, besonders daß jenes Jammergeschrei nach Art des Philoktet völlig verworfen wird. Zu stöhnen ist einem Mann bisweilen zugestanden, allerdings selten, ein Wehgeschrei nicht einmal einer Frau; und ein solches ist sicherlich das Klagegeschrei, welches die *Zwölf Tafeln* bei Beerdigungen anzuheben untersagten. (56) Niemals aber stöhnt ein tapferer und weiser Mann auch nur auf, es sei denn, um sich zur Festigkeit anzuspannen, wie im Stadion die Läufer schreien, so laut sie können. Dasselbe tun die Athleten beim Training;

in iactandis caestibus ingemescunt, non quod doleant animove succumbant, sed quia profundenda voce omne corpus intenditur venitque plaga vehementior. **24** quid? qui volunt exclamare maius, num satis habent latera fauces linguam intendere, e quibus elici vocem et fundi videmus? toto corpore atque omnibus ungulis, ut dicitur, contentioni vocis adserviunt. (57) genu mehercule M. Antonium vidi, cum contente pro se ipse lege Varia diceret, terram tangere. ut enim ballistae lapidum et reliqua tormenta telorum eo graviores emissiones habent, quo sunt contenta atque adducta vehementius, sic vox, sic cursus, sic plaga hoc gravior, quo est missa contentius. cuius contentionis cum tanta vis sit, si gemitus in dolore ad confirmandum animum valebit, utemur; sin erit ille gemitus elamentabilis, si inbecillus, si abiectus, si flebilis, ei qui se dederit, vix eum virum dixerim. qui quidem gemitus si levationis aliquid adferret, tamen videremus, quid esset fortis et animosi viri; cum vero nihil imminuat doloris, cur frustra turpes esse volumus? quid est enim fletu muliebri viro turpius? (58) atque hoc praeceptum, quod de dolore datur, patet latius: omnibus enim rebus, non solum dolori, simili contentione animi resistendum est. ira exardescit, libido concitatur: in eandem arcem confugiendum est, eadem sunt arma sumenda. sed quoniam de dolore loquimur, illa omittamus.

die Faustkämpfer aber stöhnen, selbst wenn sie den Gegner schlagen, während sie die Kampfriemen[77] auftreffen lassen, nicht weil sie Schmerz empfänden oder den Mut verlören, sondern weil durch das Ausstoßen des Geschreis der ganze Körper angespannt wird und der Schlag mit größerer Wucht kommt. **24** Was? Genügt es etwa für die, die lauter schreien wollen, die Seiten, die Kehle und die Zunge anzustrengen, von denen doch, wie wir sehen, die Stimme erzeugt und hervorgebracht wird? Mit dem ganzen Körper und mit allen Hufen[78], wie man sagt, unterstützen sie die Anspannung der Stimme. (57) Ich sah, beim Herakles, M. Antonius, als er angestrengt für sich selbst bei einer Anklage laut der Lex Varia[79] sprach, mit dem Knie die Erde berühren. Wie nämlich Steinschleudern und die übrigen Wurfmaschinen von Geschossen um so größere Wucht haben, je heftiger sie gespannt und angezogen sind, so sind die Stimme, der Lauf und der Schlag um so heftiger, je angespannter sie hervorgebracht wurden. Da diese Anspannung so große Wirkung hat, werden wir das Stöhnen, wenn es beim Schmerz Einfluß auf die Stärkung der Seele hat, nutzen; wenn aber das Stöhnen klagend, wenn es schwach, wenn es verzagt, wenn es weinerlich ist, so kann ich den, der sich ihm ergibt, kaum noch einen Mann nennen. Wenn allerdings dieses Stöhnen etwas an Erleichterung mit sich brächte, würden wir doch prüfen, was sich für einen tapferen und beherzten Mann gehört; da es aber den Schmerz nicht verringert, warum wollen wir uns sinnlos Schimpf und Schande zuziehen? Was ist denn für einen Mann schimpflicher als zu weinen wie ein Weib? (58) Und diese Lehre, die über den Schmerz gegeben wird, hat noch einen größeren Geltungsbereich: denn allen Dingen, nicht nur dem Schmerz, muß man mit ähnlicher Anspannung der Seele widerstehen. Der Zorn entbrennt, die Begierde wird entfacht: man muß in dieselbe Burg flüchten, man muß zu denselben Waffen greifen. Weil wir aber über den Schmerz sprechen, wollen wir das andere beiseite lassen.

Ad ferendum igitur dolorem placide atque sedate plurimum proficit toto pectore, ut dicitur, cogitare, quam id honestum sit. sumus enim natura, ut ante dixi – dicendum est enim saepius –, studiosissimi adpetentissimique honestatis, cuius si quasi lumen aliquod aspeximus, nihil est quod, ut eo potiamur, non parati simus et ferre et perpeti. ex hoc cursu atque impetu animorum ad veram laudem atque honestatem illa pericula adeuntur in proeliis, non sentiunt viri fortes in acie volnera, vel sentiunt, sed mori malunt quam tantum modo de dignitatis gradu demoveri. (59) fulgentis gladios hostium videbant Decii, cum in aciem eorum inruebant. his levabat omnem volnerum metum nobilitas mortis et gloria. num tum ingemuisse Epaminondam putas, cum una cum sanguine vitam effluere sentiret? imperantem enim patriam Lacedaemoniis relinquebat, quam acceperat servientem. haec sunt solacia, haec fomenta summorum dolorum. **25** (60) Dices: quid in pace, quid domi, quid in lectulo? ad philosophos me revocas, qui in aciem non saepe prodeunt. e quibus homo sane levis, Heracleotes Dionysius, cum a Zenone fortis esse didicisset, a dolore dedoctus est. nam cum ex renibus laboraret, ipso in eiulatu clamitabat falsa esse illa, quae antea de dolore ipse sensisset. quem cum Cleanthes condiscipulus rogaret, quaenam ratio eum de sententia deduxisset, respondit: 'quia, ⟨si⟩, cum tantulum operae philosophiae dedissem, dolorem tamen ferre non possem, satis esset argumenti malum esse dolorem. plurimos autem annos in philosophia consumpsi nec ferre pos-

Um den Schmerz ruhig und gefaßt ertragen zu können, nützt es also am meisten, mit ganzem Herzen, wie man sagt, zu bedenken, wie ehrenvoll das ist.[80] Denn von Natur aus, wie ich oben sagte[81] – denn man muß es öfter sagen –, zielen und streben wir in höchstem Maß nach einer sittlichguten Haltung; wenn wir sozusagen deren Licht gesehen haben, gibt es nichts, was zu ertragen und zu erdulden wir nicht bereit wären, um es zu erlangen. Infolge dieses Dranges und Strebens der Seelen nach wahrem Ruhm und nach einer sittlichguten Haltung nimmt man Gefahren in Schlachten auf sich, spüren tapfere Männer im Kampf ihre Wunden nicht, oder spüren sie, wollen aber lieber sterben, als nur ein wenig von der Höhe ihrer Würde herabgeholt zu werden. (59) Die Dekier[82] sahen die blitzenden Schwerter der Feinde, als sie sich in ihre Schlachtreihe stürzten. Ihnen nahmen Ehre und Ruhm ihres Todes jede Furcht vor Wunden. Glaubst du etwa, Epameinondas[83] habe damals gestöhnt, als er fühlte, daß zusammen mit seinem Blut sein Leben verströmte? Er hinterließ nämlich sein Vaterland als Gebieter über die Lakedaimonier, nachdem er es als ihr Sklave übernommen hatte. Dies ist der Trost, dies die Linderung für die heftigsten Schmerzen. **25** (60) Du wirst sagen: Wie steht es damit im Frieden, zu Hause oder im Bett? Du rufst mich zu den Philosophen zurück, die nicht häufig in die Schlacht ziehen. Unter ihnen wurde Dionysios von Heraklea[84], ein gewiß leichtfertiger Mensch, nachdem er von Zenon gelernt hatte, tapfer zu sein, vom Schmerz eines Besseren belehrt. Denn als er an Nierenschmerzen litt, rief er unter Jammern aus, das, was er selbst vorher über den Schmerz gedacht habe, sei falsch. Als ihn sein Mitschüler Kleanthes[85] fragte, welche Überlegung ihn denn von seiner Meinung abgebracht habe, antwortete er: »Wenn ich, nachdem ich nur ein wenig Mühe auf die Philosophie verwandt hätte, den Schmerz dennoch nicht ertragen könnte, so wäre das ein hinreichender Beweis dafür, daß der Schmerz ein Übel ist. Ich aber habe mich sehr viele Jahre mit der Philo-

sum. malum est igitur dolor.' tum Cleanthem, cum pede terram percussisset, versum ex Epigonis ferunt dixisse:

'audisne haec, Amphiarae sub terram abdite?'

Zenonem significabat, a quo illum degenerare dolebat. (61) at non noster Posidonius; quem et ipse saepe vidi et id dicam, quod solebat narrare Pompeius, se, cum Rhodum venisset decedens ex Syria, audire voluisse Posidonium; sed cum audisset eum graviter esse aegrum, quod vehementer eius artus laborarent, voluisse tamen nobilissimum philosophum visere: quem ut vidisset et salutavisset honorificisque verbis prosecutus esset molesteque se dixisset ferre, quod eum non posset audire, at ille: 'tu vero' inquit 'potes, nec committam, ut dolor corporis efficiat, ut frustra tantus vir ad me venerit.' itaque narrabat eum graviter et copiose de hoc ipso, nihil esse bonum nisi quod esset honestum, cubantem disputavisse, cumque quasi faces ei doloris admoverentur, saepe dixisse: 'nihil agis, dolor! quamvis sis molestus, numquam te esse confitebor malum.' **26** (62) Omninoque omnes clari et nobilitati labores continuo fiunt etiam tolerabiles. videmusne [ut], apud quos eorum ludorum, qui gymnici nominantur, magnus honos sit, nullum ab is, qui in id certamen descendant, devitari dolorem? apud quos autem venandi et equitandi laus viget, qui hanc petessunt, nullum fugiunt dolorem. quid de nostris ambitionibus, quid de cupiditate honorum loquar? quae flamma est, per quam non cucurrerint i qui haec olim punctis singulis colligebant? itaque semper Africanus Socraticum Xenophontem in manibus habebat, cuius in primis laudabat illud, quod diceret

sophie beschäftigt und kann ihn nicht ertragen. Also ist der Schmerz ein Übel.« Da soll Kleanthes, nachdem er mit dem Fuß auf die Erde gestampft habe, einen Vers aus den *Epigonoi*[86] zitiert haben: »Hörst du das, Amphiaraos, der du unter der Erde verborgen bist?« Er meinte damit Zenon; denn es schmerzte ihn, daß jener ihm abtrünnig geworden war. (61) Aber nicht unser Poseidonios; ihn habe ich selbst häufig gesehen[87], und ich möchte wiedergeben, was Pompeius zu erzählen pflegte: Er sei bei seinem Rückzug aus Syrien nach Rhodos gekommen[88] und habe dort Poseidonios hören wollen; aber als er gehört habe, er sei schwer krank, weil seine Glieder heftig schmerzten, habe er den hochangesehenen Philosophen doch wenigstens besuchen wollen; als er ihn gesehen, begrüßt und mit ehrenden Worten bedacht und geäußert habe, er bedaure, daß er ihn nicht hören könne, sagte jener: »Du kannst es doch, denn ich werde nicht zulassen, daß mein körperlicher Schmerz schuld daran ist, daß ein so bedeutender Mann vergeblich zu mir kommt.« Und so, erzählt er, habe er tief und ausführlich im Liegen gerade darüber gesprochen, daß nichts außer dem Sittlichguten ein Gut sei, und wenn ihm gleichsam die Folterscheite des Schmerzes nahe kamen, habe er oft gesagt: »Du richtest nichts aus, Schmerz! Obschon du lästig bist, werde ich doch nie zugeben, daß du ein Übel bist.«

26 (62) Und überhaupt werden alle Mühen, die zu Ansehen und Ruhm führen, sogleich auch erträglich. Sehen wir nicht, daß dort, wo die sogenannten gymnischen Spiele in hoher Ehre stehen, diejenigen, die sich in diesen Wettkampf begeben, keinem Schmerz aus dem Wege gehen? Wo aber Ruhm im Jagen und Reiten hoch angesehen wird, da meiden die, die ihn heftig erstreben, keinen Schmerz. Was soll ich über unseren Ehrgeiz, was über die Gier nach den Ehrenämtern sagen? Durch welches Feuer sind nicht jene gelaufen, die einst solche Ämter Stimme für Stimme[89] sammelten? Deshalb hatte Africanus immer den Xenophon[90], den Schüler des Sokrates, in Händen; ihm gefiel besonders dessen Aus-

eosdem labores non esse aeque gravis imperatori et militi, quod ipse honos laborem leviorem faceret imperatorium. (63) sed tamen hoc evenit, ut in vulgus insipientium opinio valeat honestatis, cum ipsam videre non possint. itaque fama et multitudinis iudicio moventur, cum id honestum putent, quod a plerisque laudetur. te autem, si in oculis sis multitudinis, tamen eius iudicio stare nolim nec, quod illa putet, idem putare pulcherrimum. tuo tibi iudicio est utendum; tibi si recta probanti placebis, tum non modo tete viceris, quod paulo ante praecipiebam, sed omnis et omnia. (64) hoc igitur tibi propone: amplitudinem animi et quasi quandam exaggerationem quam altissimam animi, quae maxime eminet contemnendis et despiciendis doloribus, unam esse omnium rem pulcherrimam, eoque pulchriorem, si vacet populo neque plausum captans se tamen ipsa delectet. quin etiam mihi quidem laudabiliora videntur omnia, quae sine venditatione et sine populo teste fiunt, non quo fugiendus sit – omnia enim bene facta in luce se conlocari volunt –, sed tamen nullum theatrum virtuti conscientia maius est.

27 (65) Atque in primis meditemur illud, ut haec patientia dolorum, quam saepe iam animi intentione dixi esse firmandam, in omni genere se aequabilem praebeat. saepe enim multi, qui aut propter victoriae cupiditatem aut propter gloriae aut etiam, ut ius suum et libertatem tenerent, volnera exceperunt fortiter et tulerunt, idem omissa contentione dolorem morbi ferre non possunt; neque enim illum, quem

sage, daß dieselben Mühen für den Feldherrn und den Soldaten nicht gleich schwer seien, weil eben der Ruhm die Mühen des Feldherrn leichter mache. (63) Aber doch[91] kommt es vor, daß auf die Menge der Ungebildeten eine falsche Vorstellung vom Sittlichguten Eindruck macht, da sie es selbst nicht erkennen können. So lassen sie sich durch das Gerede und das Urteil der Masse treiben, da sie das für edel halten, was von den meisten gelobt wird. Ich möchte aber doch nicht, magst du auch im Blickpunkt der Menge stehen, daß du von ihrem Urteil abhängst und dasselbe für das Schönste hältst wie sie. Du mußt dir dein eigenes Urteil bilden. Wenn du das Rechte billigst und dir damit gefällst, dann wirst du nicht nur dich, wie ich eben lehrte[92], besiegt haben, sondern alle und alles. (64) Stell dir also folgendes vor: die Größe der Seele und gleichsam eine gewisse Erhebung der Seele zu größter Höhe, die besonders deutlich wird durch die Verachtung und Geringschätzung der Schmerzen, ist allein das Schönste von allem, und um so schöner, wenn sie unabhängig ist von der Zustimmung des Volkes, nicht nach Beifall sucht und sich doch an sich selbst erfreut. Ja, mir erscheint sogar alles rühmenswerter, was ohne Marktschreierei und ohne das Volk als Zeuge geschieht, nicht daß man es meiden soll – denn alle edlen Taten wollen ihren Platz im Licht der Öffentlichkeit haben –, aber dennoch ist kein Zuschauerkreis für die Tugend bedeutsamer als das eigene Bewußtsein.

27 (65) Und besonders wollen wir bedenken, daß diese Standhaftigkeit bei Schmerzen, die durch Anspannung der Seele, wie ich oft schon dargelegt habe, gestärkt werden muß, sich in jeder Lage gleichmäßig bewähre. Viele nämlich, die entweder aus dem Verlangen nach Sieg oder Ruhm oder auch, um ihr Recht und ihre Freiheit zu behaupten, tapfer Wunden empfingen und ertrugen, eben diese können häufig, wenn die Anspannung nachgelassen hat, den Schmerz einer Krankheit nicht ertragen; denn jenen Schmerz, den sie

facile tulerant, ratione aut sapientia tulerant, sed studio potius et gloria. itaque barbari quidam et inmanes ferro decertare acerrume possunt, aegrotare viriliter non queunt. Graeci autem homines, non satis animosi, prudentes, ut est captus hominum, satis, hostem aspicere non possunt: eidem morbos toleranter atque humane ferunt. at Cimbri et Celtiberi in proeliis exultant, lamentantur in morbo. nihil enim potest esse aequabile, quod non a certa ratione proficiscatur. (66) sed cum videas eos, qui aut studio aut opinione ducantur, in eo persequendo atque adipiscendo dolore non frangi, debes existimare aut non esse malum dolorem aut, etiamsi, quicquid asperum alienumque natura sit, id appellari placeat malum, tantulum tamen esse, ut a virtute ita obruatur, ut nusquam appareat. quae meditare quaeso dies et noctes. latius enim manabit haec ratio et aliquanto maiorem locum quam de uno dolore occupabit. nam si omnia fugiendae turpitudinis adipiscendaeque honestatis causa faciemus, non modo stimulos doloris, sed etiam fulmina fortunae contemnamus licebit, praesertim cum paratum sit illud ex hesterna disputatione perfugium. (67) ut enim si cui naviganti, praedones ⟨si⟩ insequantur, deus qui dixerit: ‘eice te navi; praesto est qui excipiat: vel delphinus, ut Arionem Methymnaeum, vel equi Pelopis illi Neptunii, qui per undas currus suspensos rapuisse dicuntur, excipient te et quo velis perferent’, omnem omittat timorem, sic urguentibus asperis et odiosis

leicht ertragen hatten, hatten sie nicht aus philosophischer Überzeugung oder Weisheit erduldet, sondern mehr aus Eifer und Ruhmsucht. Deshalb können manche wilden und rohen Menschen mit dem Schwert aufs heftigste bis zur Entscheidung kämpfen, aber krank sein in der Haltung eines Mannes können sie nicht; die Griechen jedoch, nicht besonders mutig, wohl aber ziemlich klug, betrachtet man ihre Fähigkeiten[93], können den Anblick des Feindes nicht ertragen: dieselben Menschen aber ertragen Krankheiten gelassen und in einer menschenwürdigen Haltung. Die Kimbern aber und die Keltiberer[94] jubeln in Schlachten und jammern bei einer Krankheit. Denn nichts kann gleichmäßig sein, was nicht von einer festen philosophischen Überzeugung ausgeht. (66) Weil du aber siehst, daß die, die sich von ihrem Streben und ihrer Vorstellung leiten lassen, beim Verfolgen und Erreichen ihres Zieles vom Schmerz nicht gebrochen werden, mußt du glauben, daß der Schmerz entweder kein Übel ist, oder, wenn auch das, was hart und naturwidrig ist, ein Übel genannt werden mag, es dennoch so gering ist, daß es von der Tugend so überdeckt wird, daß es nirgends erscheint. Dies, ich bitte dich, bedenke Tag und Nacht! Denn dieser Grundsatz wird weitere Auswirkungen und einen bei weitem größeren Geltungsbereich haben als nur den Schmerz. Denn wenn wir alles tun, um der Schande zu entgehen und Ehre zu erreichen, dann werden wir nicht nur die Stacheln des Schmerzes, sondern auch die Blitze des Schicksals verachten können, zumal uns ja infolge des gestrigen Gespräches jene Zuflucht vorbereitet ist. (67) Denn wie ein Seemann, wenn ihn Piraten verfolgten und ein Gott ihm sagte: »Stürz dich aus dem Schiff; es ist jemand da, der dich auffängt: entweder wird dich ein Delphin wie den Arion aus Methymna[95] oder es werden dich jene neptunischen Pferde des Pelops[96], die den Wagen schwebend durch die Wogen gerissen haben sollen, aufnehmen und dich zu deinem Ziel bringen«, wohl jede Furcht verlöre, so siehst du, wohin man in der Bedrängnis durch harte und verhaßte

doloribus, si tanti sint, ut ferendi non sint, quo sit confugiendum, tu vides.

Haec fere hoc tempore putavi esse dicenda. sed tu fortasse in sententia permanes.

Minime vero, meque biduo duarum rerum, quas maxime timebam, spero liberatum metu.

Cras ergo ad clepsydram; sic enim diximus, et tibi hoc video non posse deberi.

Ita prorsus; et illud quidem ante meridiem, hoc eodem tempore.

Sic faciemus tuisque optumis studiis obsequemur.

Schmerzen, wenn sie so stark sind, daß man sie nicht ertragen kann, fliehen muß.

Ich glaubte, ungefähr dies zum gegenwärtigen Zeitpunkt sagen zu müssen. Aber vielleicht bleibst du bei deiner früheren Ansicht.

A: Keineswegs; ich hoffe, in diesen beiden Tagen von der Furcht vor den zwei Dingen, die ich am meisten fürchtete, befreit worden zu sein.

M: Morgen also wieder nach der Wasseruhr[97]; denn so vereinbarten wir, und ich sehe, daß ich dir darin nichts schuldig bleiben darf.

A: Gewiß, und zwar das eine vor Mittag, das andere[98] zur selben Zeit wie heute.

M: So werden wir es machen, und wir werden deinem lobenswerten Eifer Folge leisten.

Liber tertius

1 (1) Quidnam esse, Brute, causae putem, cur, cum constemus ex animo et corpore, corporis curandi tuendique causa quaesita sit ars atque eius utilitas deorum inmortalium inventioni consecrata, animi autem medicina nec tam desiderata sit, ante quam inventa, nec tam culta, posteaquam cognita est, nec tam multis grata et probata, pluribus etiam suspecta et invisa? an quod corporis gravitatem et dolorem animo iudicamus, animi morbum corpore non sentimus? ita fit ut animus de se ipse tum iudicet, cum id ipsum, quo iudicatur, aegrotet. (2) Quodsi talis nos natura genuisset, ut eam ipsam intueri et perspicere eademque optima duce cursum vitae conficere possemus, haut erat sane quod quisquam rationem ac doctrinam requireret. nunc parvulos nobis dedit igniculos, quos celeriter malis moribus opinionibusque depravati sic restinguimus, ut nusquam naturae lumen appareat. sunt enim ingeniis nostris semina innata virtutum, quae si adolescere liceret, ipsa nos ad beatam vitam natura perduceret. nunc autem, simul atque editi in lucem et suscepti sumus, in omni continuo pravitate et in summa opinionum perversitate versamur, ut paene cum lacte nutricis errorem suxisse videamur. cum vero parentibus redditi, dein magistris traditi sumus, tum ita variis imbuimur erroribus,

Buch III

1 (1) Was soll ich denn als Grund ansehen, mein Brutus, warum, da wir doch aus Seele und Körper bestehen, zur Heilung und zum Schutz des Körpers eine Kunst gesucht und ihr Nutzen der Erfindung der unsterblichen Götter[1] zugeschrieben worden ist, ein Heilmittel für die Seele aber weder in dem Maße verlangt wurde, ehe es gefunden wurde, noch in dem Maße gepflegt wurde, nachdem man es kannte, noch so vielen angenehm und willkommen, ja, mehr Menschen sogar verdächtig und verhaßt ist? Weil wir körperliche Beschwerden und Schmerz mit der Seele wahrnehmen, seelische Krankheit aber mit dem Körper nicht spüren? So kommt es, daß die Seele über sich selbst dann urteilt, wenn gerade das, womit geurteilt wird, krank ist. (2) Wenn uns die Natur so geschaffen hätte, daß wir sie selbst betrachten und ergründen und unter ihrer hervorragenden Führung unseren Lebenslauf vollenden könnten, dann gäbe es gewiß keinen Grund, daß jemand nach philosophischer Unterweisung verlangte. Nun gab sie uns nur ganz kleine Funken, die wir schnell, durch schlechte Sitten und Meinungen verdorben, so ersticken, daß nirgends das Licht der Natur hervortritt. Unseren geistigen Anlagen sind nämlich Samen der Tugenden eingeboren. Wenn diese die Möglichkeit hätten, sich voll zu entfalten, würde die Natur selbst uns zu einem glücklichen Leben führen. Jetzt aber, sobald wir geboren und in die Gemeinschaft aufgenommen sind[2], bewegen wir uns sofort in jeder Art von Irrtum und in völlig verkehrten Vorstellungen, so daß es fast scheint, wir hätten zusammen mit der Milch der Amme den Irrtum eingesogen. Wenn wir aber den Eltern zurückgegeben[3] und dann den Lehrern anvertraut worden sind, dann werden

ut vanitati veritas et opinioni confirmatae natura ipsa cedat. **2** (3) accedunt etiam poetae, qui cum magnam speciem doctrinae sapientiaeque prae se tulerunt, audiuntur leguntur ediscuntur et inhaerescunt penitus in mentibus. cum vero eodem quasi maxumus quidam magister populus accessit atque omnis undique ad vitia consentiens multitudo, tum plane inficimur opinionum pravitate a naturaque desciscimus, ut nobis optime naturae vim vidisse videantur, qui nihil melius homini, nihil magis expetendum, nihil praestantius honoribus, imperiis, populari gloria iudicaverunt. ad quam fertur optumus quisque veramque illam honestatem expetens, quam unam natura maxime anquirit, in summa inanitate versatur consectaturque nullam eminentem effigiem virtutis, sed adumbratam imaginem gloriae. est enim gloria solida quaedam res et expressa, non adumbrata; ea est consentiens laus bonorum, incorrupta vox bene iudicantium de excellenti virtute, ea virtuti resonat tamquam imago; quae quia recte factorum plerumque comes est, non est bonis viris repudianda. (4) illa autem, quae se eius imitatricem esse volt, temeraria atque inconsiderata et plerumque peccatorum vitiorumque laudatrix, fama popularis, simulatione honestatis formam eius pulchritudinemque corrumpit. qua caecitate homines, cum quaedam etiam praeclara cuperent eaque nescirent nec ubi nec qualia essent, funditus alii everterunt suas civitates, alii ipsi occiderunt. atque hi quidem optuma petentes non tam voluntate quam cursus errore falluntur. quid? qui pecuniae cupiditate, qui volupta-

wir mit verschiedenen Irrtümern so getränkt, daß die Wahrheit dem Schein und die Natur selbst dem gefestigten Vorurteil[4] nachgibt. **2** (3) Hinzu kommen noch die Dichter[5], die, wenn sie sich mit einem bedeutenden Anschein von Gelehrsamkeit und Weisheit umgeben haben, gehört, gelesen und auswendig gelernt werden und die dann tief in unserem Bewußtsein haften. Wenn aber dazu das Volk gewissermaßen als größter Lehrer hinzukommt und die ganze Masse, die sich überall in den Lastern einig ist, dann werden wir vollends von den verkehrten Meinungen vergiftet und fallen von der Natur ab, so daß uns diejenigen das Wesen der Natur am besten erkannt zu haben scheinen, die behaupten, nichts sei für den Menschen besser, nichts erstrebenswerter, nichts hervorragender als Ämter, Befehlsposten und Ruhm beim Volk. Dazu drängen gerade die Besten, und obwohl sie nach jener wahren Ehre streben, nach der allein die Natur mit allen Kräften sucht, halten sie sich bei völlig Unbedeutendem auf und erreichen nicht ein deutliches Ebenbild der Tugend, sondern ein Schattenbild des Ruhmes. Denn der wahre Ruhm ist eine gleichsam feste und scharfumrissene Sache, kein Schattenbild; er ist die übereinstimmende Anerkennung der Guten, die unbestechliche Stimme derer, die über die hervorragende Tugend richtig urteilen; er antwortet wie ein Echo der Tugend; weil dieser meistens sittlich guten Taten folgt, dürfen tüchtige Männer ihn nicht verschmähen. (4) Jener aber, der dessen Nachahmer sein will, der leichtfertige und unüberlegte, der zumeist Vergehen und Laster lobt, der Ruhm beim Volk, er verdirbt durch das Vortäuschen von Ehrenhaftigkeit Gestalt und Schönheit des wahren Ruhms. In solcher Blindheit haben Menschen, da sie etwas ganz Besonderes leisten wollten, aber nicht wußten, wo und wie beschaffen es sei, teils ihre Staaten von Grund auf vernichtet, teils sind sie selbst untergegangen.[6] Die allerdings, die das Beste wollen, täuschen sich nicht so sehr in ihrem Wollen als vielmehr durch das Verfehlen des richtigen Weges. Wie? Gibt es für die, die sich

tum libidine feruntur, quorumque ita perturbantur animi, ut non multum absint ab insania, quod insipientibus contingit omnibus, is nullane est adhibenda curatio? utrum quod minus noceant animi aegrotationes quam corporis, an quod corpora curari possint, animorum medicina nulla sit? **3** (5) at et morbi perniciosiores pluresque sunt animi quam corporis; hi enim ipsi odiosi sunt, quod ad animum pertinent eumque sollicitant, 'animusque aeger', ut ait Ennius, 'semper errat neque pati neque perpeti potest, cupere numquam desinit.' quibus duobus morbis, ut omittam alios, aegritudine et cupiditate, qui tandem possunt in corpore esse graviores? qui vero probari potest ut sibi mederi animus non possit, cum ipsam medicinam corporis animus invenerit, cumque ad corporum sanationem multum ipsa corpora et natura valeat nec omnes, qui curari se passi sint, continuo etiam convalescant, animi autem, qui se sanari voluerint praeceptisque sapientium paruerint, sine ulla dubitatione sanentur? (6) est profecto animi medicina, philosophia; cuius auxilium non ut in corporis morbis petendum est foris, omnibusque opibus et viribus, ut nosmet ipsi nobis mederi possimus, elaborandum est.

Quamquam de universa philosophia, quanto opere et expetenda esset et colenda, satis, ut arbitror, dictum est in Hortensio. de maxumis autem rebus nihil fere intermisimus postea nec disputare nec scribere. his autem libris exposita sunt ea quae a nobis cum familiaribus nostris in Tusculano erant disputata. sed quoniam duobus superioribus de morte et de dolore dictum est, tertius dies disputationis hoc

von Gier nach Geld, die sich von der Lust der Vergnügungen treiben lassen, deren Seelen so verwirrt werden, daß sie nicht weit vom Wahnsinn entfernt sind (was auf alle Törichten zutrifft), keine Behandlungsmöglichkeit? Soll man glauben, die seelischen Krankheiten richteten weniger Schaden an als die körperlichen, oder Körper könnten geheilt werden, für die Seelen gebe es aber kein Heilmittel? **3** (5) Doch die seelischen Krankheiten sind gefährlicher und zahlreicher als die körperlichen; denn sie sind gerade deswegen unangenehm, weil sie sich auf die Seele erstrecken und sie in Unruhe versetzen, und »eine kranke Seele«, wie Ennius[7] sagt, »irrt immer und kann weder etwas erdulden noch ertragen, und sie hört niemals auf zu begehren«. Welche Krankheiten können im Körper denn schwerer sein als diese beiden, Kummer und Begierde, um andere beiseite zu lassen? Wie aber kann man beweisen, daß die Seele sich nicht heilen kann, obwohl gerade sie die Medizin für den Körper erfunden hat und obwohl die Körper selbst und die Natur großen Einfluß auf die Heilung der Körper haben und nicht alle, die sich behandeln ließen, sogleich gesund werden, die Seelen aber, die bereit waren, sich behandeln zu lassen, und den Vorschriften der Philosophen gehorchten, ohne jeden Zweifel geheilt werden? (6) Es gibt in der Tat ein Heilmittel für die Seele, die Philosophie; man kann ihre Hilfe nicht wie bei körperlichen Krankheiten von außen herbeiholen, wir müssen uns vielmehr mit aller Macht und allen Kräften anstrengen, uns selbst heilen zu können.

Doch über die gesamte Philosophie, wie sehr man sie erstreben und pflegen muß, ist, wie ich glaube, genug im *Hortensius* gesagt. Über die bedeutendsten Angelegenheiten aber haben wir später niemals aufgehört zu sprechen und zu schreiben.[8] In den vorliegenden Büchern aber ist das niedergeschrieben, was wir mit unseren Freunden auf dem Tusculanum erörtert haben. Während jedoch in den beiden vorhergehenden Büchern über den Tod und den Schmerz gesprochen wurde, wird der dritte Tag unseres Gespräches

tertium volumen efficiet. (7) ut enim in Academiam nostram descendimus inclinato iam in postmeridianum tempus die, poposci eorum aliquem, qui aderant, causam disserendi. tum res acta sic est:

4 Videtur mihi cadere in sapientem aegritudo.

Num reliquae quoque perturbationes animi, formidines libidines iracundiae? haec enim fere sunt eius modi, quae Graeci πάθη appellant; ego poteram 'morbos', et id verbum esset e verbo, sed in consuetudinem nostram non caderet. nam misereri, invidere, gestire, laetari, haec omnia morbos Graeci appellant, motus animi rationi non obtemperantis, nos autem hos eosdem motus concitati animi recte, ut opinor, perturbationes dixerimus, morbos autem non satis usitate, nisi quid aliud tibi videtur.

(8) Mihi vero isto modo.

Haecine igitur cadere in sapientem putas?

Prorsus existimo.

Ne ista gloriosa sapientia non magno aestimanda est, siquidem non multum differt ab insania.

Quid? tibi omnisne animi commotio videtur insania?

Non mihi quidem soli, sed, id quod admirari saepe soleo, maioribus quoque nostris hoc ita visum intellego multis saeculis ante Socratem, a quo haec omnis, quae est de vita et de moribus, philosophia manavit.

Quonam tandem modo?

Quia nomen insaniae significat mentis aegrotationem et morbum, id est insanitatem et aegrotum animum, quam appellarunt insaniam. (9) (omnis autem perturbationes animi

dieses dritte Buch füllen. (7) Sobald wir nämlich, als der Tag sich schon zum Nachmittag neigte, in die Akademie[9] hinabgestiegen waren, forderte ich einen der Anwesenden auf, ein Thema für die Erörterung anzugeben. Dann nahm die Unterhaltung folgenden Verlauf.

4 A: Mir scheint, der Kummer[10] befällt auch den Weisen.

M: Etwa auch die übrigen Leidenschaften der Seele, Ängste, Begierden und Zornausbrüche? Das ist ungefähr, was die Griechen Leidenschaften (πάθη)[11] nennen; ich hätte sie »Krankheiten« nennen können, und das wäre eine wörtliche Übersetzung, aber es würde nicht unserem Sprachgebrauch entsprechen. Denn Mitleid empfinden, neidisch sein, sich vergnügen, sich freuen, all das nennen die Griechen Krankheiten: Bewegungen der Seele, die der Vernunft nicht gehorcht, wir aber nennen diese selben Bewegungen einer erregten Seele wohl richtig, wie ich meine, Leidenschaften; denn »Krankheiten« wäre zu ungebräuchlich, es sei denn, du bist anderer Meinung.

(8) A: Ich stimme voll zu.

M: Du glaubst also, daß dies auch den Weisen befällt?

A: Ja, der Meinung bin ich.

M: Dann darf man diese hochgepriesene Weisheit nicht hoch einschätzen; denn sie unterscheidet sich nicht sehr vom Wahnsinn.

A: Wie? Erscheint dir jede Erregung der Seele als Wahnsinn?

M: Allerdings nicht nur mir allein, sondern, worüber ich mich häufig zu wundern pflege, auch unseren Vorfahren schien es so, wie ich sehe, viele Jahrhunderte vor Sokrates, von dem doch diese ganze Philosophie, die vom Leben und den Sitten handelt, ausging.[12]

A: Wie meinst du das?

M: Weil der Begriff Wahnsinn eine Schwäche und eine Krankheit der Seele bezeichnet, das heißt einen ungesunden und krankhaften Zustand der Seele, den sie Wahnsinn (*insania*)[13] genannt haben. (9) (Alle Leidenschaften aber nennen

morbos philosophi appellant negantque stultum quemquam his morbis vacare. qui autem in morbo sunt, sani non sunt; et omnium insipientium animi in morbo sunt: omnes insipientes igitur insaniunt.) sanitatem enim animorum positam in tranquillitate quadam constantiaque censebant; his rebus mentem vacuam appellarunt insaniam, propterea quod in perturbato animo sicut in corpore sanitas esse non posset. **5** (10) nec minus illud acute, quod animi adfectionem lumine mentis carentem nominaverunt amentiam eandemque dementiam. ex quo intellegendum est eos qui haec rebus nomina posuerunt sensisse hoc idem, quod a Socrate acceptum diligenter Stoici retinuerunt, omnis insipientes esse non sanos. qui est enim animus in aliquo morbo – morbos autem hos perturbatos motus, ut modo dixi, philosophi appellant –, non magis est sanus quam id corpus quod in morbo est. ita fit ut sapientia sanitas sit animi, insipientia autem quasi insanitas quaedam, quae est insania eademque dementia; multoque melius haec notata sunt verbis Latinis quam Graecis. (11) quod aliis quoque multis locis reperietur; sed id alias, nunc, quod instat. totum igitur id quod quaerimus quid et quale sit, verbi vis ipsa declarat. eos enim sanos quoniam intellegi necesse est, quorum mens motu quasi morbo perturbata nullo sit, qui contra adfecti sint, hos insanos appellari necesse est. itaque nihil melius, quam quod est in consuetudine sermonis Latini, cum exisse ex potestate dicimus eos, qui ecfrenati feruntur aut libidine aut iracundia – quamquam ipsa iracundia libidinis est pars; sic enim definitur: iracundia ulciscendi libido –; qui igitur

die Philosophen[14] Krankheiten, und sie sagen, daß kein Törichter von diesen Krankheiten frei sei. Die aber krank sind, sind nicht gesund; und die Seelen aller Toren sind krank: alle Toren also sind wahnsinnig.) Sie meinten nämlich, die Gesundheit der Seele bestehe in einer gewissen Ruhe und Ausgeglichenheit; wenn ein Geist von diesen Zuständen frei war, sprachen sie von Wahnsinn, weil in einem verwirrten Geist, so wie in einem solchen Körper, Gesundheit nicht sein könne. **5** (10) Und nicht weniger scharfsinnig nannten sie einen Zustand der Seele, dem das Licht des Geistes fehlt, Wahnsinn und ebenso Verrücktheit.[15] Daraus läßt sich ersehen, daß diejenigen, die den Dingen diese Namen gegeben haben, eben dasselbe empfunden haben, was die Stoiker von Sokrates übernommen und woran sie sorgsam festgehalten haben, daß nämlich alle Toren nicht gesund seien. Denn die Seele, die irgendwie krank ist – Krankheiten aber nennen die Philosophen diese verwirrten Bewegungen, wie ich gerade gesagt habe –, ist ebensowenig gesund wie ein kranker Körper. So ergibt sich, daß die Weisheit die Gesundheit der Seele ist, die Torheit aber gleichsam eine Art von Krankheit, was Wahnsinn und zugleich Verrücktheit ist. Viel besser kommt dies in lateinischen Worten zum Ausdruck als in griechischen. (11) Dies wird sich auch an vielen anderen Stellen finden; aber darüber ein andermal, jetzt zu dem Thema, das ansteht. Das Ganze aber, nach dessen Wesen und Bedeutung wir suchen, erklärt die Bedeutung des Wortes[16] selbst. Weil man nämlich die, deren Geist von keiner Regung gleichwie von einer Krankheit verwirrt ist, als gesund ansehen muß, so muß man diejenigen, die sich im entgegengesetzten Zustand befinden, als krank bezeichnen. Deshalb gibt es nichts Treffenderes als den im lateinischen Sprachgebrauch üblichen Ausdruck, wenn wir nämlich sagen, daß diejenigen die Gewalt über sich verloren haben, die zügellos sich treiben lassen von Begierde oder Jähzorn[17] – freilich ist der Jähzorn selbst ein Teil der Begierde; denn so wird er definiert: der Jähzorn ist die Begierde, sich zu rä-

exisse ex potestate dicuntur, idcirco dicuntur, quia non sint in potestate mentis, cui regnum totius animi a natura tributum est. Graeci autem μανίαν unde appellent, non facile dixerim; eam tamen ipsam distinguimus nos melius quam illi. hanc enim insaniam, quae iuncta stultitiae patet latius, a furore disiungimus. Graeci volunt illi quidem, sed parum valent verbo: quem nos furorem, μελαγχολίαν illi vocant; quasi vero atra bili solum mens ac non saepe vel iracundia graviore vel timore vel dolore moveatur; quo genere Athamantem Alcmaeonem Aiacem Orestem furere dicimus. qui ita sit adfectus, eum dominum esse rerum suarum vetant duodecim tabulae; itaque non est scriptum 'si insanus', sed 'si furiosus escit'. stultitiam enim censuerunt constantia, id est sanitate, vacantem posse tamen tueri mediocritatem officiorum et vitae communem cultum atque usitatum; furorem autem esse rati sunt mentis ad omnia caecitatem. quod cum maius esse videatur quam insania, tamen eius modi est, ut furor in sapientem cadere possit, non possit insania. sed haec alia quaestio est; nos ad propositum revertamur.

6 (12) Cadere, opinor, in sapientem aegritudinem tibi dixisti videri.

Et vero ita existimo.

Humanum id quidem, quod ita existumas. non enim silice nati sumus, sed est naturale in animis tenerum quiddam atque molle, quod aegritudine quasi tempestate quatiatur, nec absurde Crantor ille, qui in nostra Academia vel in primis fuit nobilis, 'minime' inquit 'adsentior is qui istam nescio quam indolentiam magno opere laudant, quae nec pot-

chen –; von denen man also sagt, sie hätten die Gewalt über sich verloren, sagt man es deshalb, weil sie nicht mehr unter der Gewalt des Geistes stehen, dem die Herrschaft über die ganze Seele von Natur aus zugeteilt ist. Woher die Griechen aber das Wort μανία haben, kann ich wohl nicht leicht erklären; doch bestimmen wir ihr Wesen besser als sie. Denn diesen Wahnsinn, der, verbunden mit der Torheit[18], weit verbreitet ist, unterscheiden wir vom Irrsinn. Die Griechen wollen es zwar auch, aber sie haben Schwierigkeiten mit dem Wort. Was wir Irrsinn nennen, bezeichnen jene als μελαγχολία; als ob der Geist nur von einer schwarzen Galle und nicht oft von zu heftigem Jähzorn oder Furcht oder Schmerz erregt würde; in diesem Sinne sagen wir, daß Athamas, Alkmaion, Aias und Orest irrsinnig sind. Dem, der in einem solchen Zustand ist, verbieten die *Zwölf Tafeln*[19], Herr über seine Angelegenheiten zu sein; deshalb steht nicht geschrieben »wenn einer wahnsinnig ist«, sondern »wenn einer irrsinnig ist«. Die Gesetzgeber waren der Ansicht, im Zustand der Torheit, die Ausgeglichenheit, das heißt Gesundheit, nicht habe, könne man den mittleren Pflichten und der allgemein üblichen Lebensweise nachkommen[20]; sie meinten aber, Irrsein sei Blindheit des Geistes allem gegenüber. Obgleich das nun etwas Schlimmeres zu sein scheint als Wahnsinn, so ist es doch so geartet, daß es den Weisen befallen kann, Wahnsinn aber nicht.[21] Aber dies ist eine andere Frage; wir wollen zum Thema zurückkehren.

6 (12) Du hast, wie ich glaube, behauptet, nach deiner Ansicht befalle Kummer auch den Weisen.

A: Genau das meine ich.

M: Es ist freilich menschlich, daß du so denkst. Denn wir sind nicht von einem Stein geboren[22], sondern in unseren Seelen ist von Natur aus etwas Zartes und Weiches, das durch Kummer wie durch ein Unwetter erschüttert wird. Nicht ungeschickt bemerkt Krantor[23], der in unserer Akademie besonders angesehen war: »Keineswegs«, sagt er, »stimme ich denen zu, die diese sogenannte Unempfindlich-

est ulla esse nec debet. ne aegrotus sim; si' inquit 'fuerim, sensus adsit, sive secetur quid sive avellatur a corpore. nam istuc nihil dolere non sine magna mercede contingit inmanitatis in animo, stuporis in corpore.' (13) sed videamus ne haec oratio sit hominum adsentantium nostrae inbecillitati et indulgentium mollitudini; nos autem audeamus non solum ramos amputare miseriarum, sed omnis radicum fibras evellere. tamen aliquid relinquetur fortasse; ita sunt altae stirpes stultitiae; sed relinquetur id solum quod erit necessarium. Illud quidem sic habeto, nisi sanatus animus sit, quod sine philosophia fieri non potest, finem miseriarum nullum fore. quam ob rem, quoniam coepimus, tradamus nos ei curandos: sanabimur, si volemus. et progrediar quidem longius: non enim de aegritudine solum, quamquam id quidem primum, sed de omni animi, ut ego posui, perturbatione, morbo, ut Graeci volunt, explicabo. et primo, si placet, Stoicorum more agamus, qui breviter astringere solent argumenta; deinde nostro instituto vagabimur.

7 (14) Qui fortis est, idem est fidens (quoniam confidens mala consuetudine loquendi in vitio ponitur, ductum verbum a confidendo, quod laudis est). qui autem est fidens, is profecto non extimescit; discrepat enim a timendo confidere. atqui, in quem cadit aegritudo, in eundem timor; quarum enim rerum praesentia sumus in aegritudine, easdem

keit gegen den Schmerz[24] über alle Maßen preisen, die es nicht geben kann und nicht geben darf. Ich wünsche mir, nicht krank zu werden; wenn«, so meint er, »ich es aber werden sollte, dann soll auch ein Gefühl dafür da sein, sei es, daß etwas vom Körper weggeschnitten oder etwas ausgerissen wird. Denn diese Unempfindlichkeit wird einem nur zuteil um den hohen Preis der Roheit in der Seele und der Stumpfheit im Körper.« (13) Aber sehen wir uns vor, daß dies nicht die Rede von Menschen ist, die unserer Schwachheit schmeicheln und unserer Weichheit nachgeben; wir aber wollen wagen, nicht nur die Äste der Leiden abzuschneiden, sondern alle Wurzelfasern auszureißen. Dennoch wird vielleicht irgend etwas zurückbleiben; so tief reichen die Wurzeln der Torheit; aber zurückbleiben wird nur das, was unbedingt nötig[25] ist. Das aber halte fest, daß es, wenn die Seele nicht geheilt ist, was ohne die Philosophie nicht geschehen kann, kein Ende der Leiden geben wird. Deshalb wollen wir uns, da wir ja schon damit begonnen haben, ihr zur Behandlung anvertrauen: Wir werden geheilt werden, wenn wir wollen. Und ich will noch ein Stück weiter gehen: denn ich werde nicht nur über den Kummer sprechen, obwohl dies das erste ist, sondern über jede Leidenschaft, wie ich es genannt habe, über jede Krankheit, wie die Griechen sagen. Wir wollen zunächst, wenn es dir recht ist, nach Art der Stoiker verfahren, die ihre Beweise knapp zusammenzufassen pflegen, dann werden wir nach unserer Gewohnheit weiter ausholen.

7 (14) Wer tapfer ist, der hat auch Selbstvertrauen. (Ich sage *fidens*, weil *confidens* ⟨Selbstbewußtsein haben⟩ durch schlechten Sprachgebrauch als Fehler angesehen wird, obwohl das Wort von *confidere* ⟨Zuversicht haben⟩ abgeleitet ist, was doch etwas Gutes ist.) Wer aber Selbstvertrauen hat, der fürchtet sich bestimmt nicht; denn Selbstvertrauen und Furcht passen nicht zueinander. Und denjenigen, den Kummer befällt, befällt auch Furcht; denn die Dinge, deren Gegenwart uns mit Kummer erfüllt, fürchten wir, wenn sie

inpendentes et venientes timemus. ita fit ut fortitudini aegritudo repugnet. veri simile est igitur, in quem cadat aegritudo, cadere in eundem timorem et infractionem quidem animi et demissionem. quae in quem cadunt, in eundem cadit, ut serviat, ut victum, si quando, se esse fateatur. quae qui recipit, recipiat idem necesse est timiditatem et ignaviam. non cadunt autem haec in virum fortem: igitur ne aegritudo quidem. at nemo sapiens nisi fortis: non cadet ergo in sapientem aegritudo. (15) Praeterea necesse est, qui fortis sit, eundem esse magni animi; qui magni animi sit, invictum; qui invictus sit, eum res humanas despicere atque infra se positas arbitrari. despicere autem nemo potest eas res, propter quas aegritudine adfici potest; ex quo efficitur fortem virum aegritudine numquam adfici. omnes autem sapientes fortes: non cadit igitur in sapientem aegritudo. Et quem ad modum oculus conturbatus non est probe adfectus ad suum munus fungendum, et reliquae partes totumve corpus statu cum est motum, deest officio suo et muneri, sic conturbatus animus non est aptus ad exequendum munus suum. munus autem animi est ratione bene uti; et sapientis animus ita semper adfectus est, ut ratione optime utatur; numquam igitur est perturbatus. at aegritudo perturbatio est animi: semper igitur ea sapiens vacabit.

8 (16) Veri etiam simile illud est, qui sit temperans – quem Graeci σώφρονα appellant eamque virtutem σωφροσύνην vocant, quam soleo equidem tum temperantiam, tum moderationem appellare, non numquam etiam modestiam; sed haud scio an recte ea virtus frugalitas appellari possit,

drohen oder auf uns zukommen. So ergibt sich, daß Kummer und Tapferkeit nicht miteinander zu vereinbaren sind. Wahrscheinlich ist also, daß denjenigen, den Kummer befällt, auch Furcht und Niedergeschlagenheit und Betrübnis der Seele befallen. Wen dies trifft, den trifft auch, daß er eine sklavische Gesinnung hat, daß er, wenn einmal der Fall eintritt, gesteht, besiegt zu sein. Wer das hinnimmt, der nimmt notwendigerweise auch Ängstlichkeit und Feigheit hin. Diese Zustände aber treffen einen tapferen Mann nicht. Also auch nicht der Kummer. Weise ist aber nur der Tapfere. Also wird Kummer den Weisen nicht treffen. (15) Außerdem ist es notwendigerweise so, daß, wer tapfer, auch hochherzig ist und daß, wer hochherzig, unbesiegbar ist; wer unbesiegbar ist, der muß die menschlichen Angelegenheiten verachten und sie als unter sich liegend betrachten. Niemand aber kann die Dinge verachten, derentwegen er von Kummer erfüllt werden kann. Daraus ergibt sich, daß ein tapferer Mann niemals von Kummer erfüllt werden kann. Alle Weisen aber sind tapfer: also befällt einen Weisen[26] der Kummer nicht. Und wie ein verwirrtes Auge nicht recht in der Lage ist, seine Aufgabe zu erfüllen, und die übrigen Glieder und der ganze Körper, wenn sie aus der Fassung gebracht sind, ihrer Pflicht und Aufgabe nicht gerecht werden, so ist eine verwirrte Seele nicht in der Lage, ihre Aufgabe zu erfüllen. Die Aufgabe der Seele aber ist es, die Vernunft richtig zu gebrauchen; und die Seele des Weisen ist immer in einem solchen Zustand, daß sie die Vernunft aufs beste gebraucht; niemals also ist sie verwirrt. Der Kummer aber ist eine Verwirrung der Seele: der Weise wird also immer davon frei sein.

8 (16) Wahrscheinlich ist auch folgendes: wer besonnen ist[27] – ihn nennen die Griechen σώφρων und die entsprechende Tugend σωφροσύνη[28], ich pflege sie bald Ausgeglichenheit (*temperantia*), bald Mäßigung (*moderatio*), manchmal auch Bescheidenheit (*modestia*) zu nennen; aber vielleicht kann man diese Tugend treffend auch Rechtschaffen-

quod angustius apud Graecos valet, qui frugi homines χρησίμους appellant, id est tantum modo utilis; at illud est latius; omnis enim abstinentia, omnis innocentia (quae apud Graecos usitatum nomen nullum habet, sed habere potest ἀβλάβειαν; nam est innocentia adfectio talis animi quae noceat nemini) – reliquas etiam virtutes frugalitas continet. quae nisi tanta esset, et si is angustiis, quibus plerique putant, teneretur, numquam esset L. Pisonis cognomen tanto opere laudatum. (17) sed quia, nec qui propter metum praesidium reliquit, quod est ignaviae, nec qui propter avaritiam clam depositum non reddidit, quod est iniustitiae, nec qui propter temeritatem male rem gessit, quod est stultitiae, frugi appellari solet, eo tris virtutes, fortitudinem iustitiam prudentiam, frugalitas complexa est (etsi hoc quidem commune est virtutum; omnes enim inter se nexae et iugatae sunt): reliqua igitur et quarta virtus sit ipsa frugalitas. eius enim videtur esse proprium motus animi adpetentis regere et sedare semperque adversantem libidini moderatam in omni re servare constantiam. cui contrarium vitium nequitia dicitur. (18) frugalitas, ut opinor, a fruge, qua nihil melius e terra, nequitia ab eo (etsi erit hoc fortasse durius, sed temptemus: lusisse putemur, si nihil sit) ab eo, quod ne-

heit (*frugalitas*)[29] nennen, ein Begriff, der bei den Griechen in engerer Bedeutung üblich ist, die rechtschaffene Menschen χρήσιμοι nennen, was nur brauchbar bedeutet; aber unser Begriff (*frugalitas*) hat eine umfangreichere Bedeutung; denn jede Art von Enthaltsamkeit (*abstinentia*), jede Art von Unschuld (*innocentia* – sie hat bei den Griechen keinen gebräuchlichen Namen, aber sie kann ἀβλάβεια genannt werden; denn die Unschuld ist eine solche Verfassung der Seele, die niemandem Schaden zufügt) – auch die übrigen Tugenden umfaßt die Rechtschaffenheit (*frugalitas*). Wenn sie nicht so bedeutend wäre und ein so enges Bedeutungsfeld hätte, wie die meisten glauben, dann wäre der Beiname des L. Piso[30] niemals so gelobt worden. (17) Weil aber weder wer aus Furcht seinen Posten verlassen hat, was Feigheit ist, noch wer aus Habgier ein heimlich hinterlegtes Pfand nicht zurückgegeben hat, was zur Ungerechtigkeit gehört, und auch nicht wer aus Unbesonnenheit eine Aufgabe schlecht ausgeführt hat, was ein Zeichen von Dummheit ist, rechtschaffen genannt zu werden pflegt, deswegen umfaßt die Rechtschaffenheit (*frugalitas*) diese drei Tugenden, nämlich die Tapferkeit, Gerechtigkeit und Klugheit (freilich ist das den Tugenden gemeinsam; denn alle sind untereinander verbunden und verknüpft[31]): die letzte und vierte Tugend sei also die Rechtschaffenheit im eigentlichen Sinne. Die ihr eigene Aufgabe scheint es zu sein, die Erregungen der begehrenden Seele zu lenken und zu dämpfen und immer der Begierde entgegenzutreten und maßvolle Gelassenheit in jeder Lage zu bewahren. Das ihr entgegengesetzte Laster heißt Nichtsnutzigkeit (*nequitia*). (18) Das Wort *frugalitas* kommt meiner Meinung nach von *frux* (Frucht), dem Besten, was uns die Erde geben kann, *nequitia* (Nichtsnutzigkeit)[32] kommt daher (obschon diese Erklärung vielleicht zu gewaltsam sein wird, aber versuchen wir es; man soll von uns glauben, wir hätten gescherzt, wenn es falsch ist), daher also, daß es überhaupt nichts (*nequicquam*) gibt in einem solchen Menschen, weswegen man von ihm

quicquam est in tali homine, ex quo idem 'nihili' dicitur. – qui sit frugi igitur vel, si mavis, moderatus et temperans, eum necesse est esse constantem; qui autem constans, quietum; qui quietus, perturbatione omni vacuum, ergo etiam aegritudine. et sunt illa sapientis: aberit igitur a sapiente aegritudo.

9 Itaque non inscite Heracleotes Dionysius ad ea disputat, quae apud Homerum Achilles queritur hoc, ut opinor, modo:

'Corque meum penitus turgescit tristibus iris,
Cum decore atque omni me orbatum laude recordor.'

(19) num manus adfecta recte est, cum in tumore est, aut num aliud quodpiam membrum tumidum ac turgidum non vitiose se habet? sic igitur inflatus et tumens animus in vitio est. sapientis autem animus semper vacat vitio, numquam turgescit, numquam tumet; at irati animus eius modi est: numquam igitur sapiens irascitur. nam si irascitur, etiam concupiscit; proprium est enim irati cupere, a quo laesus videatur, ei quam maxumum dolorem inurere. qui autem id concupierit, eum necesse est, si id consecutus sit, magno opere laetari. ex quo fit, ut alieno malo gaudeat; quod quoniam non cadit in sapientem, ne ut irascatur quidem cadit. sin autem caderet in sapientem aegritudo, caderet etiam iracundia; qua quoniam vacat, aegritudine etiam vacabit. (20) Etenim si sapiens in aegritudinem incidere posset, posset etiam in misericordiam, posset in invidentiam (non dixi 'invidiam', quae tum est, cum invidetur; ab invidendo autem invidentia recte dici potest, ut effugiamus ambiguum

auch sagt, er sei ›nichts wert‹ (*nihil*) – wer also rechtschaffen ist, oder, wenn du lieber willst, maßvoll und besonnen, der ist notwendigerweise auch beständig; wer aber beständig ist, ruhig; wer ruhig ist, frei von jeder Verwirrung, also auch von Kummer. Und dies sind die Eigenschaften des Weisen: der Kummer wird also von einem Weisen entfernt sein.

9 Deshalb bezieht Dionysios von Heraklea[33] sehr geschickt Stellung gegen die Klagen, die bei Homer[34] Achill, wie ich glaube, mit folgenden Worten ausdrückt: »Mein Herz schwillt tief im Inneren mit traurigem Zorn, wenn ich bedenke, daß ich meiner Ehre und meines ganzen Ruhmes beraubt bin.«

(19) Ist etwa eine Hand in einem rechten Zustand, wenn sie geschwollen ist, oder befindet sich nicht irgendein Glied, das geschwollen und entzündet ist, in einer fehlerhaften Verfassung? So ist auch eine aufgeblasene und geschwollene Seele in einem fehlerhaften Zustand. Die Seele des Weisen aber ist immer ohne Fehler, sie wallt niemals auf, niemals schwillt sie an; doch von der Art ist die Seele eines erzürnten Menschen: niemals also gerät der Weise in Zorn. Denn wenn jemand in Zorn gerät, verfällt er auch der Begierde; denn charakteristisch für einen Zornigen ist der Wunsch, dem, von dem er verletzt worden zu sein glaubt, einen möglichst großen Schmerz zuzufügen. Zwangsläufig aber wird sich der, der diesen Wunsch gehabt hat, sehr freuen, wenn er ihn erfüllt hat. Daraus folgt, daß er sich über fremdes Unglück freut; weil diese Empfindung einen Weisen nicht ergreift, trifft es ihn auch nicht, zornig zu sein. Wenn aber Kummer einen Weisen befiele, würde ihn auch Zorn befallen; da er ja davon frei ist, wird er auch von Kummer frei sein. (20) Wenn nämlich ein Weiser in Kummer geraten könnte, könnte er auch in Mitleid, könnte er auch ins Beneiden[35] geraten (ich habe nicht ›Neid‹ ⟨*invidia*⟩ gesagt, der dann besteht, wenn man beneidet wird; von ›neidisch sein‹ ⟨*invidere*⟩ aber kann richtig das ›Beneiden‹ ⟨*invidentia*[36]⟩ gebildet werden, um dem doppeldeutigen Sinn des Begriffes

nomen invidiae. quod verbum ductum est a nimis intuendo fortunam alterius, ut est in Melanippo: 'quisnam florem liberum invidit meum?' male Latine videtur, sed praeclare Accius; ut enim 'videre', sic 'invidere florem' rectius quam 'flori'. nos consuetudine prohibemur; poeta ius suum tenuit et dixit audacius) – **10** (21) cadit igitur in eundem et misereri et invidere. nam qui dolet rebus alicuius adversis, idem alicuius etiam secundis dolet, ut Theophrastus interitum deplorans Callisthenis sodalis sui, rebus Alexandri prosperis angitur, itaque dicit Callisthenem incidisse in hominem summa potentia summaque fortuna, sed ignarum quem ad modum rebus secundis uti conveniret. atqui, quem ad modum misericordia aegritudo est ex alterius rebus adversis, sic invidentia aegritudo est ex alterius rebus secundis. in quem igitur cadit misereri, in eundem etiam invidere; non cadit autem invidere in sapientem: ergo ne misereri quidem. quodsi aegre ferre sapiens soleret, misereri etiam soleret. abest ergo a sapiente aegritudo.

(22) Haec sic dicuntur a Stoicis concluduntur que contortius. sed latius aliquando dicenda sunt et diffusius; sententiis tamen utendum eorum potissimum, qui maxime forti et, ut ita dicam, virili utuntur ratione atque sententia. nam Peripatetici, familiares nostri, quibus nihil est uberius, nihil eruditius, nihil gravius, mediocritates vel perturbationum vel morborum animi mihi non sane probant. omne enim malum, etiam mediocre, malum est; nos autem id agimus, ut id in sapiente nullum sit omnino. nam ut corpus, etiamsi

›Neid‹ ⟨*invidia*⟩ zu entgehen. Dieses Wort ist davon abgeleitet, daß man allzu mißgünstig auf das Glück eines anderen schaut, wie es im *Melanippus*[37] heißt: »wer denn schaute mißgünstig auf die Blüte meiner Kinder?« Dies scheint schlechtes Latein zu sein, aber doch drückt Accius es trefflich aus; wie nämlich »die Blüte meiner Kinder schauen ⟨*videre*⟩«, so ist auch »auf die Blüte meiner Kinder mißgünstig schauen« richtiger als »der Blüte mißgünstig zusehen«. Wir lassen uns durch die Sprachgewohnheit binden, der Dichter nahm sich sein Recht und sprach freier[38]) – 10 (21) Mitleid zu haben und neidisch zu sein befällt also denselben Menschen. Wer nämlich Schmerz empfindet bei jemandes Unglück, derselbe empfindet auch Schmerz bei jemandes Glück, wie Theophrast, der den Untergang seines Gefährten Kallisthenes[39] beklagt und gleichzeitig sich ärgert über das Glück des Alexander. Und so sagt er, Kallisthenes sei auf einen Menschen von großer Macht und höchstem Glück gestoßen, der aber nicht gewußt habe, wie er sein Glück gebrauchen solle. Und wie Mitleid Kummer ist infolge des Unglücks eines anderen, so ist Beneiden Kummer infolge des Glücks eines anderen. Wen also das Mitleid befällt, denselben befällt auch das Beneiden; den Weisen aber befällt das Beneiden nicht: also auch nicht das Mitleid. Wenn der Weise Kummer zu empfinden pflegte, pflegte er auch Mitleid zu haben. Also liegt der Kummer dem Weisen fern.

(22) So behandeln die Stoiker das Problem und ziehen ihre Schlüsse in allzu knapper Weise. Aber man muß es einmal breiter und ausführlicher darlegen; dennoch muß man vornehmlich den Meinungen derer folgen, die die tapferste und sozusagen männlichste Lehre und Meinung vertreten. Denn die Peripatetiker, unsere Freunde und unerreicht in Gedankenfülle, Gelehrsamkeit und Gewicht, überzeugen mich freilich nicht mit ihrer Mäßigkeit[40] in den Leidenschaften oder Krankheiten der Seele. Denn jedes Übel, auch ein mäßiges, ist ein Übel; wir aber wollen zeigen, daß es bei einem weisen Mann überhaupt kein Übel gibt. Denn wie

mediocriter aegrum est, sanum non est, sic in animo ista mediocritas caret sanitate. itaque praeclare nostri, ut alia multa, molestiam sollicitudinem angorem propter similitudinem corporum aegrorum aegritudinem nominaverunt. (23) hoc propemodum verbo Graeci omnem animi perturbationem appellant; vocant enim πάθος, id est morbum, quicumque est motus in animo turbidus. nos melius: aegris enim corporibus simillima animi est aegritudo, at non similis aegrotationis est libido, non inmoderata laetitia, quae est voluptas animi elata et gestiens. ipse etiam metus non est morbi admodum similis, quamquam aegritudini est finitimus, sed proprie, ut aegrotatio in corpore, sic aegritudo in animo nomen habet non seiunctum a dolore. doloris huius igitur origo nobis explicanda est, id est causa efficiens aegritudinem in animo tamquam aegrotationem in corpore. nam ut medici causa morbi inventa curationem esse inventam putant, sic nos causa aegritudinis reperta medendi facultatem reperiemus.

11 (24) Est igitur causa omnis in opinione, nec vero aegritudinis solum, sed etiam reliquarum omnium perturbationum, quae sunt genere quattuor, partibus plures. nam cum omnis perturbatio sit animi motus vel rationis expers vel rationem aspernans vel rationi non oboediens, isque motus aut boni aut mali opinione citetur bifariam, quattuor perturbationes aequaliter distributae sunt. nam duae sunt ex opinione boni; quarum altera, voluptas gestiens, id est praeter modum elata laetitia, opinione praesentis magni ali-

der Körper, auch wenn er nur mittelmäßig krank ist, eben nicht gesund ist, so fehlt auch in der Seele jener Mäßigkeit die Gesundheit. Und so haben unsere Landsleute treffend, wie vieles andere auch, Verdruß, Aufgeregtheit und Angst Kummer (*aegritudo*) genannt wegen der Ähnlichkeit mit körperlichen Krankheiten. (23) Fast mit demselben Begriff bezeichnen die Griechen jede Verwirrung der Seele; sie sprechen nämlich von πάθος, das heißt Leiden, bei jeder unruhigen Bewegung in der Seele. Wir machen es besser: denn der Kummer der Seele ähnelt sehr dem Zustand kranker Körper, aber Begierde ähnelt nicht einer Krankheit, und auch nicht unbändige Freude, die eine übermäßige und unbändige Lust der Seele ist. Sogar die Furcht ist einer Krankheit nicht sehr ähnlich, obschon sie dem Kummer verwandt ist; aber in der eigentlichen Bedeutung hat der Kummer in der Seele, wie die Krankheit im Körper, einen Namen, der mit dem Schmerz zusammenhängt. Wir müssen also den Ursprung dieses Schmerzes[41] erklären, das heißt die Ursache, die in der Seele den Kummer bewirkt so wie im Körper die Krankheit. Denn wie die Ärzte glauben, daß die Heilmethode gefunden sei, wenn die Ursache der Krankheit entdeckt sei, so werden wir, wenn wir die Ursache des Kummers erkannt haben, die Möglichkeit finden, ihn zu heilen.

11 (24) Die ganze Ursache nun liegt in der Vorstellung[42], und zwar nicht nur die des Kummers, sondern auch die aller übrigen Leidenschaften, die ihrer Art nach vier, nach Unterarten noch zahlreicher sind. Denn wenn jede Leidenschaft eine Bewegung der Seele ist, die entweder keinen Anteil an der Vernunft hat, oder die Vernunft verschmäht oder der Vernunft nicht gehorcht, und diese Bewegung hervorgerufen wird auf zwei Arten, entweder durch die Vorstellung eines Guten oder die Vorstellung eines Übels, lassen sich vier Arten von Leidenschaften gleichmäßig unterscheiden. Denn zwei beruhen auf der Vorstellung eines Guten; von denen entsteht die eine, die unbändige Lust, das heißt eine

cuius boni, altera, quae est inmoderata adpetitio opinati magni boni rationi non obtemperans, vel cupiditas recte vel libido dici potest. (25) ergo haec duo genera, voluptas gestiens et libido, bonorum opinione turbantur, ut duo reliqua, metus et aegritudo, malorum. nam et metus opinio magni mali inpendentis et aegritudo est opinio magni mali praesentis, et quidem recens opinio talis mali, ut in eo rectum videatur esse angi, id autem est, ut is qui doleat oportere opinetur se dolere. his autem perturbationibus, quas in vitam hominum stultitia quasi quasdam Furias inmittit atque incitat, omnibus viribus atque opibus repugnandum est, si volumus hoc, quod datum est vitae, tranquille placideque traducere.

Sed cetera alias; nunc aegritudinem, si possumus, depellamus. id enim sit propositum, quandoquidem eam tu videri tibi in sapientem cadere dixisti, quod ego nullo modo existimo; taetra enim res est, misera, detestabilis, omni contentione, velis, ut ita dicam, remisque fugienda. **12** (26) qualis enim tibi ille videtur

> 'Tantalo prognatus, Pelope natus, qui quondam a socru
> Oenomao rege Hippodameam raptis nanctus nuptiis –'?

Iovis iste quidem pronepos. tamne ergo abiectus tamque fractus?

> 'Nolite' inquit 'hospites ad me adire, ilico istic,
> Ne contagio mea bonis umbrave obsit.
> Tanta vis sceleris in corpore haeret.'

tu te, Thyesta, damnabis orbabisque luce propter vim sceleris alieni? quid? illum filium Solis nonne patris ipsius luce indignum putas?

über das Maß hinausgehobene Freude, auf Grund der Vorstellung von einem gegenwärtigen großen Gut, die andere, die ein unmäßiges Streben nach einem vermeintlichen großen Gut ist, das der Vernunft nicht gehorcht, kann mit Recht Begierde oder Verlangen genannt werden. (25) Diese beiden Arten also, unbändige Lust und Verlangen, werden durch die Vorstellung von Gutem erregt, wie die beiden übrigen, Furcht und Kummer, durch die von Übeln. Denn die Furcht ist die Vorstellung von einem großen Übel, das droht, und der Kummer ist die Vorstellung von einem großen Übel, das schon da ist, und zwar die frische Vorstellung eines solchen Übels, so daß es richtig erscheint, sich darin zu quälen; das heißt aber, daß der, welcher Schmerz empfindet, meint, er müsse ihn empfinden. Diesen Leidenschaften aber, welche die Torheit wie irgendwelche Furien auf das menschliche Leben losläßt und hetzt, muß man sich mit allen Kräften und Mitteln widersetzen, wenn wir die uns gegebene Lebenszeit ruhig und friedvoll verbringen wollen.

Aber über die übrigen Dinge ein andermal; jetzt wollen wir, wenn wir können, den Kummer vertreiben! Denn das sei unser Ziel, da du ja behauptet hast, er scheine dir auch einen Weisen befallen zu können, eine Meinung, die ich in keiner Weise teile; denn er ist eine scheußliche Sache, elend, verabscheuenswert, und man muß ihn mit aller Anstrengung, sozusagen mit Segeln und mit Rudern meiden.[43]

12 (26) Wie erscheint dir denn jener Held der Tragödie »Enkel des Tantalos[44], Sohn des Pelops, der einst von seinem Schwiegervater, dem König Oinomaos, in erzwungener Hochzeit Hippodameia erhielt –«? Er ist zwar ein Urenkel des Iuppiter. Und dann so niedergeschlagen und so gebrochen? »Kommt nicht zu mir, ihr Fremdlinge«, sagt er, »bleibt dort, damit nicht die Berührung mit mir oder mein Schatten den Guten schadet. So groß sitzt die Macht des Verbrechens in meinem Körper.«[45] Willst du dich, Thyestes, selbst verdammen und dich des Lichtes berauben wegen der Macht eines fremden Verbrechens? Wie? Hältst du nicht je-

'Refugere oculi, corpus macie extabuit,
Lacrimae peredere umore exanguis genas,
Situm inter oris barba paedore horrida atque
Intonsa infuscat pectus inluvie scabrum.'

haec mala, o stultissime Aeeta, ipse tibi addidisti; non inerant in is quae tibi casus invexerat, et quidem inveterato malo, cum tumor animi resedisset – est autem aegritudo, ut docebo, in opinione mali recentis –; sed maeres videlicet regni desiderio, non filiae. illam enim oderas, et iure fortasse; regno non aequo animo care[ba]s. est autem inpudens luctus maerore se conficientis, quod imperare non liceat liberis. (27) Dionysius quidem tyrannus Syracusis expulsus Corinthi pueros docebat: usque eo imperio carere non poterat. Tarquinio vero quid impudentius, qui bellum gereret cum is qui eius non tulerant superbiam? is cum restitui in regnum nec Veientium nec Latinorum armis potuisset, Cumas contulisse se dicitur inque ea urbe senio et aegritudine esse confectus. **13** Hoc tu igitur censes sapienti accidere posse, ut aegritudine opprimatur, id est miseria? nam cum omnis perturbatio miseria est, tum carnificina est aegritudo. habet ardorem libido, levitatem laetitia gestiens, humilitatem metus, sed aegritudo maiora quaedam, tabem cruciatum adflictationem foeditatem, lacerat exest animum planeque conficit. hanc nisi exuimus sic ut abiciamus, miseria carere non possumus.

nen Sohn des Sonnengottes[46] für unwürdig des Lichtes seines eigenen Vaters? »Meine Augen sind trüb, mein Körper ist in Magerkeit dahingeschwunden, Tränen zerfraßen mit ihrer Feuchtigkeit meine blutleeren Wangen, zwischen dem Schmutz des Antlitzes beschattet der Bart, ungeschoren, durch starrenden Schmutz die räudige Brust.« Diese Übel, du überaus törichter Aietes, hast du dir selbst zugefügt; sie waren nicht enthalten in dem, was dir das Unglück zugefügt hatte, und zwar als das Übel schon alt war, als sich die Erregung der Seele schon gelegt hatte – der Kummer aber beruht, wie ich noch zeigen werde, auf der Vorstellung eines frischen Übels –; aber offensichtlich trauerst du aus Verlangen nach deinem Königreich und nicht nach deiner Tochter. Denn sie haßtest du, und vielleicht zu Recht; den Verlust deines Königreiches erträgst du nicht mit Gleichmut. Die Trauer aber eines Mannes, der sich im Schmerz verzehrt, weil er nicht über freie Menschen herrschen darf, ist schamlos. (27) Der Tyrann Dionysios[47] unterrichtete nach seiner Vertreibung aus Syrakus in Korinth Knaben: so wenig konnte er auf Herrschaft verzichten. Was gibt es aber Unverschämteres als Tarquinius, der Krieg führte mit denen, die seinen Hochmut nicht ertragen hatten? Als er weder mit den Waffen der Veienter noch mit denen der Latiner wieder in sein Reich eingesetzt werden konnte, soll er sich nach Cumae begeben haben und in dieser Stadt an Altersschwäche und Kummer gestorben sein. **13** Glaubst du also, daß dies einem weisen Mann widerfahren kann, nämlich von Kummer, also von Elend, niedergedrückt zu werden? Denn wenn jede Leidenschaft ein Elend ist, dann ist der Kummer eine Folter. Die Begierde hat Feuer, unbändige Freude Leichtsinn, Furcht Erniedrigung, aber der Kummer enthält Schlimmeres, nämlich Siechtum, Marter, Pein, Gräßlichkeit, er zerreißt und zerfrißt die Seele und zerstört sie völlig. Wenn wir ihn nicht so ablegen, daß wir ihn ganz von uns werfen, können wir nicht ohne Elend sein.

(28) Atque hoc quidem perspicuum est, tum aegritudinem existere, cum quid ita visum sit, ut magnum quoddam malum adesse et urgere videatur. Epicuro autem placet opinionem mali aegritudinem esse natura, ut, quicumque intueatur in aliquod maius malum, si id sibi accidisse opinetur, sit continuo in aegritudine. Cyrenaici non omni malo aegritudinem effici censent, sed insperato et necopinato malo. est id quidem non mediocre ad aegritudinem augendam: videntur enim omnia repentina graviora. ex hoc et illa iure laudantur:

> 'Ego cum genui, tum morituros scivi et ei rei sustuli.
> Praeterea ad Troiam cum misi ob defendendam Graeciam,
> Scibam me in mortiferum bellum, non in epulas mittere.'

14 (29) haec igitur praemeditatio futurorum malorum lenit eorum adventum, quae venientia longe ante videris. itaque apud Euripiden a Theseo dicta laudantur; licet enim, ut saepe facimus, in Latinum illa convertere:

> 'Nam qui haec audita a docto meminissem viro,
> Futuras mecum commentabar miserias:
> Aut mortem acerbam aut exili maestam fugam
> Aut semper aliquam molem meditabar mali,
> Ut, si qua invecta diritas casu foret,
> Ne me inparatum cura laceraret repens.'

(30) quod autem Theseus a docto se audisse dicit, id de se ipso loquitur Euripides. fuerat enim auditor Anaxagorae, quem ferunt nuntiata morte filii dixisse: 'sciebam me genuisse mortalem.' quae vox declarat is esse haec acerba, quibus non fuerint cogitata. ergo id quidem non dubium, quin omnia, quae mala putentur, sint inprovisa graviora. itaque

(28) Und folgendes ist sicherlich offenkundig, daß Kummer dann entsteht, wenn etwas so zu sein scheint, daß wir meinen, ein großes Übel sei da und bedrängte uns. Epikur[48] aber vertritt die Meinung, die Vorstellung eines Übels sei von Natur aus schon Kummer, so daß jeder, der auf irgendein größeres Übel seinen Blick richtet, sofort von Kummer befallen wird, wenn er sich vorstellt, es sei ihm schon zugestoßen. Die Kyrenaiker glauben, Kummer werde nicht durch jedes Übel hervorgerufen, sondern nur durch ein unvermutetes und unerwartetes Übel. Dieser Gedanke ist allerdings von nicht geringer Bedeutung für die Verstärkung des Kummers: denn alles Plötzliche erscheint schlimmer. Daher lobt man auch folgende Verse zu Recht: »Als ich sie zeugte, wußte ich, daß sie sterben würden, und ich zog sie dafür auf. Außerdem: als ich sie nach Troja schickte, zur Verteidigung Griechenlands, wußte ich, daß ich sie in einen todbringenden Krieg und nicht zu einem Gastmahl schickte.«[49] **14** (29) Dieses Vorbedenken kommender Übel also mildert ihr Auftreten, da man sie ja von weitem vorher hat kommen sehen. Daher lobt man die Worte des Theseus bei Euripides[50]; wir dürfen jene Worte, wie wir es oft tun, ins Lateinische übersetzen: »Denn wie ich mich erinnerte, es von einem weisen Mann gehört zu haben, bedachte ich bei mir das kommende Elend: ich dachte an den bitteren Tod oder die traurige Flucht in die Verbannung oder an irgendein ungeheures Übel, damit, wenn zufällig etwas Widriges mir widerfahren würde, mich nicht plötzliche Sorge unvorbereitet zerfleische.« (30) Was aber Theseus angeblich von einem Gelehrten gehört hat, das sagt Euripides über sich selbst. Denn er war ein Schüler des Anaxagoras[51] gewesen, der bei der Nachricht vom Tod seines Sohnes gesagt haben soll: »Ich wußte, daß ich einen Sterblichen gezeugt habe.« Dieser Ausspruch beweist, daß ein solches Ereignis nur denjenigen bitter ist, die vorher nicht daran gedacht haben. Es gibt also in der Tat keinen Zweifel daran, daß alles, was als Übel gilt, dann schlimmer ist, wenn es unvorhergesehen

quamquam non haec una res efficit maximam aegritudinem, tamen, quoniam multum potest provisio animi et praeparatio ad minuendum dolorem, sint semper omnia homini humana meditata. et nimirum haec est illa praestans et divina sapientia, et perceptas penitus et pertractatas res humanas habere, nihil admirari, cum acciderit, nihil, ante quam evenerit, non evenire posse arbitrari.

'Quam ob rem omnis, cum secundae res sunt maxume, tum maxume
Meditari secum oportet, quo pacto adversam aerumnam ferant.
Pericla, damna peregre rediens semper secum cogitet,
Aut fili peccatum aut uxoris mortem aut morbum filiae,
Communia esse haec, ne quid horum umquam accidat animo novum;
Quicquid praeter spem eveniat, omne id deputare esse in lucro.'

15 (31) ergo hoc Terentius a philosophia sumptum cum tam commode dixerit, nos, e quorum fontibus id haustum est, non et dicemus hoc melius et constantius sentiemus? hic est enim ille voltus semper idem, quem dicitur Xanthippe praedicare solita in viro suo fuisse Socrate: eodem semper se vidisse exeuntem illum domo et revertentem. Nec vero ea frons erat, quae M. Crassi illius veteris, quem semel ait in omni vita risisse Lucilius, sed tranquilla et serena; sic enim accepimus. iure autem erat semper idem voltus, cum mentis, a qua is fingitur, nulla fieret mutatio. quare accipio equidem a Cyrenaicis haec arma contra casus et eventus, quibus eorum advenientes impetus diuturna praemeditatione fran-

kommt. Obschon dies nicht allein den größten Kummer erzeugt, so soll der Mensch doch, weil das Vorausschauen und die Vorbereitung der Seele viel zur Verminderung des Kummers beitragen, alles Menschliche bedenken. Und zweifellos besteht die hervorragende und göttliche Weisheit darin, die menschlichen Angelegenheiten bis ins Innerste erfaßt und bedacht zu haben, sich über nichts zu wundern, wenn es eingetreten ist, und von nichts vor seinem Eintreten zu glauben, es könne nicht geschehen. »Deshalb müssen alle besonders dann, wenn das Glück am größten ist, bei sich bedenken, wie sie schlimme Trübsal ertragen können. Auf Gefahren und Unglück soll man bei der Rückkehr von einer weiten Reise gefaßt sein, auf ein Vergehen des Sohnes oder den Tod der Gattin oder die Krankheit der Tochter. Man soll erkennen, daß dies jeden treffen kann, damit nichts davon jemals unerwartet die Seele trifft; was auch immer an Gutem wider Erwarten eintritt, das soll man als Gewinn verbuchen.«[52] **15** (31) Wenn also Terenz dies aus der Philosophie genommen und so treffend gesagt hat, werden wir, aus deren Quellen es geschöpft ist, das nicht noch besser sagen und noch beständiger empfinden? Denn das ist jener immer gleiche Gesichtsausdruck, den Xanthippe an ihrem Mann zu rühmen pflegte, wie es heißt: sie habe ihn immer mit demselben Gesichtsausdruck aus dem Haus gehen und zurückkehren sehen. Es war aber nicht der Gesichtsausdruck, der jenem alten M. Crassus[53] zu eigen war, von dem Lucilius[54] sagt, er habe in seinem ganzen Leben nur ein einziges Mal gelacht, sondern ein ruhiger und heiterer; so nämlich haben wir es vernommen. Zu Recht aber war der Gesichtsausdruck immer derselbe, da es keine Veränderung des Geistes gab, von dem er ja gebildet wird. Deshalb nehme ich von den Kyrenaikern diese Waffen gegen Zufälle und Schicksalsschläge an, mit denen deren nahender Ansturm durch langes Vorbedenken gebrochen wird, und zugleich komme ich zu der Ansicht, daß jenes Übel in der Vorstellung, nicht in der Natur der Sache liegt; denn wenn es in der

gantur, simulque iudico malum illud opinionis esse, non naturae; si enim in re esset, cur fierent provisa leviora?

(32) Sed est, isdem de rebus quod dici possit subtilius, si prius Epicuri sententiam viderimus. qui censet necesse esse omnis in aegritudine esse, qui se in malis esse arbitrentur, sive illa ante provisa et expectata sint sive inveteraverint. nam neque vetustate minui mala nec fieri praemeditata leviora, stultamque etiam esse meditationem futuri mali aut fortasse ne futuri quidem: satis esse odiosum malum omne, cum venisset; qui autem semper cogitavisset accidere posse aliquid adversi, ei fieri illud sempiternum malum; si vero ne futurum quidem sit, frustra suscipi miseriam voluntariam; ita semper angi aut accipiendo aut cogitando malo. (33) Levationem autem aegritudinis in duabus rebus ponit, avocatione a cogitanda molestia et revocatione ad contemplandas voluptates. parere enim censet animum rationi posse et, quo illa ducat, sequi. vetat igitur ratio intueri molestias, abstrahit ab acerbis cogitationibus, hebetem aciem ad miserias contemplandas facit; a quibus cum cecinit receptui, inpellit rursum et incitat ad conspiciendas totaque mente contrectandas varias voluptates, quibus ille et praeteritarum memoria et spe consequentium sapientis vitam refertam putat. Haec nostro more nos diximus, Epicurii dicunt suo; sed quae dicant, videamus, quo modo, neglegamus.

16 (34) Principio male reprehendunt praemeditationem rerum futurarum. nihil est enim quod tam optundat elevet-

Sache selbst läge, warum sollten dann die vorausbedachten Ereignisse leichter sein?

(32) Aber über eben diese Dinge kann man noch Genaueres sagen, wenn wir zuvor die Ansicht Epikurs betrachtet haben. Er glaubt, alle müßten Kummer empfinden, die glaubten, im Unglück zu sein, sei es nun vorausgeahnt und erwartet oder schon alt. Denn weder durch lange Dauer würden Übel verringert, noch würden vorausbedachte Übel leichter, und das Vorausbedenken eines zukünftigen Übels oder eines Übels, das vielleicht nicht einmal eintreten werde, sei sogar dumm: hassenswert genug sei jedes Übel, wenn es eingetreten sei; wer aber immer daran denke, daß sich irgend etwas Widriges ereignen könne, dem werde dieser Gedanke zu einem immerwährenden Unglück; wenn es dann aber nicht einmal einträte, nähme man vergeblich ein freiwilliges Elend auf sich; so ängstige man sich immer entweder durch das Erleiden eines Übels oder den Gedanken daran. (33) Eine Linderung des Kummers aber sieht er in zwei Dingen, in der Abwendung von dem Gedanken an Bedrückendes und in der Hinwendung zur Betrachtung von Genüssen. Denn er glaubt, die Seele könne der Vernunft gehorchen und ihr folgen, wohin sie führe. Die Vernunft verbietet also, Bedrückendes zu betrachten, sie zieht uns weg von bitteren Gedanken, und sie macht unseren Blick stumpf für die Betrachtung von Elend. Wenn sie zum Rückzug hiervon geblasen hat, dann treibt und reizt sie wieder dazu, die verschiedenen Genüsse zu betrachten und mit ganzem Herzen zu erfassen; er glaubt, daß das Leben eines weisen Mannes von der Erinnerung an vergangene und der Hoffnung auf kommende Gelüste ganz erfüllt sei. Dies haben wir nun auf unsere Art dargelegt, die Epikureer sagen es auf ihre Art; wir wollen aber darauf schauen, was sie sagen, und uns nicht darum kümmern, wie sie es sagen.[55]

16 (34) Zunächst tadeln sie zu Unrecht das Vorbedenken zukünftiger Dinge. Denn nichts schwächt und lindert so

que aegritudinem quam perpetua in omni vita cogitatio nihil esse quod non accidere possit, quam meditatio condicionis humanae, quam vitae lex commentatioque parendi, quae non hoc adfert, ut semper maereamus, sed ut numquam. neque enim, qui rerum naturam, qui vitae varietatem, qui inbecillitatem generis humani cogitat, maeret, cum haec cogitat, sed tum vel maxime sapientiae fungitur munere: utrumque enim consequitur, ut et considerandis rebus humanis proprio philosophiae fruatur officio et adversis casibus triplici consolatione sanetur, primum quod ⟨nihil ei accidit nisi quod⟩ posse accidere diu cogitaverit, quae cogitatio una maxime molestias omnis extenuat et diluit, deinde quod humana humane ferenda intellegit, postremo quod videt malum nullum esse nisi culpam, culpam autem nullam esse, cum id, quod ab homine non potuerit praestari, evenerit.

(35) Nam revocatio illa, quam adfert, cum a contuendis nos malis avocat, nulla est. non est enim in nostra potestate fodicantibus is rebus, quas malas esse opinemur, dissimulatio vel oblivio: lacerant, vexant, stimulos admovent, ignis adhibent, respirare non sinunt, et tu oblivisci iubes, quod contra naturam est, qui a natura datum [est] auxilium extorqueas inveterati doloris? est enim tarda illa quidem medicina, sed tamen magna, quam adfert longinquitas et dies. Iubes me bona cogitare, oblivisci malorum. diceres aliquid, et magno quidem philosopho dignum, si ea bona esse sentires, quae essent homine dignissima. **17** (36) Pythagoras mihi si

sehr den Kummer wie der ständige Gedanke während des ganzen Lebens, daß es nichts gibt, was sich nicht ereignen kann, wie das Nachdenken über die Lage des Menschen, wie das Gesetz des Lebens[56] und die Vorbereitung, ihm zu gehorchen; das führt nicht dazu, daß wir immer trauern, sondern daß wir es niemals tun. Denn wer das Wesen der Dinge, die Wechselfälle des Lebens und die Schwäche des Menschengeschlechts bedenkt, wird nicht trauern, wenn er dies bedenkt, sondern gerade dann erfüllt er besonders die Aufgabe der Philosophie: denn er erreicht beides, daß er sowohl durch das Überdenken der menschlichen Dinge den der Philosophie eigenen Dienst erfährt, als auch in widrigen Zufällen durch dreifachen Trost geheilt wird, erstens, weil ihm nichts widerfährt außer woran er schon lange gedacht hat, es könne ihm widerfahren, eine Überlegung, die allein jedes Unglück besonders lindert und schwächt, zweitens, weil er erkennt, daß man menschliche Dinge auf menschliche Weise ertragen muß, und schließlich, weil er sieht, daß es kein Übel gibt außer der Schuld, daß dann aber keine Schuld vorliegt, wenn sich etwas ereignet hat, was nicht in den Händen der Menschen liegt.

(35) Denn jene Ablenkung, die Epikur anführt, wenn er uns von der Betrachtung der Übel wegruft, gibt es nicht. Es liegt nämlich nicht in unserer Macht, wenn uns die Dinge, die wir für Übel halten, weh tun, uns darüber hinwegzutäuschen oder sie zu vergessen: Sie zermartern und quälen uns, sie setzen ihre Stachel an, sie legen Feuer an uns, sie lassen uns keinen Atem schöpfen, und du heißt uns vergessen, was gegen die Natur ist[57], der du uns die von der Natur gegebene Hilfe, die Dauer des Schmerzes, entreißt? Denn es ist eine zwar langsame, aber doch wirksame Medizin, welche der Ablauf der Zeit mit sich bringt. Du befiehlst mir, an Gutes zu denken und Schlechtes zu vergessen. Du würdest etwas sagen, was gewiß eines großen Philosophen würdig wäre, wenn du das als gut ansähest, was des Menschen am würdigsten ist. **17** (36) Wenn Pythagoras oder Sokrates

diceret aut Socrates aut Plato: 'quid iaces aut quid maeres aut cur succumbis cedisque fortunae? quae pervellere te forsitan potuerit et pungere, non potuit certe vires frangere. magna vis est in virtutibus; eas excita, si forte dormiunt. iam tibi aderit princeps fortitudo, quae te animo tanto esse coget, ut omnia, quae possint homini evenire, contemnas et pro nihilo putes. aderit temperantia, quae est eadem moderatio, a me quidem paulo ante appellata frugalitas, quae te turpiter et nequiter facere nihil patietur. quid est autem nequius aut turpius ecfeminato viro? ne iustitia quidem sinet te ista facere, cui minimum esse videtur in hac causa loci; quae tamen ita dicet dupliciter esse te iniustum, cum et alienum adpetas, qui mortalis natus condicionem postules inmortalium et graviter feras te, quod utendum acceperis, reddidisse. (37) prudentiae vero quid respondebis docenti virtutem sese esse contentam, quo modo ad bene vivendum, sic etiam ad beate? quae si extrinsecus religata pendeat et non et oriatur a se et rursus ad se revertatur et omnia sua complexa nihil quaerat aliunde, non intellego, cur aut verbis tam vehementer ornanda aut re tantopere expetenda videatur' – ad haec bona me si revocas, Epicure, pareo, sequor, utor te ipso duce, obliviscor etiam malorum, ut iubes, eoque facilius, quod ea ne in malis quidem ponenda censeo. sed traducis cogitationes meas ad voluptates. quas? corporis, credo, aut quae propter corpus vel recordatione vel spe co-

oder Platon zu mir sagten: ›Warum liegst du da, oder warum trauerst du, oder warum unterwirfst du dich und weichst dem Schicksal? Es hat dich vielleicht hin und her zerren und stechen können, es konnte aber gewiß deine Kräfte nicht brechen. Eine große Kraft liegt in den Tugenden; wecke sie auf, wenn sie vielleicht schlafen. Als erste wird dir die Tapferkeit helfen, die dich zwingen wird, solche Seelengröße zu haben, daß du alles, was einem Menschen zustoßen kann, verachtest und für nichts hältst. Die Besonnenheit, die zugleich die Mäßigung ist – und kurz zuvor von mir Rechtschaffenheit (*frugalitas*)[58] genannt worden ist –, wird dir helfen; sie wird nicht dulden, daß du etwas schändlich und schlecht ausführst. Was aber gibt es Schlimmeres und Schändlicheres als einen weibischen Mann? Nicht einmal die Gerechtigkeit, die die geringste Bedeutung in dieser Sache zu haben scheint[59], wird dich dies tun lassen; dennoch wird sie sagen, daß du zweifach im Unrecht bist, da du nach Wesensfremdem strebst, wenn du, als Sterblicher geboren, den Zustand der Unsterblichen verlangst und weil du schwer daran trägst, daß du das, was du nur zum Gebrauch erhalten hast, zurückgegeben hast.[60] (37) Welche Antwort aber willst du der Klugheit geben, die lehrt, die Tugend genüge sich selbst sowohl zum guten als auch zum glücklichen Leben? Wenn sie an äußeren Dingen festgebunden und davon abhängig wäre und nicht ihren Ursprung aus sich selbst nähme und wieder zu sich zurückkehrte und nicht, all das Ihre umfassend, nichts anderswoher suchte, verstände ich nicht, warum man sie mit Worten so sehr loben oder in der Tat so sehr erstreben sollte?‹ – Wenn du mich zu diesen Gütern zurückrufst, Epikur, gehorche ich, folge ich, nehme dich selbst zum Führer, vergesse auch die Übel, wie du befiehlst, und das um so leichter, weil ich glaube, daß man sie nicht einmal zu den Übeln rechnen darf. Aber du führst meine Gedanken zu den Genüssen. Zu welchen? Zu denen des Körpers[61], wie ich glaube, oder zu denen, an die man im Hinblick auf den Körper in Erinne-

gitentur. num quid est aliud? rectene interpretor sententiam tuam? solent enim isti negare nos intellegere, quid dicat Epicurus. (38) hoc dicit, et hoc ille acriculus me audiente Athenis senex Zeno, istorum acutissimus, contendere et magna voce dicere solebat: eum esse beatum, qui praesentibus voluptatibus frueretur confideretque se fruiturum aut in omni aut in magna parte vitae dolore non interveniente, aut si interveniret, si summus foret, futurum brevem, sin productior, plus habiturum iucundi quam mali; haec cogitantem fore beatum, praesertim cum et ante perceptis bonis contentus esset ⟨et⟩ nec mortem nec deos extimesceret. habes formam Epicuri vitae beatae verbis Zenonis expressam, nihil ut possit negari.

18 (39) Quid ergo? huiusne vitae propositio et cogitatio aut Thyestem levare poterit aut Aeetam, de quo paulo ante dixi, aut Telamonem pulsum patria exulantem atque egentem? in quo haec admiratio fiebat:

> 'Hicine est ille Telamon, modo quem gloria ad caelum extulit,
> Quem aspectabant, cuius ob os Grai ora obvertebant sua?'

(40) quodsi cui, ut ait idem, 'simul animus cum re concidit', a gravibus illis antiquis philosophis petenda medicina est, non ab his voluptariis. quam enim isti bonorum copiam dicunt? fac sane esse summum bonum non dolere – quamquam id non vocatur voluptas, sed non necesse est nunc omnia –: idne est, quo traducti luctum levemus? sit sane

rung oder Erwartung denkt. Ist es denn etwas anderes? Deute ich deine Ansicht richtig? Denn jene behaupten gewöhnlich, wir verstünden nicht, was Epikur meint. (38) Das sagt er, und dies pflegte jener temperamentvolle alte Zenon[62], der scharfsinnigste Kopf unter diesen Epikureern, zu behaupten und mit lauter Stimme zu verkünden, als ich ihn in Athen hörte: nur der sei glücklich, der die gegenwärtigen Freuden genieße und darauf vertraue, daß er sie genießen werde, sei es im ganzen Leben oder in einem großen Teil davon, ohne daß Schmerz dazwischenkomme, falls aber Schmerz dazwischenkomme, werde er nur von kurzer Dauer sein, wenn er sehr heftig sei; wenn er aber länger anhalte, enthalte er mehr Angenehmes als Übles; wer dies bedenke, werde glücklich sein, zumal wenn er mit dem Guten, das er zuvor schon erhalten habe, zufrieden sei und weder den Tod noch die Götter fürchte. Da hast du Epikurs Vorstellung von einem glücklichen Leben, wiedergegeben mit den Worten Zenons, so daß man nichts davon bestreiten kann.

18 (39) Wie nun? Wird die Vorstellung von einem solchen Leben und der Gedanke daran Thyestes trösten können oder Aietes, über den ich kurz zuvor gesprochen habe, oder den aus dem Vaterland vertriebenen Telamon[63], der im Exil und in Not lebt? Bei seinem Anblick fragte man sich mit Erstaunen: »Ist das jener Telamon, den eben noch sein Ruhm zum Himmel trug, auf den man schaute und auf dessen Antlitz die Griechen ihre Blicke richteten?« (40) Wenn, wie derselbe Dichter sagt, »seine Seele zusammen mit seinem Besitz zusammenbrach«, dann muß man ein Heilmittel bei jenen bedeutenden alten Philosophen suchen, und nicht bei diesen Vertretern der Lust. Denn was nennen diese eine Fülle der Güter? Nimm meinetwegen an, es sei tatsächlich das höchste Gut, keinen Schmerz zu empfinden – obwohl man das nicht Lust nennt, aber es ist nicht notwendig, jetzt all das zu erörtern: ist es das, wohin wir abgelenkt werden sollen, um unseren Kummer zu lindern? Mag es das größte

summum malum dolere: in eo igitur qui non est, si malo careat, continuone fruitur summo bono? (41) Quid tergiversamur, Epicure, nec fatemur eam nos dicere voluptatem, quam tu idem, cum os perfricuisti, soles dicere? sunt haec tua verba necne? in eo quidem libro, qui continet omnem disciplinam tuam –, fungar enim iam interpretis munere, ne quis me putet fingere – dicis haec: 'nec equidem habeo, quod intellegam bonum illud, detrahens eas voluptates quae sapore percipiuntur, detrahens eas quae rebus percipiuntur veneriis, detrahens eas quae auditu e cantibus, detrahens eas etiam quae ex formis percipiuntur oculis suavis motiones, sive quae aliae voluptates in toto homine gignuntur quolibet sensu. nec vero ita dici potest, mentis laetitiam solam esse in bonis. laetantem enim mentem ita novi: spe eorum omnium, quae supra dixi, fore ut natura is potiens dolore careat.' (42) atque haec quidem his verbis, quivis ut intellegat, quam voluptatem norit Epicurus. deinde paulo infra: 'saepe quaesivi' inquit 'ex is qui appellabantur sapientes, quid haberent quod in bonis relinquerent, si illa detraxissent, nisi si vellent voces inanis fundere: nihil ab is potui cognoscere. qui si virtutes ebullire volent et sapientias, nihil aliud dicent nisi eam viam, qua efficiantur eae voluptates quas supra dixi.' quae secuntur, in eadem sententia sunt, totusque liber, qui est de summo bono, refertus est et verbis et sententiis talibus. (43) ad hancine igitur vitam Telamonem illum revocabis, ut leves aegritudinem, et si quem tuorum adflictum maerore videris, huic acipenserem potius quam aliquem Socraticum libellum dabis? hydrauli hortabere ut

Übel sein, Schmerz zu erleiden: genießt also der, der keinen Schmerz erleidet, sofort das höchste Gut, weil er ohne Übel ist? (41) Warum weichen wir aus, Epikur, und geben nicht zu, daß wir das Genuß nennen, was auch du, wenn du die Scham abgelegt hast, so zu nennen pflegst? Sind dies deine Worte oder nicht? In dem Buch nämlich[64], das deine ganze Lehre enthält – ich werde jetzt die Aufgabe des Übersetzers übernehmen, damit niemand glaubt, ich erdichtete etwas –, sagst du folgendes: »Ich weiß nicht, was ich als jenes Gut ansehen soll, wenn ich die Genüsse abziehe, die man durch Geschmack erhält, wenn ich die abziehe, die man durch den Liebesgenuß empfängt, wenn ich die abziehe, die man durch Hören von Gesängen erhält, wenn ich die angenehmen Eindrücke wegnehme, die wir mit den Augen von schönen Gestalten aufnehmen, oder all die anderen Vergnügen, die im ganzen Menschen durch jeden beliebigen Sinn entstehen. Aber man kann auch nicht sagen, daß die Freude des Geistes allein zu den Gütern zählt. Die Freude des Geistes kenne ich nur so: in der Hoffnung auf all das, was ich oben nannte, daß unsere Natur im Besitz dieser Dinge frei ist von Schmerz.« (42) Und das sagt er mit diesen Worten, so daß jeder erkennt, was Epikur als Lust ansieht. Dann sagt er ein wenig weiter unten: »Oft fragte ich die, die man Weise nennt, was sie noch unter den Gütern übrig hätten, wenn sie jene abgezogen hätten, außer sie wollten nur leere Worte machen: ich konnte von ihnen nichts erfahren. Wenn sie sich mit Tugenden und Weisheiten großtun wollen[65], werden sie damit nur den Weg nennen, auf dem die Freuden erzeugt werden, die ich oben nannte.« Was folgt, ist im selben Sinn geschrieben, und das ganze Buch, das vom höchsten Gut handelt, ist vollgestopft mit solchen Worten und Gedanken. (43) Wirst du also jenen Telamon zu diesem Leben zurückrufen, um seinen Kummer zu lindern, und wenn du irgend jemanden deiner Angehörigen von Trauer niedergeschlagen siehst, willst du diesem dann lieber Stör als irgendein sokratisches Buch geben? Willst du ihn ermuntern, eher auf die

audiat voces potius quam Platonis? expones, quae spectet, florida et varia? fasciculum ad naris admovebis? incendes odores et sertis redimiri iubebis et rosa? si vero aliquid etiam –, tum plane luctum omnem absterseris. **19** (44) haec Epicuro confitenda sunt aut ea, quae modo expressa ad verbum dixi, tollenda de libro vel totus liber potius abiciundus; est enim confertus voluptatibus. Quaerendum igitur, quem ad modum aegritudine privemus eum qui ita dicat:

> 'Pol mihi fortuna magis nunc defit quam genus.
> Namque regnum suppetebat mi, ut scias, quanto e loco,
> Quantis opibus, quibus de rebus lapsa fortuna accidat.'

quid? huic calix mulsi impingendus est, ut plorare desinat, aut aliquid eius modi? ecce tibi ex altera parte ab eodem poeta: 'ex opibus summis opis egens, Hector, tuae' – huic subvenire debemus; quaerit enim auxilium:

> 'Quid petam praesidi aut exequar quove nunc
> Auxilio exili aut fugae freta sim?
> Arce et urbe orba sum. quo accidam? quo applicem?
> Cui nec arae patriae domi stant, fractae et disiectae iacent,
> Fana flamma deflagrata, tosti alti stant parietes
> Deformati atque abiete crispa –'

scitis quae sequantur, et illa in primis:

> 'O pater, o patria, o Priami domus,
> Saeptum altisono cardine templum!
> Vidi ego te adstante ope barbarica
> Tectis caelatis laqueatis,
> Auro ebore instructam regifice.'

(45) o poetam egregium! quamquam ab his cantoribus Euphorionis contemnitur. sentit omnia repentina et necopinata esse graviora; exaggeratis igitur regiis opibus, quae videbantur sempiternae fore, quid adiungit?

Töne der Wasserorgel als auf die Worte Platons zu hören? Willst du ihm ein Blumengebinde reichen, auf das er schauen soll? Willst du ihm einen Blumenstrauß an die Nase halten? Willst du Räucherwerk anzünden und ihn auffordern, sich mit Kränzen und Rosen zu schmücken? Wenn du aber noch –, dann wirst du seinen ganzen Kummer völlig beseitigt haben. **19** (44) Epikur muß das zugestehen oder das, was ich eben wörtlich übersetzt habe, aus dem Buch streichen oder lieber das ganze Buch wegwerfen; denn es ist vollgestopft mit Genüssen. Wir müssen also fragen, wie wir den von seinem Kummer befreien, der so spricht: »Wahrhaftig fehlt mir jetzt mehr das Glück als meine edle Herkunft. Denn mir stand ein Königreich zur Verfügung, damit du weißt, aus welchem Stand, aus welchem Reichtum und welcher Macht mein Schicksal herabglitt und niedersank.«[66] Wie? Soll man diesem einen Becher Honigwein aufdrängen oder etwas Derartiges, damit er aufhört zu klagen? Schau, an einer anderen Stelle heißt es bei demselben Dichter: »Einst mächtig, bedarf ich jetzt deiner Hilfe, Hektor«[67] – ihr müssen wir helfen; denn sie sucht Hilfe: »Welchen Schutz werde ich suchen oder erlangen oder auf welche Hilfe bei Verbannung und Flucht vertrauen? Ich habe Burg und Stadt verloren. Wohin soll ich gehen, wohin mich wenden? Mir stehen nicht mehr die väterlichen Altäre zu Hause, sie liegen in Trümmern verstreut da, die Tempel sind verbrannt, die hohen Wände stehen verkohlt, entstellt und mit verkrümmten Balken.«[68] Ihr wißt, was folgt, und besonders dies: »O Vater, o Heimat, o Haus des Priamos, du Tempel, geschützt von tönendem Tor. Ich sah dich, als die barbarische Macht noch stand, mit geschnitzten und getäfelten Decken, königlich verziert mit Gold und Elfenbein.« (45) Oh, ein ausgezeichneter Dichter! Und doch wird er von den heutigen Lobrednern des Euphorion[69] verachtet. Er fühlt, daß alles Plötzliche und Unerwartete schlimmer ist; nachdem er also die königliche Macht gepriesen hat, die ewig zu sein schien, was fügt er hinzu? »Ich sah dies alles in

'Haec omnia vidi inflammari,
Priamo vi vitam evitari,
Iovis aram sanguine turpari.'

(46) praeclarum carmen! est enim et rebus et verbis et modis lugubre. Eripiamus huic aegritudinem. quo modo? conlocemus in culcita plumea, psaltriam adducamus, demus hedycrum, ⟨odorum⟩ incendamus scutellam, dulciculae potionis aliquid videamus et cibi? haec tandem bona sunt, quibus aegritudines gravissumae detrahantur? tu enim paulo ante ne intellegere quidem te alia ulla dicebas. revocari igitur oportere a maerore ad cogitationem bonorum conveniret mihi cum Epicuro, si, quid esset bonum, conveniret.

20 Dicet aliquis: quid ergo? tu Epicurum existimas ista voluisse, aut libidinosas eius fuisse sententias? ego vero minime; video enim ab eo dici multa severe, multa praeclare. itaque, ut saepe dixi, de acumine agitur eius, non de moribus; quamvis spernat voluptates eas quas modo laudavit, ego tamen meminero quod videatur ei summum bonum. non enim verbo solum posuit voluptatem, sed explanavit quid diceret: 'saporem' inquit 'et corporum complexum et ludos atque cantus et formas eas quibus oculi iucunde moveantur.' num fingo, num mentior? cupio refelli. quid enim laboro nisi ut veritas in omni quaestione explicetur? (47) 'at idem ait non crescere voluptatem dolore detracto, summamque esse voluptatem nihil dolere.' paucis verbis tria magna peccata: unum, quod secum ipse pugnat. modo enim ne suspicari quidem se quicquam bonum, nisi sensus quasi

Flammen aufgehen, Priamos durch Gewalt sein Leben verlieren und den Altar des Iuppiter mit Blut besudelt.«[70] (46) Ein ausgezeichnetes Gedicht! Es ist sowohl durch seinen Inhalt als auch durch seine Worte und Weisen traurig. Wir wollen ihr den Kummer entreißen. Wie? Sollen wir sie auf ein Daunenbett legen, sollen wir ihr eine Zitherspielerin zugesellen, sollen wir Salbe darreichen, sollen wir eine Schale mit Duftkräutern anzünden, sollen wir uns nach einem süßen Getränk oder einer Speise umsehen? Dies schließlich sind doch die Güter, mit denen der schwerste Kummer gelindert wird. Denn du sagtest kurz zuvor, du würdest irgendwelche andere nicht einmal erkennen. Ich stimme also mit Epikur darin überein, daß man von der Trauer zu Gedanken an Güter abgelenkt werden muß, wenn wir nur übereinkämen, was denn ein Gut ist.

20 Jemand wird sagen: ›Was also? Glaubst du, Epikur habe das gewollt, oder seine Lehre sei voll von Lust gewesen?‹ Keineswegs; denn ich sehe, daß von ihm vieles ernsthaft, vieles auch überaus treffend gesagt wird. Deshalb geht es, wie ich oft sagte, um die Schärfe seines Denkens und nicht um seinen Charakter. Obschon er persönlich die Genüsse, die er eben lobte, verschmäht, muß ich doch daran denken, was nach seiner Meinung das höchste Gut ist. Denn er hat nicht nur die Lust mit einem Begriff bezeichnet, sondern auch erklärt, was er damit meint: »Geschmack und körperliche Umarmung, Spiele und Gesänge und die Gestalten, die unsere Augen angenehm erregen.« Dichte oder lüge ich etwa? Ich möchte geradezu widerlegt werden! Denn um was anderes bemühe ich mich, als daß die Wahrheit bei jeder Frage entwickelt wird? (47) ›Aber er sagt auch, die Lust nehme nicht zu, wenn der Schmerz genommen sei, und die höchste Lust bestehe darin, von Schmerz frei zu sein.‹ In wenigen Worten drei große Fehler: erstens, daß er sich selbst widerspricht. Denn gerade sagte er, er könne sich nicht einmal irgend etwas als Gut denken, wenn nicht die Sinne durch Lust gleichsam gekitzelt würden; jetzt aber

titillarentur voluptate; nunc autem summam voluptatem esse dolore carere: potestne magis secum ipse pugnare? alterum peccatum, quod, cum in natura tria sint, unum gaudere, alterum dolere, tertium nec gaudere nec dolere, hic primum et tertium putat idem esse nec distinguit a non dolendo voluptatem. tertium peccatum commune cum quibusdam, quod, cum virtus maxime expetatur eiusque adipiscendae causa philosophia quaesita sit, ille a virtute summum bonum separavit. (48) 'at laudat saepe virtutem.' et quidem C. Gracchus, cum largitiones maximas fecisset et effudisset aerarium, verbis tamen defendebat aerarium. quid verba audiam, cum facta videam? L. Piso ille Frugi semper contra legem frumentariam dixerat. is lege lata consularis ad frumentum accipiundum venerat. animum advertit Gracchus in contione Pisonem stantem; quaerit audiente p. R., qui sibi constet, cum ea lege frumentum petat, quam dissuaserit. 'nolim' inquit 'mea bona, Gracche, tibi viritim dividere libeat, sed, si facias, partem petam.' parumne declaravit vir gravis et sapiens lege Sempronia patrimonium publicum dissupari? lege orationes Gracchi, patronum aerarii esse dices. (49) negat Epicurus iucunde posse vivi, nisi cum virtute vivatur, negat ullam in sapientem vim esse fortunae, tenuem victum antefert copioso, negat ullum esse tempus, quo sapiens non beatus sit. omnia philosopho digna, sed cum voluptate pugnantia. 'non istam dicit voluptatem.' dicat quam-

behauptet er, die höchste Lust bestehe im Freisein von Schmerz: Kann er sich mehr widersprechen? Der zweite Fehler besteht darin: Während es doch in der Natur drei Zustände gibt, der eine, sich zu freuen, der zweite, Schmerz zu empfinden, und der dritte, sich weder zu freuen noch Schmerz zu empfinden, glaubt er, der erste und der dritte Zustand seien dasselbe, und unterscheidet die Lust nicht von der Schmerzlosigkeit. Den dritten Fehler macht er mit manchen anderen[71] gemeinsam: Während man doch die Tugend am meisten erstrebt und, um sie zu erlangen, die Philosophie entwickelt worden ist, hat er das höchste Gut von der Tugend getrennt. (48) ›Aber er lobt die Tugend oft.‹ Gewiß, auch C. Gracchus verteidigte doch mit Worten die Staatskasse, obwohl er sehr große Schenkungen gemacht und die Staatskasse verschleudert hatte. Was soll ich auf Worte hören, wo ich Taten sehe? Der erwähnte C. Piso Frugi hatte immer gegen das Getreidegesetz[72] gesprochen. Er war, als das Gesetz angenommen worden war, als Konsular gekommen, um seinen Getreideanteil in Empfang zu nehmen. Gracchus bemerkte Piso, der in der Volksmenge stand; er fragte ihn vor den Ohren des römischen Volkes, wie er sich treu bleibe, wenn er Getreide nach dem Gesetz verlange, das anzunehmen er abgeraten habe. Er antwortete: »Ich möchte nicht, daß es dir beliebt, meine Güter, mein Gracchus, einzeln unter die Bürger zu verteilen, aber, wenn du es tust, möchte ich meinen Teil bekommen.« Hat der bedeutende und weise Mann damit nicht deutlich erklärt, daß durch die Lex Sempronia das öffentliche Vermögen verschwendet werde? Lies die Reden des Gracchus; du wirst sagen, er sei der Verteidiger der Staatskasse. (49) Epikur sagt, man könne nur dann angenehm leben, wenn man mit der Tugend lebe; er behauptet, das Schicksal habe über einen Weisen keine Macht; er zieht einen bescheidenen Lebenswandel einem üppigen vor; er behauptet, der Weise sei zu jeder Zeit glücklich. All das ist eines Philosophen würdig, aber es steht im Gegensatz zur Lust. ›Er meint nicht

libet; nempe eam dicit, in qua virtutis nulla pars insit. age, si voluptatem non intellegimus, ne dolorem quidem? nego igitur eius esse, qui dolore summum malum metiatur, mentionem facere virtutis.

21 (50) Et queruntur quidam Epicurei, viri optimi – nam nullum genus est minus malitiosum –, me studiose dicere contra Epicurum. ita credo, de honore aut de dignitate contendimus. mihi summum in animo bonum videtur, illi autem in corpore, mihi in virtute, illi in voluptate. et illi pugnant, et quidem vicinorum fidem implorant – multi autem sunt, qui statim convolent –; ego sum is qui dicam me non laborare, actum habiturum, quod egerint. (51) quid enim? de bello Punico agitur? de quo ipso cum aliud M. Catoni, aliud L. Lentulo videretur, nulla inter eos concertatio umquam fuit. hi nimis iracunde agunt, praesertim cum ab is non sane animosa defendatur sententia, pro qua non in senatu, non in contione, non apud exercitum neque ad censores dicere audeant. sed cum istis alias, et eo quidem animo, nullum ut certamen instituam, verum dicentibus facile cedam; tantum admonebo, si maxime verum sit ad corpus omnia referre sapientem sive, ut honestius dicam, nihil facere nisi quod expediat, sive omnia referre ad utilitatem suam, quoniam haec plausibilia non sunt, ut in sinu gaudeant, gloriose loqui desinant.

22 (52) Cyrenaicorum restat sententia; qui tum aegritudinem censent existere, si necopinato quid evenerit. est id quidem magnum, ut supra dixi; etiam Chrysippo ita videri scio,

diese Lust.‹ Er soll meinen, welche er will. Er meint doch wohl eine solche, in der kein Teil der Tugend ist. Gut, wenn wir die Lust nicht verstehen, verstehen wir dann etwa auch den Schmerz nicht? Ich behaupte also, daß derjenige, der das höchste Übel am Schmerz mißt, kein Recht hat, die Tugend zu erwähnen.

21 (50) Und manche Epikureer, treffliche Männer – denn es gibt keine Gruppe, die weniger boshaft ist –, beklagen, daß ich mit Leidenschaft gegen Epikur spreche. So, meine ich, streiten wir um Ehre oder Würde![73] Mir scheint das höchste Gut in der Seele zu liegen, ihm aber im Körper; mir scheint es in der Tugend zu bestehen, ihm in der Lust. Und sie kämpfen und flehen sogar die Nachbarn um Hilfe an – es gibt aber viele, die sofort zusammeneilen –[74]; ich bin so geartet, daß ich sage, daß ich mich nicht darum kümmere, ich werde als geschehen anerkennen, was sie in Gang gesetzt haben.[75] (51) Was denn? Geht es um den Punischen Krieg? Obwohl M. Cato[76] und L. Lentulus darüber eine unterschiedliche Meinung hatten, hat es unter ihnen niemals einen Streit gegeben. Die Epikureer handeln allzu leidenschaftlich, zumal sie eine wenig mutige Meinung verteidigen, für die zu sprechen sie weder im Senat, noch in der Volksversammlung, noch vor dem Heer, noch vor den Zensoren wagen würden. Aber mit ihnen will ich mich ein andermal auseinandersetzen, und zwar mit dem Vorsatz, keinen Streit zu beginnen, sondern ihnen bereitwillig nachzugeben, wenn sie die Wahrheit sagen; ich will sie nur noch an dies eine erinnern: wenn es tatsächlich wahr sein sollte, daß der Weise alles auf den Körper bezieht oder, um es vornehmer zu sagen, nichts tut, außer was ihm zuträglich ist, oder daß er alles auf seinen persönlichen Nutzen bezieht, so sollen sie sich doch, weil dies keinen Beifall verdient, im stillen freuen und aufhören, prahlerisch zu reden.

22 (52) Es bleibt noch die Lehrmeinung der Kyrenaiker; sie meinen, Kummer entstehe dann, wenn etwas unerwartet eintrete. Das ist zwar wichtig, wie ich oben sagte[77]; ich weiß,

quod provisum ante non sit, id ferire vehementius; sed non sunt in hoc omnia. quamquam hostium repens adventus magis aliquanto conturbat quam expectatus, et maris subita tempestas quam ante provisa terret navigantes vehementius, et eius modi sunt pleraque. sed cum diligenter necopinatorum naturam consideres, nihil aliud reperias nisi omnia videri subita maiora, et quidem ob duas causas, primum quod, quanta sint quae accidunt, considerandi spatium non datur, deinde, cum videtur praecaveri potuisse, si provisum esset, quasi culpa contractum malum aegritudinem acriorem facit. (53) Quod ita esse dies declarat, quae procedens ita mitigat, ut isdem malis manentibus non modo leniatur aegritudo, sed in plerisque tollatur. Karthaginienses multi Romae servierunt, multi Macedones rege Perse capto; vidi etiam in Peloponneso, cum essem adulescens, quosdam Corinthios. hi poterant omnes eadem illa de Andromacha deplorare: 'haec omnia vidi ...', sed iam decantaverant fortasse. eo enim erant voltu, oratione, omni reliquo motu et statu, ut eos Argivos aut Sicyonios diceres, magisque me moverant Corinthi subito aspectae parietinae quam ipsos Corinthios, quorum animis diuturna cogitatio callum vetustatis obduxerat. (54) legimus librum Clitomachi, quem ille eversa Karthagine misit consolandi causa ad captivos, cives suos; in eo est disputatio scripta Carneadis, quam se ait in commentarium rettulisse. cum ita positum esset, videri fore

daß auch Chrysipp die Meinung vertritt, etwas Unvorhergesehenes treffe heftiger; aber darin liegt nicht alles. Gewiß verwirrt ein plötzlicher Angriff von Feinden erheblich mehr als ein erwarteter, und ein plötzliches Unwetter auf dem Meer erschreckt die Seeleute mehr als ein zuvor vorausgesehenes, und so ist es mit den meisten Dingen. Wenn man aber sorgfältig das Wesen des Unerwarteten betrachtet, wird man nur finden, daß alles Plötzliche schlimmer erscheint, und zwar aus zwei Gründen, erstens weil keine Zeit gegeben wird, die Bedeutung der Ereignisse zu bedenken; zweitens macht die Vorstellung, wenn es so scheint, man habe sich vorsehen können, hätte man es nur vorausgesehen, den Kummer größer, weil man den Eindruck hat, man habe das Übel durch eigene Schuld erlitten. (53) Daß es so ist, bestätigt die Zeit, die vergeht und dabei so lindernd wirkt, daß der Kummer nicht nur gemildert wird, obschon dieselben Übel bestehenbleiben, sondern daß er in den meisten Fällen ganz beseitigt wird. Viele Karthager dienten in Rom als Sklaven, auch viele Makedonen, nachdem ihr König Perseus gefangen worden war[78]; als junger Mann habe ich auf der Peloponnes auch manche Korinther gesehen[79]. Diese alle hätten jenes Klagelied aus der *Andromache* anstimmen können: »Dies alles habe ich gesehen ...«[80], aber vielleicht waren sie mit ihren Klagen schon am Ende. Denn sie hatten einen solchen Gesichtsausdruck und eine solche Sprache, und in ihrer ganzen übrigen Bewegung und Haltung traten sie so auf, daß man sie für Argiver oder Sikyonier[81] hätte halten können, und mich hatte in Korinth der plötzliche Anblick der zerstörten Mauern mehr erschüttert als die Korinther selbst, deren Seele das dauernde Denken daran während der langen Zeit gefühllos gemacht hatte. (54) Wir haben das Buch des Kleitomachos[82] gelesen, das er nach der Zerstörung Karthagos an seine gefangenen Mitbürger schickte, um sie zu trösten; darin steht eine Erörterung des Karneades, die er nach eigener Angabe in seine Aufzeichnungen aufgenommen hatte. Nachdem die These

in aegritudine sapientem patria capta, quae Carneades contra dixerit, scripta sunt. tanta igitur calamitatis praesentis adhibetur a philosopho medicina, quanta inveteratae ne desideratur quidem, nec, si aliquot annis post idem ille liber captivis missus esset, volneribus mederetur, sed cicatricibus. sensim enim et pedetemptim progrediens extenuatur dolor, non quo ipsa res immutari soleat aut possit, sed id, quod ratio debuerat, usus docet, minora esse ea quae sint visa maiora.

23 (55) Quid ergo opus est, dicet aliquis, omnino ratione aut consolatione illa, qua solemus uti, cum levare dolorem maerentium volumus? hoc enim fere tum habemus in promptu, nihil oportere inopinatum videri. aut qui tolerabilius feret incommodum, qui cognoverit necesse esse homini tale aliquid accidere? haec enim oratio de ipsa summa mali nihil detrahit, tantum modo adfert, nihil evenisse quod non opinandum fuisset. neque tamen genus id orationis in consolando non valet, sed id haud sciam an plurimum. ergo ista necopinata non habent tantam vim, ut aegritudo ex is omnis oriatur; feriunt enim fortasse gravius, non id efficiunt, ut ea, quae accidant maiora videantur: quia recentia sunt, maiora videntur, non quia repentina.

(56) Duplex est igitur ratio veri reperiendi non in is solum, quae mala, sed in is etiam, quae bona videntur. nam aut ipsius rei natura qualis et quanta sit, quaerimus, ut de pauper-

aufgestellt ist, der Weise, dessen Vaterland erobert worden sei, werde, wie man glaube, bekümmert sein, ist niedergeschrieben, was Karneades dagegen angeführt hat. Ein so starkes Heilmittel wird vom Philosophen gegen ein gegenwärtiges Übel angewandt, wie es gegen ein verjährtes nicht einmal verlangt wird, und wenn nach einer Reihe von Jahren dasselbe Buch den Gefangenen geschickt worden wäre, würde es nicht die Wunden heilen, sondern die Narben. Denn allmählich und Schritt für Schritt wird der Schmerz schwächer, nicht, weil die Sache selbst sich zu ändern pflegte oder es könnte, sondern weil das, was die Vernunft hätte tun müssen, die Erfahrung lehrt, daß nämlich all das, was schlimmer schien, weniger bedeutend ist.

23 (55) Wozu also haben wir, wird jemand sagen, überhaupt Vernunftgründe oder den Trost nötig, den wir anzuwenden pflegen, wenn wir den Schmerz der Trauernden lindern wollen? Denn wir haben dann meist nur diesen Gedanken zur Hand, daß man nichts als unerwartet ansehen dürfe. Oder wie wird der ein Unglück geduldiger ertragen, der erkannt hat, daß etwas Derartiges dem Menschen notwendigerweise widerfährt? Denn diese Worte nehmen von der Summe des Übels nichts weg, sie fügen nur hinzu, daß nichts sich ereignet hat, was man nicht hätte erwarten müssen. Dennoch haben solche Worte beim Trösten durchaus eine Bedeutung, vielleicht sogar die größte. Das Unerwartete hat also nicht eine solche Kraft, daß der Kummer ganz daraus entstünde. Vielleicht trifft es uns härter, aber es hat nicht die Wirkung, daß die Ereignisse schlimmer erscheinen: weil sie frisch sind, erscheinen sie schlimmer, nicht weil sie plötzlich eingetreten sind.

(56) Die Methode, die Wahrheit zu finden, ist also zweifach, nicht nur bei dem, was als Übel, sondern auch bei dem, was als Gut erscheint. Denn entweder untersuchen wir, wie beschaffen das Wesen der Sache selbst ist und welche Bedeutung es hat – wie manchmal bei der Armut, deren Last wir bei der Erörterung dadurch erleichtern, daß wir

tate non numquam, cuius onus disputando levamus docentes, quam parva et quam pauca sint quae natura desideret, aut a disputandi subtilitate orationem ad exempla traducimus. hic Socrates commemoratur, hic Diogenes, hic Caecilianum illud: 'saepe est etiam sub palliolo sordido sapientia.' cum enim paupertatis una eademque sit vis, quidnam dici potest, quam ob rem C. Fabricio tolerabilis ea fuerit, alii negent se ferre posse? (57) huic igitur alteri generi similis est ea ratio consolandi, quae docet humana esse quae acciderint. non enim id solum continet ea disputatio, ut cognitionem adferat generis humani, sed significat tolerabilia esse, quae et tulerint et ferant ceteri. **24** de paupertate agitur: multi patientes pauperes commemorantur; de contemnendo honore: multi inhonorati proferuntur, et quidem propter id ipsum beatiores, eorumque, qui privatum otium negotiis publicis antetulerunt, nominatim vita laudatur, nec siletur illud potentissimi regis anapaestum, qui laudat senem et fortunatum esse dicit, quod inglorius sit atque ignobilis ad supremum diem perventurus; (58) similiter commemorandis exemplis orbitates quoque liberum praedicantur, eorumque, qui gravius ferunt, luctus aliorum exemplis leniuntur. sic perpessio ceterorum facit, ut ea quae acciderint multo minora quam quanta sint existimata, videantur. ita fit, sensim cogitantibus ut, quantum sit ementita opinio, appareat. atque hoc idem et Telamo ille declarat: 'ego cum genui . . .' et Theseus: 'futuras mecum commentabar miserias' et Anaxagoras: 'sciebam me genuisse mortalem.' hi enim omnes diu cogitantes de rebus humanis intellegebant eas nequaquam pro opinione volgi esse extimescendas. et mihi qui-

darlegen, wie gering und wenig es doch ist, was die Natur verlangt –, oder wir gehen bei unserer Rede von der Genauigkeit philosophischer Erörterung über zu Beispielen. Hier werden Sokrates erwähnt, Diogenes[83] und das bekannte Wort des Caecilius[84]: »Oft steckt Weisheit auch unter einem schmutzigen Mantel.« Denn da die Wirkung der Armut ein und dieselbe ist, wie kann man dann begründen, weshalb sie C. Fabricius[85] erträglich war, andere aber behaupten, sie nicht ertragen zu können? (57) Dieser zweiten Art also ist die Methode des Tröstens ähnlich, die lehrt, menschlich sei, was einem widerfahren sei. Denn diese Überlegung schließt nicht nur ein, daß man das menschliche Wesen kennenlernt, sondern weist auch darauf hin, daß erträglich ist, was andere ertragen haben und noch ertragen. **24** Es geht um die Armut: viele Arme, die sie geduldig ertragen, werden erwähnt. Es geht um die Verachtung von Ehre: viele, die ohne Ehre sind, werden angeführt, und zwar solche, die gerade deswegen glücklicher waren, und das Leben derer, die die Muße in Zurückgezogenheit öffentlichen Tätigkeiten vorgezogen haben, lobt man mit Nennung ihrer Namen, und der bekannte Anapäst[86] des höchst mächtigen Königs wird nicht verschwiegen, der einen alten Mann lobt und sagt, er sei glücklich, weil er ohne Ruhm sei und unbekannt bis zum Tode gelangen werde.[87] (58) In ähnlicher Weise preist man, indem man Beispiele anführt, auch die Kinderlosigkeit und lindert die Trauer derjenigen, die allzu schwer daran tragen, durch die Beispiele anderer. So bewirkt das Erleiden anderer, daß das, was einem zustieß, viel geringer erscheint, als man es einschätzte. So wird, wenn man nachdenkt, allmählich klar, wie sehr unsere Vorstellung uns getrogen hat. Und eben dies sagt auch jener Telamon[88]: »Als ich sie zeugte ...« und Theseus[89]: »Ich bedachte bei mir das zukünftige Elend« und Anaxagoras[90]: »Ich wußte, daß ich einen Sterblichen gezeugt habe«. Sie alle erkannten nämlich durch langes Nachdenken über die menschlichen Angelegenheiten, daß man sie keineswegs so fürchten muß, wie das Volk es glaubt.

dem videtur idem fere accidere is qui ante meditantur, quod is quibus medetur dies, nisi quod ratio quaedam sanat illos, hos ipsa natura intellecto eo quod rem continet, illud malum, quod opinatum sit esse maxumum, nequaquam esse tantum, ut vitam beatam possit evertere. (59) hoc igitur efficitur, ut ex illo necopinato plaga maior sit, non, ut illi putant, ut, cum duobus pares casus evenerint, is modo aegritudine adficiatur, cui ille necopinato casus evenerit.

Itaque dicuntur non nulli in maerore, cum de hac communi hominum condicione audivissent, ea lege esse nos natos, ut nemo in perpetuum esse posset expers mali, gravius etiam tulisse. **25** quocirca Carneades, ut video nostrum scribere Antiochum, reprendere Chrysippum solebat laudantem Euripideum carmen illud:

'Mortalis nemo est quem non attingat dolor
Morbusque; multis sunt humandi liberi,
Rursum creandi, morsque est finita omnibus.
Quae generi humano angorem nequicquam adferunt:
Reddenda terrae est terra, tum vita omnibus
Metenda ut fruges. sic iubet Necessitas.'

(60) negabat genus hoc orationis quicquam omnino ad levandam aegritudinem pertinere. id enim ipsum dolendum esse dicebat, quod in tam crudelem necessitatem incidissemus; nam illam quidem orationem ex commemoratione alienorum malorum ad malivolos consolandos esse accommodatam. Mihi vero longe videtur secus. nam et necessitas ferendae condicionis humanae quasi cum deo pugnare prohibet admonetque esse hominem, quae cogitatio magno opere luctum levat, et enumeratio exemplorum, non ut animum malivolorum oblectet, adfertur, sed ut ille qui maeret

Und mir scheint allerdings denen, die vorausdenken, so ziemlich dasselbe zu widerfahren wie denen, die die Zeit heilt, außer daß jene eine gewisse Erkenntnis heilt, diese dagegen die Natur selbst, wenn sie nämlich erkannt haben, was entscheidend ist, daß jenes Übel, das sie als sehr schlimm angesehen haben, keineswegs so schlimm ist, daß es ein glückliches Leben zerstören kann. (59) Daraus folgt also, daß infolge des Unerwarteten der Schlag zwar heftiger ist, aber nicht, wie jene meinen, daß, wenn zwei Menschen gleiche Schicksalsschläge widerfahren sind, der nur von Kummer erfüllt wird, dem jener Schicksalsschlag unerwartet widerfuhr.

Von einigen wird berichtet, sie hätten, als sie von dieser den Menschen gemeinsamen Lage gehört hätten, daß wir nämlich unter dem Gesetz geboren seien, daß niemand auf ewig ohne Übel sein könne, an ihrem Schmerz noch schwerer getragen. **25** Daher pflegte Karneades, wie ich unseren Antiochus[91] schreiben sehe, Chrysipp zu tadeln, weil er folgende Verse des Euripides[92] lobte: »Es gibt keinen Sterblichen, den nicht Schmerz und Krankheit treffen; viele müssen ihre Kinder beerdigen und wieder andere zeugen, und der Tod ist allen bestimmt. Dies macht dem Menschengeschlecht sinnlos Angst: denn Erde muß der Erde zurückgegeben werden, und allen muß das Leben abgemäht werden wie Getreide. So befiehlt es ein unabänderliches Gesetz.« (60) Er sagte, diese Art zu reden trage überhaupt nichts zur Linderung des Kummers bei. Denn gerade das sei zu bedauern, meinte er, daß wir in eine so grausame Notwendigkeit hineingeraten seien; denn eine Rede, die ausgehe von der Erwähnung fremder Übel, sei geeignet, Schadenfrohe zu trösten. Mir aber erscheint es bei weitem anders. Denn die Notwendigkeit, die menschliche Lage zu ertragen, hindert uns gleichsam daran, mit Gott zu kämpfen, und erinnert uns daran, daß wir Menschen sind; diese Überlegung lindert den Kummer sehr, und die Beispiele zählt man nicht auf, um die Herzen Schadenfroher zu erfreuen, sondern damit

ferundum sibi id censeat, quod videat multos moderate et tranquille tulisse.

(61) Omnibus enim modis fulciendi sunt, qui ruunt nec cohaerere possunt propter magnitudinem aegritudinis. ex quo ipsam aegritudinem λύπην Chrysippus quasi solutionem totius hominis appellatam putat. Quae tota poterit evelli explicata, ut principio dixi, causa aegritudinis; est enim nulla alia nisi opinio et iudicium magni praesentis atque urgentis mali. itaque et dolor corporis, cuius est morsus acerrumus, perferetur spe proposita boni, et acta aetas honeste ac splendide tantam adfert consolationem, ut eos qui ita vixerint aut non attingat ⟨omnino⟩ aut perleviter pungat animi dolor.

26 Sed ad hanc opinionem magni mali cum illa etiam opinio accessit oportere, rectum esse, ad officium pertinere ferre illud aegre quod acciderit, tum denique efficitur illa gravis aegritudinis perturbatio. (62) ex hac opinione sunt illa varia et detestabilia genera lugendi: paedores, muliebres lacerationes genarum, pectoris feminum capitis percussiones; hinc ille Agamemno Homericus et idem Accianus 'scindens dolore identidem intonsam comam'; in quo facetum illud Bionis, perinde stultissimum regem in luctu capillum sibi evellere, quasi calvitio maeror levaretur. (63) Sed haec omnia faciunt opinantes ita fieri oportere. itaque et Aeschines in Demosthenem invehitur, quod is septimo die post filiae mortem hostias immolavisset. at quam rhetorice, quam co-

der Trauernde die Einsicht gewinnt, daß er das tragen muß, was, wie er sieht, schon viele in Geduld und Ruhe ertragen haben.

(61) Auf jede Weise müssen die gestützt werden, die stürzen und sich wegen der Größe ihres Kummers nicht mehr zusammennehmen können. Daher, so glaubt Chrysipp, heiße eben der Kummer λύπη, das ist gleichsam die Auflösung[93] des ganzen Menschen. Und doch wird man den Kummer ganz beseitigen können, wenn seine Ursache, wie ich anfangs sagte, geklärt worden ist; sie ist aber nichts anderes als die Vorstellung und die Annahme eines großen Übels, das gegenwärtig ist und uns bedrängt. Deshalb wird man auch den körperlichen Schmerz, dessen Biß sehr heftig ist, ertragen, wenn man sich die Hoffnung auf Gutes vor Augen hält, und ein ehrenvoll und glänzend verbrachtes Leben enthält einen so großen Trost, daß ein seelischer Schmerz die, welche so gelebt haben, entweder überhaupt nicht berührt oder sie nur ganz leicht trifft.

26 Wenn aber zu dieser Vorstellung von einem großen Übel noch die Vorstellung tritt, es sei nötig, richtig und pflichtgemäß, das, was sich ereignet hat, mit Betrübnis zu ertragen, dann schließlich entsteht jene schwere Leidenschaft des Kummers. (62) Von dieser Vorstellung kommen jene verschiedenen verachtenswerten Formen des Trauerns: Schmutz, weibisches Zerkratzen der Wangen, Schlagen der Brust, der Schenkel und des Hauptes. Daher kommt jener Agamemnon des Homer und des Accius[94], der »aus Schmerz immer wieder sein ungeschorenes Haupt zerwühlt«; über ihn machte Bion[95] den Witz, der überaus törichte König reiße sich in Trauer sein Haar aus, als ob der Schmerz durch eine Glatze leichter würde. (63) Aber all dies tun sie, weil sie der Ansicht sind, man müsse das tun. Daher macht auch Aischines dem Demosthenes[96] den Vorwurf, daß er schon am siebten Tag nach dem Tod seiner Tochter den Göttern ein Dankopfer dargebracht habe. Mit welcher Redekunst aber, mit welcher Fülle im Ausdruck! Welche

piose! quas sententias colligit, quae verba contorquet! ut licere quidvis rhetori intellegas. quae nemo probaret, nisi insitum illud in animis haberemus, omnis bonos interitu suorum quam gravissime maerere oportere. ex hoc evenit, ut in animi doloribus alii solitudines captent, ut ait Homerus de Bellerophonte:

> 'Qui miser in campis maerens errabat Aleis
> Ipse suum cor edens, hominum vestigia vitans';

et Nioba fingitur lapidea propter aeternum, credo, in luctu silentium, Hecubam autem putant propter animi acerbitatem quandam et rabiem fingi in canem esse conversam. sunt autem alii, quos in luctu cum ipsa solitudine loqui saepe delectat, ut illa apud Ennium nutrix:

> 'Cupido cepit miseram nunc me proloqui
> Caelo atque terrae Medeai miserias.'

27 (64) haec omnia recta vera debita putantes faciunt in dolore, maximeque declaratur hoc quasi officii iudicio fieri, quod, si qui forte, cum se in luctu esse vellent, aliquid fecerunt humanius aut si hilarius locuti sunt, revocant se rursus ad maestitiam peccatique se insimulant, quod dolere intermiserint. pueros vero matres et magistri castigare etiam solent, nec verbis solum, sed etiam verberibus, si quid in domestico luctu hilarius ab is factum est aut dictum, plorare cogunt. Quid? ipsa remissio luctus cum est consecuta intellectumque est nihil profici maerendo, nonne res declarat fuisse totum illud voluntarium? (65) Quid ille Terentianus 'ipse se poeniens', id est ἑαυτὸν τιμωρούμενος?

> 'Decrevi tantisper me minus iniuriae,
> Chremes, meo gnato facere, dum fiam miser.'

Gedanken sammelt er, welche Worte schleudert er! Daß man erkennt, daß einem Rhetor alles erlaubt ist. Niemand würde das gutheißen, wenn wir nicht in unserer Seele die Vorstellung eingepflanzt hätten, daß alle Guten über den Tod ihrer Angehörigen so traurig wie möglich sein müßten. So kommt es, daß bei seelischem Kummer die einen die Einsamkeit suchen, wie Homer von Bellerophon[97] erzählt: »Er irrt elend und trauernd auf den Aleischen Feldern umher, selbst sein Herz aufzehrend und die Spuren der Menschen meidend«; und Niobe[98] denkt man sich zu Stein verwandelt, wie ich glaube, wegen des ewigen Schweigens in ihrem Leid; Hekabe[99] aber, so glaubt man, stellt man sich wegen einer gewissen Bitternis ihrer Seele und ihrer Raserei in eine Hündin verwandelt vor. Es gibt aber andere, die in ihrer Trauer oft und gerne mit der Einsamkeit selbst sprechen, wie jene Amme bei Ennius[100]: »Es hat mich Elende das Verlangen ergriffen, das Leid der Medeia dem Himmel und der Erde zu verkünden.« **27** (64) Weil sie dies alles für richtig, wahr und pflichtgemäß erachten, tun sie dies in ihrer Trauer, und an folgendem wird besonders deutlich, daß dies gleichsam aus einem Pflichtgefühl heraus geschieht: die Menschen rufen sich, wenn sie, obwohl sie in Trauer sein wollen, irgend etwas zufällig zu menschlich oder zu heiter gesagt haben, wieder zur Trauer zurück, und sie beschuldigen sich, gefehlt zu haben, weil sie die Trauer unterbrochen hätten. Mütter und Lehrer pflegen sogar die Kinder zu züchtigen, und sie zwingen sie nicht nur mit Worten, sondern auch mit Schlägen zu wehklagen, wenn sie, während das Haus trauerte, etwas zu heiter getan oder gesagt haben. Wie? Wenn das Nachlassen der Trauer eingetreten ist und man erkannt hat, daß man durch Trauern nichts erreicht, zeigt dann nicht die Wirklichkeit, daß das Ganze nur eine Sache des Willens gewesen ist? (65) Was sagt der bekannte Selbstquäler bei Terenz, das ist der ἑαυτὸν τιμωρούμενος? »Ich habe festgestellt, ich, Chremes, daß ich meinem Sohn weniger Unrecht zufüge, solange ich unglücklich bin.«[101] Er

hic decernit, ut miser sit. num quis igitur quicquam decernit invitus? 'malo quidem me quovis dignum deputem –' malo se dignum deputat, nisi miser sit. vides ergo opinionis esse, non naturae malum. Quid, quos res ipsa lugere prohibet? ut apud Homerum cotidianae neces interitusque multorum sedationem maerendi adferunt, apud quem ita dicitur:

'Namque nimis multos atque omni luce cadentis
Cernimus, ut nemo possit maerore vacare.
Quo magis est aequum tumulis mandare peremptos
Firmo animo et luctum lacrimis finire diurnis.'

(66) Ergo in potestate est abicere dolorem, cum velis, tempori servientem. an est ullum tempus, quoniam quidem res in nostra potestate est, cui non ponendae curae ⟨et⟩ aegritudinis causa serviamus? constabat eos, qui concidentem volneribus Cn. Pompeium vidissent, cum in illo ipso acerbissimo miserrimoque spectaculo sibi timerent, quod se classe hostium circumfusos viderent, nihil aliud tum egisse, nisi ut remiges hortarentur et ut salutem adipiscerentur fuga; posteaquam Tyrum venissent, tum adflictari lamentarique coepisse. timor igitur ab his aegritudinem potuit repellere, ratio ab sapienti viro non poterit? **28** Quid est autem quod plus valeat ad ponendum dolorem, quam cum est intellectum nil profici et frustra esse susceptum? si igitur deponi potest, etiam non suscipi potest; voluntate igitur et iudicio suscipi aegritudinem confitendum est. (67) Idque indicatur eorum patientia, qui cum multa sint saepe perpessi, facilius ferunt quicquid accidit, obduruisseque iam sese contra fortunam arbitrantur, ut ille apud Euripidem:

beschließt, unglücklich zu sein. Beschließt denn jemand etwas gegen seinen Willen? »Ich möchte mich eines jeden Übels für wert halten.«[102] Er hält sich eines Übels für wert, wenn er nicht unglücklich ist. Du siehst also, daß das Übel in der Vorstellung begründet ist, nicht in der Natur. Was ist mit denen, die die Umstände selbst daran hindern zu trauern? So bringen bei Homer das tägliche Morden und Sterben vieler Menschen eine Beruhigung der Trauer mit sich; es heißt bei ihm: »Denn wir sehen zu viele jeden Tag fallen, so daß eigentlich niemand ohne Trauer sein kann. Darum ist es richtiger, die Toten zu bestatten mit tapferem Herzen und die Trauer auf die Tränen eines Tages zu beschränken.«[103] (66) Es liegt also in deiner Macht, den Kummer abzulegen und den Umständen zu gehorchen, wenn du nur willst. Oder gibt es eine Situation, weil ja die Sache in unserer Macht liegt, in der wir es nicht zustande bringen, Sorge und Kummer abzulegen? Es war bekannt, daß die, die Pompeius[104] unter seinen Wunden hatten zusammenbrechen sehen, da sie gerade in jenem ganz elenden und bitteren Schauspiel für sich selbst fürchteten, weil sie sahen, daß sie von der Flotte der Feinde umgeben waren, damals nichts anderes taten, als die Ruderer anzuspornen und ihr Heil in der Flucht zu suchen; als sie später nach Tyros gekommen waren, da begannen sie zu jammern und zu klagen. Die Furcht also konnte ihnen die Trauer vertreiben, wird die Vernunft sie einem weisen Mann nicht vertreiben können?

28 Was aber vermag mehr den Schmerz zu beseitigen als die Erkenntnis, daß sich daraus kein Nutzen ergibt und man ihn vergebens auf sich genommen hat? Wenn man ihn also ablegen kann, dann ist es auch möglich, ihn erst gar nicht auf sich zu nehmen. Man muß also zugeben, daß man aus freiem Willen und nach eigener Entscheidung den Kummer auf sich nimmt. (67) Das zeigt sich an der Geduld derer, die, weil sie schon häufig vieles erlitten haben, leichter ertragen, was immer ihnen widerfährt, und glauben, sie seien schon gegenüber dem Schicksal abgehärtet, wie jener Mann bei

'Si mihi nunc tristis primum inluxisset dies
Nec tam aerumnoso navigavissem salo,
Esset dolendi causa, ut iniecto eculei
Freno repente tactu exagitantur novo;
Sed iam subactus miseriis optorpui.'

defetigatio igitur miseriarum aegritudines cum faciat leniores, intellegi necesse est non rem ipsam causam atque fontem esse maeroris. (68) Philosophi summi nequedum tamen sapientiam consecuti nonne intellegunt in summo se malo esse? sunt enim insipientes, neque insipientia ullum maius malum est. neque tamen lugent. quid ita? quia huic generi malorum non adfingitur illa opinio, rectum esse et aequum et ad officium pertinere aegre ferre, quod sapiens non sis, quod idem adfingimus huic aegritudini, in qua luctus inest, quae omnium maxuma est. (69) itaque Aristoteles veteres philosophos accusans, qui existumavissent philosophiam sui ingeniis esse perfectam, ait eos aut stultissimos aut gloriosissimos fuisse; sed se videre, quod paucis annis magna accessio facta esset, brevi tempore philosophiam plane absolutam fore. Theophrastus autem moriens accusasse naturam dicitur, quod cervis et cornicibus vitam diuturnam, quorum id nihil interesset, hominibus, quorum maxime interfuisset, tam exiguam vitam dedisset; quorum si aetas potuisset esse longinquior, futurum fuisse ut omnibus perfectis artibus omni doctrina hominum vita erudiretur. querebatur igitur se tum, cum illa videre coepisset, extingui. quid? ex ceteris philosophis nonne optumus et gravissumus

Euripides[105]: »Wenn mir jetzt zum ersten Mal ein trauriger Tag aufgeleuchtet hätte und ich nicht auf einem so unheilvollen Meer gesegelt wäre, hätte ich Grund zu trauern, wie die Füllen, wenn plötzlich der Zügel angelegt wird, durch die ungewohnte Berührung unruhig werden; ich aber bin, da ich schon vielen Leiden unterworfen war, abgestumpft.« Da also Ermüdung infolge des Unglücks den Kummer mildert, muß man einsehen, daß nicht die Sache selbst Ursache und Quelle des Kummers ist. (68) Erkennen nicht die bedeutendsten Philosophen, die freilich doch noch nicht die Weisheit[106] erlangt haben, daß sie sich im höchsten Unglück befinden? Denn sie sind töricht, und es gibt kein größeres Übel als die Torheit. Aber sie trauern dennoch nicht. Wie kommt das? Weil mit dieser Art der Übel nicht die Vorstellung verknüpft ist, daß es recht und billig und pflichtgemäß sei, darüber traurig zu sein, daß man nicht weise ist; und genau diese Vorstellung haben wir bei dem Kummer, in dem man um einen Toten klagt und der von allen der schlimmste ist. (69) Deshalb tadelt Aristoteles[107] die alten Philosophen, die geglaubt hätten, durch ihre geistige Leistung sei die Philosophie vollendet worden, und sagt, sie seien entweder sehr dumm gewesen oder hätten sehr geprahlt. Aber er sehe, weil nun in wenigen Jahren ein großer Fortschritt erzielt worden sei, daß in kurzer Zeit die Philosophie ganz zur Vollendung gebracht sein werde. Theophrast[108] aber soll auf dem Sterbebett die Natur angeklagt haben, daß sie Hirschen und Krähen[109] ein langes Leben gegeben habe, für die das doch keine Bedeutung habe, den Menschen aber, für die es von sehr großer Bedeutung gewesen wäre, eine so geringe Lebenszeit; wenn ihre Lebenszeit hätte länger sein können, dann wären alle Künste zur Vollkommenheit gelangt und das Leben der Menschen in jeder Art von Wissenschaft ausgebildet worden. Er beklagte sich also, daß er zu dem Zeitpunkt, da er begonnen hätte, dieses Ziel zu schauen, sterbe. Wie? Gestehen nicht von den übrigen Philosophen gerade die besten und bedeutendsten, daß sie vie-

quisque confitetur multa se ignorare et multa sibi etiam atque etiam esse discenda? (70) neque tamen, cum se in media stultitia, qua nihil est peius, haerere intellegant, aegritudine premuntur; nulla enim admiscetur opinio officiosi doloris. Quid, qui non putant lugendum viris? qualis fuit Q. Maxumus efferens filium consularem, qualis L. Paulus duobus paucis diebus amissis filiis, qualis M. Cato praetore designato mortuo filio, quales reliqui, quos in Consolatione conlegimus. (71) quid hos aliud placavit nisi quod luctum et maerorem esse non putabant viri? ergo id, quod alii rectum opinantes aegritudini se solent dedere, id hi turpe putantes aegritudinem reppulerunt. ex quo intellegitur non in natura, sed in opinione esse aegritudinem.

29 Contra dicuntur haec: quis tam demens, ut sua voluntate maereat? natura adfert dolorem, cui quidem Crantor, inquiunt, vester cedendum putat; premit enim atque instat, nec resisti potest. itaque Oileus ille apud Sophoclem, qui Telamonem antea de Aiacis morte consolatus esset, is cum audivisset de suo, fractus est. de cuius commutata mente sic dicitur:

'Nec vero tanta praeditus sapientia
Quisquam est, qui aliorum aerumnam dictis adlevans
Non idem, cum fortuna mutata impetum
Convertat, clade subita frangatur sua,
Ut illa ad alios dicta et praecepta excidant.'

haec cum disputant, hoc student efficere, naturae obsisti nullo modo posse; et tamen fatentur graviores aegritudines

les nicht wissen und daß sie immer wieder vieles noch lernen müssen? (70) Und doch werden sie, obwohl sie erkennen, mitten im Nichtwissen zu stecken, dem Schlimmsten, was es gibt, nicht von Kummer bedrückt; denn es kommt nicht die Vorstellung eines Schmerzes auf, zu dem man verpflichtet wäre. Was soll man von denen sagen, die glauben, daß Männer nicht trauern dürften? Wie zum Beispiel Q. Maximus[110], der seinen Sohn, einen ehemaligen Konsul, bestattete, L. Paulus[111], der in wenigen Tagen zwei Söhne verlor, M. Cato[112], dessen Sohn, der gerade zum Prätor designiert worden war, starb, und die übrigen, die wir in der *Trostschrift* zusammengestellt haben. (71) Was hat sie anderes beruhigt als die Ansicht, Trauer und Schmerz gehörten sich nicht für einen Mann? Das also, was andere für richtig halten und weswegen sie sich dem Schmerz hinzugeben pflegen, das hielten sie für schändlich und vertrieben so den Kummer. Daraus ersieht man, daß der Kummer nicht in der Natur sondern in der Vorstellung begründet ist.

29 Dagegen bringt man folgendes vor: Wer ist so unvernünftig, daß er freiwillig trauert? Die Natur bringt den Schmerz, dem man freilich, wie man sagt, nach Ansicht eures Krantor nachgeben muß; der Schmerz drückt nämlich und drängt, und man kann ihm nicht widerstehen. Und so ist jener Oïleus bei Sophokles, der zuvor den Telamon über den Tod des Aias getröstet hatte, zusammengebrochen, als er vom Tod seines eigenen Sohnes gehört hatte. Über seine Sinnesänderung wird folgendes gesagt: »Aber niemand ist mit einer so großen Weisheit begabt, der das Unglück anderer mit Worten tröstet, dann aber, wenn das Schicksal sich ändert und seinen Angriff gegen ihn wendet, nicht unter seinem eigenen plötzlichen Unglück zusammenbricht, so daß ihm dann jene an andere gerichteten Worte und Ratschläge entfallen.«[113] Mit dieser Argumentation bemühen sie sich zu beweisen, daß man sich der Natur auf keine Weise widersetzen könne; und dennoch gestehen sie, daß man schlimmeren Kummer auf sich nimmt, als die Natur es

suscipi, quam natura cogat. quae est igitur amentia –? ut nos quoque idem ab illis requiramus. (72) Sed plures sunt causae suscipiendi doloris: primum illa opinio mali, quo viso atque persuaso aegritudo insequitur necessario. deinde etiam gratum mortuis se facere, si graviter eos lugeant, arbitrantur. accedit superstitio muliebris quaedam; existumant enim diis inmortalibus se facilius satis facturos, si eorum plaga perculsi adflictos se et stratos esse fateantur. sed haec inter se quam repugnent, plerique non vident. laudant enim eos, qui aequo animo moriantur; qui alterius mortem aequo animo ferant, eos putant vituperandos. quasi fieri ullo modo possit, quod in amatorio sermone dici solet, ut quisquam plus alterum diligat quam se. (73) praeclarum illud est et, si quaeris, rectum quoque et verum, ut eos, qui nobis carissimi esse debeant, aeque ac nosmet ipsos amemus; ut vero plus, fieri nullo pacto potest. ne optandum quidem est in amicitia, ut me ille plus quam se, ego illum plus quam me; perturbatio vitae, si ita sit, atque officiorum omnium consequatur.
30 sed de hoc alias; nunc illud satis est, non attribuere ad amissionem amicorum miseriam nostram, ne illos plus quam ipsi velint, si sentiant, plus certe quam nosmet ipsos diligamus. Nam quod aiunt plerosque consolationibus nihil levari adiunguntque consolatores ipsos confiteri se miseros, cum ad eos impetum suum fortuna converterit, utrumque dissolvitur. sunt enim ista non naturae vitia, sed culpae. stultitiam autem accusare quamvis copiose licet. nam et qui

fordert. Was ist das also für ein Unsinn? – um einmal dieselbe Frage an sie zu richten. (72) Es gibt aber mehrere Gründe, weshalb man Schmerz auf sich nimmt. Zunächst jene Vorstellung von einem Übel, dem, wenn man es gesehen hat und davon überzeugt ist, der Kummer mit Notwendigkeit folgt. Dann glaubt man, den Toten einen Gefallen zu erweisen, wenn man sie tief betrauert. Hinzu kommt ein bestimmter weibischer Aberglauben; sie glauben nämlich, den unsterblichen Göttern leichter Genugtuung zu leisten, wenn sie, von ihrem Schlag getroffen, zugeben, angeschlagen und niedergeworfen zu sein. Aber die meisten sehen nicht, wie sich das einander widerspricht. Denn sie loben diejenigen, die in Gleichmut sterben; diejenigen aber, die mit Gleichmut den Tod eines anderen ertragen, müssen nach ihrer Auffassung getadelt werden. Als ob irgendwie möglich wäre, was man in der Sprache der Liebenden zu sagen pflegt, daß nämlich jemand einen anderen mehr liebt als sich selbst. (73) Es ist zwar edel und, wenn du danach fragst, auch richtig und wahr, daß wir diejenigen, die uns am teuersten sein müssen, ebenso lieben wie uns selbst; daß wir sie aber mehr lieben, ist ganz und gar unmöglich. Es ist in der Freundschaft nicht einmal wünschenswert, daß jener mich mehr liebt als sich, und ich ihn mehr als mich; eine Verwirrung im Leben und in allen Pflichten dürfte, wenn es so sein sollte, die Folge sein. **30** Aber darüber ein andermal; jetzt ist folgendes genug: wir wollen nicht zum Verlust der Freunde noch unser Elend hinzufügen, damit wir jene nicht mehr lieben, als sie selbst es wollten, wenn sie es noch spürten, also sicherlich mehr als uns selbst. Denn wenn man behauptet[114], die meisten Menschen erführen durch Trost keine Erleichterung, und hinzufügt, die Trostspender selbst gäben zu, unglücklich zu sein, wenn das Schicksal seinen Stoß gegen sie richte, so löst sich beides auf. Denn das sind keine Fehler der Natur, sondern unserer Schuld. Die Dummheit aber so wortreich wie möglich anzuklagen ist erlaubt. Denn diejenigen, die keine Erleichterung finden, la-

non levantur, ipsi ⟨se⟩ ad miseriam invitant, et qui suos casus aliter ferunt atque ut auctores aliis ipsi fuerunt, non sunt vitiosiores quam fere plerique, qui avari avaros, gloriae cupidos gloriosi reprehendunt. est enim proprium stultitiae aliorum vitia cernere, oblivisci suorum. (74) Sed nimirum hoc maxume est exprimendum, cum constet aegritudinem vetustate tolli, hanc vim non esse in die positam, sed in cogitatione diuturna. nam si et eadem res est et idem est homo, qui potest quicquam de dolore mutari, si neque de eo, propter quod dolet, quicquam est mutatum neque de eo, qui dolet? cogitatio igitur diuturna nihil esse in re mali dolori medetur, non ipsa diuturnitas.

31 Hic mihi adferunt mediocritates. quae si naturales sunt, quid opus est consolatione? natura enim ipsa terminabit modum; sin opinabiles, opinio tota tollatur.

Satis dictum esse arbitror aegritudinem esse opinionem mali praesentis, in qua opinione illud insit, ut aegritudinem suscipere oporteat. (75) additur ad hanc definitionem a Zenone recte, ut illa opinio praesentis mali sit recens. hoc autem verbum sic interpretantur, ut non tantum illud recens esse velint, quod paulo ante acciderit, sed quam diu in illo opinato malo vis quaedam insit, ut vigeat et habeat quandam viriditatem, tam diu appelletur recens. ut Artemisia illa, Mausoli Cariae regis uxor, quae nobile illud Halicarnasi fecit sepulcrum, quam diu vixit, vixit in luctu eodemque etiam confecta contabuit. huic erat illa opinio cotidie re-

den sich selbst zum Unglücklichsein ein, und diejenigen, die ihre Schicksalsschläge anders ertragen, als sie selbst es anderen geraten haben, begehen keinen größeren Fehler als fast die meisten Menschen, die, selbst habgierig, die Habgierigen, selbst ruhmsüchtig, die Ruhmsüchtigen tadeln. Denn der Dummheit ist es eigen, die Fehler anderer zu sehen, die eigenen hingegen zu vergessen. (74) Aber ohne Zweifel muß man folgendes besonders betonen: Wenn feststeht, daß der Kummer durch die Dauer beseitigt wird, liegt diese Wirkung nicht im Zeitablauf, sondern im ständigen Nachdenken. Denn wenn es sich um dieselbe Sache und denselben Menschen handelt, wie kann etwas sich am Schmerz ändern, wenn sich nichts an dem, weswegen er leidet, geändert hat, und nichts an dem, der leidet? Das ständige Bedenken, daß in der Sache kein Übel liegt, heilt den Schmerz, nicht die Dauer der Zeit selbst.

31 Hier kommen sie mir mit den mäßigen Schmerzen.[115] Wenn sie naturgegeben sind, wozu bedarf es dann des Trostes? Denn die Natur selbst wird das Maß bestimmen; wenn sie aber nur aus der Vorstellung stammen, dann muß die Vorstellung ganz beseitigt werden.

Meiner Meinung nach ist nun genug davon gesprochen worden, daß der Kummer die Vorstellung von einem gegenwärtigen Übel ist und daß in dieser Vorstellung eingeschlossen ist, daß man Kummer auf sich nehmen muß. (75) Zu dieser Definition fügt Zenon richtig hinzu, daß jene Vorstellung von einem gegenwärtigen Übel frisch sein müsse. Diesen Begriff deuten sie so, daß sie nicht nur das als frisch ansehen, was sich kurz zuvor ereignet hat, sondern daß ein vermeintliches Übel so lange als frisch bezeichnet wird, wie in ihm noch eine gewisse Kraft innewohnt, so daß es Wirkung und eine gewisse Lebendigkeit hat. So lebte Artemisia[116], die Gattin des Königs Mausolos von Karien, die das berühmte Grabmal in Halikarnaß errichten ließ, zeitlebens in Trauer und ist auch, von eben dieser Trauer verzehrt, dahingeschwunden. Für sie war jene Vorstellung täglich frisch;

cens; quae tum denique non appellatur recens, cum vetustate exaruit.

Haec igitur officia sunt consolantium, tollere aegritudinem funditus aut sedare aut detrahere quam plurumum aut supprimere nec pati manare longius aut ad alia traducere. (76) sunt qui unum officium consolantis putent ⟨docere⟩ malum illud omnino non esse, ut Cleanthi placet; sunt qui non magnum malum, ut Peripatetici; sunt qui abducant a malis ad bona, ut Epicurus; sunt qui satis putent ostendere nihil inopinati accidisse, nihil mali. Chrysippus autem caput esse censet in consolando detrahere illam opinionem maerentis, qua se officio fungi putet iusto atque debito. sunt etiam qui haec omnia genera consolandi colligant – alius enim alio modo movetur –, ut fere nos in Consolatione omnia in consolationem unam coniecimus; erat enim in tumore animus, et omnis in eo temptabatur curatio. sed sumendum tempus est non minus in animorum morbis quam in corporum; ut Prometheus ille Aeschyli, cui cum dictum esset:

> 'Atqui, Prometheu, te hoc tenere existimo,
> Mederi posse rationem iracundiae',

respondit:

> 'Siquidem qui tempestivam medicinam admovens
> Non adgravescens volnus inlidat manu.'

32 (77) Erit igitur in consolationibus prima medicina docere aut nullum malum esse aut admodum parvum, altera et de communi condicione vitae et proprie, si quid sit de ipsius qui maereat disputandum, tertia summam esse stultitiam frustra confici maerore, cum intellegas nihil posse profici. nam Cleanthes quidem sapientem consolatur, qui consola-

sie wird dann erst nicht mehr frisch genannt, wenn sie durch ihr Alter vertrocknet ist.

Dies also sind die Aufgaben der Tröstenden, den Kummer von Grund auf zu beseitigen, ihn zu lindern und soviel wie möglich wegzunehmen oder ihn zu unterdrücken und nicht zuzulassen, daß er sich weiter ausbreitet, oder die Gedanken auf anderes abzulenken. (76) Manche sehen nur eine Aufgabe des Tröstenden, nämlich zu lehren, daß jenes überhaupt kein Übel sei, wie Kleanthes[117]; manche, zu zeigen, daß es kein großes Übel sei, wie die Peripatetiker; manche lenken von den Übeln ab zu den Gütern, wie Epikur; manche halten es für ausreichend zu zeigen, daß nichts Unerwartetes geschehen sei, nichts Schlimmes. Chrysipp aber ist der Ansicht, das Wichtigste beim Trösten sei, dem Trauernden die Vorstellung zu nehmen, durch die er glaubt, er erfülle eine gerechte und geschuldete Pflicht. Manche nehmen auch all diese Arten des Tröstens zusammen – denn diesem hilft diese, dem anderen jene Art –, wie auch wir in der *Trostschrift* alles zu einem einzigen Trost zusammengetragen haben; denn die Seele war in Wallung, und jede Behandlungsmethode wurde an ihr versucht. Man muß den rechten Zeitpunkt bei den Krankheiten der Seele ebenso ergreifen wie bei denen des Körpers; wie der Prometheus des Aischylos[118], als ihm gesagt worden war: »Aber ich glaube, Prometheus, du weißt, daß die Vernunft den Zorn heilen kann«, antwortete: »Wenn jemand das Heilmittel rechtzeitig anwendet und nicht mit der Hand in die Wunde stößt und sie noch schlimmer macht.«

32 (77) Also wird es bei Tröstungen das erste Heilmittel sein, zu erklären, daß gar kein Übel vorhanden ist, oder nur ein geringes, das zweite, zu belehren über das allen Menschen gemeinsame Los, und im besonderen, wenn etwas über die Lage des Trauernden zu sagen ist, das dritte, darzulegen, daß es die höchste Torheit bedeutet, sich sinnlos von Trauer verzehren zu lassen, obwohl man doch einsieht, daß es nichts nützen kann. Denn Kleanthes tröstet ja einen Wei-

tione non eget. nihil enim esse malum, quod turpe non sit, si lugenti persuaseris, non tu illi luctum, sed stultitiam detraxeris; alienum autem tempus docendi. et tamen non satis mihi videtur vidisse hoc Cleanthes, suscipi aliquando aegritudinem posse ex eo ipso, quod esse summum malum Cleanthes ipse fateatur. quid enim dicemus, cum Socrates Alcibiadi persuasisset, ut accepimus, eum nihil hominis esse nec quicquam inter Alcibiadem summo loco natum et quemvis baiolum interesse, cum se Alcibiades adflictaret lacrimansque Socrati supplex esset, ut sibi virtutem traderet turpitudinemque depelleret –, quid dicemus, Cleanthe? tum in illa re, quae aegritudine Alcibiadem adficiebat, mali nihil fuisse? (78) quid? illa Lyconis qualia sunt? qui aegritudinem extenuans parvis ait eam rebus moveri, fortunae et corporis incommodis, non animi malis. quid ergo? illud, quod Alcibiades dolebat, non ex animi malis vitiisque constabat? ad Epicuri consolationem satis est ante dictum. **33** (79) ne illa quidem firmissima consolatio est, quamquam et usitata est et saepe prodest: 'non tibi hoc soli.' prodest haec quidem, ut dixi, sed nec semper nec omnibus; sunt enim qui respuant; sed refert, quo modo adhibeatur. ut enim tulerit quisque eorum qui sapienter tulerunt, non quo quisque incommodo adfectus sit, praedicandum est. Chrysippi ad veritatem firmissima est, ad tempus aegritudinis difficilis. magnum opus est probare maerenti illum suo iudicio et, quod se ita putet

sen, der des Trostes nicht bedarf.[119] Denn wenn du den Trauernden überzeugst, daß nur die Schande ein Übel ist, wirst du ihm nicht die Trauer, wohl aber die Torheit nehmen; dies zu lehren ist dann nicht der rechte Augenblick. Jedoch scheint Kleanthes mir dies nicht genügend gesehen zu haben, daß bisweilen Kummer entstehen kann aus dem, was Kleanthes selbst als das höchste Übel bezeichnet. Denn was werden wir sagen zu folgendem Fall[120]? Als Sokrates, wie wir gelesen haben, den Alkibiades überzeugt hatte, wie wir gehört haben, daß er ein Nichts von einem Menschen sei und daß kein Unterschied zwischen ihm, dem Alkibiades aus edelstem Hause, und irgendeinem Lastträger bestehe, und als Alkibiades dann traurig wurde und den Sokrates unter Tränen bat, er möge ihm die Tugend vermitteln und die Schlechtigkeit vertreiben – was werden wir sagen, Kleanthes? War damals an der Angelegenheit, die Alkibiades betrübte, nichts Übles? (78) Wie? Wie steht es mit dem, was Lykon[121] sagte? Weil er den Kummer verringern wollte, lehrte er, daß er durch Kleinigkeiten erregt werde, nämlich durch Widrigkeiten des äußeren Schicksals und des Körpers, nicht durch seelische Übel. Wie nun? Beruhte das, worüber Alkibiades betrübt war, nicht auf Übeln und Fehlern der Seele? Zu dem Trost, den Epikur vorschlägt, ist zuvor schon genügend gesagt worden. **33** (79) Nicht einmal folgender Trost ist der sicherste, obschon er weit verbreitet ist und häufig hilft: ›Das geschieht nicht dir allein.‹ Er hilft zwar, wie ich sagte, aber nicht immer und nicht allen; manche nämlich weisen ihn zurück; es ist aber von Bedeutung, wie man ihn anwendet. Man muß nämlich rühmen, wie ein jeder von denen, die Leid mit Weisheit ertragen haben, es ertragen haben, nicht, von welchem Leid ein jeder getroffen wurde. Die Art der Tröstung, die Chrysipp[122] empfiehlt, ist im Hinblick auf die Wahrheit die sicherste, aber im Hinblick auf den Augenblick des Kummers schwierig. Es ist eine schwere Aufgabe, einem Trauernden zu beweisen, er trauere freiwillig und weil er meine, es sei seine Pflicht, es

oportere facere, maerere. Nimirum igitur, ut in causis non semper utimur eodem statu – sic enim appellamus controversiarum genera –, sed ad tempus, ad controversiae naturam, ad personam accommodamus, sic in aegritudine lenienda, quam quisque curationem recipere possit, videndum est.

(80) Sed nescio quo pacto ab eo, quod erat a te propositum, aberravit oratio. tu enim de sapiente quaesieras, cui aut malum videri nullum potest, quod vacet turpitudine, aut ita parvum malum, ut id obruatur sapientia vixque appareat, qui nihil opinione adfingat adsumatque ad aegritudinem nec id putet esse rectum, se quam maxume excruciari luctuque confici, quo pravius nihil esse possit. edocuit tamen ratio, ut mihi quidem videtur, cum hoc ipsum proprie non quaereretur hoc tempore, num quod esset malum nisi quod idem dici turpe posset, tamen ut videremus, quicquid esset in aegritudine mali, id non naturale esse, sed voluntario iudicio et opinionis errore contractum.

(81) Tractatum est autem a nobis id genus aegritudinis, quod unum est omnium maxumum, ut eo sublato reliquorum remedia ne magnopere quaerenda arbitraremur.
34 sunt enim certa, quae de paupertate certa, quae de vita inhonorata et ingloria dici soleant; separatim certae scholae sunt de exilio, de interitu patriae, de servitute, de debilitate, de caecitate, de omni casu, in quo nomen poni solet calamitatis. haec Graeci in singulas scholas et in singulos libros dispertiunt; opus enim quaerunt (quamquam plenae dis-

zu tun. Wie wir also in Prozessen nicht immer von demselben Gesichtspunkt ausgehen[123] – so nämlich nennen wir die verschiedenen Arten der Beweisführung bei Streitfällen –, sondern uns anpassen an die Zeitumstände, das Wesen des Streites und an die Person, so muß man bei der Linderung des Kummers darauf sehen, welche Art der Heilung jemand annehmen kann.

(80) Aber irgendwie ist meine Rede von dem Thema, das du vorgeschlagen hattest, abgeirrt. Denn du hattest nach dem Weisen gefragt, dem entweder nichts als ein Übel erscheinen kann, was von Schändlichkeit frei ist, oder nur als ein so kleines Übel, daß es von der Weisheit überdeckt wird und kaum zutage tritt, und der nichts in seiner Vorstellung hinzudichtet und hinzufügt zum Kummer und der überzeugt ist, daß es nicht richtig sei, sich in höchstem Maße peinigen und von Kummer verzehren zu lassen; nichts könnte ja schlimmer sein als das. Obwohl zu diesem Zeitpunkt eigentlich nicht Gegenstand unserer Erörterung war, ob etwas außer der Schande überhaupt ein Übel genannt werden kann, hat die Untersuchung doch gezeigt, wie es mir jedenfalls scheint, daß wir sehen, daß das, was am Kummer ein Übel ist, nicht naturgegeben ist, sondern durch freiwillige Entscheidung und den Irrtum in der Vorstellung entstanden ist.

(81) Wir haben aber die Art des Kummers behandelt, die allein die schlimmste von allen[124] ist, so daß wir, wenn diese beseitigt ist, uns um Heilmittel für die übrigen nicht allzu sehr bemühen müssen, wie wir meinen. **34** Es gibt nämlich bestimmte Dinge, die man über die Armut, und bestimmte Dinge, die man über ein Leben ohne Ehre und Ruhm anzuführen pflegt. Daneben gibt es bestimmte philosophische Vorträge über die Verbannung, über den Untergang des Vaterlandes, über die Knechtschaft, über Gebrechlichkeit, über Blindheit, über jeden Fall, auf den der Begriff Unglück angewandt zu werden pflegt. Dies teilen die Griechen auf einzelne Vorträge und Bücher auf; denn sie suchen Beschäf-

putationes delectationis sunt); (82) et tamen, ut medici toto corpore curando minimae etiam parti, si condoluit, medentur, sic philosophia cum universam aegritudinem sustulit, ⟨sustulit⟩ etiam, si quis error alicunde extitit, si paupertas momordit, si ignominia pupugit, si quid tenebrarum obfudit exilium, aut eorum quae modo dixi si quid extitit. etsi singularum rerum sunt propriae consolationes, de quibus audies tu quidem, cum voles. sed ad eundem fontem revertendum est, aegritudinem omnem procul abesse a sapiente, quod inanis sit, quod frustra suscipiatur, quod non natura exoriatur, sed iudicio, sed opinione, sed quadam invitatione ad dolendum, cum id decreverimus ita fieri oportere. (83) Hoc detracto, quod totum est voluntarium, aegritudo erit sublata illa maerens, morsus tamen et contractiuncula quaedam animi relinquetur. hanc dicant sane naturalem, dum aegritudinis nomen absit grave taetrum funestum, quod cum sapientia esse atque, ut ita dicam, habitare nullo modo possit. At quae stirpes sunt aegritudinis, quam multae, quam amarae! quae ipso trunco everso omnes eligendae sunt et, si necesse erit, singulis disputationibus. superest enim nobis hoc, cuicuimodi est, otium. sed ratio una omnium est aegritudinum, plura nomina. nam et invidere aegritudinis est et aemulari et obtrectare et misereri et angi, lugere, maerere, aerumna adfici, lamentari, sollicitari, dolere, in molestia esse, adflictari, desperare. (84) Haec omnia

tigung (freilich sind ihre Erörterungen voll der Erbauung); (82) und dennoch, wie die Ärzte bei der Behandlung des ganzen Körpers auch den kleinsten Teil, wenn er in Mitleidenschaft gezogen ist, behandeln, so hat die Philosophie, wenn sie den Kummer insgesamt beseitigt hat, auch beseitigt, wenn ein Irrtum irgendwoher entstand, wenn die Armut quälte, wenn die Schande drückte, wenn die Verbannung jemanden mit Trübsal überschüttete oder wenn irgend etwas von dem, was ich eben sagte, eintrat. Gewiß gibt es für die einzelnen Fälle besondere Trostarten, über die du freilich etwas hören wirst, sobald du willst.[125] Aber man muß zu demselben Ausgangspunkt zurückkehren, daß aller Kummer dem Weisen fernliegt, weil er sinnlos ist, weil man ihn vergebens auf sich nimmt, weil er nicht von Natur aus entsteht, sondern durch eigene Entscheidung, durch unsere Vorstellung, durch eine Art von Einladung zum Schmerz, wenn wir entschieden haben, daß es so geschehen müsse. (83) Wenn man das wegnimmt, was ganz auf einem freien Entschluß beruht, wird jener trauernde Kummer beseitigt sein, eine Bitterkeit jedoch und eine gewisse Beklemmung der Seele werden bleiben. Dies mag man naturgegeben nennen, wenn nur der Begriff Kummer nicht angewandt wird, ein schlimmes, scheußliches und unheilvolles Wort, das mit der Weisheit nicht verbunden sein und mit ihr auf keine Weise sozusagen zusammenwohnen kann. Welche Wurzeln des Kummers aber gibt es, wie viele, wie bittere! Sie alle müssen, wenn der Stamm selbst gerodet ist, ausgerissen werden, und zwar, wenn es notwendig ist, in besonderen Erörterungen. Denn dazu haben wir ja, wie auch immer sie sein mag, die Muße.[126] Das Wesen aller Arten des Kummers ist immer dasselbe, aber es gibt mehrere Namen. Denn neiden[127] gehört zum Kummer ebenso wie eifersüchtig sein, mißgönnen, bemitleiden, sich ängstigen, trauern, betrübt sein, von Trübsal betroffen werden, jammern, sich beunruhigen, Schmerz empfinden, in Verdruß sein, angeschlagen und verzweifelt sein. (84) Dies alles grenzen die Stoiker

definiunt Stoici, eaque verba quae dixi singularum rerum sunt, non, ut videntur, easdem res significant, sed aliquid differunt; quod alio loco fortasse tractabimus. haec sunt illae fibrae stirpium, quas initio dixi, persequendae et omnes eligendae, ne umquam ulla possit existere. magnum opus et difficile, quis negat? quid autem praeclarum non idem arduum? sed tamen id se effecturam philosophia profitetur, nos modo curationem eius recipiamus.

Verum haec quidem hactenus, cetera, quotienscumque voletis, et hoc loco et aliis parata vobis erunt.

voneinander ab, und die Begriffe, die ich genannt habe, bezeichnen verschiedene Dinge und nicht, wie es scheint, dieselben Zustände; sie geben Unterschiede an; das werden wir vielleicht an anderer Stelle behandeln. Das sind die Wurzelfasern, von denen ich eingangs sprach; sie muß man alle aufspüren und ausreißen, damit niemals wieder eine hervorkommen kann. Eine große und schwierige Aufgabe, wer leugnet es? Was aber ist rühmlich, was nicht zugleich schwierig wäre? Aber doch verspricht die Philosophie, dies bewirken zu können, wenn wir nur ihre Behandlung annehmen.

Aber dies nun so weit, das übrige wird euch, sooft ihr es wollt, hier[128] und anderswo bereitstehen.

Liber quartus

1 (1) Cum multis locis nostrorum hominum ingenia virtutesque, Brute, soleo mirari, tum maxime in is studiis, quae sero admodum expetita in hanc civitatem e Graecia transtulerunt. nam cum a primo urbis ortu regiis institutis, partim etiam legibus auspicia, caerimoniae, comitia, provocationes, patrum consilium, equitum peditumque discriptio, tota res militaris divinitus esset constituta, tum progressio admirabilis incredibilisque cursus ad omnem excellentiam factus est dominatu regio re p. liberata. nec vero hic locus est, ut de moribus institutisque maiorum et disciplina ac temperatione civitatis loquamur; aliis haec locis satis accurate a nobis dicta sunt maximeque in is sex libris, quos de re publica scripsimus. (2) hoc autem loco consideranti mihi studia doctrinae multa sane occurrunt, cur ea quoque arcessita aliunde neque solum expetita, sed etiam conservata et culta videantur. erat enim illis paene in conspectu praestanti sapientia et nobilitate Pythagoras, qui fuit in Italia temporibus isdem quibus L. Brutus patriam liberavit, praeclarus auctor nobilitatis tuae. Pythagorae autem doctrina cum longe lateque flueret, permanavisse mihi videtur in hanc civitatem, idque cum coniectura probabile est, tum quibusdam etiam

Buch IV

1 (1) In vielen Bereichen, Brutus, pflege ich die Begabung und Leistung unserer Landsleute zu bewundern, vor allem aber in den Studien, nach denen sie recht spät strebten und die sie dann aus Griechenland in unseren Staat herübergeholt haben. Denn nachdem schon gleich bei der Entstehung der Stadt durch Einrichtungen der Könige, teilweise auch durch Gesetze die Beobachtung von Vorzeichen, die religiösen Bräuche, die Volksversammlungen, die Berufungsverfahren, der Rat der Väter, das Ausheben von Reiterei und Fußvolk und das gesamte Heerwesen wie durch göttliche Fügung geordnet worden waren, da setzte nach der Befreiung des Staates von der Königsherrschaft ein bewundernswerter Fortschritt und eine unglaubliche Entwicklung zu jeglicher Vollkommenheit hin ein. Doch ist hier nicht der Ort, von den Sitten und Einrichtungen der Vorfahren und der Ordnung und Führung des Staates zu sprechen. Dies haben wir andernorts sorgfältig genug dargelegt, vor allem aber in den sechs Büchern, die wir über den Staat geschrieben haben. (2) Wenn ich aber an dieser Stelle über die wissenschaftlichen Bemühungen nachdenke, fällt mir allerdings vieles ein, warum auch sie von anderswoher geholt, aber nicht nur erstrebt, sondern dann auch bewahrt und gepflegt worden zu sein scheinen. Es lebte nämlich sozusagen im Blickfeld unserer Ahnen Pythagoras, ein Mann von hervorragender Weisheit und Berühmtheit; er lebte in Italien zur selben Zeit, da L. Brutus, der hochangesehene Ahnherr deines adligen Geschlechts, unsere Vaterstadt befreite. Da sich nun die Lehre des Pythagoras weithin verbreitete, scheint sie mir auch in unseren Staat Eingang gefunden zu haben; und dies läßt sich nicht nur als wahrscheinlich vermuten,

vestigiis indicatur. quis enim est qui putet, cum floreret in Italia Graecia potentissumis et maximis urbibus, ea quae magna dicta est, in isque primum ipsius Pythagorae, deinde postea Pythagoreorum tantum nomen esset, nostrorum hominum ad eorum doctissimas voces aures clausas fuisse? (3) quin etiam arbitror propter Pythagoreorum admirationem Numam quoque regem Pythagoreum a posterioribus existimatum. nam cum Pythagorae disciplinam et instituta cognoscerent regisque eius aequitatem et sapientiam a maioribus suis accepissent, aetates autem et tempora ignorarent propter vetustatem, eum, qui sapientia excelleret, Pythagorae auditorem crediderunt fuisse. **2** et de coniectura quidem hactenus. vestigia autem Pythagoreorum quamquam multa colligi possunt, paucis tamen utemur, quoniam non id agitur hoc tempore. nam cum carminibus soliti illi esse dicantur [et] praecepta quaedam occultius tradere et mentes suas a cogitationum intentione cantu fidibusque ad tranquillitatem traducere, gravissumus auctor in Originibus dixit Cato morem apud maiores hunc epularum fuisse, ut deinceps, qui accubarent, canerent ad tibiam clarorum virorum laudes atque virtutes; ex quo perspicuum est et cantus tum fuisse discriptos vocum sonis et carmina. (4) quamquam id quidem etiam duodecim tabulae declarant, condi iam tum solitum esse carmen; quod ne liceret fieri ad alterius iniuriam, lege sanxerunt. nec vero illud non eruditorum temporum argumentum est, quod et deorum pulvinaribus

sondern auch aus bestimmten Spuren entnehmen. Wer könnte nämlich glauben, daß, als Griechenland in Italien durch überaus mächtige und große Städte in Blüte stand – jenes Gebiet, das Großgriechenland genannt wurde – und in ihnen zunächst der Name des Pythagoras selbst und dann der der Pythagoreer hochgerühmt war, die Ohren unserer Landsleute ihren hochgelehrten Sprüchen gegenüber verschlossen blieben? (3) Ja, ich glaube sogar, daß auch König Numa wegen seiner Bewunderung für die Pythagoreer von den Späteren als Pythagoreer angesehen wurde. Denn als sie die Lehre und Einrichtungen des Pythagoras kennenlernten und durch ihre Vorfahren von der Gerechtigkeit und Weisheit dieses Königs gehört hatten, von dem Lebensalter der beiden aber und der Zeit[1], weil sie so lange zurücklag, keine Vorstellung mehr hatten, da glaubten sie, er, der durch Weisheit so hervortrat, müsse ein Schüler des Pythagoras gewesen sein. **2** Und soviel nun über das, was sich vermuten läßt! Was aber die Spuren der Pythagoreer angeht, werden wir, obwohl man viele sammeln könnte, nur wenige anführen, weil dies im Augenblick nicht das Thema ist. Von ihnen heißt es nämlich, daß sie die Gewohnheit hatten, gewisse philosophische Vorschriften in etwas verhüllter Form in Gedichten weiterzugeben und ihren Geist von der Anstrengung des Nachdenkens durch Gesang und Lautenspiel zur Ruhe zu bringen. Und ebenso, so sagt Cato, ein sehr bedeutender Gewährsmann, in seinen *Origines*, sei es bei unseren Vorfahren beim Mahl Sitte gewesen, daß die Teilnehmer der Reihe nach zur Flöte die Ruhmestaten berühmter Männer besangen. Daraus wird deutlich, daß es damals Gesänge, die entsprechend dem Klang der Töne aufgeschrieben waren[2], und Gedichte gab. (4) Allerdings beweisen auch die Zwölf Tafeln[3], daß man damals schon zu dichten pflegte; daß niemand zum Schaden eines anderen dies tun dürfe, bestimmten sie durch Gesetz. Auch folgendes ist gewiß ein Zeichen für die Bildung eines Zeitalters, daß bei den Gastmählern der Götter[4] und den Mahlzeiten der Be-

et epulis magistratuum fides praecinunt, quod proprium eius fuit, de qua loquor, disciplinae. mihi quidem etiam Appii Caeci carmen, quod valde Panaetius laudat epistola quadam, quae est ad Q. Tuberonem, Pythagoreum videtur. multa etiam sunt in nostris institutis ducta ab illis; quae praetereo, ne ea, quae repperisse ipsi putamur, aliunde didicisse videamur. (5) Sed ut ad propositum redeat oratio, quam brevi tempore quot et quanti poetae, qui autem oratores extiterunt! facile ut appareat nostros omnia consequi potuisse, simul ut velle coepissent.

3 Sed de ceteris studiis alio loco et dicemus, si usus fuerit, et saepe diximus. sapientiae studium vetus id quidem in nostris, sed tamen ante Laelii aetatem et Scipionis non reperio quos appellare possim nominatim. quibus adulescentibus Stoicum Diogenen et Academicum Carneadem video ad senatum ab Atheniensibus missos esse legatos, qui cum rei publicae nullam umquam partem attigissent essetque eorum alter Cyrenaeus alter Babylonius, numquam profecto scholis essent excitati neque ad illud munus electi, nisi in quibusdam principibus temporibus illis fuissent studia doctrinae. qui cum cetera litteris mandarent, alii ius civile, alii orationes suas, alii monumenta maiorum, hanc amplissimam omnium artium, bene vivendi disciplinam, vita magis quam litteris persecuti sunt. (6) itaque illius verae elegantisque philosophiae, quae ducta a Socrate in Peripateticis ad-

amten[5] die Lauten erklingen, was ebenso eine Eigentümlichkeit der philosophischen Schule war, über die ich gerade spreche. Mir jedenfalls scheint auch das Gedicht des Appius Caecus[6], das Panaitios in einem an Q. Tubero[7] gerichteten Brief sehr lobt, pythagoreisch zu sein. Auch ist vieles in unseren staatlichen Einrichtungen von jenen übernommen; dies übergehe ich; denn es soll nicht so aussehen, als hätten wir das, was als unsere eigene Erfindung gilt, anderswoher gelernt. (5) Doch um zum Thema zurückzukommen: Wie viele und wie große Dichter und auch Redner sind in welch kurzer Zeit aufgetreten! Daraus ist leicht zu erkennen, daß unsere Landsleute alles erreichen konnten, sobald sie einmal begonnen hatten, es zu wollen.

3 Aber über die übrigen Studien werden wir an anderer Stelle sprechen, wenn es sich als zweckmäßig erweist, und wir haben ja auch schon häufig darüber gesprochen. Die Beschäftigung mit der Philosophie ist bei uns zwar alt[8], aber dennoch finde ich vor der Zeit des Laelius und des Scipio niemanden, den ich mit Namen nennen könnte. Als diese beiden noch jung waren, sind, wie ich weiß, der Stoiker Diogenes und der Akademiker Karneades[9] von den Athenern als Gesandte zum Senat geschickt worden. Da diese zuvor niemals mit Politik in Berührung gekommen waren und der eine von ihnen aus Kyrene, der andere aus Babylon stammte, wären sie sicherlich niemals von ihrem Unterricht weggeholt und für diese Aufgabe ausgewählt worden, wenn nicht einige führende Persönlichkeiten Roms sich zu jenen Zeiten schon für philosophische Fragen interessiert hätten. Während diese Männer andere Themen literarisch behandelten, die einen das bürgerliche Recht, andere ihre Reden, wieder andere die Geschichte der Vorfahren, haben sie die bedeutendste aller Künste, die Lehre von einer sittlich-guten Lebensführung, mehr durch ihr Leben als durch ihre Schriften dargestellt. (6) Deshalb gibt es von jener wahren und vornehmen Philosophie, die von Sokrates ausging und bis heute bei den Peripatetikern und den dasselbe auf

huc permansit et idem alio modo dicentibus Stoicis, cum Academici eorum controversias disceptarent, nulla fere sunt aut pauca admodum Latina monumenta sive propter magnitudinem rerum occupationemque hominum, sive etiam quod imperitis ea probari posse non arbitrabantur, cum interim illis silentibus C. Amafinius extitit dicens, cuius libris editis commota multitudo contulit se ad eam potissimum disciplinam, sive quod erat cognitu perfacilis, sive quod invitabantur inlecebris blandis voluptatis, sive etiam, quia nihil erat prolatum melius, illud quod erat tenebant. (7) post Amafinium autem multi eiusdem aemuli rationis multa cum scripsissent, Italiam totam occupaverunt, quodque maxumum argumentum est non dici illa subtiliter, quod et tam facile ediscantur et ab indoctis probentur, id illi firmamentum esse disciplinae putant.

4 Sed defendat, quod quisque sentit; sunt enim iudicia libera: nos institutum tenebimus nullisque unius disciplinae legibus adstricti, quibus in philosophia necessario pareamus, quid sit in quaque re maxime probabile, semper requiremus. quod cum saepe alias, tum nuper in Tusculano studiose egimus. itaque expositis tridui disputationibus quartus dies hoc libro concluditur. ut enim in inferiorem ambulationem descendimus, quod feceramus idem superioribus diebus, acta res est sic:

eine andere Art ausdrückenden Stoikern[10] gepflegt wird, während die Akademiker die Meinungsverschiedenheiten der beiden Schulen erörterten, fast keine oder nur wenige Schriften in lateinischer Sprache, sei es wegen der Kompliziertheit der Gegenstände, sei es wegen der Beanspruchung der Menschen, sei es auch, weil sie glaubten, diese Dinge könnten ungebildeten Menschen nicht verständlich gemacht werden. Da trat, während jene schwiegen, C. Amafinius[11] mit seiner Lehre auf; durch die Veröffentlichung seiner Bücher beeinflußt, schloß sich die Menge gerade seiner Lehre an, sei es, weil ihr Inhalt leicht zu verstehen war, sei es, weil die Menschen durch die einschmeichelnden Verlockungen der Lust angezogen wurden, oder auch, daß sie sich an das, was es gab, hielten, weil noch nichts Besseres hervorgebracht worden war. (7) Als aber nach Amafinius viele Anhänger derselben Richtung viele Schriften herausgegeben hatten, gewannen sie ganz Italien für ihre Lehre. Und was der größte Beweis dafür ist, daß ihre Lehre nicht exakt wissenschaftlich dargestellt wird, nämlich daß man sie so leicht zu lernen vermag und sie auch von ungebildeten Menschen begriffen werden kann, das halten sie für die Hauptstütze ihrer Lehre.

4 Aber jeder möge verteidigen, was er denkt; denn Meinungen sind frei. Wir werden unserem Vorsatz treu bleiben und, ohne den Vorschriften einer einzigen Schule, denen wir in der Philosophie notwendigerweise gehorchen müßten, verpflichtet zu sein, stets danach forschen, was bei jeder einzelnen Frage das Wahrscheinlichste ist. Das haben wir schon oft anderswo, besonders aber in den letzten Tagen im Tusculanum mit Eifer getan. Nachdem also die Erörterungen von drei Tagen bereits dargestellt worden sind, enthält dieses Buch die des vierten Tages. Als wir nämlich, wie wir es auch an den vorhergehenden Tagen getan hatten, in die tiefer gelegene Wandelhalle[12] hinabgestiegen waren, wurde das Gespräch auf folgende Weise geführt.

(8) Dicat, si quis volt, qua de re disputari velit.

Non mihi videtur omni animi perturbatione posse sapiens vacare.

Aegritudine quidem hesterna disputatione videbatur, nisi forte temporis causa nobis adsentiebare.

Minime vero; nam mihi egregie probata est oratio tua.

Non igitur existumas cadere in sapientem aegritudinem?

Prorsus non arbitror.

Atqui, si ista perturbare animum sapientis non potest, nulla poterit. quid enim? metusne conturbet? at earum rerum est absentium metus, quarum praesentium est aegritudo; sublata igitur aegritudine sublatus est metus. restant duae perturbationes, laetitia gestiens et libido; quae si non cadent in sapientem, semper mens erit tranquilla sapientis.

(9) Sic prorsus intellego.

Utrum igitur mavis? statimne nos vela facere an quasi e portu egredientis paululum remigare?

5 Quidnam est istuc? non enim intellego.

Quia Chrysippus et Stoici cum de animi perturbationibus disputant, magnam partem in his partiendis et definiendis occupati sunt, illa eorum perexigua oratio est, qua medeantur animis nec eos turbulentos esse patiantur, Peripatetici autem ad placandos animos multa adferunt, spinas partiendi et definiendi praetermittunt. quaerebam igitur,

(8) M: Wenn jemand den Wunsch hat, möge er sagen, welches Thema er diskutiert sehen möchte.

A: Mir scheint, daß auch der Weise nicht von jeder Leidenschaft frei sein kann.

M: Aber doch von Kummer, wie es in unserer gestrigen Erörterung schien, wenn du nicht vielleicht aus zeitlichen Gründen uns zugestimmt hast.

A: Keineswegs; denn deine Rede fand meine volle Zustimmung.

M: Du glaubst also nicht, daß Kummer den Weisen befallen kann?

A: Ich glaube das ganz und gar nicht.

M: Wenn also dieser die Seele eines Weisen nicht in Unruhe bringen kann, dann wird es auch keine andere Leidenschaft können. Was denn? Kann ihn die Furcht verwirren? Furcht empfindet man aber in der Abwesenheit der Dinge, in deren Gegenwart man Kummer empfindet; wenn man also den Kummer beseitigt hat, dann hat man auch die Furcht genommen. Es bleiben noch zwei Leidenschaften, die übermäßige Lust und die Begierde; wenn auch sie den Weisen nicht befallen, wird der Geist des Weisen stets ruhig sein.

(9) A: So sehe ich es auch.

M: Was also ziehst du vor? Daß wir sofort die Segel setzen oder gleichsam wie beim Auslaufen aus dem Hafen erst ein wenig rudern?

5 A: Was meinst du damit? Ich verstehe es nämlich nicht.

M: Weil Chrysipp[13] und die Stoiker, wenn sie über die Leidenschaften sprechen, zum großen Teil damit beschäftigt sind, sie zu unterteilen und zu definieren, befassen sie sich nur sehr knapp damit, wie sie die Seelen heilen und wie sie verhindern wollen, daß sie in Unruhe sind; die Peripatetiker aber tragen zur Beruhigung der Seelen viel bei, vermeiden aber den dornigen Weg, zu unterteilen und zu definieren. Ich fragte also, ob ich die Segel meiner Rede sofort ausspan-

utrum panderem vela orationis statim an eam ante paululum dialecticorum remis propellerem.

Isto modo vero; erit enim hoc totum, quod quaero, ex utroque perfectius.

(10) Est id quidem rectius; sed post requires, si quid fuerit obscurius.

Faciam equidem; tu tamen, ut soles, dices ista ipsa obscura planius quam dicuntur a Graecis.

Enitar equidem, sed intento opus est animo, ne omnia dilabantur, si unum aliquid effugerit. Quoniam, quae Graeci πάθη vocant, nobis perturbationes appellari magis placet quam morbos, in his explicandis veterem illam equidem Pythagorae primum, dein Platonis discriptionem sequar, qui animum in duas partes dividunt: alteram rationis participem faciunt, alteram expertem; in participe rationis ponunt tranquillitatem, id est placidam quietamque constantiam, in illa altera motus turbidos cum irae tum cupiditatis, contrarios inimicosque rationi. (11) sit igitur hic fons; utamur tamen in his perturbationibus describendis Stoicorum definitionibus et partitionibus, qui mihi videntur in hac quaestione versari acutissime.

6 Est igitur Zenonis haec definitio, ut perturbatio sit, quod πάθος ille dicit, aversa a recta ratione contra naturam animi commotio. quidam brevius perturbationem esse adpetitum vehementiorem, sed vehementiorem eum volunt esse, qui longius discesserit a naturae constantia. partes autem perturbationum volunt ex duobus opinatis bonis nasci

nen soll oder sie zuvor ein wenig mit den Rudern dialektischer Untersuchungen vorwärtstreiben soll.

A: Natürlich auf die letztere Art; denn das Ganze, nach dem ich frage, wird von beiden Seiten her vollkommener sein.

(10) M: Es ist gewiß auch richtiger; aber du wirst später nachfragen, wenn dir etwas zu unklar sein sollte.

A: Das werde ich sicherlich tun; doch du wirst, wie gewöhnlich, gerade die unklaren Dinge deutlicher erklären, als sie von den Griechen dargestellt werden.

M: Ich werde mich jedenfalls bemühen; man muß allerdings den Geist anstrengen, damit nicht alles auseinandergleitet, wenn auch nur eine Einzelheit entgangen ist. Da wir ja das, was die Griechen πάθη nennen, lieber mit Leidenschaften als mit Krankheiten[14] bezeichnen, werde ich bei ihrer Erklärung jener alten Einteilung folgen, die zunächst von Pythagoras, dann von Platon aufgestellt wurde, die die Seele in zwei Teile gliedern[15]: Nach ihrer Auffassung hat der eine Anteil an der Vernunft, der andere nicht; in den vernunftbegabten Teil verlegen sie die Ruhe[16], also die sanfte und ruhige Beständigkeit, in den anderen die leidenschaftlichen Bewegungen sowohl des Zornes als auch besonders der Begierde; sie sind der Vernunft entgegengesetzt und feindlich. (11) Dies sei also der Ausgangspunkt; wir wollen dennoch bei der Beschreibung dieser Leidenschaften die Definitionen und Unterteilungen der Stoiker benutzen, die mir in dieser Frage am scharfsinnigsten vorzugehen scheinen.

6 Dies ist also die Definition Zenons: die Leidenschaft, die er πάθος nennt, ist eine von der richtigen Vernunft abgewandte naturwidrige Bewegung der Seele.[17] Manche sagen kürzer, die Leidenschaft sei ein allzu heftiges Verlangen, unter einem allzu heftigen Verlangen aber wollen sie ein solches verstanden wissen, das sich zu weit von der Beständigkeit der Natur entfernt hat. Sie lehren aber, daß die verschiedenen Formen[18] der Leidenschaften aus zwei vermeint-

et ex duobus opinatis malis; ita esse quattuor, ex bonis libidinem et laetitiam, ut sit laetitia praesentium bonorum, libido futurorum, ex malis metum et aegritudinem nasci censent, metum futuris, aegritudinem praesentibus; quae enim venientia metuuntur, eadem adficiunt aegritudine instantia. (12) laetitia autem et libido in bonorum opinione versantur, cum libido ad id, quod videtur bonum, inlecta et inflammata rapiatur, laetitia ⟨a⟩ut⟨em⟩ adepta iam aliquid concupitum ecferatur et gestiat. natura enim omnes ea, quae bona videntur, secuntur fugiuntque contraria; quam ob rem simul obiecta species est cuiuspiam, quod bonum videatur, ad id adipiscendum impellit ipsa natura. id cum constanter prudenterque fit, eius modi adpetitionem Stoici βούλησιν appellant, nos appellemus voluntatem, eam illi putant in solo esse sapiente; quam sic definiunt: voluntas est, quae quid cum ratione desiderat. quae autem ratione adversante incitata est vehementius, ea libido est vel cupiditas effrenata, quae in omnibus stultis invenitur. (13) itemque cum ita movemur, ut in bono simus aliquo, dupliciter id contingit. nam cum ratione animus movetur placide atque constanter, tum illud gaudium dicitur; cum autem inaniter et effuse animus exultat, tum illa laetitia gestiens vel nimia dici potest, quam ita definiunt: sine ratione animi elationem. quoniamque, ut bona natura adpetimus, sic a malis natura declinamus, quae declinatio [si] cum ratione fiet, cautio appelletur, eaque intellegatur in solo esse sapiente; quae autem sine ratione et cum exanimatione humili atque fracta, nominetur metus;

lichen Gütern und aus zwei vermeintlichen Übeln entstehen; so gebe es vier, aus den Gütern entständen die Begierde und die Lust, so daß die Lust es zu tun habe mit gegenwärtigen Gütern, die Begierde mit zukünftigen, aus den Übeln, so meinen sie, entständen Furcht und Kummer, Furcht vor zukünftigen, Kummer über gegenwärtige; was man nämlich, wenn es kommt, fürchtet, das erzeugt Kummer, wenn es gegenwärtig ist. (12) Lust aber und Begierde sind verbunden mit der Vorstellung von Gütern, weil die Begierde, verlockt und entflammt, zu dem hingerissen wird, was als Gut erscheint, die Lust aber sich übermäßig äußert, da sie schon irgend etwas Erwünschtes erlangt hat. Von Natur[19] aus nämlich jagen alle Menschen dem nach, was als Gut erscheint, und meiden das Gegenteil; deshalb treibt die Natur, sobald sich also das Bild von etwas zeigt, das gut zu sein scheint, selbst dazu an, es zu erreichen. Wenn dies beherrscht und klug geschieht, nennen die Stoiker ein Streben dieser Art βούλησις[20], wir nennen es Willen; sie glauben, daß er nur in einem Weisen sei, und definieren ihn so: Der Wille ist es, der etwas mit Vernunft begehrt. Ist er aber wider die Vernunft allzu heftig erregt, dann handelt es sich um Gier oder zügellose Begierde, die sich bei allen Toren findet. (13) Und wenn wir derart bewegt werden, daß wir uns in einem Gut befinden, geschieht dies ebenso auf zwei Arten: Denn wenn die Seele sanft und beherrscht durch die Vernunft bewegt wird, dann nennt man das Freude (*gaudium*)[21]; wenn die Seele sich aber sinnlos und übermäßig freut, dann kann man das übermäßige oder allzugroße Lust nennen, die sie so definieren: eine Erhebung der Seele ohne Vernunft. Und da wir ja, wie wir von Natur aus das Gute erstreben, so von Natur aus dem Schlechten ausweichen, so soll dieses Ausweichen, wenn es mit Vernunft geschieht, Vorsicht genannt werden[22], und man soll erkennen, daß es sie nur bei einem Weisen gibt; tritt es aber ohne Vernunft und verbunden mit einer niedrigen und schlaffen Mutlosigkeit auf, dann soll es Furcht genannt werden; Furcht ist also

est igitur metus ⟨a⟩ ratione aversa cautio. (14) praesentis autem mali sapientis adfectio nulla est, stultorum aegritudo est, eaque adficiuntur in malis opinatis animosque demittunt et contrahunt rationi non obtemperantes. itaque haec prima definitio est, ut aegritudo sit animi adversante ratione contractio. sic quattuor perturbationes sunt, tres constantiae, quoniam aegritudini nulla constantia opponitur.

7 Sed omnes perturbationes iudicio censent fieri et opinione. itaque eas definiunt pressius, ut intellegatur, non modo quam vitiosae, sed etiam quam in nostra sint potestate. est ergo aegritudo opinio recens mali praesentis, in quo demitti contrahique animo rectum esse videatur, laetitia opinio recens boni praesentis, in quo ecferri rectum esse videatur, metus opinio impendentis mali, quod intolerabile esse videatur, libido opinio venturi boni, quod sit ex usu iam praesens esse atque adesse. (15) sed quae iudicia quasque opiniones perturbationum esse dixi, non in eis perturbationes solum positas esse dicunt, verum illa etiam quae efficiuntur perturbationibus, ut aegritudo quasi morsum aliquem doloris efficiat, metus recessum quendam animi et fugam, laetitia profusam hilaritatem, libido effrenatam adpetentiam. opinationem autem, quam in omnis definitiones superiores inclusimus, volunt esse inbecillam adsensionem.

(16) Sed singulis perturbationibus partes eiusdem generis plures subiciuntur, ut aegritudini invidentia – utendum est enim docendi causa verbo minus usitato, quoniam invidia non in eo qui invidet solum dicitur, sed etiam in eo cui

die von der Vernunft abweichende Vorsicht. (14) Bei einem gegenwärtigen Übel aber zeigt der Weise keine Regung, die der Toren ist der Kummer; ihn empfinden sie in vermeintlichen Übeln, und sie lassen davon ihre Seele schwächen und sich verkrampfen, weil sie nicht der Vernunft gehorchen. Und deshalb ist dies die erste Definition, daß der Kummer die vernunftwidrige Verkrampfung der Seele ist. So gibt es vier Leidenschaften und drei beständige Zustände,[23] da ja dem Kummer kein beständiger Zustand gegenübersteht.

7 Wie sie aber glauben, entstehen alle Leidenschaften durch Urteil und Vorstellung. Deshalb definieren sie diese genauer, so daß man nicht nur erkennt, wie fehlerhaft sie sind, sondern auch, wie sehr sie in unserer Macht liegen. Der Kummer ist also die frische Vorstellung von einem gegenwärtigen Übel, in dem einzutauchen und sich verkrampfen zu lassen der Seele richtig erscheint; die Lust ist die frische Vorstellung von einem gegenwärtigen Gut, bei dem sich zu erheben richtig erscheint; die Furcht ist die Vorstellung von einem drohenden Übel, das unerträglich zu sein scheint, die Begierde ist die Vorstellung von einem kommenden Gut, das förderlich sei, wenn es bereits greifbar und gegenwärtig wäre. (15) Sie lehren aber, daß darauf, was ich als Urteile und Vorstellungen der Leidenschaften bezeichnete, nicht allein die Leidenschaften beruhen, sondern auch das, was durch die Leidenschaften bewirkt wird, wie etwa, daß der Kummer gleichsam einen beißenden Schmerz hervorruft, die Furcht einen fluchtartigen Rückzug der Seele, die Lust überschäumende Heiterkeit, die Begierde zügelloses Verlangen. In dem Meinen[24] aber, das wir in alle vorhergehenden Definitionen eingeschlossen haben, wollen sie eine schwache Zustimmung sehen.

(16) Den einzelnen Leidenschaften aber werden mehrere Teile derselben Art[25] untergeordnet, wie dem Kummer das Neiden (*invidentia*) – man muß nämlich, um Klarheit zu schaffen, ein weniger gebräuchliches Wort benutzen, weil man von Neid (*invidia*) nicht nur bei dem, der neidet,

invidetur –, aemulatio, obtrectatio, misericordia, angor, luctus, maeror, aerumna, dolor, lamentatio, sollicitudo, molestia, adflictatio, desperatio, et si quae sunt de genere eodem. sub metum autem subiecta sunt pigritia, pudor, terror, timor, pavor, exanimatio, conturbatio, formido, voluptati malivolentia laetans malo alieno, delectatio, iactatio et similia, lubidini ira, excandescentia, odium, inimicitia, discordia, indigentia, desiderium et cetera eius modi. Haec autem definiunt hoc modo: invidentiam esse dicunt aegritudinem susceptam propter alterius res secundas, quae nihil noceant invidenti. **8** (17) (nam si qui doleat eius rebus secundis a quo ipse laedatur, non recte dicatur invidere, ut si Hectori Agamemno; qui autem, cui alterius commoda nihil noceant, tamen eum doleat is frui, is invideat profecto.) aemulatio autem dupliciter illa quidem dicitur, ut et in laude et in vitio nomen hoc sit; nam et imitatio virtutis aemulatio dicitur – sed ea nihil hoc loco utimur; est enim laudis –, et est aemulatio aegritudo, si eo quod concupierit alius potiatur, ipse careat. obtrectatio autem est, ea quam intellegi ζηλοτυπίαν volo, aegritudo ex eo, quod alter quoque potiatur eo quod ipse concupiverit. (18) misericordia est aegritudo ex miseria alterius iniuria laborantis (nemo enim parricidae aut proditoris supplicio misericordia commovetur); angor aegritudo premens, luctus aegritudo ex eius qui carus

spricht, sondern auch bei dem, der beneidet wird –, die Eifersucht, die Mißgunst, das Mitleid, die Beklemmung, die Trauer, der Gram, das Grübeln, der Schmerz, das Jammern, die Aufregung, der Ärger, die Niedergeschlagenheit, die Verzweiflung und was es noch von dieser Art gibt. Der Furcht untergeordnet aber sind Trägheit, Scham, Schrecken, Angst, Entsetzen, Kopflosigkeit, Verwirrung, Verzagtheit; der Lust untergeordnet sind Schadenfreude, die sich über fremdes Unglück freut, Genuß, Prahlen und ähnliches; der Begierde sind zugeordnet Zorn, Aufbrausen, Haß, Feindschaft, Zwietracht, Bedürfnis, Sehnsucht und anderes dieser Art. Dies aber definieren sie auf folgende Weise: Neiden sei, wie sie sagen, Kummer, den man erleidet wegen des Glücks eines anderen, obwohl das dem Neidenden nichts schade. **8** (17) (Denn wenn jemand Schmerz empfindet über das Glück dessen, von dem er selbst verletzt werden könnte, dann würde man zu Unrecht von Neiden sprechen, wie wenn etwa Agamemnon Hektor beneiden würde; derjenige aber, der, obwohl die Vorteile eines anderen ihm nicht schaden, dennoch Schmerz darüber empfindet, daß dieser sie genießen kann, der dürfte wirklich neidisch sein.) Von Eifersucht aber spricht man in zweifacher Hinsicht, so daß dieser Begriff sowohl in lobendem als auch in tadelndem Sinn Verwendung findet; denn der Tüchtigkeit eines anderen nacheifern nennt man Eifersucht – aber davon sprechen wir an dieser Stelle nicht, denn das ist lobenswert –; daneben ist die Eifersucht ein Kummer, wenn nämlich ein anderer erreicht, was man wünscht, man es selbst aber nicht hat. Mißgunst aber ist – und zwar die, die ich als ζηλοτυπία verstanden haben möchte – Kummer darüber, daß auch der andere das erreicht, was man selbst begehrt hat. (18) Mitleid ist der Kummer auf Grund des Unglücks eines anderen, das er zu Unrecht erleidet (denn niemand wird bei der Hinrichtung eines Vatermörders oder Verräters von Mitleid bewegt); Beklemmung ist ein drückender Kummer, Trauer ist Kummer über den bitteren Tod eines lieben Menschen, Gram ist ein

fuerit interitu acerbo, maeror aegritudo flebilis, aerumna aegritudo laboriosa, dolor aegritudo crucians, lamentatio aegritudo cum eiulatu, sollicitudo aegritudo cum cogitatione, molestia aegritudo permanens, adflictatio aegritudo cum vexatione corporis, desperatio aegritudo sine ulla rerum expectatione meliorum. (19) Quae autem subiecta sunt sub metum, ea sic definiunt: pigritiam metum consequentis laboris, ... terrorem metum concutientem, ex quo fit ut pudorem rubor, terrorem pallor et tremor et dentium crepitus consequatur, timorem metum mali adpropinquantis, pavorem metum mentem loco moventem, ex quo illud Ennius: 'tum pavor sapientiam omnem mi exanimato expectorat', exanimationem metum subsequentem et quasi comitem pavoris, conturbationem metum excutientem cogitata, formidinem metum permanentem. **9** (20) Voluptatis autem partes hoc modo describunt, ut malevolentia sit voluptas ex malo alterius sine emolumento suo, delectatio voluptas suavitate auditus animum deleniens; et qualis est haec aurium, tales sunt oculorum et tactionum et odorationum et saporum, quae sunt omnes unius generis ad perfundendum animum tamquam inliquefactae voluptates. iactatio est voluptas gestiens et se efferens insolentius. (21) Quae autem libidini subiecta sunt, ea sic definiuntur, ut ira sit libido poeniendi eius qui videatur laesisse iniuria, excandescentia autem sit ira nascens et modo existens, quae θύμωσις Graece dicitur, odium ira inveterata, inimicitia ira ulciscendi tempus observans, discordia ira acerbior intimo animo et corde concepta, indigentia libido inexplebilis, desiderium li-

Kummer, verbunden mit Tränen, Grübeln ist ein mühevoller Kummer, Schmerz ist ein quälender Kummer, Jammern ist ein Kummer mit Wehgeschrei, Aufregung ein Kummer mit Nachdenken, Ärger ist ein andauernder Kummer, Niedergeschlagenheit ein Kummer mit körperlicher Pein, Verzweiflung ist Kummer, bei dem es keine Hoffnung auf bessere Verhältnisse gibt. (19) Die Zustände, die der Furcht untergeordnet sind, definieren sie so: Trägheit ist die Furcht vor kommender Arbeit ...,[26] Schrecken eine erschütternde Furcht, so daß der Scham das Erröten, dem Schrecken bleiche Gesichtsfarbe, Zittern und Zähneklappern folgen; die Angst ist Furcht vor einem nahenden Unheil, Entsetzen ist die Furcht, die den Geist durcheinanderbringt; deswegen heißt es bei Ennius[27] so: »Dann reißt mir Ohnmächtigem das Entsetzen jede Weisheit aus der Brust.« Kopflosigkeit ist die dem Entsetzen folgende Furcht und gleichsam sein Begleiter, Verwirrung ist Furcht, die die Gedanken vertreibt, Verzagtheit ist dauernde Furcht. **9** (20) Die Arten der Lust beschreiben sie folgendermaßen: Schadenfreude ist die Lust infolge des Unglücks eines anderen ohne Gewinn für sich selbst, Genuß ist die Lust, die den Geist durch die Annehmlichkeit des Hörens betört; und wie dies ein Genuß der Ohren ist, so gibt es auch welche der Augen, der Berührungen, des Geruchs und des Geschmacks; und all diese Lustempfindungen gehören zur selben Art und sind gleichsam verflüssigt, um den Geist zu durchtränken. Prahlerei ist eine ausgelassene und sich allzu hemmungslos überhebende Lust. (21) Was aber der Begierde untergeordnet ist, definieren sie so: Zorn ist die Begierde, den zu bestrafen, der zu Unrecht verletzt zu haben scheint. Aufbrausen aber ist ein Zorn, der im Entstehen ist und sich gerade erhebt – auf griechisch heißt er θύμωσις –, Haß ein festverwurzelter Zorn, Feindschaft ist Zorn, der auf den rechten Zeitpunkt für Rache wartet, Zwietracht ist ein heftigerer Zorn, der im Innersten der Seele und des Herzens sitzt, Bedürfnis ist unersättliche Gier, Sehnsucht die Gier, den zu sehen, der noch

bido eius, qui nondum adsit, videndi. distinguunt illud etiam, ut libido sit earum rerum, quae dicuntur de quodam aut quibusdam, quae κατηγορήματα dialectici appellant, ut habere divitias, capere honores, indigentia rerum ipsarum sit, ut honorum, ut pecuniae.

(22) Omnium autem perturbationum fontem esse dicunt intemperantiam, quae est [a] tota mente a recta ratione defectio sic aversa a praescriptione rationis, ut nullo modo adpetitiones animi nec regi nec contineri queant. quem ad modum igitur temperantia sedat adpetitiones et efficit, ut eae rectae rationi pareant, conservatque considerata iudicia mentis, sic huic inimica intemperantia omnem animi statum inflammat conturbat incitat, itaque et aegritudines et metus et reliquae perturbationes omnes gignuntur ex ea.

10 (23) Quem ad modum, cum sanguis corruptus est aut pituita redundat aut bilis, in corpore morbi aegrotationesque nascuntur, sic pravarum opinionum conturbatio et ipsarum inter se repugnantia sanitate spoliat animum morbisque perturbat; ex perturbationibus autem primum morbi conficiuntur, quae vocant illi νοσήματα, eaque quae sunt eis morbis contraria, quae habent ad res certas vitiosam offensionem atque fastidium, deinde aegrotationes, quae appellantur a Stoicis ἀρρωστήματα, isque item oppositae contrariae offensiones. hoc loco nimium operae consumitur a Stoicis, maxime a Chrysippo, dum morbis corporum comparatur morborum animi similitudo; qua oratione praetermissa minime necessaria ea, quae rem continent, pertractemus. (24) intellegatur igitur perturbationem iactantibus se

nicht da ist. Sie machen aber auch folgende Unterscheidung, daß die Begierde sich auf das, was von einem Menschen oder von bestimmten Sachen gesagt wird, bezieht, was die Dialektiker κατηγορήματα (Prädikate) nennen, wie beispielsweise Reichtum besitzen, Ämter erlangen, das Bedürfnis dagegen sich auf die Dinge selbst, wie Ämter oder Geld, bezieht.[28]

(22) Die Quelle aller Leidenschaften aber sei, so lehren sie, die Maßlosigkeit, die ein voller geistiger Abfall von der rechten Vernunft sei, und zwar so abgewandt von der Regel der Vernunft, daß auf keine Art die Triebe der Seele gelenkt und gezügelt werden können. Wie also die Mäßigung die Triebe beruhigt und bewirkt, daß sie der rechten Vernunft gehorchen, und die überlegten Urteile des Geistes bewahrt, so entflammt, verwirrt und reizt die ihr feindliche Maßlosigkeit den gesamten Zustand des Geistes, und so entstehen die Formen des Kummers, die Furcht und alle übrigen Leidenschaften aus ihr.

10 (23) Wie dann, wenn das Blut verdorben ist oder der Schleim und die Galle überlaufen, im Körper Krankheiten und gesundheitliche Schwächen entstehen, so rauben die Verwirrung der falschen Vorstellungen und ihr Widerspruch untereinander der Seele die Gesundheit und bringen sie mit Krankheiten in Unordnung; aus den Leidenschaften entstehen aber erstens die Krankheiten, die sie νοσήματα nennen, und das, was den Krankheiten entgegengesetzt ist und was bei bestimmten Dingen eine fehlerhafte Abneigung und Widerwillen hervorruft, zweitens entstehen Schwächen, die die Stoiker ἀρρωστήματα nennen, und ebenso die diesen entgegengesetzten Abneigungen.[29] An dieser Stelle wenden die Stoiker allzuviel Mühe auf, besonders Chrysipp, wenn die Ähnlichkeit seelischer Krankheiten mit den körperlichen verglichen wird; seine Ausführungen wollen wir als höchst unnötig weglassen und das behandeln, was die Hauptsache ausmacht. (24) Man soll also erkennen, daß die Leidenschaft, weil die Meinungen sich unbeständig und

opinionibus inconstanter et turbide in motu esse semper; cum autem hic fervor concitatioque animi inveteraverit et tamquam in venis medullisque insederit, tum existet et morbus et aegrotatio et offensiones eae, quae sunt eis morbis aegrotationibusque contrariae. **11** Haec, quae dico, cogitatione inter se differunt, re quidem copulata sunt, eaque oriuntur ex libidine et ex laetitia. nam cum est concupita pecunia nec adhibita continuo ratio quasi quaedam Socratica medicina, quae sanaret eam cupiditatem, permanat in venas et inhaeret in visceribus illud malum, existitque morbus et aegrotatio, quae evelli inveterata non possunt, eique morbo nomen est avaritia; (25) similiterque ceteri morbi, ut gloriae cupiditas, ut mulierositas, ut ita appellem eam quae Graece φιλογυνία dicitur, ceterique similiter morbi aegrotationesque nascuntur. quae autem sunt his contraria, ea nasci putantur a metu, ut odium mulierum, quale in μισογύνῳ Atili est, ut in hominum universum genus, quod accepimus de Timone qui μισάνθρωπος appellatur, ut inhospitalitas est: quae omnes aegrotationes animi ex quodam metu nascuntur earum rerum quas fugiunt et oderunt. (26) definiunt autem animi aegrotationem opinationem vehementem de re non expetenda, tamquam valde expetenda sit, inhaerentem et penitus insitam. quod autem nascitur ex offensione, ita definiunt: opinionem vehementem de re non fugienda inhaerentem et penitus insitam tamquam fugienda; haec autem opinatio est iudicatio se scire, quod nesciat. aegrotationi autem talia quaedam subiecta sunt: avaritia, ambitio, mulierositas, pervicacia, ligurritio, vinulentia, cuppedia, et si

wirr bewegen, immer in Bewegung ist; wenn aber diese Glut und diese Gereiztheit der Seele alt geworden sind und gleichsam in den Adern und im Mark sich festgesetzt haben, dann werden Krankheit und Schwäche und die Abneigungen entstehen, die diesen Krankheiten und Schwächen entgegengesetzt sind. **11** Bei dem, wovon ich spreche, gibt es nur theoretisch einen Unterschied, in Wirklichkeit allerdings sind sie miteinander verbunden, und sie entstehen aus der Begierde und der Lust. Denn wenn man nach Geld verlangt und nicht sofort die Vernunft gebraucht wie eine sokratische Medizin, damit sie diese Begierde heilt, dann fließt jenes Übel in die Venen und hängt in den Eingeweiden, und es entstehen Krankheit und Schwäche, die, wenn sie einmal alt sind, nicht mehr beseitigt werden können, und diese Krankheit heißt Habsucht; (25) ebenso entstehen die übrigen Krankheiten, wie etwa die Ruhmsucht und die Weibertollheit, um so zu benennen, was griechisch φιλογυνία genannt wird, und ebenso die sonstigen Krankheiten und Schwächen. Was aber diesen entgegengesetzt ist, entsteht nach ihrer Lehre aus Furcht, beispielsweise der Frauenhaß, wie er im μισόγυνος des Atilius[30] behandelt wird, der Haß auf das gesamte Menschengeschlecht, wie wir es von Timon[31], der μισάνθρωπος genannt wird, gehört haben, oder die Ungastlichkeit; alle diese seelischen Schwächen[32] entstehen aus einer gewissen Furcht vor den Dingen, die man meidet und haßt. (26) Sie erklären die gesundheitliche Schwäche der Seele als eine heftige, tief im Inneren verwurzelte Vorstellung von einer nicht erstrebenswerten Sache, gleich als ob sie sehr erstrebenswert sei.[33] Was aber aus Abneigung entsteht, das definieren sie so: eine tief im Inneren verwurzelte heftige Vorstellung von einer nicht zu meidenden Sache, gleich als ob man sie meiden müsse; diese Vorstellung aber beruht auf dem Urteil, daß man etwas wisse, was man nicht weiß. Der Schwäche zugeordnet aber ist etwa folgendes: Habsucht, Ehrgeiz, Weibertollheit, Hartnäckigkeit, Schlemmerei, Trunksucht, Naschhaftigkeit und

qua similia. est autem avaritia opinatio vehemens de pecunia, quasi valde expetenda sit, inhaerens et penitus insita, similisque est eiusdem generis definitio reliquarum. (27) offensionum autem definitiones sunt eius modi, ut inhospitalitas sit opinio vehemens valde fugiendum esse hospitem, eaque inhaerens et penitus insita; similiterque definitur et mulierum odium, ut Hippolyti, et, ut Timonis, generis humani.

12 Atque ut ad valetudinis similitudinem veniamus eaque conlatione utamur aliquando, sed parcius quam solent Stoici: ut sunt alii ad alios morbos procliviores – itaque dicimus gravidinosos quosdam, ⟨quosdam⟩ torminosos, non quia iam sint, sed quia saepe sint –, ⟨sic⟩ alii ad metum, alii ad aliam perturbationem; ex quo in aliis anxietas, unde anxii, in aliis iracundia dicitur. quae ab ira differt, estque aliud iracundum esse, aliud iratum, ut differt anxietas ab angore (neque enim omnes anxii, qui anguntur aliquando, nec, qui anxii, semper anguntur), ut inter ebrietatem ⟨et ebriositatem⟩ interest, aliudque est amatorem esse, aliud amantem. atque haec aliorum ad alios morbos proclivitas late patet; nam pertinet ad omnes perturbationes; (28) in multis etiam vitiis apparet, sed nomen res non habet. ergo et invidi et malivoli et libidinosi et timidi et misericordes, quia proclives ad eas perturbationes ⟨sunt⟩, non quia semper feruntur. haec igitur proclivitas ad suum quodque genus a similitudine corporis aegrotatio dicatur, dum ea intellegatur ad aegrotandum proclivitas. sed haec in bonis rebus, quod alii

ähnliches. Habsucht aber ist die tief im Inneren verwurzelte heftige Vorstellung von Geld, als ob es sehr erstrebenswert sei, und entsprechend ist die Definition der übrigen Dinge. (27) Die Definitionen der Abneigungen aber sind derart, daß die Ungastlichkeit die heftige Vorstellung ist, ein Gast sei sehr zu meiden, und zwar eine tief im Inneren festsitzende und verwurzelte Vorstellung; in ähnlicher Weise wird der Frauenhaß, wie der des Hippolyt, und der Haß auf das Menschengeschlecht, wie der des Timon, definiert.

12 Und damit wir zur Ähnlichkeit mit der körperlichen Gesundheit kommen und diesen Vergleich einmal gebrauchen, aber doch sparsamer als die Stoiker: wie die einen mehr zu diesen, die anderen mehr zu jenen Krankheiten neigen – deshalb nennen wir manche zum Schnupfen neigend, andere zur Kolik, nicht weil sie schon krank sind, sondern weil sie es häufig sind –, so neigen die einen zur Furcht, andere zu einer anderen Leidenschaft; daher spricht man bei den einen von Ängstlichkeit – daher die Ängstlichen –, bei anderen von Jähzorn. Er unterscheidet sich vom Zorn, und es ist etwas anderes, jähzornig zu sein, etwas anderes, erzürnt zu sein, wie sich auch die Ängstlichkeit von der Angst unterscheidet (denn nicht alle sind ängstlich, die sich einmal ängstigen, und die, die ängstlich sind, empfinden nicht dauernd Angst), wie auch ein Unterschied besteht zwischen der Trunkenheit und der Trunksucht, zwischen dem Schürzenjäger und dem Liebenden. Und diese Neigung der verschiedenen Menschen zu verschiedenen Krankheiten hat einen weiten Geltungsbereich; denn sie bezieht sich auf alle Leidenschaften; (28) sie erscheint auch bei vielen Lastern, aber die Sache hat keinen Namen. So gibt es Neidische, Mißgünstige, Zuchtlose, Furchtsame und Mitleidige, weil sie zu diesen Leidenschaften neigen, nicht weil sie immer von ihnen befallen werden. Diese Neigung also des einzelnen Menschen zu seiner besonderen Art mag man von der Ähnlichkeit mit dem Körper her Schwäche nennen, wenn man darunter die Veranlagung zum Kranksein ver-

ad alia bona sunt aptiores, facilitas nominetur, in malis proclivitas, ut significet lapsionem, in neutris habeat superius nomen. **13** Quo modo autem in corpore est morbus, est aegrotatio, est vitium, sic in animo. morbum appellant totius corporis corruptionem, aegrotationem morbum cum imbecillitate, vitium, cum partes corporis inter se dissident, ex quo pravitas membrorum, distortio, deformitas. (29) itaque illa duo, morbus et aegrotatio, ex totius valetudinis corporis conquassatione et perturbatione gignuntur, vitium autem integra valetudine ipsum ex se cernitur. sed in animo tantum modo cogitatione possumus morbum ab aegrotatione seiungere, vitiositas autem est habitus aut adfectio in tota vita inconstans et a se ipsa dissentiens. ita fit, ut in altera corruptione opinionum morbus efficiatur et aegrotatio, in altera inconstantia et repugnantia. non enim omne vitium paris habet dissensiones, ut eorum, qui non longe a sapientia absunt, adfectio est illa quidem discrepans sibi ipsa, dum est insipiens, sed non distorta nec prava. morbi autem et aegrotationes partes sunt vitiositatis, sed perturbationes sintne eiusdem partes, quaestio est. (30) vitia enim adfectiones sunt manentes, perturbationes autem moventes, ut non possint adfectionum manentium partes esse. Atque ut in malis attingit animi naturam corporis similitudo, sic in bonis. sunt enim in corpore praecipua, pulchritudo, vires, valetudo, firmitas, velocitas, sunt item in animo. ⟨ut⟩ enim corporis temperatio, cum ea congruunt inter se e quibus

steht. Dies soll aber bei guten Dingen, weil der eine zu diesem Guten, der andere zu jenem geeigneter ist, Anlage genannt werden, bei schlechten Dingen hingegen Neigung, um das Abgleiten zu bezeichnen, bei neutralen Dingen soll der erste Begriff Anwendung finden. **13** Wie aber im Körper Krankheit, Schwäche und Fehler[34] vorhanden sind, so auch in der Seele. Mit Krankheit bezeichnet man eine Verdorbenheit des ganzen Körpers, mit Schwäche eine krankhafte Kraftlosigkeit, von Fehler spricht man dann, wenn die Teile des Körpers untereinander nicht übereinstimmen, woraus Häßlichkeit, Anomalie und Verkrüppelung der Glieder kommen. (29) So entstehen jene beiden Zustände, Krankheit und Schwäche, aus der Erschütterung und Verwirrung des gesamten körperlichen Zustandes, ein Fehler aber wird, auch wenn die Gesundheit in Ordnung ist, an sich selbst sichtbar. Aber bei der Seele können wir nur in Gedanken Krankheit von Schwäche trennen,[35] Fehlerhaftigkeit aber ist der Zustand oder die Eigenschaft, die im ganzen Leben unbeständig und in sich widerspruchsvoll bleibt. So kommt es, daß bei der einen Verderbnis der Vorstellungen Krankheit und Schwäche entstehen, bei der anderen Unbeständigkeit und Widerspruch. Denn nicht jeder Fehler hat gleiche Widersprüchlichkeiten[36]; so stimmt der Zustand derjenigen, die nicht weit von der Weisheit entfernt sind, mit sich selbst nicht überein, solange man ein Tor ist, aber er ist nicht verdreht und nicht schlecht. Krankheiten aber und Schwächen sind Teile der Fehlerhaftigkeit,[37] aber es besteht die Frage, ob auch die Leidenschaften Teile von ihr sind. (30) Fehler sind dauernde Zustände, Leidenschaften aber vorübergehende, so daß sie nicht Teile bleibender Zustände sein können. Und wie bei den Übeln die Ähnlichkeit mit dem Körper das Wesen der Seele berührt, so auch bei den Gütern. Denn es gibt im Körper Vorzüge wie Schönheit, Kraft, Gesundheit, Stärke, Schnelligkeit, und ebenso gibt es sie in der Seele. Denn wie die Ausgeglichenheit beim Körper, wenn das, woraus wir bestehen, im Einklang mit

constamus, sanitas, sic animi dicitur, cum eius iudicia opinionesque concordant, eaque animi est virtus, quam alii ipsam temperantiam dicunt esse, alii obtemperantem temperantiae praeceptis et eam subsequentem nec habentem ullam speciem suam, sed sive hoc sive illud sit, in solo esse sapiente. est autem quaedam animi sanitas, quae in insipientem etiam cadat, cum curatione medicorum conturbatio mentis aufertur. (31) et ut corporis est quaedam apta figura membrorum cum coloris quadam suavitate eaque dicitur pulchritudo, sic in animo opinionum iudiciorumque aequabilitas et constantia cum firmitate quadam et stabilitate virtutem subsequens aut virtutis vim ipsam continens pulchritudo vocatur. itemque viribus corporis et nervis et efficacitati similes similibus quoque verbis animi vires nominantur. velocitas autem corporis celeritas appellatur, quae eadem ingenii etiam laus habetur propter animi multarum rerum brevi tempore percursionem. **14** Illud animorum corporumque dissimile, quod animi valentes morbo temptari non possunt, corpora possunt; sed corporum offensiones sine culpa accidere possunt, animorum non item, quorum omnes morbi et perturbationes ex aspernatione rationis eveniunt. itaque in hominibus solum existunt; nam bestiae simile quiddam faciunt, sed in perturbationes non incidunt. (32) inter acutos autem et inter hebetes interest, quod ingeniosi, ut aes Corinthium in aeruginem, sic illi in morbum et incidunt tardius et recreantur ocius, hebetes non item. nec

sich ist, Gesundheit genannt wird, so spricht man auch von der Gesundheit der Seele, wenn ihre Urteile und Vorstellungen miteinander übereinstimmen, und das ist die Tugend der Seele, die die einen eben als Ausgeglichenheit bezeichnen, die anderen als Gehorsam gegenüber den Vorschriften der Ausgeglichenheit und als Folge von dieser, ohne daß sie eine eigene Form hat; sei nun dies richtig oder jenes, es gibt sie, wie sie sagen, nur beim Weisen. Es gibt aber eine bestimmte Gesundheit der Seele, die auch einem Toren zuteil werden kann, wenn durch ärztliche Behandlung eine Verwirrung des Geistes beseitigt wird. (31) Und wie es beim Körper eine gewisse passende Gestalt der Glieder zusammen mit einer angenehmen Hautfarbe gibt und dies Schönheit genannt wird, so wird auch bei der Seele eine Gleichmäßigkeit und Beständigkeit der Vorstellungen und Urteile, die zusammen mit einer gewissen Festigkeit und Sicherheit der Tugend folgt oder das Wesen der Tugend selbst enthält, Schönheit genannt. Und ebenso werden die Kräfte der Seele, die den Kräften und den Muskeln und der Spannkraft des Körpers ähnlich sind, mit ähnlichen Begriffen benannt. Die Schnelligkeit des Körpers aber nennt man Behendigkeit, die ebenso auch beim Geist als Vorzug gilt, wenn der Geist viele Dinge in kurzer Zeit schnell durchlaufen kann. **14** Folgendes ist zwischen Körper und Seele unterschiedlich, nämlich daß gesunde Seelen nicht von Krankheit heimgesucht werden können, Körper wohl; auf der anderen Seite können die Störungen des Körpers ohne eigene Schuld eintreten, die der Seele nicht; denn alle ihre Krankheiten und Leidenschaften kommen von einer Verachtung der Vernunft. Deshalb kommen sie nur bei Menschen vor; denn Tiere handeln zwar in ähnlicher Weise, verfallen aber nicht den Leidenschaften.[38] (32) Zwischen den Scharfsinnigen aber und den Stumpfen besteht der Unterschied, daß die Begabten, wie das korinthische Erz dem Rost, langsamer einer Krankheit verfallen und sich schneller erholen, die Stumpfen dagegen nicht. Aber die Seele eines Begabten

vero in omnem morbum ac perturbationem animus ingeniosi cadit; †sunt enim multa ecferata et immania; quaedam autem humanitatis quoque habent primam speciem, ut misericordia aegritudo metus. Aegrotationes autem morbique animorum difficilius evelli posse putantur quam summa illa vitia, quae virtutibus sunt contraria. morbis enim manentibus vitia sublata esse [non] possunt, quia non tam celeriter sanantur quam illa tolluntur.

(33) Habes ea quae de perturbationibus enucleate disputant Stoici, quae λογικά appellant, quia disseruntur subtilius. ex quibus quoniam tamquam ex scrupulosis cotibus enavigavit oratio, reliquae disputationis cursum teneamus, modo satis illa dilucide dixerimus pro rerum obscuritate.

Prorsus satis; sed si quae diligentius erunt cognoscenda, quaeremus alias, nunc vela, quae modo dicebas, expectamus et cursum.

15 (34) Quando, ut aliis locis de virtute et diximus et saepe dicendum erit – pleraeque enim quaestiones, quae ad vitam moresque pertinent, a virtutis fonte ducuntur –, quando igitur virtus est adfectio animi constans conveniensque, laudabiles efficiens eos, in quibus est, et ipsa per se sua sponte separata etiam utilitate laudabilis, ex ea proficiscuntur honestae voluntates sententiae actiones omnisque recta ratio (quamquam ipsa virtus brevissume recta ratio dici potest). huius igitur virtutis contraria est vitiositas – sic enim malo quam malitiam appellare eam quam Graeci κακίαν appellant; nam malitia certi cuiusdam vitii nomen est,

gerät nicht in jede Krankheit und Leidenschaft; es gibt nämlich viel Übertriebenes und Grausames; manche Schwächen aber haben zunächst den Anschein von Menschlichkeit, wie Mitleid, Kummer und Furcht. Schwächen und Krankheiten der Seele aber können, wie man glaubt, schwerer beseitigt werden als jene schlimmsten Laster, die den Tugenden entgegengesetzt sind. Denn die Laster können beseitigt sein, während die Krankheiten noch bleiben, weil sie nicht so schnell geheilt wie jene beseitigt werden können.

(33) Damit hast du das, was die Stoiker über die Leidenschaften spitzfindig erörtern; sie nennen es λογικά (logische Sätze), weil es mit besonderem Scharfsinn erörtert wird. Weil die Rede aus diesen Dingen wie aus scharfen Klippen herausgesegelt ist, wollen wir bei der restlichen Erörterung den Kurs halten, vorausgesetzt, wir haben jenes im Verhältnis zu der Schwierigkeit der Gegenstände klar genug dargelegt.

A: Durchaus klar genug; wenn aber etwas noch genauer erkannt werden muß, werden wir es ein andermal untersuchen, jetzt erwarten wir die Segel, von denen du eben sprachst, und die Fahrt.

15 (34) M: Wenn nun, wie wir an anderen Stellen über die Tugend gesagt haben und noch häufig werden sagen müssen – denn die meisten Fragen, die sich auf das Leben und das sittliche Handeln beziehen, gehen von der Quelle der Tugend aus –, wenn also die Tugend ein beständiger und ausgeglichener Zustand der Seele ist, welche die lobenswert macht, in denen sie ist, und sie selbst an sich aus eigener Kraft, auch wenn man sie vom Nutzen trennt, lobenswert ist, dann gehen aus ihr die ehrenhaften Willensäußerungen, Meinungen, Handlungen und jede rechte Vernunft aus (auch wenn die Tugend selbst in aller Kürze rechte Vernunft genannt werden kann). Dieser Tugend nun entgegengesetzt ist die Lasterhaftigkeit – mit diesem Begriff will ich lieber bezeichnen, was die Griechen κακία[39] nennen, als mit

vitiositas omnium –; ex qua concitantur perturbationes, quae sunt, ut paulo ante diximus, turbidi animorum concitatique motus, aversi a ratione et inimicissimi mentis vitaeque tranquillae. inportant enim aegritudines anxias atque acerbas animosque adfligunt et debilitant metu; idem inflammant adpetitione nimia, quam tum cupiditatem tum libidinem dicimus, inpotentiam quandam animi a temperantia et moderatione plurimum dissidentem. (35) quae si quando adepta erit id quod ei fuerit concupitum, tum ecferetur alacritate, ut 'nihil ei constet', quod agat, ut ille, qui 'voluptatem animi nimiam summum esse errorem' arbitratur. eorum igitur malorum in una virtute posita sanatio est.
16 Quid autem est non miserius solum, sed foedius etiam et deformius quam aegritudine quis adflictus debilitatus iacens? cui miseriae proxumus est is qui adpropinquans aliquod malum metuit exanimatusque pendet animi. quam vim mali significantes poetae impendere apud inferos saxum Tantalo faciunt 'ob scelera animique inpotentiam et superbiloquentiam'. ea communis poena stultitiae est. omnibus enim, quorum mens abhorret a ratione, semper aliqui talis terror impendet. (36) atque ut haec tabificae mentis perturbationes sunt, aegritudinem dico et metum, sic hilariores illae, cupiditas avide semper aliquid expetens et inanis alacritas, id est laetitia gestiens, non multum differunt ab amentia. ex quo intellegitur, qualis ille sit, quem tum moderatum, alias modestum temperantem, alias constantem continentemque dicimus; non numquam haec eadem vocabula ad frugalitatis nomen tamquam ad caput referre volumus.

Schlechtigkeit; denn Schlechtigkeit ist der Begriff für ein bestimmtes Laster, Lasterhaftigkeit für alle –; aus ihr werden die Leidenschaften erregt, die, wie wir kurz zuvor sagten, verwirrte und erregte Bewegungen der Seele sind, abgewandt von der Vernunft und die größten Feinde des Geistes und des ruhigen Lebens. Denn sie bringen Kummerzustände voll von Angst und Bitterkeit, entkräften die Seelen und schwächen sie durch Furcht; ebenso entflammen sie durch allzu heftiges Verlangen, das wir bald Begierde, bald Gier nennen, eine Unbeherrschtheit der Seele, die sich von der Ausgeglichenheit und Mäßigung sehr absetzt. (35) Wenn sie einmal erlangt hat, was sie begehrte, dann erhebt sie sich in allzu heftiger Ausgelassenheit, so daß »nichts für sie beständig ist«, was sie tut, wie jener Dichter es ausdrückt, der glaubt, »die allzu große Lust sei der größte Irrtum der Seele«[40]. Für diese Übel also liegt die Heilung allein in der Tugend. **16** Was aber ist nicht nur elender, sondern auch schändlicher und häßlicher als jemand, der, durch Kummer niedergeschlagen, geschwächt am Boden liegt? Diesem Elend ist der am nächsten, der irgendein herannahendes Übel fürchtet und mutlos bangt. Weil die Dichter diese Macht des Übels bezeichnen wollen, lassen sie über Tantalos[41] in der Unterwelt einen Felsen schweben »wegen seiner Verbrechen, der Unbeherrschtheit seiner Seele und seiner hochmütigen Reden«. Das ist die allgemeine Strafe für die Torheit. Denn über allen, deren Geist vor der Vernunft zurückscheut, hängt immer irgendein derartiger Schrecken. (36) Und wie es diese zersetzenden Leidenschaften der Seele gibt, ich meine Kummer und Furcht, so unterscheiden sich jene heitereren, die Begierde, die gierig immer nach irgend etwas verlangt, und die nichtige Ausgelassenheit, also die überschäumende Lust, nicht viel vom Wahnsinn. Daraus erkennt man, wie der beschaffen ist, den wir bald maßvoll, ein andermal bescheiden und ausgeglichen, dann wieder beständig und beherrscht nennen; manchmal wollen wir eben diese Worte auf den Begriff der Rechtschaffenheit (*frugali-*

quodnisi eo nomine ⟨omnes⟩ virtutes continerentur, numquam ita pervolgatum illud esset, ut iam proverbii locum optineret, 'hominem frugi omnia recte facere'. quod idem cum Stoici de sapiente dicunt, nimis admirabiliter nimisque magnifice dicere videntur. **17** (37) Ergo hic, quisquis est, qui moderatione et constantia quietus animo est sibique ipse placatus, ut nec tabescat molestiis nec frangatur timore nec sitienter quid expetens ardeat desiderio nec alacritate futtili gestiens deliquescat, is est sapiens quem quaerimus, is est beatus, cui nihil humanarum rerum aut intolerabile ad demittendum animum aut nimis laetabile ad ecferendum videri potest. quid enim videatur ei magnum in rebus humanis, cui aeternitas omnis totiusque mundi nota sit magnitudo? nam quid aut in studiis humanis aut in tam exigua brevitate vitae magnum sapienti videri potest, qui semper animo sic excubat, ut ei nihil inprovisum accidere possit, nihil inopinatum, nihil omnino novum? (38) atque idem ita acrem in omnis partis aciem intendit, ut semper videat sedem sibi ac locum sine molestia atque angore vivendi, ut, quemcumque casum fortuna invexerit, hunc apte et quiete ferat. quod qui faciet, non aegritudine solum vacabit, sed etiam perturbationibus reliquis omnibus. his autem vacuus animus perfecte atque absolute beatos efficit, idemque concitatus et abstractus ab integra certaque ratione non constantiam solum amittit, verum etiam sanitatem.

Quocirca mollis et enervata putanda est Peripateticorum ratio et oratio, qui perturbari animos necesse dicunt esse,

tas)[42] als auf ihren Hauptbegriff zurückführen. Wenn nicht mit diesem Begriff alle Tugenden umfaßt würden, wäre folgender Ausspruch nicht so verbreitet, daß er schon als Sprichwort gilt, ›daß ein rechtschaffener Mensch in allem richtig handelt‹. Wenn die Stoiker dasselbe von einem Weisen sagen, scheinen sie allzu paradox und großartig zu sprechen. **17** (37) Wer nun immer, also maßvoll und beständig, Ruhe in seiner Seele hat und mit sich selbst in Frieden lebt, so daß er weder von Verdruß verzehrt noch von Furcht gebrochen wird, noch dürstend etwas verlangt und in Begehren entbrennt, noch in nichtiger Fröhlichkeit sich ausgelassen freuend dahinschmilzt, der ist der Weise, nach dem wir suchen; er ist der Glückliche, dem nichts Menschliches so unerträglich erscheinen kann, daß er in seiner Seele verzweifelt, und nichts so erfreulich, daß er ausgelassen wird. Was nämlich könnte dem an den menschlichen Angelegenheiten groß erscheinen, dem die ganze Ewigkeit und die Größe der ganzen Welt bekannt sind? Denn was kann in den menschlichen Bestrebungen oder in der so geringen Lebenszeit einem Weisen groß erscheinen, der immer in seiner Seele so wach ist, daß ihm nichts Unvorhergesehenes, nichts Unvermutetes, nichts überhaupt Neues widerfahren kann? (38) Und eben der wendet seinen scharfen Blick nach allen Seiten, so daß er immer einen Platz und einen Ort für sich sieht, an dem er ohne Ärger und Angst leben kann, so daß er, welchen Schlag das Schicksal auch führt, ihn angemessen und ruhig ertragen kann. Wer das tut, wird nicht nur von Kummer frei sein, sondern auch von allen übrigen Leidenschaften. Eine hiervon freie Seele macht die Menschen vollkommen und uneingeschränkt glücklich; und ebenso verliert die Seele, die gereizt und losgelöst von der heilen und sicheren Vernunft ist, nicht nur ihre Beständigkeit, sondern auch ihre Gesundheit.

Deshalb muß man die Lehre und Darlegung der Peripatetiker[43] als schwach und kraftlos ansehen, die sagen, die Seelen gerieten notwendigerweise in Leidenschaft, die aber ein

sed adhibent modum quendam, quem ultra progredi non oporteat. (39) modum tu adhibes vitio? an vitium nullum est non parere rationi? an ratio parum praecipit nec bonum illud esse, quod aut cupias ardenter aut adeptus ecferas te insolenter, nec porro malum, quo aut oppressus iaceas aut, ne opprimare ⟨metuens⟩, mente vix constes? eaque omnia aut nimis tristia aut nimis laeta errore fieri, qui [si] error stultis extenuetur die, ut, cum res eadem maneat, aliter ferant inveterata aliter recentia, sapientis ne attingat quidem omnino? (40) Etenim quis erit tandem modus iste? quaeramus enim modum aegritudinis, in qua operae plurimum ponitur. aegre tulisse P. Rupilium fratris repulsam consulatus scriptum apud Fannium est. sed tamen transisse videtur modum, quippe qui ob eam causam a vita recesserit; moderatius igitur ferre debuit. quid, si, cum id ferret modice, mors liberorum accessisset? 'nata esset aegritudo nova, sed ea modica.' magna tamen facta esset accessio. quid, si deinde dolores graves corporis, si bonorum amissio, si caecitas, si exilium? si pro singulis malis aegritudines accederent, summa ea fieret, quae non sustineretur. **18** (41) Qui modum igitur vitio quaerit, similiter facit, ut si posse putet eum qui se e Leucata praecipitaverit sustinere se, cum velit. ut enim id non potest, sic animus perturbatus et incitatus nec cohibere se potest nec, quo loco vult, insistere. omninoque, quae crescentia perniciosa sunt, eadem sunt vitiosa

bestimmtes Maß festlegen, über das hinaus man nicht vordringen dürfe. (39) Legst du ein Maß für ein Laster fest? Oder ist es kein Laster, der Vernunft nicht zu gehorchen? Oder lehrt die Vernunft nicht klar genug, daß jenes kein Gut ist, nach dem du brennend verlangst oder nach dessen Erreichen du dich ausgelassen freust, und weiter, daß das kein Übel ist, von dem du niedergedrückt am Boden liegst oder gegen das du, aus Besorgnis, nicht niedergedrückt zu werden, seelisch kaum bestehen kannst? Und daß all dies, das allzu traurig oder allzu ausgelassen ist, auf Grund eines Irrtums geschieht, der, wenn er sich bei den Toren mit der Zeit verringert, so daß sie, obwohl die Sache gleich bleibt, das Alte anders ertragen als das Frische, den Weisen überhaupt nicht berühren dürfte? (40) Was wird denn dieses Maß schließlich sein? Suchen wir doch ein Maß für den Kummer, auf den sie die meiste Mühe verwenden. Bei Fannius[44] steht geschrieben, P. Rupilius[45] habe sich die Niederlage seines Bruders bei der Bewerbung um das Konsulat sehr zu Herzen genommen. Aber er scheint doch das Maß überschritten zu haben, da er ja deswegen aus dem Leben schied; er hätte es also besonnener ertragen müssen. Was aber, wenn noch der Tod seiner Kinder hinzugekommen wäre, während er das mit Haltung ertrug? Es wäre ein neuer Kummer entstanden, aber auch dieser mit Maß. Dennoch hätte er sich sehr gesteigert. Was, wenn dann noch schlimme körperliche Schmerzen, wenn der Verlust des Vermögens, wenn Blindheit, wenn Verbannung hinzugekommen wären? Wenn bei jedem einzelnen Übel Kummer hinzukäme, würde eine solche Menge entstehen, die man nicht mehr ertragen könnte. **18** (41) Wer also für das Laster ein Maß sucht, handelt ähnlich, wie wenn er glaubte, derjenige, der sich vom Leukadischen Felsen[46] herabstürzt, könne sich noch auffangen, wenn er wolle. Denn wie er das nicht kann, so kann auch eine verwirrte und aufgewühlte Seele sich nicht beherrschen und nicht haltmachen, wo sie möchte. Und überhaupt ist das, was im Wachsen verderblich ist, im

nascentia; (42) aegritudo autem ceteraeque perturbationes amplificatae certe pestiferae sunt: igitur etiam susceptae continuo in magna pestis parte versantur. etenim ipsae se impellunt, ubi semel a ratione discessum est, ipsaque sibi imbecillitas indulget in altumque provehitur imprudens nec reperit locum consistendi. quam ob rem nihil interest, utrum moderatas perturbationes adprobent an moderatam iniustitiam, moderatam ignaviam, moderatam intemperantiam; qui enim vitiis modum apponit, is partem suscipit vitiorum; quod cum ipsum per se odiosum est, tum eo molestius, quia sunt in lubrico incitataque semel proclivi labuntur sustinerique nullo modo possunt.

19 (43) Quid, quod idem Peripatetici perturbationes istas, quas nos extirpandas putamus, non modo naturalis esse dicunt, sed etiam utiliter a natura datas? quorum est talis oratio: primum multis verbis iracundiam laudant, cotem fortitudinis esse dicunt, multoque et in hostem et in inprobum civem vehementioris iratorum impetus esse, levis autem ratiunculas eorum, qui ita cogitarent: ‘proelium rectum est hoc fieri, convenit dimicare pro legibus, pro libertate, pro patria’; haec nullam habent vim, nisi ira excanduit fortitudo. nec vero de bellatoribus solum disputant: imperia severiora nulla esse putant sine aliqua acerbitate iracundiae; oratorem denique non modo accusantem, sed ne defendentem quidem probant sine aculeis iracundiae, quae etiamsi non adsit, tamen verbis atque motu simulandam arbitrantur, ut audi-

Entstehen schon fehlerhaft; (42) Kummer aber und die übrigen Leidenschaften sind, wenn sie zugenommen haben, bestimmt verderblich: also enthalten sie schon einen großen Teil ihrer Gefährlichkeit, sobald sie entstanden sind. Denn sie treiben sich selbst an, sobald man einmal den Weg der Vernunft verlassen hat, und die Schwäche gibt sich selbst nach, und töricht fährt sie auf das offene Meer hinaus und findet keinen Ort zum Anlegen mehr. Deshalb besteht kein Unterschied, ob man gemäßigte Leidenschaften billigt oder gemäßigte Ungerechtigkeit, gemäßigte Feigheit und gemäßigte Unbeherrschtheit; denn wer den Lastern ein Maß setzt, der nimmt einen Teil von ihnen in Kauf; dies ist schon an sich verabscheuenswert, um so ärgerlicher aber deswegen, weil die Laster sich auf schlüpfrigem Boden befinden und, einmal angetrieben, abwärts gleiten und auf keine Art aufgehalten werden können.

19 (43) Wie verhält es sich damit, daß dieselben Peripatetiker erklären, die Leidenschaften, die man nach unserer Auffassung ausrotten muß, seien nicht nur natürlich, sondern auch von der Natur zu unserem Nutzen gegeben? Ihre Argumentation lautet so: Zunächst loben sie mit vielen Worten den Jähzorn, sie sagen, er sei der Wetzstein der Tapferkeit, die Angriffe eines Erzürnten auf einen Feind oder einen schlechten Mitbürger seien viel heftiger, ohne Gewicht aber seien die kleinlichen Überlegungen derer, die so dächten: ›Es ist gerecht, daß dieser Kampf stattfindet, es gehört sich, für die Gesetze, für die Freiheit, für das Vaterland zu kämpfen‹; dies habe keine Kraft, wenn nicht die Tapferkeit durch Zorn entbrannt ist. Aber sie sprechen nicht nur von Kämpfern: sie glauben, daß es keine strengeren Befehle gebe ohne eine gewisse Heftigkeit des Jähzorns; schließlich erkennen sie auch keinen Redner an, der nicht nur bei der Anklage, sondern sogar bei der Verteidigung die Stacheln des Jähzorns anwendet; auch wenn er nicht wirklich vorhanden sei, so müsse er doch nach ihrer Auffassung in den Worten und der Bewegung vorgetäuscht werden, damit die

toris iram oratoris incendat actio. virum denique videri negant qui irasci nesciet, eamque, quam lenitatem nos dicimus, vitioso lentitudinis nomine appellant. (44) Nec vero solum hanc libidinem laudant – est enim ira, ut modo definivi, ulciscendi libido –, sed ipsum illud genus vel libidinis vel cupiditatis ad summam utilitatem esse dicunt a natura datum; nihil enim quemquam nisi quod lubeat praeclare facere posse. noctu ambulabat in publico Themistocles, quod somnum capere non posset, quaerentibusque respondebat Miltiadis tropaeis se e somno suscitari. cui non sunt auditae Demosthenis vigiliae? qui dolere se aiebat, si quando opificum antelucana victus esset industria. philosophiae denique ipsius principes numquam in suis studiis tantos progressus sine flagranti cupiditate facere potuissent. ultimas terras lustrasse Pythagoran Democritum Platonem accepimus. ubi enim quicquid esset quod disci posset, eo veniendum iudicaverunt. num putamus haec fieri sine summo cupiditatis ardore potuisse? 20 (45) Ipsam aegritudinem, quam nos ut taetram et inmanem beluam fugiendam diximus, non sine magna utilitate a natura dicunt constitutam, ut homines castigationibus reprehensionibus ignominiis adfici se in delicto dolerent. impunitas enim peccatorum data videtur eis qui ignominiam et infamiam ferunt sine dolore; morderi est melius conscientia. ex quo est illud e vita ductum ab Afra-

Vortragsweise des Redners den Zorn des Zuhörers entfache. Einen Mann schließlich, der nicht in Zorn geraten könne, so behaupten sie, könne man sich überhaupt nicht vorstellen, und sie belegen den Zustand, den wir Sanftmut nennen, mit dem tadelnden Begriff der Trägheit. (44) Aber sie loben nicht nur diese Begierde – denn der Zorn ist, wie ich eben definiert habe[47], die Begierde, Rache zu nehmen –, sondern behaupten, eben diese Art von Begierde oder von Verlangen sei uns von der Natur zu unserem höchsten Nutzen gegeben worden; denn nichts könne jemand vortrefflich zustande bringen, wenn er es nicht begehre. Nachts ging Themistokles im Freien spazieren, weil er keinen Schlaf finden konnte; denen, die ihn danach fragten, antwortete er, er werde durch die Siegeszeichen des Miltiades aus dem Schlaf geweckt. Wer hat nicht schon von den schlaflosen Nächten des Demosthenes gehört? Er sagte, es bereite ihm Kummer, wenn er einmal vor Tagesanbruch durch den Fleiß der Handwerker übertroffen werde. Schließlich hätten selbst die führenden Philosophen in ihren Forschungen niemals so große Fortschritte ohne einen brennenden Eifer machen können. Die entferntesten Länder am Ende der Welt durchwanderten, wie wir vernommen haben, Pythagoras, Demokrit und Platon. Sie waren der Meinung, wo immer etwas sei, was man lernen könne, dorthin müsse man gehen. Glauben wir etwa, dies habe ohne das glühendste Feuer der Begierde geschehen können? **20** (45) Selbst der Kummer, von dem wir sagten, daß man ihm gleichsam wie einem scheußlichen und ungeheuren wilden Tier aus dem Wege gehen müsse, ist nach ihrer Auffassung nicht ohne großen Nutzen von der Natur eingerichtet worden, damit die Menschen Schmerz darüber empfinden, bei einem Vergehen von Strafen, Tadel und Schande getroffen zu werden. Denn Straffreiheit für Vergehen scheint denen gegeben zu sein, die Schande und Schimpf ohne Schmerz ertragen; besser ist es, von Gewissensbissen geplagt zu werden. Daher kommt jener aus dem Leben gegriffene Ausspruch des Afranius[48];

nio: nam cum dissolutus filius: 'heu me miserum!' tum severus pater: 'dum modo doleat aliquid, doleat quidlubet.' (46) Reliquas quoque partis aegritudinis utilis esse dicunt, misericordiam ad opem ferendam et calamitates hominum indignorum sublevandas; ipsum illud aemulari obtrectare non esse inutile, cum aut se non idem videat consecutum, quod alium, aut alium idem, quod se; metum vero si qui sustulisset, omnem vitae diligentiam sublatam fore, quae summa esset in eis qui leges, qui magistratus, qui paupertatem, qui ignominiam, qui mortem, qui dolorem timerent. Haec tamen ita disputant, ut resecanda esse fateantur, evelli penitus dicant nec posse nec opus esse et in omnibus fere rebus mediocritatem esse optumam existiment. quae cum exponunt, nihilne tibi videntur an aliquid dicere?

Mihi vero dicere aliquid, itaque expecto, quid ad ìsta.

21 (47) Reperiam fortasse, sed illud ante: videsne, quanta fuerit apud Academicos verecundia? plane enim dicunt, quod ad rem pertineat: Peripateticis respondetur a Stoicis; digladientur illi per me licet, cui nihil est necesse nisi, ubi sit illud, quod veri simillimum videatur, anquirere. quid est igitur quod occurrat in hac quaestione, e quo possit attingi aliquid veri simile, quo longius mens humana progredi non potest? definitio perturbationis, qua recte Zenonem usum puto. ita enim definit, ut perturbatio sit aversa ⟨a⟩ ratione contra naturam animi commotio, vel brevius, ut perturbatio sit adpetitus vehementior, vehementior autem intellegatur is

denn auf das »Weh mir Elendem!« seines ausschweifenden Sohnes sagt der strenge Vater: »Wenn er nur irgend etwas bedauert, soll er Kummer empfinden, worüber er will.« (46) Sie sagen, auch die übrigen Arten des Kummers seien nützlich, das Mitleid, um Hilfe zu bringen und das Unglück der ungerecht leidenden Menschen zu erleichtern; selbst Ehrgeiz und Mißgunst seien nicht unnütz, da man entweder sehe, daß man dasselbe nicht erreicht hat wie ein anderer oder ein anderer dasselbe wie man selbst; wenn aber jemand die Furcht wegnehme, dann sei alle Gewissenhaftigkeit im Leben entfernt, die bei denen, die Gesetze, Behörden, Armut, Schande, Tod und Schmerz fürchteten, besonders groß sei. In ihrer Erörterung geben sie allerdings zu, man müsse diese Leidenschaften beschneiden, sie allerdings ganz herauszureißen sei, so sagen sie, nicht möglich und nicht nötig, und nach ihrer Auffassung sei in fast allen Dingen das Mittelmaß das beste. Wenn sie dies darlegen, scheinen sie dir etwas Wichtiges zu sagen oder nicht?

A: Mir scheinen sie etwas zu sagen, und ich bin gespannt, was du dazu vorbringen wirst.

21 (47) M: Ich werde vielleicht etwas finden, aber folgendes zuvor: Siehst du, wie groß die Zurückhaltung bei den Akademikern[49] gewesen ist? Denn sie sagen wirklich nur das, was sich auf die Sache bezieht: Den Peripatetikern antworten die Stoiker; sie sollen sich meinetwegen gegenseitig hinmorden; für mich ist nur notwendig, das zu suchen, was der Wahrheit am nächsten zu kommen scheint. Was also liegt in dieser Frage, aus dem man irgend etwas Wahrscheinliches erfassen könnte, über das hinaus der menschliche Geist nicht weiter vordringen kann? Die Definition der Leidenschaft, die Zenon meiner Meinung nach richtig aufgestellt hat. Denn er definiert so,[50] daß die Leidenschaft eine von der Vernunft abgewandte naturwidrige Bewegung der Seele sei, oder kürzer, daß die Leidenschaft ein allzu heftiges Verlangen sei; als allzu heftig aber soll man das verstehen, was weit von der Beständigkeit der Natur entfernt ist.

qui procul absit a naturae constantia. (48) quid ad has definitiones possim dicere? atque haec pleraque sunt prudenter acuteque disserentium, illa quidem ex rhetorum pompa: 'ardores animorum cotesque virtutum.' an vero vir fortis, nisi stomachari coepit, non potest fortis esse? gladiatorium id quidem. quamquam in eis ipsis videmus saepe constantiam: 'conlocuntur, congrediuntur, quaerunt aliquid, postulant', ut magis placati quam irati esse videantur, sed in illo genere sit sane Pacideianus aliquis hoc animo, ut narrat Lucilius:

> 'Occidam illum equidem et vincam, si id quaeritis' inquit,
> 'Verum illud credo fore: in os prius accipiam ipse
> Quam gladium in stomacho furi ac pulmonibus sisto.
> Odi hominem, iratus pugno, nec longius quicquam
> Nobis, quam dextrae gladium dum accommodet alter;
> Usque adeo studio atque odio illius ecferor ira';

22 (49) at sine hac gladiatoria iracundia videmus progredientem apud Homerum Aiacem multa cum hilaritate, cum depugnaturus esset cum Hectore; cuius, ut arma sumpsit, ingressio laetitiam attulit sociis, terrorem autem hostibus, ut ipsum Hectorem, quem ad modum est apud Homerum, toto pectore trementem provocasse ad pugnam paeniteret. atque hi conlocuti inter se, prius quam manum consererent, leniter et quiete nihil ne in ipsa quidem pugna iracunde rabioseve fecerunt. ego ne Torquatum quidem illum, qui hoc cognomen invenit, iratum existimo Gallo torquem detraxisse, nec Marcellum apud Clastidium ideo fortem fuisse, quia fuerit iratus. (50) de Africano quidem, quia notior est nobis propter recentem memoriam, vel iurare possum non illum iracundia tum inflammatum fuisse, cum in acie M. Allienium Paelignum scuto protexerit gladiumque hosti in

(48) Was könnte ich zu diesen Definitionen sagen? Es sind größtenteils Worte von Leuten, die klug und genau erörtern, folgendes allerdings kommt aus dem Prunk der Rhetoren: »die Glut der Seelen und der Wetzstein der Tugenden«. Kann aber ein tapferer Mann erst dann tapfer sein, wenn er zu wüten anfängt? Das ist Sache der Gladiatoren. Doch selbst bei ihnen sehen wir häufig Beständigkeit: »Sie unterhalten sich, kommen zusammen, fragen und fordern etwas«[51], so daß sie eher friedlich als erzürnt zu sein scheinen, aber mag es in dieser Gattung auch einen Pacideianus geben in eben solcher Stimmung, wie Lucilius[52] erzählt: »Ich werde jenen töten und besiegen, wenn ihr danach fragt«, sagte er, »folgendes aber, glaube ich, wird geschehen: zuerst werde ich in meinem Gesicht getroffen, dann werde ich mein Schwert in den Bauch und die Lungen des Schurken bohren. Ich hasse den Menschen, ich kämpfe im Zorn, und es dauert mir zu lange, bis der andere das Schwert in die rechte Hand nimmt; so sehr werde ich aus Eifer und Haß ihm gegenüber in Zorn versetzt.« **22** (49) Ohne diesen gladiatorenhaften Zorn aber sehen wir bei Homer[53] Aias mit großer Heiterkeit voranschreiten kurz vor seinem Kampf mit Hektor; sein Schreiten, als er die Waffen genommen hatte, brachte den Gefährten Freude, den Feinden aber Schrecken, so daß selbst Hektor, wie bei Homer steht[54], in seiner ganzen Brust zitterte und es bereute, ihn zum Kampf aufgefordert zu haben. Und sie sprachen vor dem Kampf sanft und ruhig miteinander und taten selbst während des Kampfes nichts in Zorn oder Wut. Ich glaube, daß nicht einmal jener Torquatus[55], der sich diesen Beinamen dadurch als erster erwarb, im Zorn dem Gallier die Halskette abgerissen hat und daß Marcellus[56] bei Clastidium nicht deswegen tapfer war, weil er erzürnt war. (50) Was Africanus[57] allerdings angeht, so könnte ich gar, weil die Erinnerung an ihn noch frisch und er uns deswegen bekannter ist, schwören, daß er damals nicht zornentbrannt war, als er in der Schlacht den Paeligner M. Alliennius mit dem Schild

pectus infixerit. de L. Bruto fortasse dubitarim, an propter infinitum odium tyranni ecfrenatius in Arruntem invaserit; video enim utrumque comminus ictu cecidisse contrario. quid igitur huc adhibetis iram? an fortitudo, nisi insanire coepit, impetus suos non habet? quid? Herculem, quem in caelum ista ipsa, quam vos iracundiam esse vultis, sustulit fortitudo, iratumne censes conflixisse cum Erymanthio apro aut leone Nemeaeo? an etiam Theseus Marathonii tauri cornua conprehendit iratus? vide ne fortitudo minime sit rabiosa sitque iracundia tota levitatis.

23 (51) Neque enim est ulla fortitudo, quae rationis est expers. 'contemnendae res humanae sunt, neglegenda mors est, patibiles et dolores et labores putandi' – haec cum constituta sunt iudicio atque sententia, tum est robusta illa et stabilis fortitudo, nisi forte, quae vehementer acriter animose fiunt, iracunde fieri suspicamur. mihi ne Scipio quidem ille pontufex maxumus, qui hoc Stoicorum verum esse declaravit, numquam privatum esse sapientem, iratus videtur fuisse Ti. Graccho tum, cum consulem languentem reliquit atque ipse privatus, ut si consul esset, qui rem publicam salvam esse vellent, se sequi iussit. (52) nescio, ecquid ipsi nos fortiter in re p. fecerimus: si quid fecimus, certe irati non fecimus. an est quicquam similius insaniae quam ira? quam bene Ennius 'initium' dixit 'insaniae'. color, vox, oculi, spiritus, inpotentia dictorum ac factorum quam partem habent sanitatis? quid Achille Homerico foedius, quid

schützte und sein Schwert dem Feind in die Brust bohrte. Was L. Brutus[58] betrifft, so möchte ich vielleicht zweifeln, ob er wegen seines unendlichen Hasses auf den Tyrannen nicht doch zügelloser gegen Arruns vordrang; denn ich sehe, daß beide durch gegenseitigen Stoß im Nahkampf fielen. Wozu also führt ihr hier den Zorn an? Oder hat die Tapferkeit, wenn sie nicht zu rasen beginnt, keine Gewalt? Wie? Glaubst du, Herakles, den gerade seine Tapferkeit, die ihr als Jähzorn verstanden wissen wollt, in den Himmel erhoben hat, habe im Zorn mit dem Erymanthischen Eber oder dem Nemeischen Löwen gekämpft? Oder hat auch Theseus[59] im Zorn die Hörner des Marathonischen Stieres gepackt? Erkenne doch, daß die Tapferkeit überhaupt nichts mit Wut zu tun hat und daß der ganze Jähzorn nur Charakterschwäche ist.

23 (51) Denn es gibt keine Tapferkeit ohne Vernunft. ›Man muß die menschlichen Dinge geringschätzen, man muß den Tod verachten, man muß Schmerzen und Mühen für erträglich halten.‹ – Wenn dies im Urteil und in der Überzeugung feststeht, dann gibt es jene starke und beständige Tapferkeit, es sei denn, wir wären der Auffassung, daß das, was heftig und leidenschaftlich und mutig geschieht, im Jähzorn geschieht. Mir scheint nicht einmal jener Pontifex Maximus Scipio[60], der bewies, daß die Lehre der Stoiker wahr ist, nämlich daß ein Weiser niemals Privatmann ist, damals Zorn gegen Ti. Gracchus empfunden zu haben, als er den zögernden Konsul[61] verließ und selbst als Privatmann, wie wenn er Konsul wäre, denen, die den Staat gerettet sehen wollten, befahl, ihm zu folgen. (52) Vielleicht haben auch wir selbst etwas mit Tapferkeit im Staat geleistet: wenn wir etwas geleistet haben, haben wir es sicherlich nicht im Zorn getan. Gibt es etwas, was dem Wahnsinn ähnlicher ist als der Zorn? Ihn nannte Ennius treffend »Beginn des Wahnsinns«[62]. Farbe, Stimme, Augen, Atem und Unbeherrschtheit in Worten und Taten, welchen Anteil hat das noch an der Gesundheit? Was gibt es Schändlicheres als

Agamemnone in iurgio? nam Aiacem quidem ira ad furorem mortemque perduxit. non igitur desiderat fortitudo advocatam iracundiam; satis est instructa parata armata per sese. nam isto quidem modo licet dicere utilem vinulentiam ad fortitudinem, utilem etiam dementiam, quod et insani et ebrii multa faciunt saepe vehementius. semper Aiax fortis, fortissimus tamen in furore; nam

> Facinus fecit maximum, cum Danais inclinantibus
> Summam rem perfecit manu.

24 (53) proelium restituit insaniens: dicamus igitur utilem insaniam? Tracta definitiones fortitudinis: intelleges eam stomacho non egere. fortitudo est igitur 'adfectio animi legi summae in perpetiendis rebus obtemperans' vel 'conservatio stabilis iudicii in eis rebus quae formidolosae videntur subeundis et repellendis' vel 'scientia rerum formidolosarum contrariarumque aut omnino neglegendarum conservans earum rerum stabile iudicium' vel brevius, ut Chrysippus (nam superiores definitiones erant Sphaeri, hominis in primis bene definientis, ut putant Stoici; sunt enim omnino omnes fere similes, sed declarant communis notiones alia magis alia) – quo modo igitur Chrysippus? 'fortitudo est' inquit 'scientia rerum perferendarum vel adfectio animi in patiendo ac perferendo summae legi parens sine timore.' quamvis licet insectemur istos, ut Carneades solebat, metuo ne soli philosophi sint. quae enim istarum definitionum non aperit notionem nostram, quam habemus omnes de fortitudine tectam atque involutam? qua aperta quis est qui aut bellatori aut imperatori aut oratori quaerat aliquid ne-

den homerischen Achill, was als Agamemnon in ihrem Streit?[63] Denn den Aias trieb[64] der Zorn geradezu in Wahnsinn und Tod. Die Tapferkeit verlangt also nicht nach dem Zorn als Helfer; sie ist in sich hinreichend ausgestattet, gerüstet und gewappnet. Denn sonst könnte man auch die Trunkenheit und auch den Wahnsinn als nützlich für die Tapferkeit bezeichnen, weil sowohl Wahnsinnige als auch Betrunkene häufig allzu ungestüm handeln. Aias ist immer tapfer, doch am tapfersten in seiner Wut; denn »er vollbrachte seine größte Tat, als er, da die Danaer schon wankten, die Entscheidung mit seiner Hand herbeiführte«[65].
24 (53) Er stellte den Kampf wieder her in seinem Wahnsinn: wollen wir also den Wahnsinn nützlich nennen? Betrachte die Definitionen der Tapferkeit: du wirst erkennen, daß sie das Aufbrausen nicht nötig hat. Tapferkeit also ist »eine Verfassung der Seele, die dem höchsten Gesetz[66] beim Ertragen der Dinge gehorcht«, oder »Bewahren des festen Urteils beim Erdulden oder Abwehren der Dinge, die furchterregend erscheinen«, oder »das Wissen um furchterregende Dinge, der gegenteiligen oder überhaupt zu verachtenden Dinge, das ein sicheres Urteil über diese Dinge bewahrt«,[67] oder kürzer, wie Chrysipp sagt, denn die genannten Definitionen stammen von Sphairos[68], einem Mann, der nach Auffassung der Stoiker besonders gut definierte; denn sie sind alle fast völlig gleich, aber die eine drückt die (den Menschen) gemeinsamen Anschauungen besser aus als die andere – wie also definiert Chrysipp? »Tapferkeit ist«, sagt er, »das Wissen um die Dinge, die man ertragen muß, oder ein seelischer Zustand, der beim Erdulden oder Ertragen dem höchsten Gesetz ohne Furcht gehorcht.« Mögen wir diese Leute auch angreifen, wie Karneades es zu tun pflegte, so fürchte ich doch, daß sie allein die wahren Philosophen sind. Denn welche von diesen Definitionen enthüllt nicht unseren Begriff von Tapferkeit, den wir alle in einer verdeckten und verhüllten Form besitzen? Wenn er enthüllt ist, wer wird für einen Krieger oder einen Feldherrn oder einen

que eos existumet sine rabie quicquam fortiter facere posse? (54) Quid? Stoici, qui omnes insipientes insanos esse dicunt, nonne ista conligunt? remove perturbationes maxumeque iracundiam: iam videbuntur monstra dicere. nunc autem ita disserunt, sic se dicere omnes stultos insanire, ut male olere omne caenum. 'at non semper.' commove: senties. sic iracundus non semper iratus est; lacesse: iam videbis furentem. Quid? ista bellatrix iracundia, cum domum rediit, qualis est cum uxore, cum liberis, cum familia? an tum quoque est utilis? est igitur aliquid quod perturbata mens melius possit facere quam constans? an quisquam potest sine perturbatione mentis irasci? bene igitur nostri, cum omnia essent in moribus vitia, quod nullum erat iracundia foedius, iracundos solos morosos nominaverunt. **25** (55) Oratorem vero irasci minime decet, simulare non dedecet. an tibi irasci tum videmur, cum quid in causis acrius et vehementius dicimus? quid? cum iam rebus transactis et praeteritis orationes scribimus, num irati scribimus? 'ecquis hoc animadvertit? vincite!' – num aut egisse umquam iratum Aesopum aut scripsisse existimas iratum Accium? aguntur ista praeclare, et ab oratore quidem melius, si modo est orator, quam ab ullo histrione, sed aguntur leniter et mente tranquilla.

Libidinem vero laudare cuius est libidinis? Themistoclem mihi et Demosthenen profertis, additis Pythagoran Democritum Platonem. quid? vos studia libidinem vocatis? quae

Redner noch etwas anderes verlangen[69] und nicht glauben, daß sie ohne Wut etwas tapfer vollbringen können? (54) Wie? Berücksichtigen nicht die Stoiker, die sagen, daß alle Toren wahnsinnig sind, eben diese Dinge? Entferne die Leidenschaften und besonders den Jähzorn: schon werden sie den Eindruck machen, als redeten sie Unsinn.[70] Jetzt aber erklären sie, sie würden alle Toren in der Weise wahnsinnig nennen, wie man sagt, daß jeder Dreck übel rieche. ›Aber nicht immer.‹[71] Rühre darin: Du wirst es merken. So ist auch der Jähzornige nicht immer zornig; reize ihn: schon wirst du ihn wütend sehen. Wie? Dieser kämpferische Jähzorn[72], wenn er nach Hause zurückgekehrt ist, wie verhält er sich dann zu der Gattin, zu den Kindern, zu der Hausgemeinschaft? Ist er auch dann nützlich? Gibt es denn etwas, was ein leidenschaftlicher Geist besser tun könnte als ein beständiger? Oder kann jemand ohne Verwirrung seines Geistes zornig werden? Zu Recht also haben unsere Landsleute, da ja alle Fehler in den Sitten liegen und keiner schändlicher ist als der Jähzorn, Jähzornige allein unsittlich genannt. **25** (55) Einem Redner aber kommt es keineswegs zu, zornig zu sein, er darf aber Zorn vortäuschen. Oder scheinen wir dir dann zornig zu sein, wenn wir in Prozessen etwas leidenschaftlicher und heftiger sagen? Wie? Wenn wir, nachdem die Dinge schon erledigt und vorüber sind, unsere Reden niederschreiben, schreiben wir dann etwa im Zorn? »Nimmt jemand dies wahr? Bindet ihn!«[73] – Glaubst du, daß Aesop[74] jemals im Zorn dies vorgetragen hat oder Accius es im Zorn geschrieben hat? Dieses kann man hervorragend vortragen, und zwar kann das ein Redner besser als irgendein Schauspieler, wenn er nur ein wahrer Redner ist; aber man trägt es in gelassener Stimmung und mit ruhigem Geist vor.

Welche Begierde gehört dazu, die Begierde zu loben? Ihr bringt mir Themistokles und Demosthenes als Beispiele, ihr fügt Pythagoras, Demokrit und Platon[75] hinzu. Was? Nennt ihr Studien Begierde? Gerade die Beschäftigung mit

vel optimarum rerum, ut ea sunt quae profertis, sedata tamen et tranquilla esse debent. Iam aegritudinem laudare, unam rem maxime detestabilem, quorum est tandem philosophorum? at commode dixit Afranius: 'dum modo doleat aliquid, doleat quidlibet.' dixit enim de adulescente perdito ac dissoluto, nos autem de constanti viro ac sapienti quaerimus. et quidem ipsam illam iram centurio habeat aut signifer vel ceteri, de quibus dici non necesse est, ne rhetorum aperiamus mysteria. utile est enim uti motu animi, qui uti ratione non potest. nos autem, ut testificor saepe, de sapiente quaerimus. **26** (56) At etiam aemulari utile est, obtrectare, misereri. cur misereare potius quam feras opem, si id facere possis? an sine misericordia liberales esse non possumus? non enim suscipere ipsi aegritudines propter alios debemus, sed alios, si possumus, levare aegritudine. obtrectare vero alteri aut illa vitiosa aemulatione, quae rivalitati similis est, aemulari quid habet utilitatis, cum sit aemulantis angi alieno bono quod ipse non habeat, obtrectantis autem angi alieno bono, quod id etiam alius habeat? qui id adprobari possit, aegritudinem suscipere pro experientia, si quid habere velis? nam solum habere velle summa dementia est.

(57) Mediocritates autem malorum quis laudare recte possit? quis enim potest, in quo libido cupiditasve sit, non libidinosus et cupidus esse? in quo ira, non iracundus? in quo angor, non anxius? in quo timor, non timidus? libidinosum igitur et iracundum et anxium et timidum censemus

den besten Dingen, wie es ja die sind, die ihr als Beispiele anführt, muß gesetzt und ruhig sein. Welche Philosophen schließlich bringen es fertig, gar den Kummer zu loben, der doch die allerverwerflichste Sache ist? Aber Afranius hat doch treffend gesagt: »Möge er Kummer empfinden, worüber er will, wenn er nur über etwas Kummer empfindet.«[76] Ja, er sprach über einen verdorbenen und zügellosen jungen Mann; wir aber suchen nach dem beständigen und weisen Mann. Und eben jenen Zorn mag ein Centurio haben oder ein Feldzeichenträger oder die übrigen[77], über die zu sprechen nicht nötig ist, um nicht die Geheimnisse der Rhetoren bloßzulegen. Denn für den ist es nützlich, sich der Gemütsbewegung zu bedienen, der sich der Vernunft nicht bedienen kann. Wir aber fragen, wie ich häufig betone, nach dem Weisen. **26** (56) Aber es ist doch auch nützlich, eifersüchtig, mißgünstig und mitleidig zu sein. Warum solltest du lieber Mitleid empfinden als Hilfe bringen, wenn du das tun könntest? Können wir etwa ohne Mitleid nicht großzügig sein? Denn wir dürfen selbst nicht Kummer auf uns nehmen wegen anderer, sondern müssen, wenn wir es vermögen, anderen ihren Kummer erleichtern. Welchen Nutzen hat es aber, einem anderen mißgünstig zu sein oder in jener fehlerhaften Eifersucht, die der Rivalität ähnlich ist, eifersüchtig zu sein, da doch der Eifersüchtige sich ärgert über das Gut eines anderen, weil er es selbst nicht hat, der Mißgünstige aber sich ärgert über das Gut eines anderen, weil dies auch der andere hat? Wie kann man gutheißen, Kummer auf sich zu nehmen, anstatt zu handeln, wenn man etwas haben will? Denn nur ›haben wollen‹ ist die höchste Form von Wahnsinn.

(57) Wer aber könnte mit Recht das Mittelmaß bei den Übeln loben?[78] Denn wer kann, wenn Begierde und Verlangen in ihm sind, nicht begierig und verlangend sein? Und in dem der Zorn ist, nicht zornig? In dem die Angst ist, nicht ängstlich? In dem die Furcht ist, nicht furchtsam? Werden wir etwa glauben, der Gierige, Zornige, Ängstliche und

esse sapientem? de cuius excellentia multa quidem dici quamvis fuse lateque possunt, sed brevissime illo modo, sapientiam esse rerum divinarum et humanarum scientiam cognitionemque, quae cuiusque rei causa sit; ex quo efficitur, ut divina imitetur, humana omnia inferiora virtute ducat. in hanc tu igitur tamquam in mare, quod est ventis subiectum, perturbationem cadere tibi dixisti videri? quid est quod tantam gravitatem constantiamque perturbet? an inprovisum aliquid aut repentinum? quid potest accidere tale ei, cui nihil, quod homini evenire possit, ⟨non praemeditatum sit⟩? nam quod aiunt nimia resecari oportere, naturalia relinqui, quid tandem potest esse naturale, quod idem nimium esse possit? sunt enim omnia ista ex errorum orta radicibus, quae evellenda et extrahenda penitus, non circumcidenda nec amputanda sunt.

27 (58) Sed quoniam suspicor te non tam de sapiente quam de te ipso quaerere – illum enim putas omni perturbatione esse liberum, te vis –, videamus, quanta sint quae ⟨a⟩ philosophia remedia morbis animorum adhibeantur. est enim quaedam medicina certe, nec tam fuit hominum generi infensa atque inimica natura, ut corporibus tot res salutaris, animis nullam invenerit; de quibus hoc etiam est merita melius, quod corporum adiumenta adhibentur extrinsecus, animorum salus inclusa in is ipsis est. sed quo maior est in eis praestantia et divinior, eo maiore indigent diligentia. itaque bene adhibita ratio cernit, quid

Furchtsame sei weise? Über die Vollkommenheit des Weisen kann man zwar vieles lang und breit ausführen, am kürzesten aber auf folgende Art: Weisheit ist das Wissen um die göttlichen und menschlichen Dinge und die Kenntnis davon, was die Ursache einer jeden Sache ist; daraus folgt, daß er das Göttliche nachahmt und alles Menschliche für geringer erachtet als die Tugend. Hast du wirklich gesagt, die Tugend könne nach deiner Meinung in die Leidenschaft sinken gleichsam wie in ein Meer, das den Winden unterworfen ist? Was kann denn eine solche Würde und Beständigkeit in Unordnung bringen? Etwa etwas Unvorhergesehenes und Plötzliches? Wie kann Derartiges dem widerfahren, der alles, was einem Menschen zustoßen kann, schon vorher bedacht hat? Denn wenn sie[79] sagen, daß man das Übertriebene beschneiden und das Natürliche bestehen lassen müsse, was kann denn natürlich sein, was zugleich übertrieben sein kann?[80] Denn all diese Leidenschaften sind aus den Wurzeln der Irrtümer entstanden, und sie müssen ausgerottet und mit der Wurzel ausgerissen und nicht nur beschnitten oder gestutzt werden.

27 (58) Weil ich aber vermute, daß du nicht so sehr nach dem Weisen fragst wie nach dir selbst – denn du glaubst, daß jener von jeder Leidenschaft frei ist, und du möchtest dieses Ziel erreichen –, wollen wir sehen, wie wirkungsvoll die Heilmittel sind, die die Philosophie bei den seelischen Krankheiten anwendet. Denn es gibt gewiß eine Art Heilmittel, und die Natur war dem Menschengeschlecht gegenüber nicht so unbarmherzig und feindlich, daß sie zwar für die Körper so viele heilsame Dinge, für die Seelen aber keines gefunden hätte; um sie hat sie sich dadurch noch mehr verdient gemacht, daß die Hilfe für die Körper äußerlich angewandt wird, das Heil der Seelen aber in ihnen selbst eingeschlossen liegt. Je größer aber und je göttlicher in ihnen die Vollkommenheit ist, desto größerer Sorgfalt bedürfen sie. Deshalb erkennt die Vernunft, ist sie richtig angewandt, was das Beste ist, ist sie aber vernachlässigt, dann verstrickt

optumum sit, neglecta multis implicatur erroribus. (59) ad te igitur mihi iam convertenda omnis oratio est; simulas enim quaerere te de sapiente, quaeris autem fortasse de te.

Earum igitur perturbationum, quas exposui, variae sunt curationes. nam neque omnis aegritudo una ratione sedatur (alia est enim lugenti, alia miseranti aut invidenti adhibenda medicina); est etiam in omnibus quattuor perturbationibus illa distinctio, utrum ad universam perturbationem, quae est aspernatio rationis aut adpetitus vehementior, an ad singulas, ut ad metum lubidinem reliquas melius adhibeatur oratio, et utrum illudne non videatur aegre ferundum, ex quo suscepta sit aegritudo, an omnium rerum tollenda omnino aegritudo, ut, si quis aegre ferat se pauperem esse, idne disputes, paupertatem malum non esse, an hominem aegre ferre nihil oportere. nimirum hoc melius, ne, si forte de paupertate non persuaseris, sit aegritudini concedendum; aegritudine autem sublata propriis rationibus, quibus heri usi sumus, quodam modo etiam paupertatis malum tollitur. **28** (60) sed omnis eius modi perturbatio animi placatione abluatur illa quidem, cum doceas nec bonum illud esse, ex quo laetitia aut libido oriatur, nec malum, ex quo aut metus aut aegritudo; verum tamen haec est certa et propria sanatio, si doceas ipsas perturbationes per se esse vitiosas nec habere quicquam aut naturale aut necessarium, ut ipsam aegritudinem leniri videmus, cum obicimus maerentibus imbecillitatem animi ecfeminati, cumque eorum gravitatem constantiamque laudamus, qui non turbulente humana pati-

sie sich in vielen Irrtümern. (59) Also muß ich nunmehr meine ganze Rede dir zuwenden; denn du gibst vor, nach dem Weisen zu fragen, fragst aber vielleicht nach dir selbst.

Für die Leidenschaften also, die ich dargestellt habe, gibt es verschiedene Behandlungsmethoden. Denn nicht jeden Kummer kann man auf dieselbe Art stillen (ein anderes Mittel muß man nämlich bei einem Trauernden, wieder ein anderes bei einem Mitleidigen und noch ein anderes bei einem Mißgünstigen anwenden); auch gilt es bei allen vier Leidenschaften[81] zu unterscheiden, ob man die Rede besser auf die Leidenschaft insgesamt, die eine Verachtung der Vernunft oder ein allzu heftiges Verlangen ist, oder auf einzelne abstellen muß, wie etwa auf die Furcht, die Begierde usw. Auch stellt sich die Frage, ob man darlegen soll, daß man daran, woraus der Kummer erwachsen ist, nicht schwer tragen darf, oder ob man überhaupt den Kummer über alle Dinge beseitigen soll, etwa ob du, wenn jemand darunter leidet, arm zu sein, beweisen sollst, daß Armut kein Übel ist oder daß ein Mensch über nichts Kummer empfinden dürfe. Gewiß ist das letzte besser, damit er nicht, wenn man ihn vielleicht nicht in bezug auf die Armut überzeugt, dem Kummer an sich nachgeben muß[82]; wenn aber der Kummer mit den besonderen Gründen, die wir gestern[83] erörtert haben, aufgehoben ist, wird auf gewisse Weise auch das Übel der Armut beseitigt.[84] **28** (60) Jede derartige Leidenschaft mag durch die Beruhigung der Seele beseitigt werden, nämlich dadurch, daß du darlegst, daß das, woraus Lust oder Begierde entstehen, kein Gut ist, und das, woraus Furcht und Kummer entstehen, kein Übel ist; doch ist sicherlich nur dies eine sichere und eigentliche Heilung, wenn du lehrst, daß die Leidenschaften an sich fehlerhaft sind und nichts Natürliches oder Notwendiges haben; so sehen wir, daß der Kummer selbst gemildert wird, wenn wir den Trauernden die Schwäche ihrer verweichlichten Seele vorwerfen und wenn wir die Würde und Beständigkeit derjenigen loben, die das Menschliche ohne Aufregung ertragen. Dasselbe ge-

antur. quod quidem solet eis etiam accidere, qui illa mala esse censent, ferenda tamen aequo animo arbitrantur. putat aliquis esse voluptatem bonum, alius autem pecuniam; tamen et ille ab intemperantia et hic ab avaritia avocari potest. illa autem altera ratio et oratio, quae simul et opinionem falsam tollit et aegritudinem detrahit, est ea quidem utilior, sed raro proficit neque est ad volgus adhibenda. (61) quaedam autem sunt aegritudines, quas levare illa medicina nullo modo possit, ut, si quis aegre ferat nihil in se esse virtutis, nihil animi, nihil officii, nihil honestatis, propter mala is quidem angatur, sed alia quaedam sit ad eum admovenda curatio, et talis quidem, quae possit esse omnium etiam de ceteris rebus discrepantium philosophorum. inter omnis enim convenire oportet commotiones animorum a recta ratione aversas esse vitiosas, ut, etiamsi vel mala sint illa, quae metum aegritudinemve, vel bona, quae cupiditatem laetitiamve moveant, tamen sit vitiosa ipsa commotio. constantem enim quendam volumus, sedatum, gravem, humana omnia spernentem illum esse, quem magnanimum et fortem virum dicimus. talis autem nec maerens nec timens nec cupiens nec gestiens esse quisquam potest. eorum enim haec sunt, qui eventus humanos superiores quam suos animos esse ducunt.

29 (62) Quare omnium philosophorum, ut ante dixi, una ratio est medendi, ut nihil, quale sit illud quod perturbet animum, sed de ipsa sit perturbatione dicendum. itaque primum in ipsa cupiditate, cum id solum agitur ut ea tollatur, non est quaerendum, bonum illud necne sit quod lubidinem moveat, sed lubido ipsa tollenda est, ut, sive, quod honestum est, id sit summum bonum sive voluptas sive horum

schieht gewöhnlich auch denen, die jene Leidenschaften zwar für ein Übel halten, aber doch glauben, sie mit Gleichmut ertragen zu müssen. Es glaubt jemand, die Lust sei ein Gut, ein anderer aber, das Geld; dennoch kann der eine von Zügellosigkeit, der andere von Habgier abgebracht werden. Jene andere Überlegung aber und Rede, die gleichzeitig sowohl die falsche Vorstellung aufhebt als auch den Kummer nimmt, ist zwar nützlicher, aber sie hilft nur selten und kann nicht bei der Masse angewandt werden.[85] (61) Es gibt aber Arten von Kummer, die jenes Heilmittel auf keine Weise erleichtern kann, etwa wenn jemand darunter leidet, keine Tugend[86], keinen Mut, kein Pflichtgefühl und keine Ehrenhaftigkeit zu besitzen: wegen dieser Übel empfindet er zwar Kummer, man muß aber bei ihm eine andere Art der Behandlung anwenden, und zwar eine solche, die alle Philosophen sich zu eigen machen können, auch wenn sie über alle übrigen Dinge streiten. Denn alle müssen darin übereinstimmen, daß die von der rechten Vernunft abgewandten Bewegungen der Seelen fehlerhaft sind, mag auch das, was Furcht und Kummer auslöst, ein Übel sein, oder ein Gut das, was Begierde und Lust auslöst, so ist doch die Erregung an sich fehlerhaft. Denn wir wollen, daß derjenige, den wir einen hochgesinnten und tapferen Mann nennen, beständig, gerecht und würdevoll ist und alles Menschliche verachtet. So beschaffen aber kann niemand sein, der trauert und fürchtet und begehrt und sich übermäßig freut. Denn das paßt nur zu denjenigen, die die menschlichen Ereignisse für wichtiger als ihre Seelen erachten.

29 (62) Deshalb wenden alle Philosophen, wie ich oben sagte, als einzige Heilmethode an, daß man nichts darüber sagen soll, wie beschaffen das ist, was die Seele aufwühlt, sondern daß man nur über die Leidenschaft selbst sprechen soll. Deshalb soll man zunächst bei der Begierde selbst, wenn es nur darum geht, sie zu beseitigen, nicht danach fragen, ob das, was das Begehren erregt, ein Gut ist oder nicht, sondern es muß das Begehren selbst beseitigt werden; mag

utrumque coniunctum sive tria illa genera bonorum, tamen, etiamsi virtutis ipsius vehementior adpetitus sit, eadem sit omnibus ad deterrendum adhibenda oratio. continet autem omnem sedationem animi humana in conspectu posita natura; quae quo facilius expressa cernatur, explicanda est oratione communis condicio lexque vitae. (63) itaque non sine causa, cum Orestem fabulam doceret Euripides, primos tris versus revocasse dicitur Socrates:

> 'Neque tam terribilis ulla fando oratio est,
> Nec fors nec ira caelitum invectum malum,
> Quod non natura humana patiendo ecferat.'

est autem utilis ad persuadendum ea quae acciderint ferri et posse et oportere enumeratio eorum qui tulerunt. etsi aegritudinis sedatio et hesterna disputatione explicata est et in Consolationis libro, quem in medio – non enim sapientes eramus – maerore et dolore conscripsimus; quodque vetat Chrysippus, ad recentis quasi tumores animi remedium adhibere, id nos fecimus naturaeque vim attulimus, ut magnitudini medicinae doloris magnitudo concederet.
30 (64) Sed aegritudini, de qua satis est disputatum, finitimus est metus, de quo pauca dicenda sunt. est enim metus, ut aegritudo praesentis, sic ille futuri mali. itaque non nulli aegritudinis partem quandam metum esse dicebant, alii autem metum praemolestiam appellabant, quod esset quasi dux consequentis molestiae. quibus igitur rationibus instantia feruntur, eisdem contemnuntur sequentia. nam viden-

also das Sittlich-Gute[87] das höchste Gut sein oder die Lust[88] oder die Verbindung beider[89] oder jene drei Arten von Gütern[90], so müssen doch alle dieselbe Rede zur Abschreckung anwenden, sogar wenn das allzu heftige Verlangen sich auf die Tugend selbst richtet. Jede Beruhigung der Seele aber liegt in der Betrachtung der menschlichen Natur begründet; damit man sie leichter in ihrer Gestalt erkennt, muß durch die Rede die allen gemeinsame Situation und das Lebensgesetz dargestellt werden. (63) Deshalb soll Sokrates nicht ohne Grund, als Euripides das Drama Orestes aufführte, die Wiederholung der ersten drei Verse verlangt haben: »Es gibt kein noch so schreckliches Wort, keinen Schicksalsschlag und kein durch den Zorn der Götter verhängtes Übel, das die menschliche Natur nicht in Geduld ertragen könnte.« Nützlich aber, um jemanden davon zu überzeugen, daß man das, was sich ereignet, ertragen kann und muß, ist die Aufzählung derer, die solches bereits ertragen haben. Freilich ist die Linderung des Kummers sowohl in unserem gestrigen Gespräch erläutert worden als auch in der *Trostschrift*, die wir – denn wir waren nicht weise – mitten in Kummer und Schmerz verfaßt haben. Und was Chrysipp verbietet, nämlich gleichsam an den frischen Schwellungen der Seele das Heilmittel anzuwenden, das haben wir doch getan, und wir haben der Natur Gewalt angetan, damit der Größe des Heilmittels die Größe des Schmerzes nachgebe.[91] **30** (64) Dem Kummer aber, über den wir genug gesprochen haben, kommt sehr nahe die Furcht, über die man nur weniges sagen muß. Denn wie der Kummer mit einem gegenwärtigen Übel, so beschäftigt sich die Furcht mit einem zukünftigen. Deshalb haben einige die Furcht als einen Teil des Kummers bezeichnet, andere aber nannten die Furcht eine Vorläuferin des Kummers, weil sie gleichsam die Führerin zu der nachfolgenden Betrübnis sei. Mit denselben Überlegungen also, mit denen man das Gegenwärtige erträgt, verachtet man das Zukünftige. Denn in beiden Fällen ist darauf zu achten, daß wir nichts Niedriges,

dum est in utrisque, ne quid humile summissum molle ecfeminatum fractum abiectumque faciamus. sed quamquam de ipsius metus inconstantia inbecillitate levitate dicendum est, tamen multum prodest ea, quae metuuntur, ipsa contemnere. itaque sive casu accidit sive consilio, percommode factum est, quod eis de rebus quae maxime metuuntur, de morte et de dolore, primo et proxumo die disputatum est. quae si probata sunt, metu magna ex parte liberati sumus.

31 (65) Ac de malorum opinione hactenus; videamus nunc de bonorum, id est de laetitia et de cupiditate. mihi quidem in tota ratione ea, quae pertinet ad animi perturbationem, una res videtur causam continere, omnis eas esse in nostra potestate, omnis iudicio susceptas, omnis voluntarias. hic igitur error est eripiendus, haec detrahenda opinio atque ut in malis opinatis tolerabilia, sic in bonis sedatiora sunt efficienda ea quae magna et laetabilia ducuntur. atque hoc quidem commune malorum et bonorum, ut, si iam difficile sit persuadere nihil earum rerum, quae perturbent animum, aut in bonis aut in malis esse habendum, tamen alia ad alium motum curatio sit adhibenda aliaque ratione malevolus, alia amator, alia rursus anxius, alia timidus corrigendus. (66) atque erat facile sequentem eam rationem, quae maxume probatur de bonis et malis, negare umquam laetitia adfici posse insipientem, quod nihil umquam haberet boni; sed loquimur nunc more communi. sint sane ista bona, quae putantur, honores divitiae voluptates cetera, tamen in eis ip-

Demütigendes, Weiches, Weibisches, Gebrochenes und Verwerfliches tun. Aber obschon man über die Unbeständigkeit, Schwäche und Leichtfertigkeit der Furcht selbst sprechen muß, nützt es doch sehr, das, was man fürchtet, selbst als bedeutungslos anzusehen. Deshalb traf es sich, sei es aus Zufall, sei es aus Absicht geschehen, sehr gut, daß wir über die Dinge, die man am meisten fürchtet, über den Tod und den Schmerz, am ersten und am zweiten Tag gesprochen haben. Wenn uns das überzeugt hat, sind wir zu einem großen Teil von der Furcht befreit.

31 (65) Soviel über die Vorstellung von den Übeln; wir wollen nun die Vorstellung von den Gütern untersuchen, also die Lust und die Begierde. Mir jedenfalls scheint in der ganzen Frage, die sich auf die Leidenschaft bezieht, ein einziger Umstand der entscheidende zu sein, nämlich daß alle diese Leidenschaften in unserer Macht liegen, daß sie alle durch unsere Entscheidung angenommen sind und alle freiwillig sind. Diese irrige Meinung also muß beseitigt, diese Vorstellung entfernt werden, und wie bei den vermeintlichen Übeln Erträglichkeit erreicht werden muß, so muß bei den Gütern das, was als groß und erfreulich angesehen wird, als unbedeutender dargestellt werden. Und folgendes haben Güter und Übel gemeinsam: wenn es schon schwierig ist, davon zu überzeugen, daß nichts von den Dingen, die die Seele in Wallung bringen, zu den Gütern oder Übeln gezählt werden muß, so muß man dennoch für jede Erregung eine andere Behandlungsmethode anwenden, und auf andere Weise ist der Böswillige, auf andere der Liebhaber, wiederum auf andere der Ängstliche und der Furchtsame zu bessern. (66) Und es wäre leicht, der Lehrmeinung, die bei den Gütern und Übeln am meisten Beifall findet, zu folgen und zu erklären, daß ein Tor niemals Lust empfinden könne, weil er niemals etwas Gutes besitze.[92] Aber wir sprechen jetzt auf die gewöhnliche Weise. Mögen freilich das Güter sein, was man als solche ansieht, nämlich Ehrenämter, Reichtum, Vergnügungen und das übrige, so ist doch

sis potiundis exultans gestiensque laetitia turpis est, ut, si ridere concessum sit, vituperetur tamen cachinnatio. eodem enim vitio est ecfusio animi in laetitia quo in dolore contractio, eademque levitate cupiditas est in appetendo qua laetitia in fruendo, et ut nimis adflicti molestia, sic nimis elati laetitia iure iudicantur leves; et, cum invidere aegritudinis sit, malis autem alienis voluptatem capere laetitiae, utrumque immanitate et feritate quadam proponenda castigari solet; atque ut cavere decet, timere non decet, sic gaudere decet, laetari non decet, quoniam docendi causa a gaudio laetitiam distinguimus; (67) illud iam supra diximus, contractionem animi recte fieri numquam posse, elationem posse. aliter enim Naevianus ille gaudet Hector:

> 'Laetus sum laudari me abs te, pater, a laudato viro',

aliter ille apud Trabeam:

> 'Lena delenita argento nutum observabit meum,
> Quid velim, quid studeam. adveniens digito impellam ianuam,
> Fores patebunt. de inproviso Chrysis ubi me aspexerit,
> Alacris ob viam mihi veniet complexum exoptans meum,
> Mihi se dedet.'

quam haec pulchra putet, ipse iam dicet:

> 'Fortunam ipsam anteibo fortunis meis.'

32 (68) haec laetitia quam turpis sit, satis est diligenter attendentem penitus videre.

Et ut turpes sunt, qui ecferunt se laetitia tum cum fruuntur Veneriis voluptatibus, sic flagitiosi, qui eas inflammato animo concupiscunt. totus vero iste, qui volgo appellatur

bei ihrem Erwerb eine überschäumende und ausgelassene Lust schändlich, vergleichbar damit, daß man, wenn es auch erlaubt ist zu lachen, dennoch das ausgelassene Gelächter tadelt. Denn ebenso fehlerhaft wie beim Schmerz das Verkrampfen ist bei der Lust die Ausgelassenheit der Seele, und die Begierde ist beim Begehren von derselben Leichtfertigkeit wie die Lust beim Genießen; und wie die durch ein Unglück allzu Angeschlagenen, so nennt man auch die in Lust Ausgelassenen mit Recht leichtfertig; und da der Neid zum Kummer gehört, die Schadenfreude über das Unglück anderer zur Lust, so pflegt man beides zu tadeln, indem man die Ungeheuerlichkeit und Roheit deutlich macht; und wie es sich ziemt, sich vorzusehen, aber nicht, sich zu fürchten, so schickt es sich, Freude zu empfinden, aber nicht, übermütig Lust zu empfinden, weil ja wir der Belehrung wegen den Unterschied zwischen Freude und Lust machen.[93] (67) Das aber haben wir schon oben gesagt, daß eine Verkrampfung der Seele niemals richtig sein kann[94], wohl aber ihre Erhebung. Auf die eine Weise nämlich freut sich der Hektor bei Naevius[95]: »Ich bin froh, von dir, mein Vater, einem gelehrten Mann, gelobt zu werden.« Anders freut sich jener Mann bei Trabea[96]: »Die durch Geld erweichte Kupplerin wird auf meinen Wink achten, was ich will und was ich begehre. Wenn ich komme, werde ich mit dem Finger die Tür aufstoßen, und sie wird offenstehen. Sobald Chrysis mich unerwartet erblickt, wird sie hurtig mir entgegenkommen, meine Umarmung erwartend, und sie wird sich mir hingeben.« Für wie schön er dies erachtet, sagt er sogleich selbst: »Durch mein Glück werde ich die Glücksgöttin selbst übertreffen.« **32** (68) Wie verwerflich diese Lust ist, kann man klar erkennen, wenn man aufmerksam genug hinsieht.

Und wie die schändlich sind, die sich in Ausgelassenheit gehenlassen dann, wenn sie die Freuden der Liebe genießen, so sind die verwerflich, die dieselben mit glühendem Herzen begehren. Das Ganze aber, was man gemeinhin als

amor – nec hercule invenio, quo nomine alio possit appellari –, tantae levitatis est, ut nihil videam quod putem conferendum. quem Caecilius 'deum qui non summum putet, aut stultum aut rerum esse imperitum' existumat,

> 'Cui in manu sit, quem esse dementem velit,
> Quem sapere, quem sanari, quem in morbum inici,
> . . . .
> Quem contra amari, quem expeti, quem arcessier.'

o praeclaram emendatricem vitae poeticam, quae amorem flagitii et levitatis auctorem in concilio deorum conlocandum putet! (69) de comoedia loquor, quae, si haec flagitia non probaremus, nulla esset omnino; quid ait ex tragoedia princeps ille Argonautarum?

> 'Tu me amoris magis quam honoris servavisti gratia.'

quid ergo? hic amor Medeae quanta miseriarum excitavit incendia! atque ea tamen apud alium poetam patri dicere audet se 'coniugem' habuisse 'illum, Amor quem dederat, qui plus pollet potiorque est patre.' **33** (70) Sed poetas ludere sinamus, quorum fabulis in hoc flagitio versari ipsum videmus Iovem: ad magistros virtutis philosophos veniamus, qui amorem negant stupri esse et in eo litigant cum Epicuro non multum, ut opinio mea fert, mentiente. quis est enim iste amor amicitiae? cur neque deformem adulescentem quisquam amat neque formosum senem? mihi quidem haec in Graecorum gymnasiis nata consuetudo videtur, in quibus isti liberi et concessi sunt amores. bene ergo Ennius:

> 'Flagiti principium est nudare inter civis corpora.'

qui ut sint, quod fieri posse video, pudici, solliciti tamen et anxii sunt, eoque magis, quod se ipsi continent et coercent. (71) atque, ut muliebris amores omittam, quibus maiorem

Liebe bezeichnet – ich finde wahrhaftig keinen Begriff, mit dem man es anders bezeichnen könnte –, besitzt so große Leichtfertigkeit, daß ich nichts Vergleichbares sehe. Caecilius[97] glaubt, »der muß dumm und unerfahren sein, der die Liebe nicht für den höchsten Gott hält. In ihrer Hand liegt es, wen sie wahnsinnig machen möchte, wen weise, wen geheilt, wen krank ... wen wiedergeliebt, wen begehrt und wen herbeigerufen.« O welch vortreffliche Erzieherin des Lebens ist doch die Dichtkunst, die die Liebe, die Urheberin von Schandtat und Leichtfertigkeit, glaubt, in die Versammlung der Götter aufnehmen zu müssen! Ich spreche über die Komödie, die, wenn wir diese Schandtaten nicht billigten, überhaupt nicht bestehen könnte; was sagt in der Tragödie der Führer der Argonauten?[98] »Du hast mich mehr der Liebe als des Ruhmes wegen gerettet.« Wie also? Wie viele Feuer des Unglücks hat diese Liebe der Medeia entfacht! Und doch wagt sie es bei einem anderen Dichter[99], zu ihrem Vater zu sprechen, sie habe »den Mann zum Gatten« gehabt, »den Amor gegeben hatte, der stärker und mächtiger ist als der Vater.« **33** (70) Aber lassen wir die Dichter spielen, in deren Werken wir Iuppiter selbst in diese Schändlichkeit verstrickt sehen: kommen wir zu den Lehrern der Tugend, den Philosophen[100], die sagen, die Liebe habe nichts mit Unzucht zu tun, und die mit dieser Aussage mit Epikur[101], der meiner Meinung nach von der Wahrheit nicht weit entfernt ist, im Streit liegen. Denn was ist diese ihre Freundschaftsliebe? Warum liebt niemand einen mißgestalteten jungen Mann oder einen schönen Greis? Mir jedenfalls scheint das eine in den Gymnasien der Griechen entstandene Gewohnheit zu sein, in denen diese Liebesverhältnisse frei und erlaubt sind. Treffend also sagt Ennius[102]: »Der Anfang der Schandtat ist es, unter seinen Mitbürgern sich zu entblößen.« Wenn sie auch, was, wie ich sehe, geschehen kann, züchtig sind, so sind sie doch erregt und ängstlich, und das um so mehr, weil sie sich zusammennehmen und beherrschen. (71) Und um die Liebe zu Frauen zu

licentiam natura concessit, quis aut de Ganymedi raptu dubitat, quid poetae velint, aut non intellegit, quid apud Euripidem et loquatur et cupiat Laius? quid denique homines doctissimi et summi poetae de se ipsis et carminibus edunt et cantibus? fortis vir in sua re p. cognitus quae de iuvenum amore scribit Alcaeus! nam Anacreontis quidem tota poesis est amatoria. maxume vero omnium flagrasse amore Reginum Ibycum apparet ex scriptis. **34** Atque horum omnium lubidinosos esse amores videmus: philosophi sumus exorti, et auctore quidem nostro Platone, quem non iniuria Dicaearchus accusat, qui amori auctoritatem tribueremus. (72) Stoici vero et sapientem amaturum esse dicunt et amorem ipsum 'conatum amicitiae faciendae ex pulchritudinis specie' definiunt. qui si quis est in rerum natura sine sollicitudine, sine desiderio, sine cura, sine suspirio, sit sane; vacat enim omni libidine; haec autem de libidine oratio est. sin autem est aliquis amor, ut est certe, qui nihil absit aut non multum ab insania, qualis in Leucadia est: 'si quidem sit quisquam deus, cui ego sim curae' – (73) at id erat deis omnibus curandum, quem ad modum hic frueretur voluptate amatoria! 'heu me infelicem!' – nihil verius. probe et ille: 'sanusne es, qui temere lamentare?' sic insanus videtur etiam suis. at quas tragoedias efficit!

> 'Te, Apollo sancte, fer opem, teque, amnipotens
> Neptune, invoco,
> Vosque adeo, Venti!'

mundum totum se ad amorem suum sublevandum conversurum putat, Venerem unam excludit ut iniquam: 'nam quid ego te appellem, Venus?' eam prae lubidine negat curare

übergehen, der die Natur größere Freiheit gestattete, wer weiß nicht, was die Dichter mit dem Raub des Ganymed sagen wollen, oder erkennt nicht, was Laios bei Euripides[103] spricht und begehrt? Was schließlich bekennen doch die gelehrtesten Männer und größten Dichter über sich selbst in Gedichten und Gesängen? Was schreibt doch der als tapferer Mann in seinem Staat bekannte Alkaios[104] über die Knabenliebe! Von Anakreon[105] ganz zu schweigen; denn seine ganze Dichtung ist Liebesdichtung. Daß aber von allen am meisten Ibykos aus Regium[106] in Liebe entbrannt war, geht deutlich aus seinen Schriften hervor. **34** Und wir sehen, daß die Liebesverhältnisse all dieser Männer voll Begierde sind: wir sind Philosophen geworden, und zwar solche, daß wir der Liebe Anerkennung zollen, besonders auf Betreiben unseres Platon[107], den Dikaiarch nicht zu Unrecht tadelt. (72) Die Stoiker aber sagen, daß auch der Weise lieben werde, und definieren die Liebe selbst als »Versuch, Freundschaft zu schließen auf Grund des Anblicks der Schönheit«[108]. Wenn es in der Natur eine Liebe ohne Unruhe, ohne Begehren, ohne Sorge und ohne Seufzen gibt, so mag das sein; denn dann ist sie frei von jeder Begierde; hier ist aber von der Begierde die Rede. Wenn es aber eine Liebe gibt, wie es sie sicher gibt, die nicht oder nicht weit vom Wahnsinn entfernt ist, wie in der *Leukadia*[109]: »Wenn es doch einen Gott gäbe, der sich um mich kümmerte.« (73) Wahrlich, alle Götter hätten sich darum kümmern sollen, wie dieser die Freuden der Liebe genießen könnte! »Weh, ich Unglücklicher!« Nichts ist wahrer. Treffend ist auch dieser Vers: »Bist du gesund, daß du so sinnlos jammerst?« So scheint er sogar den Seinen wahnsinnig zu sein. Aber welche Tragödien führt er auf! »Dich, heiliger Apoll, rufe ich an, bring Hilfe, und dich, allmächtiger Neptun, flehe ich an, und an euch wende ich mich, ihr Winde!« Er glaubt, er müsse die Aufmerksamkeit der ganzen Welt auf sich lenken, um seinen Liebesschmerz zu lindern, nur die Venus schließt er aus als ungerecht: »Denn wozu soll ich

quicquam: quasi vero ipse non propter lubidinem tanta flagitia et faciat et dicat. **35** (74) – sic igitur adfecto haec adhibenda curatio est, ut et illud quod cupiat ostendatur quam leve, quam contemnendum, quam nihili sit omnino, quam facile vel aliunde vel alio modo perfici vel omnino neglegi possit; abducendus etiam est non numquam ad alia studia sollicitudines curas negotia, loci denique mutatione tamquam aegroti non convalescentes saepe curandus est; (75) etiam novo quidam amore veterem amorem tamquam clavo clavum eiciendum putant; maxume autem admonendus ⟨est⟩, quantus sit furor amoris. omnibus enim ex animi perturbationibus est profecto nulla vehementior, ut, si iam ipsa illa accusare nolis, stupra dico et corruptelas et adulteria, incesta denique, quorum omnium accusabilis est turpitudo –, sed ut haec omittas, perturbatio ipsa mentis in amore foeda per se est. (76) nam ut illa praeteream, quae sunt furoris, haec ipsa per sese quam habent levitatem, quae videntur esse mediocria,

Iniuriae
Suspiciones inimicitiae indutiae
Bellum pax rursum! incerta haec si tu postules
Ratione certa facere, nihilo plus agas,
Quam si des operam, ut cum ratione insanias.

haec inconstantia mutabilitasque mentis quem non ipsa pravitate deterreat? est etiam illud, quod in omni perturbatione dicitur, demonstrandum, nullam esse nisi opinabilem, nisi iudicio susceptam, nisi voluntariam. etenim si naturalis amor esset, et amarent omnes et semper amarent et idem

dich anrufen, Venus?« Er sagt, sie kümmere sich vor lauter Begierde um nichts: gerade als ob er selbst nicht wegen seiner Begierde solche Schändlichkeiten täte und sagte. **35** (74) Bei einem so Befallenen muß man folgende Behandlung anwenden, daß man zeigt, wie nichtig das ist, wonach er verlangt, wie sehr es zu verachten ist, wie nichtswürdig es überhaupt ist, wie leicht es anderswoher oder auf andere Weise zu erlangen oder überhaupt zu vernachlässigen ist; manchmal muß man ihn sogar zu anderen Interessen, Aufregungen, Sorgen und Beschäftigungen hin ablenken, schließlich muß man ihn häufig auch durch Ortsveränderung heilen wie diejenigen, die sich von einer Krankheit nicht erholen. (75) Einige glauben, daß man auch durch ein neues Liebesverhältnis das alte gleichsam wie einen Nagel mit einem Nagel austreiben müsse; vor allem aber muß man ihn daran erinnern, wie groß doch der Wahnsinn der Liebe ist. Denn unter allen Leidenschaften der Seele gibt es in der Tat keine, die heftiger ist, so daß, wenn man schon diese Dinge nicht selbst anklagen will, ich meine Unzucht, Verführung, Ehebruch und schließlich Inzeste, allesamt anklagenswürdige Schändlichkeiten – aber um davon nicht zu sprechen, die Verwirrung des Geistes in der Liebe ist an sich scheußlich. (76) Denn um zu übergehen, was zum Wahnsinn gehört, welche Leichtfertigkeit besitzen doch schon die Erscheinungen an sich, die noch als maßvoll gelten, »Beleidigungen, Verdächtigungen, Feindschaften, Waffenstillstand, Krieg und dann wiederum Frieden![110] Wenn du verlangst, diese schwankenden Dinge mit Vernunft zu regeln, dürftest du nicht mehr erreichen, als wenn du dir Mühe gäbest, mit Vernunft wahnsinnig zu sein.«[111] Wen schreckt diese Unbeständigkeit und Wankelmütigkeit der Seele nicht gerade durch ihre Häßlichkeit ab? Auch folgendes, das bei jeder Leidenschaft gesagt wird, muß man zeigen, nämlich daß die Leidenschaft nur auf der eigenen Vorstellung, dem eigenen Urteil und dem eigenen Willen beruht. Denn wenn die Liebe naturgegeben wäre, würden alle lieben, und zwar immer lieben und dasselbe lieben, und den einen würde nicht

amarent, neque alium pudor, alium cogitatio, alium satietas deterreret.

36 (77) Ira vero, [quae] quam diu perturbat animum, dubitationem insaniae non habet, cuius inpulsu existit etiam inter fratres tale iurgium:

> 'Quis homo te exsuperavit usquam gentium
> impudentia?'
> 'Quis autem malitia te?' –

nosti, quae secuntur; alternis enim versibus intorquentur inter fratres gravissimae contumeliae, ut facile appareat Atrei filios esse, eius qui meditatur poenam in fratrem novam:

> 'Maior mihi moles, maius miscendumst malum,
> Qui illius acerbum cor contundam et comprimam.'

quo igitur haec erumpit moles? audi Thyestem:

> 'Ipsus hortatur me frater, ut meos malis miser
> Manderem natos –'

eorum viscera apponit. quid est enim quo non progrediatur eodem ira, quo furor? itaque iratos proprie dicimus exisse de potestate, id est de consilio, de ratione, de mente; horum enim potestas in totum animum esse debet. (78) His aut subtrahendi sunt ei, in quos impetum conantur facere, dum se ipsi conligant – quid est autem se ipsum colligere nisi dissupatas animi partis rursum in suum locum cogere? –, aut rogandi orandique sunt, ut, si quam habent ulciscendi vim, differant in tempus aliud, dum defervescat ira. defervescere autem certe significat ardorem animi invita ratione excitatum. ex quo illud laudatur Archytae, qui cum vilico factus esset iratior, 'quo te modo' inquit 'accepissem, nisi iratus essem!'

37 (79) Ubi sunt ergo isti, qui iracundiam utilem dicunt – potest utilis esse insania? – aut naturalem? an quicquam est secundum naturam, quod fit repugnante ratione? quo modo

die Scham, den anderen nicht das Nachdenken und wieder einen anderen nicht die Sättigung davon abhalten.

36 (77) Daran aber, daß der Zorn, solange er die Seele verwirrt, Wahnsinn ist, gibt es keinen Zweifel; unter seinem Einfluß entsteht sogar unter Brüdern ein solcher Streit[112]: »Wer in aller Welt hat dich je an Unverschämtheit übertroffen?« »Und wer dich an Bosheit?« Du kennst das, was folgt. Denn in wechselnden Versen werfen sich die Brüder die schlimmsten Beschimpfungen an den Kopf, so daß leicht klar wird, daß es sich um die Söhne des Atreus handelt, des Mannes, der sich eine neuartige Strafe gegen seinen Bruder[113] ausdenkt. »Ich muß eine größere Wucht, ich muß ein größeres Übel mischen, damit ich sein böses Herz zerstoße und zerquetsche.«[114] Wohin richtet sich diese Wucht? Höre den Thyestes: »Mein Bruder selbst treibt mich, daß ich Elender meine Kinder dem Verderben überlasse.«[115] Er trägt ihr Fleisch auf. Denn was gibt es, wohin der Zorn nicht genauso vorrückt wie der Wahnsinn? Deshalb sagen wir treffend, daß Zornige die Herrschaft über sich selbst verloren haben, also über ihre Überlegung, ihre Vernunft, ihren Geist; denn deren Herrschaft muß sich auf die ganze Seele erstrecken. (78) Diesen Menschen muß man entweder die entziehen, gegen die sie einen Angriff richten wollen, so lange, bis sie selbst sich wieder fassen – was aber bedeutet ›sich fassen‹, wenn nicht die auseinandergeratenen Seelenteile wieder an ihren Platz zu zwingen? –, oder man muß sie bitten und anflehen, ihren Drang, sich zu rächen, auf eine andere Zeit zu verschieben, bis der Zorn verraucht. Das Verrauchen aber weist doch auf einen Brand der Seele hin, der gegen den Willen der Vernunft entfacht war. Deshalb lobt man den Ausspruch des Archytas, als er gegen seinen Verwalter in Zorn geraten war: »Wie hätte ich dich empfangen, wenn ich nicht zornig gewesen wäre?«[116]

37 (79) Wo sind also diejenigen, die den Zorn als nützlich – kann denn Wahnsinn nützlich sein? – oder naturgegeben ansehen? Ist etwas naturgemäß, was gegen den Widerstand

autem, si naturalis esset ira, aut alius alio magis iracundus esset, aut finem haberet prius quam esset ulta, ulciscendi lubido, aut quemquam paeniteret, quod fecisset per iram? ut Alexandrum regem videmus, qui cum intermisset Clitum familiarem suum, vix a se manus abstinuit; tanta vis fuit paenitendi. quibus cognitis quis est qui dubitet quin hic quoque motus animi sit totus opinabilis ac voluntarius? Quis enim dubitarit quin aegrotationes animi, qualis est avaritia, gloriae cupiditas, ex eo, quod magni aestumetur ea res ex qua animus aegrotat, oriantur? unde intellegi debet perturbationem quoque omnem esse in opinione. (80) Et si fidentia, id est firma animi confisio, scientia quaedam est et opinio gravis non temere adsentientis, metus quoque est diffidentia expectati et impendentis mali, et si spes est expectatio boni, mali expectationem esse necesse est metum. ut igitur metus, sic reliquae perturbationes sunt in malo. ergo ut constantia scientiae, sic perturbatio erroris est. Qui autem natura dicuntur iracundi aut misericordes aut invidi aut tale quid, ei sunt constituti quasi mala valetudine animi, sanabiles tamen, ut Socrates dicitur: cum multa in conventu vitia conlegisset in eum Zopyrus, qui se naturam cuiusque ex forma perspicere profitebatur, derisus est a ceteris, qui illa in Socrate vitia non agnoscerent, ab ipso autem Socrate sublevatus, cum illa sibi sic nata, sed ratione a se deiecta diceret. (81) ergo ut optuma quisque valetudine adfectus pot-

der Vernunft geschieht? Wenn der Zorn aber naturgegeben wäre, wie könnte der eine jähzorniger als ein anderer sein, oder wie könnte die Gier nach Rache ein Ende finden, ehe die Rache vollzogen wäre, oder wie könnte jemand bereuen, was er im Zorn getan hat. Wir sehen beispielsweise, daß der König Alexander, nachdem er seinen Freund Kleitos getötet hatte, fast Hand an sich selbst gelegt hätte; so groß war die Macht der Reue. Wer, der dies weiß, könnte zweifeln, daß auch diese Bewegung der Seele ganz auf Vorstellung und freiem Willen beruht? Denn wer könnte zweifeln, daß die Schwächen der Seele, wie die Habgier oder das Verlangen nach Ruhm daraus entstehen, daß man die Sache, derentwegen die Seele krank ist, hochschätzt? Daher muß man einsehen, daß auch jede Leidenschaft auf einer Vorstellung beruht. (80) Und wenn die Zuversicht, also das feste Vertrauen der Seele, ein bestimmtes Wissen und die ernsthafte Vorstellung eines Menschen ist, der nicht unüberlegt zustimmt, so ist auch die Furcht ein Mißtrauen gegenüber einem erwarteten und drohenden Unheil, und wenn die Hoffnung die Erwartung von etwas Gutem ist, dann ist notwendigerweise die Erwartung eines Übels die Furcht. Wie die Furcht, so haben also auch die übrigen Leidenschaften es mit dem Übel zu tun.[117] Wie also die Beständigkeit zum Wissen, so gehört die Leidenschaft zum Irrtum. Diejenigen aber, die von Natur aus als jähzornig, mitleidig, neidisch usw. gelten, haben gleichsam eine kranke seelische Konstitution, sind aber doch heilbar, wie es von Sokrates heißt: Als bei einem Zusammensein Zopyrus, der von sich behauptete, das Wesen eines jeden Menschen an seiner Gestalt erkennen zu können, viele Schwächen an ihm festgestellt und ihm vorgeworfen hatte, wurde er von den übrigen, die jene Schwächen an Sokrates nicht wahrnahmen, verlacht, von Sokrates selbst aber getröstet, da er sagte, er habe zwar bei seiner Geburt diese Schwächen erhalten, sie aber durch seine Vernunft verdrängt. (81) Wie also der, auch wenn er mit einer sehr guten Gesundheit ausgestattet ist,

est videri [ut] natura ad aliquem morbum proclivior, sic animus alius ad alia vitia propensior. qui autem non natura, sed culpa vitiosi esse dicuntur, eorum vitia constant e falsis opinionibus rerum bonarum et malarum, ut sit alius ad alios motus perturbationesque proclivior. inveteratio autem, ut in corporibus, aegrius depellitur quam perturbatio, citiusque repentinus oculorum tumor sanatur quam diuturna lippitudo depellitur.

38 (82) Sed cognita iam causa perturbationum, quae omnes oriuntur ex iudiciis opinionum et voluntatibus, sit iam huius disputationis modus. scire autem nos oportet cognitis, quoad possunt ab homine cognosci, bonorum et malorum finibus nihil a philosophia posse aut maius aut utilius optari quam haec, quae a nobis hoc quadriduo disputata sunt. morte enim contempta et dolore ad patiendum levato adiunximus sedationem aegritudinis, qua nullum homini malum maius est. etsi enim omnis animi perturbatio gravis est nec multum differt ab amentia, tamen [ita] ceteros, cum sunt in aliqua perturbatione aut metus aut laetitiae aut cupiditatis, commotos modo et perturbatos dicere solemus, at eos, qui se aegritudini dediderunt, miseros adflictos aerumnosos calamitosos. (83) itaque non fortuito factum videtur, sed a te ratione propositum, ut separatim de aegritudine et de ceteris perturbationibus disputaremus; in ea est enim fons miseriarum et caput. sed et aegritudinis et reliquorum

von Natur aus für eine bestimmte Krankheit besonders anfällig sein kann, so neigt auch die eine Seele mehr zu dieser, die andere zu jener Krankheit. Die Laster derjenigen aber, von denen man sagt, sie seien nicht von Natur aus, sondern durch eigene Schuld lasterhaft, beruhen auf falschen Vorstellungen von den guten und schlechten Dingen[118], so daß der eine mehr zu dieser, der andere zu jener Bewegung und Leidenschaft neigt. Ein chronisches Laster aber kann man, wie beim Körper, nur mit größerer Mühe vertreiben als die Leidenschaft, und schneller läßt sich ein akuter Augentumor heilen als eine langdauernde Augenkrankheit vertreiben.

38 (82) Aber mit der Erkenntnis der Ursache der Leidenschaften, die alle entstehen aus Urteilen auf Grund der Vorstellungen und aus freiem Willen, möge nunmehr diese Erörterung ein Ende finden. Wir müssen aber wissen, nachdem wir die Zielpunkte des Guten und Schlechten erkannt haben, soweit ein Mensch sie erkennen kann, daß man von der Philosophie nichts Größeres oder Nützlicheres sich wünschen kann als das, was wir in diesen vier Tagen erörtert haben. Denn nachdem wir den Tod zu verachten gelernt hatten und den Schmerz zu mildern, daß er erträglich wurde, haben wir uns anschließend mit der Linderung des Kummers beschäftigt, eines Zustandes, der für den Menschen das schlimmste Übel bedeutet. Denn wenn auch jede Leidenschaft schwerwiegend ist und sich nicht sehr von Wahnsinn unterscheidet, so pflegen wir doch die übrigen, die sich in einer Leidenschaft der Furcht, Lust oder Begierde befinden, nur erregt und verwirrt zu nennen, aber diejenigen, die sich dem Kummer hingegeben haben, elend, niedergeschlagen, kummervoll und unglücklich. (83) Deshalb war es, wie es scheint, nicht zufällig, sondern wurde von dir mit Bedacht vorgeschlagen, daß wir getrennt über den Kummer und die übrigen Leidenschaften gesprochen haben; denn in ihm ist die Quelle und der Gipfel des Elends. Aber sowohl für den Kummer als auch für die übri-

animi morborum una sanatio est, omnis opinabilis esse et voluntarios ea reque suscipi, quod ita rectum esse videatur. hunc errorem quasi radicem malorum omnium stirpitus philosophia se extracturam pollicetur. (84) demus igitur nos huic excolendos patiamurque nos sanari. his enim malis insidentibus non modo beati, sed ne sani quidem esse possumus. aut igitur negemus quicquam ratione confici, cum contra nihil sine ratione recte fieri possit, aut, cum philosophia ex rationum conlatione constet, ab ea, si et boni et beati volumus esse, omnia adiumenta et auxilia petamus bene beateque vivendi.

gen seelischen Krankheiten gibt es nur eine Heilung, nämlich die Erkenntnis, daß alle auf der Vorstellung und dem freien Willen beruhen und daß man sie deswegen auf sich nimmt, weil es so richtig zu sein scheint. Diesen Irrtum als die Wurzel aller Übel verspricht die Philosophie mit Stumpf und Stiel auszurotten. (84) Wir wollen uns ihr also zur Behandlung überlassen und uns von ihr gesund machen lassen. Denn wenn diese Übel in uns festsitzen, können wir nicht nur nicht glücklich, sondern nicht einmal gesund sein. Wir müssen also entweder leugnen, daß man durch Vernunft etwas erreichen kann, während doch im Gegenteil nichts ohne die Vernunft richtig geschehen kann, oder aber, da die Philosophie aus einer Sammlung von Vernunftgründen besteht, müssen wir von ihr, wenn wir gut und glücklich sein wollen, jede Hilfe und Unterstützung für ein gutes und glückliches Leben erbitten.

Liber quintus

1 (1) Quintus hic dies, Brute, finem faciet Tusculanarum disputationum, quo die est a nobis ea de re, quam tu ex omnibus maxime probas, disputatum. placere enim tibi admodum sensi et ex eo libro, quem ad me accuratissime scripsisti, et ex multis sermonibus tuis virtutem ad beate vivendum se ipsa esse contentam. quod etsi difficile est probatu propter tam varia et tam multa tormenta fortunae, tale tamen est, ut elaborandum sit, quo facilius probetur. nihil est enim omnium quae in philosophia tractantur, quod gravius magnificentiusque dicatur. (2) nam cum ea causa impulerit eos qui primi se ad philosophiae studium contulerunt, ut omnibus rebus posthabitis totos se in optumo vitae statu exquirendo conlocarent, profecto spe beate vivendi tantam in eo studio curam operamque posuerunt. quodsi ab is inventa et perfecta virtus est, et si praesidii ad beate vivendum in virtute satis est, quis est qui non praeclare et ab illis positam et a nobis susceptam operam philosophandi arbitretur? sin autem virtus subiecta sub varios incertosque casus famula fortunae est nec tantarum virium est, ut se ipsa tueatur, vereor ne non tam virtutis fiducia nitendum nobis ad

Buch V

1 (1) Dieser fünfte Tag, mein Brutus, wird den Abschluß der Gespräche in Tusculum bilden; an diesem Tag haben wir über das Thema gesprochen, das du von allen für das wichtigste hältst. Denn ich weiß sowohl aus dem Buch[1], das du sehr sorgfältig geschrieben und mir geschickt hast, als auch aus vielen Gesprächen mit dir, daß dir die Lehre, die Tugend genüge sich selbst für ein glückliches Leben[2], besonders gefällt. Wenn das auch wegen so vieler verschiedener Qualen des Schicksals schwer zu beweisen ist, so ist es dennoch von der Art, daß man sich darum bemühen muß, den Nachweis leichter zu machen. Denn es gibt nichts von all dem, was in der Philosophie behandelt wird, was wichtiger und großartiger genannt wird. (2) Denn da dies der Grund war, der diejenigen, die sich als erste mit der Philosophie beschäftigten, dazu trieb, alle Dinge hintanzusetzen und sich ganz auf die Frage nach dem besten Zustand des Lebens zu verlegen, verwandten sie wirklich in der Hoffnung auf ein glückliches Leben so große Sorgfalt und Mühe auf diese Beschäftigung. Wenn aber von ihnen der Begriff der Tugend gefunden und vollständig entwickelt worden ist und wenn in der Tugend genügend Hilfe für ein glückliches Leben liegt, wer wird dann nicht glauben, es sei rühmlich gewesen, daß jene mit der philosophischen Tätigkeit begonnen und wir sie weitergeführt haben? Wenn aber die Tugend den verschiedenen und ungewissen Schicksalsschlägen unterworfen ist, dem Schicksal dient und nicht genügend Kraft hat, sich selbst zu schützen, dann fürchte ich, daß wir uns nicht so sehr auf die Verläßlichkeit der Tugend stützen dürfen im Hinblick auf die Hoffnung auf ein glückliches Leben, als vielmehr, wie es scheint, zu Gebeten an die Göt-

spem beate vivendi quam vota facienda videantur. (3) equidem eos casus, in quibus me fortuna vehementer exercuit, mecum ipse considerans huic incipio sententiae diffidere interdum et humani generis imbecillitatem fragilitatemque extimescere. vereor enim ne natura, cum corpora nobis infirma dedisset isque et morbos insanabilis et dolores intolerabilis adiunxisset, animos quoque dederit et corporum doloribus congruentis et separatim suis angoribus et molestiis implicatos. (4) sed in hoc me ipse castigo, quod ex aliorum et ex nostra fortasse mollitia, non ex ipsa virtute de virtutis robore existumo. illa enim, si modo est ulla virtus, quam dubitationem avunculus tuus, Brute, sustulit, omnia, quae cadere in hominem possunt, subter se habet eaque despiciens casus contemnit humanos culpaque omni carens praeter se ipsam nihil censet ad se pertinere. nos autem omnia adversa cum venientia metu augentes, tum maerore praesentia rerum naturam quam errorem nostrum damnare malumus.

2 (5) Sed et huius culpae et ceterorum vitiorum peccatorumque nostrorum omnis a philosophia petenda correctio est. cuius in sinum cum a primis temporibus aetatis nostra voluntas studiumque nos compulisset, his gravissimis casibus in eundem portum, ex quo eramus egressi, magna iactati tempestate confugimus. o vitae philosophia dux, o virtutis indagatrix expultrixque vitiorum! quid non modo nos, sed omnino vita hominum sine te esse potuisset? tu urbis peperisti, tu dissipatos homines in societatem vitae convo-

ter unsere Zuflucht nehmen müssen. (3) Wenn ich mir jedenfalls die Schicksalsschläge, mit denen mich das Schicksal heftig geplagt hat[3], vergegenwärtige, beginne ich bisweilen an dieser Überzeugung zu zweifeln und mich wegen der Schwäche und Gebrechlichkeit des Menschengeschlechts zu ängstigen. Denn ich fürchte, daß die Natur, da sie uns schwache Körper gegeben hat und ihnen unheilbare Krankheiten und unerträgliche Schmerzen beigegeben hat, uns auch Seelen gegeben hat, die die Schmerzen der Körper mitempfinden und auch getrennt für sich in ihren Ängsten und Mühen verstrickt sind. (4) Darin aber tadele ich mich selbst, daß ich auf Grund der Schwäche anderer und vielleicht auch meiner eigenen, nicht auf Grund der Tugend selbst die Kraft der Tugend beurteile. Denn wenn es überhaupt eine Tugend gibt – und den Zweifel daran hat dein Onkel[4], Brutus, beseitigt –, dann hat sie alles, was einem Menschen widerfahren kann, unter sich, schaut darauf herab und verachtet die menschlichen Schicksalsschläge, und sie ist frei von jeder Schuld und glaubt, daß nichts sie angeht außer sie selbst. Wir aber, die wir alles Widrige, was auf uns zukommt, durch unsere Furcht, und wenn es da ist, durch unsere Trauer noch vergrößern, wollen lieber die Natur als unseren Irrtum verurteilen.

2 (5) Jede Besserung aber gegenüber dieser Schuld und unseren übrigen Fehlern und Vergehen muß man bei der Philosophie suchen. Da uns unser Interesse und Bemühen von Jugend auf an ihren Busen getrieben hatte, haben wir uns bei diesen sehr schlimmen Schicksalsschlägen, hin und her geworfen von einem schweren Unwetter, in denselben Hafen, aus dem wir ausgelaufen waren, geflüchtet. O Philosophie[5], Lenkerin des Lebens, o du Entdeckerin der Tugend, Siegerin über die Laster! Was hätten nicht nur wir, sondern das Leben der Menschen überhaupt ohne dich sein können? Du hast Städte gegründet, du hast die verstreut lebenden Menschen zu einer Lebensgemeinschaft zusammengerufen, du hast sie untereinander zuerst durch die Wohn-

casti, tu eos inter se primo domiciliis, deinde coniugiis, tum litterarum et vocum communione iunxisti, tu inventrix legum, tu magistra morum et disciplinae fuisti; ad te confugimus, a te opem petimus, tibi nos, ut antea magna ex parte, sic nunc penitus totosque tradimus. est autem unus dies bene et ex praeceptis tuis actus peccanti inmortalitati anteponendus. (6) cuius igitur potius opibus utamur quam tuis, quae et vitae tranquillitatem largita nobis es et terrorem mortis sustulisti? Ac philosophia quidem tantum abest ut proinde ac de hominum est vita merita laudetur, ut a plerisque neglecta a multis etiam vituperetur. vituperare quisquam vitae parentem et hoc parricidio se inquinare audet et tam impie ingratus esse, ut eam accuset, quam vereri deberet, etiamsi minus percipere potuisset? sed, ut opinor, hic error et haec indoctorum animis offusa caligo est, quod tam longe retro respicere non possunt nec eos, a quibus vita hominium instructa primis sit, fuisse philosophos arbitrantur.
3 (7) Quam rem antiquissimam cum videamus, nomen tamen esse confitemur recens. nam sapientiam quidem ipsam quis negare potest non modo re esse antiquam, verum etiam nomine? quae divinarum humanarumque rerum, tum initiorum causarumque cuiusque rei cognitione hoc pulcherrimum nomen apud antiquos adsequebatur. itaque et illos septem, qui a Graecis σοφοί, sapientes a nostris et habebantur et nominabantur, et multis ante saeculis Lycurgum, cuius temporibus Homerus etiam fuisse ante hanc urbem conditam traditur, et iam heroicis aetatibus Ulixem et Nesto-

stätten, dann durch die Ehen und schließlich durch die Gemeinschaft von Schrift und Sprache verbunden, du warst die Erfinderin der Gesetze, die Lehrerin der Sitten und der Ordnung; zu dir nehmen wir unsere Zuflucht, von dir erbitten wir Hilfe, dir vertrauen wir uns an, wie früher schon zu einem großen Teil, so jetzt ganz und gar. Man muß einen einzigen Tag aber, der gut und nach deinen Geboten verbracht worden ist, einer in Schlechtigkeit und Lastern verbrachten Ewigkeit vorziehen. (6) Wessen Hilfe sollen wir also eher in Anspruch nehmen als die deine, die du uns Ruhe im Leben geschenkt und die Schrecken des Todes genommen hast? Die Philosophie allerdings ist weit davon entfernt, entsprechend ihren Verdiensten um das Leben der Menschen gelobt zu werden, vielmehr wird sie von den meisten nicht beachtet und von vielen sogar getadelt. Wagt denn jemand, die Mutter des Lebens zu tadeln und sich mit diesem Muttermord zu besudeln und so unehrerbietig undankbar zu sein, daß er die anklagt, die er verehren müßte, auch wenn er sie nicht recht hätte erfassen können? Aber, wie ich glaube, liegt dieser Irrtum und diese Dunkelheit auf den Seelen der Ungebildeten, weil sie so weit nicht nach hinten zurückschauen können und nicht glauben, daß die, von denen das Leben der Menschen zuerst in geordnete Bahnen gebracht worden ist, Philosophen waren.

3 (7) Wenn wir auch sehen, daß die Sache sehr alt ist, gestehen wir doch, daß der Begriff neu ist. Denn wer kann leugnen, daß die Weisheit selbst nicht nur der Sache nach alt ist, sondern auch dem Namen nach? Denn sie hat durch die Erkenntnis der göttlichen und menschlichen Dinge, besonders aber durch die Erkenntnis der Ursprünge und Ursachen einer jeden Sache diesen sehr schönen Namen bei den Alten erlangt. Deshalb sind jene Sieben[6], die von den Griechen als σοφοί, von unseren Landsleuten als Weise angesehen und so benannt wurden, und viele Jahrhunderte zuvor Lykurg, zu dessen Zeit, und zwar vor Gründung unserer Stadt, auch Homer gelebt haben soll, und schon im Zeitalter der He-

rem accepimus et fuisse et habitos esse sapientis. (8) nec vero Atlans sustinere caelum nec Prometheus adfixus Caucaso nec stellatus Cepheus cum uxore genero filia traderetur, nisi caelestium divina cognitio nomen eorum ad errorem fabulae traduxisset. a quibus ducti deinceps omnes, qui in rerum contemplatione studia ponebant, sapientes et habebantur et nominabantur, idque eorum nomen usque ad Pythagorae manavit aetatem. quem, ut scribit auditor Platonis Ponticus Heraclides, vir doctus in primis, Phliuntem ferunt venisse, eumque cum Leonte, principe Phliasiorum, docte et copiose disseruisse quaedam. cuius ingenium et eloquentiam cum admiratus esset Leon, quaesivisse ex eo, qua maxime arte confideret; at illum: artem quidem se scire nullam, sed esse philosophum. admiratum Leontem novitatem nominis quaesivisse, quinam essent philosophi, et quid inter eos et reliquos interesset; (9) Pythagoram autem respondisse similem sibi videri vitam hominum et mercatum eum, qui haberetur maxumo ludorum apparatu totius Graeciae celebritate; nam ut illic alii corporibus exercitatis gloriam et nobilitatem coronae peterent, alii emendi aut vendendi quaestu et lucro ducerentur, esset autem quoddam genus eorum, idque vel maxime ingenuum, qui nec plausum nec lucrum quaererent, sed visendi causa venirent studioseque perspicerent, quid ageretur et quo modo, item nos quasi in mercatus quandam celebritatem ex urbe aliqua sic in hanc vitam ex alia vita et natura profectos alios gloriae servire, alios pecuniae, raros esse quosdam, qui ceteris om-

roen Odysseus und Nestor weise gewesen und auch dafür gehalten worden, wie wir vernommen haben. (8) Es würde weder überliefert, daß Atlas[7] den Himmel trägt, noch daß Prometheus[8] an den Kaukasus gefesselt ist, noch daß Kepheus[9] mit seiner Gattin, seinem Schwiegersohn und seiner Tochter unter die Sterne versetzt ist, wenn nicht ihre göttliche Kenntnis von den himmlischen Dingen ihren Namen in die Irrtümer des Mythos geführt hätte. Von diesen hergeleitet sind dann alle, die ihre Forschungen auf die Betrachtung der Dinge richteten, für weise gehalten und so genannt worden, und dieser ihr Name fand Verbreitung bis zur Zeit des Pythagoras. Dieser soll, wie Herakleides vom Pontos, ein Schüler Platons und ein besonders gelehrter Mann, schreibt, nach Phlius gekommen sein und mit Leon, dem Fürsten der Phliasier, gelehrt und wortreich mancherlei Themen erörtert haben. Da Leon seine Begabung und Beredsamkeit bewunderte, habe er ihn gefragt, auf welche Kunst er am meisten vertraue; jener aber habe geantwortet: auf eine Kunst verstehe er sich nicht, sondern er sei Philosoph. Leon habe sich über den neuen Begriff gewundert und gefragt, wer denn die Philosophen seien und welcher Unterschied zwischen ihnen und den übrigen Menschen bestehe; (9) Pythagoras aber habe geantwortet, ihm scheine das Leben der Menschen ähnlich zu sein wie das Volksfest, das mit der großartigsten Ausstattung von Spielen unter Beteiligung ganz Griechenlands gefeiert werde; denn wie dort die einen mit trainierten Körpern Ruhm und Ehre des Siegerkranzes erstrebten, die anderen sich durch den Erwerb und Gewinn des Kaufens und Verkaufens leiten ließen, es aber auch eine gewisse Gruppe von Menschen gebe, und zwar die edelste, die weder Beifall noch Gewinn suche, sondern komme, um zu schauen, und eifrig betrachte, was geschehe und wie, ebenso seien auch wir wie aus irgendeiner Stadt zu einem vielbesuchten Volksfest so aus einem anderen Leben und einer anderen Natur in dieses Leben gelangt und dienten teils dem Ruhm, teils dem Geld; es gebe aber auch einige

nibus pro nihilo habitis rerum naturam studiose intuerentur; hos se appellare sapientiae studiosos – id est enim philosophos –; et ut illic liberalissimum esset spectare nihil sibi adquirentem, sic in vita longe omnibus studiis contemplationem rerum cognitionemque praestare.

4 (10) Nec vero Pythagoras nominis solum inventor, sed rerum etiam ipsarum amplificator fuit. qui cum post hunc Phliasium sermonem in Italiam venisset, exornavit eam Graeciam, quae magna dicta est, et privatim et publice praestantissumis et institutis et artibus. cuius de disciplina aliud tempus fuerit fortasse dicendi. sed ab antiqua philosophia usque ad Socratem, qui Archelaum, Anaxagorae discipulum, audierat, numeri motusque tractabantur, et unde omnia orerentur quove reciderent, studioseque ab is siderum magnitudines intervalla cursus anquirebantur et cuncta caelestia. Socrates autem primus philosophiam devocavit e caelo et in urbibus conlocavit et in domus etiam introduxit et coegit de vita et moribus rebusque bonis et malis quaerere. (11) cuius multiplex ratio disputandi rerumque varietas et ingenii magnitudo Platonis memoria et litteris consecrata plura genera effecit dissentientium philosophorum, e quibus nos id potissimum consecuti sumus, quo Socratem usum arbitrabamur, ut nostram ipsi sententiam tegeremus, errore alios levaremus et in omni disputatione, quid esset simillimum veri, quaereremus. quem morem cum Carneades acutissime copiosissimeque tenuisset, fecimus et alias saepe

wenige, die alles übrige für nichtig hielten und das Wesen der Dinge mit Eifer betrachteten; diese bezeichneten sich als ›um die Weisheit Bemühte‹ – denn das heißt Philosophen; und wie es dort das Vornehmste sei zu schauen, ohne etwas für sich zu erstreben, so übertreffe im Leben die Betrachtung und Erkenntnis der Dinge alle übrigen Beschäftigungen bei weitem.

4 (10) Aber Pythagoras war nicht nur der Erfinder des Begriffs, sondern er trieb auch die Sache selbst voran. Als er nach diesem Gespräch in Phlius nach Italien gekommen war, schmückte er das sogenannte Großgriechenland privat und öffentlich mit den hervorragendsten Einrichtungen und Künsten. Über seine Lehre zu sprechen ist vielleicht ein andermal Zeit. Von der alten Philosophie aber bis auf Sokrates, der den Archelaos[10], einen Schüler des Anaxagoras[11] gehört hatte, wurden die Zahlen und Bewegungen behandelt, und die Frage, woher alles entstehe und wohin es wieder vergehe, und eifrig wurden von ihnen die Größe, Zwischenräume und Bahnen der Gestirne und überhaupt alle Himmelserscheinungen untersucht.[12] Sokrates aber rief als erster die Philosophie vom Himmel herab, machte sie in den Städten heimisch und führte sie sogar in die Häuser ein und zwang sie, über das Leben, die Sitten und die guten und schlechten Dinge Untersuchungen anzustellen. (11) Seine vielfältige Art der Erörterung, die Mannigfaltigkeit der Themen und die Größe seines Geistes, die geheiligt ist durch das Gedenken und die Schriften Platons, hat mehrere Schulen von Philosophen mit unterschiedlichen Lehrmeinungen hervorgebracht; davon haben wir uns vornehmlich der Methode[13] angeschlossen, die nach unserer Meinung auch Sokrates angewandt hat, nämlich unsere eigene Meinung zurückzuhalten, andere vom Irrtum zu befreien und bei jeder Erörterung danach zu suchen, was das Wahrscheinlichste ist. Weil diese Gewohnheit Karneades[14] aufs scharfsinnigste und wortreichste gepflegt hatte, machten wir es häufig bei anderen Gelegenheiten wie auch neulich auf

et nuper in Tusculano, ut ad eam consuetudinem disputaremus. et quadridui quidem sermonem superioribus ad te perscriptum libris misimus, quinto autem die cum eodem in loco consedissemus, sic est propositum, de quo disputaremus:

5 (12) Non mihi videtur ad beate vivendum satis posse virtutem.

At hercule Bruto meo videtur, cuius ego iudicium, pace tua dixerim, longe antepono tuo.

Non dubito, nec id nunc agitur, tu illum quantum ames, sed hoc, quod mihi dixi videri, quale sit, de quo a te disputari volo.

Nempe negas ad beate vivendum satis posse virtutem?

Prorsus nego.

Quid? ad recte honeste laudabiliter, postremo ad bene vivendum satisne est praesidi in virtute?

Certe satis.

Potes igitur aut, qui male vivat, non eum miserum dicere aut, quem bene fateare, eum negare beate vivere?

Quidni possim? nam etiam in tormentis recte honeste laudabiliter et ob eam rem bene vivi potest, dum modo intellegas, quid nunc dicam 'bene'. dico enim constanter graviter sapienter fortiter. (13) haec etiam in eculeum coiciuntur, quo vita non adspirat beata.

Quid igitur? solane beata vita, quaeso, relinquitur extra ostium limenque carceris, cum constantia gravitas fortitudo

dem Tusculanum so, daß wir entsprechend dieser Gewohnheit diskutierten. Und wir haben das Gespräch von vier Tagen in den voraufgegangenen Büchern aufgezeichnet und dir geschickt; nachdem wir uns am fünften Tag an demselben Ort niedergelassen hatten, wurde folgendes Thema zur Erörterung vorgeschlagen.

5 (12) A: Die Tugend scheint mir nicht genug zu vermögen, um glücklich zu leben.

M: Aber beim Herakles, meinem Brutus scheint es so; und sein Urteil, mit Verlaub zu sagen, ziehe ich deinem bei weitem vor.

A: Daran zweifle ich nicht, und jetzt geht es nicht darum, wie sehr du ihn schätzt, sondern darum, wie es sich mit dem verhält, was ich als meine Meinung genannt habe; und darüber möchte ich, daß du sprichst.

M: Bestreitest du also, daß die Tugend genug vermöge, um glücklich zu leben?

A: In der Tat.

M: Was? Ist genügend Hilfe in der Tugend, um recht, ehrenhaft, lobenswert, schließlich gut zu leben?

A: Gewiß, genug.

M: Kannst du nun jemanden, der schlecht lebt, nicht unglücklich nennen, oder von dem, der nach deinem Zugeständnis gut lebt, nicht sagen, er lebe glücklich?

A: Warum sollte ich das nicht können? Denn sogar unter Foltern ist es möglich, recht, ehrenhaft und lobenswert und deswegen gut zu leben, wenn du nur erkennst, was ich jetzt unter ›gut‹ verstehe. Ich meine nämlich fest, würdevoll, weise und tapfer. (13) Diese Eigenschaften lassen sich auch auf die Folterbank werfen, wohin das glückliche Leben nicht gelangt.

M: Was also? Bleibt das glückliche Leben, ich bitte dich, allein zurück vor dem Eingang und der Schwelle zum Kerker, während sich Festigkeit, Würde, Tapferkeit, Weisheit und die übrigen Tugenden mit hinzerren lassen zum Folter-

sapientia reliquaeque virtutes rapiantur ad tortorem nullumque recusent nec supplicium nec dolorem?

Tu, si quid es facturus, nova aliqua conquiras oportet; ista me minime movent, non solum quia pervulgata sunt, sed multo magis, quia, tamquam levia quaedam vina nihil valent in aqua, sic Stoicorum ista magis gustata quam potata delectant. velut iste chorus virtutum in eculeum impositus imagines constituit ante oculos cum amplissima dignitate, ut ad eas cursim perrectura nec eas beata vita a se desertas passura videatur; (14) cum autem animum ab ista pictura imaginibusque virtutum ad rem veritatemque traduxeris, hoc nudum relinquitur, possitne quis beatus esse, quam diu torqueatur. quam ob rem hoc nunc quaeramus; virtutes autem noli vereri ne expostulent et querantur se a beata vita esse relictas. si enim nulla virtus prudentia vacat, prudentia ipsa hoc videt, non omnis bonos esse etiam beatos, multaque de M. Atilio Q. Caepione M'. Aquilio recordatur, beatamque vitam, si imaginibus potius uti quam rebus ipsis placet, conantem ire in eculeum retinet ipsa prudentia negatque ei cum dolore et cruciatu quicquam esse commune.

6 (15) Facile patior te isto modo agere, etsi iniquum est praescribere mihi te, quem ad modum a me disputari velis. sed quaero, utrum aliquid actum superioribus diebus an nihil arbitremur.

Actum vero, et aliquantum quidem.

Atqui, si ita est, profligata iam haec et paene ad exitum adducta quaestio est.

knecht und weder vor Folterqual noch vor Schmerz zurückschrecken?

A: Wenn du etwas ausrichten willst, mußt du irgend etwas Neues beibringen. Diese deine Sprüche beeindrucken mich keineswegs, nicht nur weil sie schon abgedroschen sind, sondern vielmehr, weil, wie manche leichte Weine im Wasser nicht zur Geltung kommen, so auch diese Sprüche der Stoiker mehr erfreuen, wenn man nur davon kostet, als wenn man sie wirklich trinkt. Zum Beispiel stellt dieser Chor der Tugenden, wenn er auf der Folterbank liegt, Bilder voller Würde vor die Augen, so daß man meint, das glückliche Leben werde im Lauf zu ihnen eilen und nicht dulden, daß sie von ihm verlassen werden; (14) wenn du aber von diesem Gemälde und den Bildern der Tugenden auf den Boden der Wirklichkeit und der Wahrheit zurückkehrst, bleibt die nüchterne Frage, ob jemand glücklich sein kann, solange er gefoltert wird. Deshalb wollen wir das jetzt untersuchen; fürchte aber nicht, daß die Tugenden sich beschweren und beklagen, sie seien vom glücklichen Leben im Stich gelassen worden. Denn wenn keine Tugend ohne Klugheit ist, so sieht gerade die Klugheit selbst, daß nicht alle Guten auch glücklich sind; sie denkt an vieles, was man von M. Atilius, Q. Caepio und M'. Aquilius[15] erzählt, und wenn es dir besser gefällt, dich an Bildern als an Tatsachen zu orientieren, so hält gerade die Klugheit das glückliche Leben zurück, wenn es versucht, auf die Folterbank zu steigen, und sagt, es habe nichts gemein mit Schmerz und Folter.

6 (15) M: Ich lasse mir gern gefallen, daß du auf diese Art vorgehst, obschon es nicht richtig ist, daß du mir vorschreibst, daß ich die Erörterung führe, wie du es willst. Ich frage aber, ob wir der Meinung sind, daß wir an den vorangegangenen Tagen etwas erreicht haben oder nicht.

A: Es wurde etwas erreicht, und zwar ziemlich viel.

M: Wenn das aber so ist, dann ist unsere Streitfrage schon erledigt und fast schon bis zum Ende geführt.

Quo tandem modo?

Quia motus turbulenti iactationesque animorum incitatae et impetu inconsiderato elatae rationem omnem repellentes vitae beatae nullam partem relinquunt. quis enim potest mortem aut dolorem metuens, quorum alterum saepe adest, alterum semper impendet, esse non miser? quid, si idem, quod plerumque fit, paupertatem ignominiam infamiam timet, si debilitatem caecitatem, si denique, quod non singulis hominibus, sed potentibus populis saepe contigit, servitutem? (16) potest ea timens esse quisquam beatus? quid, qui non modo ea futura timet, verum etiam fert sustinetque praesentia – adde eodem exilia luctus orbitates: qui rebus his fractus aegritudine eliditur, potest tandem esse non miserrimus? quid vero? illum, quem libidinibus inflammatum et furentem videmus, omnia rabide adpetentem cum inexplebili cupiditate, quoque affluentius voluptates undique hauriat, eo gravius ardentiusque sitientem, nonne recte miserrimum dixeris? quid? elatus ille levitate inanique laetitia exultans et temere gestiens nonne tanto miserior, quanto sibi videtur beatior? ergo ut hi miseri, sic contra illi beati, quos nulli metus terrent, nullae aegritudines exedunt, nullae libidines incitant, nullae futtiles laetitiae exultantes languidis liquefaciunt voluptatibus. ut maris igitur tranquillitas intellegitur nulla ne minima quidem aura fluctus commovente, sic animi quietus et placatus status cernitur, cum perturbatio nulla est, qua moveri queat. (17) quodsi est qui vim fortunae, qui omnia humana, quae cuique accidere pos-

A: Wieso?

M: Weil die erregten Bewegungen und Erschütterungen der Seelen, die aufgeregt und durch unüberlegten Schwung noch gesteigert sind, jede Vernunft ablehnen und keinen Platz für ein glückliches Leben lassen. Denn wer kann, wenn er den Tod oder den Schmerz fürchtet, zwei Dinge, von denen das eine oft da ist, und das andere immer droht, nicht unglücklich sein? Was, wenn er auch, was meistens geschieht, die Armut, die Schande und die Entehrung fürchtet, wenn er Krankheit und Blindheit, wenn er schließlich, was nicht nur einzelnen Menschen, sondern mächtigen Völkern oft widerfahren ist, die Knechtschaft fürchtet? (16) Kann jemand, der das fürchtet, glücklich sein? Was ist mit dem, der dies nicht nur als Zukünftiges fürchtet, sondern es schon als Gegenwärtiges trägt und erduldet? – Füge noch hinzu Verbannung, Trauer und Verlust der Kinder! Kann derjenige, der, durch diese Dinge gebrochen, sich mit Kummer quält, etwas anderes als sehr unglücklich sein? Was aber? Könnte man nicht jenen, den wir in Begierden entbrannt und rasend, den wir alles heiß mit unersättlicher Gier begehren, und, je voller er überall die Freuden genießt, desto schlimmer und brennender dürsten sehen, zu Recht als sehr unglücklich bezeichnen? Wie? Ist nicht der, der sich in Leichtfertigkeit begeistert und in leerer Freude sich ergeht und sich bedenkenlos gehenläßt, um so unglücklicher, je glücklicher er sich selbst vorkommt? Wie also diese unglücklich sind, so sind dagegen die glücklich, die keine Ängste schrekken, kein Kummer zerfrißt, keine Begierden erregen und keine nichtigen Freuden, schwelgend in weichlichen Genüssen, entnerven. Wie man die Ruhe des Meeres daran wahrnimmt, daß nicht einmal der kleinste Windhauch die Fluten bewegt, so erkennt man auch den ruhigen und friedlichen Zustand der Seele, wenn keine Verwirrung da ist, durch die sie bewegt werden könnte. (17) Wenn es aber jemanden gibt, der die Gewalt des Schicksals, der alles Menschliche, was einem jeden widerfahren kann, für erträglich hält, wes-

sunt, tolerabilia ducat, ex quo nec timor eum nec angor attingat, idemque si nihil concupiscat, nulla ecferatur animi inani voluptate, quid est cur is non beatus sit? et si haec virtute efficiuntur, quid est cur virtus ipsa per se non efficiat beatos?

7 Atqui alterum dici non potest, quin i, qui nihil metuant, nihil angantur, nihil concupiscant, nulla impotenti laetitia ecferantur, beati sint, itaque id tibi concedo; alterum autem iam integrum non est. superioribus enim disputationibus effectum est vacare omni animi perturbatione sapientem.

(18) Nimirum igitur confecta res est; videtur enim ad exitum venisse quaestio.

Propemodum id quidem.

Verum tamen mathematicorum iste mos est, non est philosophorum. nam geometrae cum aliquid docere volunt, si quid ad eam rem pertinet eorum quae ante docuerunt, id sumunt pro concesso et probato, illud modo explicant, de quo ante nihil scriptum est; philosophi quamcumque rem habent in manibus, in eam quae conveniunt, congerunt omnia, etsi alio loco disputata sunt. quod ni ita esset, cur Stoicus, si esset quaesitum, satisne ad beate vivendum virtus posset, multa diceret? cui satis esset respondere se ante docuisse nihil bonum esse nisi quod honestum esset, hoc probato consequens esse beatam vitam virtute esse contentam, et quo modo hoc sit consequens illi, sic illud huic, ut, si beata vita virtute contenta sit, nisi honestum quod sit, nihil aliud sit bonum. (19) sed tamen non agunt sic; nam et de ho-

wegen ihn weder Furcht noch Angst überkommen, und wenn er nichts begehrt und sich durch kein nichtiges Vergnügen der Seele mitreißen läßt, warum sollte der nicht glücklich sein? Und wenn man das durch die Tugend erreichen kann, welchen Grund gibt es, warum die Tugend nicht selbst aus sich heraus die Menschen glücklich machen sollte?

7 A: Sicher kann man nicht leugnen, daß die, die nichts fürchten, sich nicht ängstigen, nichts begehren, durch keine unbeherrschte Freude die Fassung verlieren, glücklich sind, und so gestehe ich dir das zu; der zweite Punkt aber ist auch schon entschieden. Denn in den vorangegangenen Gesprächen erzielten wir das Ergebnis, daß der Weise von jeder Leidenschaft der Seele frei ist.

(18) M: Also ist die Sache wahrlich entschieden; denn unsere Untersuchung scheint zu ihrem Ende gekommen zu sein.

A: Gewiß, so ziemlich.

M: Doch das ist die Art der Mathematiker, nicht die der Philosophen. Denn wenn die Geometer etwas beweisen wollen, nehmen sie, wenn irgend etwas von dem, was sie vorher schon bewiesen haben, sich auf ihre Frage bezieht, dieses als bewiesen und gesichert an und erklären nur das, worüber vorher nichts geschrieben worden ist. Die Philosophen tragen bei jeder Frage, mit der sie sich gerade beschäftigen, alles, was mit ihr zu tun hat, zusammen, auch wenn es schon an anderer Stelle erörtert worden ist. Warum sollte denn, wenn das nicht so wäre, ein Stoiker auf die Frage, ob die Tugend zu einem glücklichen Leben genüge, noch vieles sagen? Es genügte ihm zu antworten, daß er zuvor dargelegt habe, daß nur das Tugendhafte ein Gut sei und daß, wenn dies bewiesen sei, folge, daß das glückliche Leben mit der Tugend zufrieden sei; und wie dies aus jenem folge, so folge auch jenes aus diesem; wenn nämlich das glückliche Leben mit der Tugend zufrieden sei, dann gebe es kein anderes Gut außer dem Tugendhaften. (19) Aber so gehen sie

nesto et de summo bono separatim libri sunt, et cum ex eo efficiatur satis magnam in virtute ad beate vivendum esse vim, nihilo minus hoc agunt separatim. propriis enim et suis argumentis et admonitionibus tractanda quaeque res est, tanta praesertim. cave enim putes ullam in philosophia vocem emissam clariorem ullumve esse philosophiae promissum uberius aut maius. Nam quid profitetur? o dii boni! perfecturam se, qui legibus suis paruisset, ut esset contra fortunam semper armatus, ut omnia praesidia haberet in se bene beateque vivendi, ut esset semper denique beatus. (20) sed videro, quid efficiat; tantisper hoc ipsum magni aestumo, quod pollicetur. nam Xerxes quidem refertus omnibus praemiis donisque fortunae, non equitatu, non pedestribus copiis, non navium multitudine, non infinito pondere auri contentus praemium proposuit, qui invenisset novam voluptatem – qua ipsa non fuit contentus; neque enim umquam finem inveniet libido –, nos vellem praemio elicere possemus, qui nobis aliquid attulisset, quo hoc firmius crederemus.

8 (21) Vellem id quidem, sed habeo paulum, quod requiram. ego enim adsentior eorum quae posuisti alterum alteri consequens esse, ut, quem ad modum, si, quod honestum sit, id solum sit bonum, sequatur vitam beatam virtute confici, sic, si vita beata in virtute sit, nihil esse nisi virtutem bonum. sed Brutus tuus auctore Aristo et Antiocho non sentit hoc; putat enim, etiamsi sit bonum aliquod praeter virtutem.

doch nicht vor; denn es gibt über das Tugendhafte und das höchste Gut gesondert Schriften, und obschon daraus hervorgeht, daß die Tugend genügend Kraft zu einem glücklichen Leben hat, handeln sie diese Frage nichtsdestoweniger gesondert ab. Denn jede Frage ist mit den für sie eigenen Argumenten und Hinweisen zu behandeln, eine so wichtige aber besonders. Glaube nämlich nicht, daß in der Philosophie jemals eine glänzendere Äußerung laut geworden ist, daß es jemals ein reicheres und größeres Versprechen der Philosophie gegeben hat! Denn was verkündet sie? O ihr guten Götter! Sie werde erreichen, daß derjenige, der ihren Gesetzen gehorche, immer gegen das Schicksal gewappnet sei, daß er in sich jede Hilfe habe, um gut und glücklich zu leben; daß er schließlich immer glücklich sei. (20) Ich will aber sehen, was sie tatsächlich bewirkt; unterdessen schätze ich schon das hoch ein, daß sie es verspricht. Weil Xerxes[16], der doch mit allen Gaben und Geschenken des Schicksals überhäuft war, nicht mit seiner Reiterei, nicht mit den Fußtruppen, nicht mit der Menge seiner Schiffe und nicht mit der unbegrenzten Masse an Gold zufrieden war, setzte er für den eine Belohnung aus, der ihm ein neues sinnliches Vergnügen erfände – aber auch mit diesem selbst war er nicht zufrieden; denn die Begierde wird niemals ein Ende finden –, könnten wir doch jemanden mit einer Belohnung dazu verlocken, uns etwas zu bringen, durch das wir daran fester glauben könnten.[17]

8 (21) A: Dies möchte ich zwar auch, aber ich habe noch eine kleine Frage. Denn ich stimme zu, daß von dem, was du dargelegt hast, das eine aus dem anderen folgt: wie, wenn allein das Tugendhafte ein Gut ist, folgt, daß man das glückliche Leben durch die Tugend erreichen kann, so folgt auch, daß, wenn das glückliche Leben auf der Tugend beruht, nichts außer der Tugend ein Gut ist. Aber dein Brutus, der dem Aristos und Antiochos[18] folgt, ist nicht dieser Ansicht; denn er glaubt, dies treffe zu, auch wenn es ein Gut außer der Tugend gebe.[19]

(22) Quid igitur? contra Brutumne me dicturum putas? Tu vero, ut videtur; nam praefinire non est meum.

Quid cuique igitur consentaneum sit, alio loco. nam ista mihi et cum Antiocho saepe et cum Aristo nuper, cum Athenis imperator apud eum deversarer, dissensio fuit. mihi enim non videbatur quisquam esse beatus posse, cum in malis esset; in malis autem sapientem esse posse, si essent ulla corporis aut fortunae mala. dicebantur haec, quae scripsit etiam Antiochus locis pluribus, virtutem ipsam per se beatam vitam efficere posse neque tamen beatissimam; deinde ex maiore parte plerasque res nominari, etiamsi quae pars abesset, ut vires, ut valetudinem, ut divitias, ut honorem, ut gloriam, quae genere, non numero cernerentur; item beatam vitam, etiamsi ex aliqua parte clauderet, tamen ex multo maiore parte optinere nomen suum. (23) haec nunc enucleare non ita necesse est, quamquam non constantissime dici mihi videntur. nam et, qui beatus est, non intellego quid requirat, ut sit beatior – si est enim quod desit, ne beatus quidem est –, et quod ex maiore parte unam quamque rem appellari spectarique dicunt, est ubi id isto modo valeat; cum vero tria genera malorum esse dicant, qui duorum generum malis omnibus urgeatur, ut omnia advorsa sint in fortuna, omnibus oppressum corpus et confectum

(22) M: Wie? Glaubst du, ich werde gegen Brutus sprechen?

A: Tu, wie du willst; denn es ist nicht meine Aufgabe, das vorher festzulegen.

M: Was also für jeden von uns schicklich ist, wollen wir bei einer anderen Gelegenheit besprechen. Denn über diesen Punkt bestand zwischen mir und Antiochos häufig[20] und neulich[21] auch zwischen mir und Aristos, als ich als Imperator[22] mich bei ihm in Athen aufhielt, Meinungsverschiedenheit. Denn mir schien niemand glücklich sein zu können, wenn er sich in Übeln befinde; in Übeln aber könne sich auch ein Weiser befinden, wenn es irgendwelche Übel des Körpers und des Schicksals gebe.[23] Es wurde behauptet, was auch Antiochos an mehreren Stellen schrieb, daß die Tugend aus sich selbst heraus ein glückliches Leben bewirken könne, aber doch nicht das vollkommen glückliche; dann wurde vorgebracht, daß die meisten Dinge nach dem überwiegenden Teil benannt würden, auch wenn ein Teil fehle, wie etwa Kräfte, Gesundheit, Reichtum, Ehre, Ruhm, Dinge, die nach der Art, nicht nach der Vollzähligkeit ihrer einzelnen Teile bestimmt würden; ebenso erhalte auch das glückliche Leben, auch wenn es an einem Teil hinke, dennoch nach dem weit größeren Teil seinen Namen. (23) Dies jetzt auseinanderzulegen ist nicht so notwendig, obschon es, wie mir scheint, nicht sehr folgerichtig ausgeführt wird. Denn ich sehe nicht, wonach derjenige, der glücklich ist, verlangen sollte, um noch glücklicher zu sein – denn wenn es etwas gibt, was fehlt, dann ist er sicherlich nicht glücklich[24] –, und wenn sie behaupten, daß nach dem überwiegenden Teil eine jede Sache benannt und betrachtet wird, so trifft dies auf manche Fälle zu. Wenn sie[25] aber sagen, es gebe drei Arten von Übeln, werden wir dann sagen, daß dem, der von allen Übeln zweier Arten[26] bedrängt wird, so daß er in allen äußeren Dingen Unglück hat und sein Körper von allen Schmerzen bedrängt und ausgezehrt ist,

doloribus, huic paulumne ad beatam vitam deesse dicemus, non modo ad beatissimam?

9 (24) Hoc illud est, quod Theophrastus sustinere non potuit. nam cum statuisset verbera, tormenta, cruciatus, patriae eversiones, exilia, orbitates magnam vim habere ad male misereque vivendum, non est ausus elate et ample loqui, cum humiliter demisseque sentiret. quam bene, non quaeritur, constanter quidem certe. itaque mihi placere non solet consequentia reprehendere, cum prima concesseris. hic autem elegantissimus omnium philosophorum et eruditissimus non magnopere reprehenditur, cum tria genera dicit bonorum, vexatur autem ab omnibus primum in eo libro quem scripsit de vita beata, in quo multa disputat, quam ob rem is, qui torqueatur qui crucietur, beatus esse non possit. in eo etiam putatur dicere in rotam – id est genus quoddam tormenti apud Graecos – beatam vitam non escendere. non usquam id quidem dicit omnino, sed quae dicit, idem valent. (25) possum igitur, cui concesserim in malis esse dolores corporis, in malis naufragia fortunae, huic suscensere dicenti non omnis bonos esse beatos, cum in omnis bonos ea, quae ille in malis numerat, cadere possint? vexatur idem Theophrastus et libris et scholis omnium philosophorum, quod in Callisthene suo laudarit illam sententiam:

> 'Vitam regit fortuna, non sapientia.'

negant ab ullo philosopho quicquam dictum esse languidius. recte id quidem, sed nihil intellego dici potuisse constantius. si enim tot sunt in corpore bona, tot extra corpus in casu atque fortuna, nonne consentaneum est plus fortu-

wenig fehle zum glücklichen Leben, geschweige denn, zum vollkommen glücklichen Leben?

9 (24) Das ist es, was Theophrast nicht aufrechterhalten konnte.[27] Denn nachdem er festgestellt hatte, daß Schläge, Folter, Marter, Zerstörung der Heimat, Verbannung, Verlust der Kinder große Bedeutung haben, um das Leben unglücklich und elend zu machen, wagte er es nicht, erhaben und großartig zu sprechen, während seine Gedanken kleinmütig und verzagt waren. Wie richtig es war, wollen wir nicht fragen, konsequent war es bestimmt.[28] Deshalb gefällt es mir gewöhnlich nicht, Folgerungen zu tadeln, wenn man die Voraussetzungen gebilligt hat. Dieser eleganteste und gebildetste aller Philosophen wird kaum getadelt, wenn er drei Gruppen von Gütern nennt; er wird aber von allen sehr angegriffen für das Buch, welches er über das glückliche Leben schrieb; darin sagt er vieles, weswegen der, der gefoltert und gemartert wird, nicht glücklich sein kann. Es heißt sogar, er sage darin, daß das glückliche Leben nicht auf das Rad – das ist eine Art von Folter bei den Griechen – steige. Nirgends sagt er das zwar ausdrücklich, aber was er sagt, hat eben diese Bedeutung. (25) Kann ich also dem, welchem ich zugestanden habe, zu den Übeln gehörten körperliche Schmerzen und zu den Übeln gehörten die Schläge des Schicksals, zürnen, wenn er sagt, nicht alle Guten seien glücklich, da allen Guten das widerfahren kann, was jener zu den Übeln zählt? Derselbe Theophrast wird sowohl in Büchern als auch in Vorträgen aller Philosophen angegriffen, weil er in seinem Buch *Kallisthenes*[29] folgenden Satz lobte: »Das Schicksal regiert das Leben, nicht die Weisheit.« Man sagt, daß von keinem Philosophen etwas Schlafferes gesagt worden sei. Das ist zwar richtig, aber ich sehe andererseits, daß nichts folgerichtiger hätte gesagt werden können. Denn wenn so viele Güter im Körper und so viele Güter außerhalb des Körpers auf Zufall und Schicksal beruhen, ist es dann nicht konsequent zu sagen, daß das Schicksal, da es ja die Herrin der Dinge außerhalb des Körpers und der

nam, quae domina rerum sit et externarum et ad corpus pertinentium, quam consilium valere? (26) An malumus Epicurum imitari? qui multa praeclare saepe dicit; quam autem sibi constanter convenienterque dicat, non laborat. laudat tenuem victum. philosophi id quidem, sed si Socrates aut Antisthenes diceret, non is qui finem bonorum voluptatem esse dixerit. negat quemquam iucunde posse vivere, nisi idem honeste sapienter iusteque vivat. nihil gravius, nihil philosophia dignius, nisi idem hoc ipsum 'honeste sapienter iuste' ad voluptatem referret. Quid melius quam: fortunam exiguam intervenire sapienti? sed hoc isne dicit, qui, cum dolorem non modo maxumum malum, sed solum malum etiam dixerit, toto corpore opprimi possit doloribus acerrumis tum, cum maxime contra fortunam glorietur? quod idem melioribus etiam verbis Metrodorus: (27) 'occupavi te' inquit, 'Fortuna, atque cepi omnisque aditus tuos interclusi, ut ad me adspirare non posses.' praeclare, si Aristo Chius aut si Stoicus Zenon diceret, qui, nisi quod turpe esset, nihil malum duceret; tu vero, Metrodore, qui omne bonum in visceribus medullisque condideris et definieris summum bonum firma corporis adfectione explorataque ⟨eius⟩ spe contineri, Fortunae aditus interclusisti? quo modo? isto enim bono iam exspoliari potes.

10 (28) Atqui his capiuntur imperiti, et propter huius modi sententias istorum hominum est multitudo; acute autem disputantis illud est, non quid quisque dicat, sed quid cuique dicendum sit, videre. velut in ea ipsa sententia, quam

Dinge, die sich auf den Körper beziehen, ist, größere Bedeutung habe als weiser Sinn? (26) Oder wollen wir lieber Epikur folgen? Er sagt oft vieles vortrefflich: dabei kümmert es ihn aber nicht, wie weit er mit sich übereinstimmend und folgerichtig spricht. Er lobt eine bescheidene Lebensführung. Das paßt zwar zu einem Philosophen, aber nur dann, wenn Sokrates und Antisthenes[30] es sagten und nicht der, der die Lust als das höchste Gut bezeichnet hat. Er sagt, niemand könne angenehm leben, wenn er nicht auch ehrenhaft, weise und gerecht lebe. Nichts ist angemessener, nichts der Philosophie würdiger, wenn nicht derselbe dieses ›ehrenhaft, weise und gerecht‹ auf die Lust beziehen würde. Gibt es einen besseren Ausspruch als den, daß das Schicksal einem Weisen gegenüber nur geringe Macht habe? Aber sagt dies nicht der, der den Schmerz nicht nur als das größte Übel, sondern als das einzige Übel bezeichnet hat, der Mann also, der am ganzen Körper von den schlimmsten Schmerzen gerade dann bedrängt werden kann, wenn er sich am meisten gegenüber dem Schicksal brüstet? Dasselbe sagt auch Metrodorus[31] mit noch besseren Worten. (27) »Ich bin dir zuvorgekommen, Schicksal, habe dich gefangen und dir alle Zugänge so versperrt, daß du mich nicht berühren kannst.« Vortrefflich, wenn Ariston von Chios[32] es sagte oder der Stoiker Zenon, der nur das Schändliche für ein Übel hielt; du aber, Metrodorus, der du doch jedes Gut in die Eingeweide und ins Mark verlegt und erklärt hast, das höchste Gut bestehe in einem stabilen körperlichen Zustand und der sicheren Hoffnung auf seine Erhaltung, hast dem Schicksal die Zugänge versperrt? Auf welche Weise? Denn es ist möglich, daß du im Augenblick schon dieses Gutes beraubt wirst.

10 (28) Aber durch solche Worte lassen sich die Unkundigen gewinnen, und wegen Sätzen dieser Art gibt es eine Menge solcher Leute; ein Mensch aber, der scharfsinnig etwas durchdenkt, muß nicht sehen, was ein jeder sagt, sondern was ein jeder sagen müßte. Nimm beispielsweise eben

in hac disputatione suscepimus, omnis bonos semper beatos volumus esse. quos dicam bonos, perspicuum est; omnibus enim virtutibus instructos et ornatos tum sapientis, tum viros bonos dicimus. (29) videamus, qui dicendi sint beati. equidem eos existimo, qui sint in bonis nullo adiuncto malo; neque ulla alia huic verbo, cum beatum dicimus, subiecta notio est nisi secretis malis omnibus cumulata bonorum complexio. hanc assequi virtus, si quicquam praeter ipsam boni est, non potest. aderit enim malorum, si mala illa ducimus, turba quaedam: paupertas, ignobilitas, humilitas, solitudo, amissio suorum, graves dolores corporis, perdita valetudo, debilitas, caecitas, interitus patriae, exilium, servitus denique. in his tot et tantis – atque etiam plura possunt accidere – potest esse sapiens; nam haec casus importat, qui in sapientem potest incurrere. at si ea mala sunt, quis potest praestare semper sapientem beatum fore, cum vel in omnibus is uno tempore esse possit? (30) non igitur facile concedo neque Bruto meo neque communibus magistris nec veteribus illis, Aristoteli Speusippo Xenocrati Polemoni, ut, cum ea quae supra enumeravi in malis numerent, idem dicant semper beatum esse sapientem. quos si titulus hic delectat insignis et pulcher, Pythagora Socrate Platone dignissimus, inducant animum illa, quorum splendore capiuntur, vires valetudinem pulchritudinem divitias honores opes contemnere eaque, quae is contraria sunt, pro nihilo ducere: tum poterunt clarissima voce profiteri se neque fortunae

diesen Satz, den zu verteidigen wir uns in diesem Gespräch vorgenommen haben; wir behaupten, daß alle sittlich Guten immer glücklich sind. Wen ich sittlich-gut nenne, ist offenkundig; diejenigen, die mit allen Tugenden versehen und ausgestattet sind, nennen wir bald weise, bald sittlich-gute Männer. (29) Wir wollen nun sehen, wer glücklich zu nennen ist. Ich jedenfalls meine die, die sich in Gütern befinden, ohne daß ein Übel dazukommt; und diesem Begriff, wenn wir glücklich sagen, liegt keine andere Bedeutung zugrunde als eben der volle Besitz der Güter unter Absonderung aller Übel. Diesen kann die Tugend, wenn es etwas Gutes außer ihr gibt, nicht erreichen. Denn es wird immer eine Schar von Übeln vorhanden sein, wenn wir folgendes für Übel halten: Armut, niedere Herkunft, Erniedrigung, Einsamkeit, Verlust der Angehörigen, schwere körperliche Schmerzen, verlorene Gesundheit, Schwäche, Blindheit, Untergang der Heimat, Verbannung und schließlich Knechtschaft. In so viele und so schwere Übel – und noch viel mehr kann sich ereignen – kann der Weise geraten; denn diese Dinge bringt das Schicksal mit sich, das auf den Weisen einstürmen kann. Wenn das aber Übel sind, wer kann dann noch behaupten, daß der Weise immer glücklich sein werde, da er doch in all diesen Umständen zu ein und derselben Zeit sich befinden kann? (30) Also gebe ich nicht so ohne weiteres meinem Brutus und unseren gemeinsamen Lehrern[33] und jenen alten Philosophen, dem Aristoteles, Speusippos[34], Xenokrates[35] und Polemon[36], zu, daß sie, obwohl sie das, was ich oben aufgezählt habe, zu den Übeln rechnen, doch behaupten, der Weise sei immer glücklich. Wenn sie an dieser ehrenden und schönen Bezeichnung[37], die eines Pythagoras, Sokrates und Platon so würdig ist, Freude haben, dann sollen sie sich entschließen, die Dinge, durch deren Glanz sie sich blenden lassen, nämlich Kraft, Gesundheit, Schönheit, Reichtum, Ehrenämter und Macht, zu verachten und deren Gegenteil für nichts zu erachten; dann werden sie mit sehr lauter Stimme verkünden können,

impetu nec multitudinis opinione nec dolore nec paupertate terreri, omniaque sibi in sese esse posita, nec esse quicquam extra suam potestatem, quod ducant in bonis. (31) nunc et haec loqui, quae sunt magni cuiusdam et alti viri, et eadem, quae vulgus, in malis et bonis numerare concedi nullo modo potest. qua gloria commotus Epicurus exoritur; cui etiam, si dis placet, videtur semper sapiens beatus. hic dignitate huius sententiae capitur, sed numquam id diceret, si ipse se audiret. quid est enim quod minus conveniat, quam ut is, qui vel summum vel solum malum dolorem esse dicat, idem censeat 'quam hoc suave est!' tum, cum dolore crucietur, dicturum esse sapientem? non igitur ex singulis vocibus philosophi spectandi sunt, sed ex perpetuitate atque constantia.

11 (32) Adducis me, ut tibi adsentiar. sed tua quoque vide ne desideretur constantia.

Quonam modo?

Quia legi tuum nuper quartum de finibus; in eo mihi videbare contra Catonem disserens hoc velle ostendere – quod mihi quidem probatur – inter Zenonem et Peripateticos nihil praeter verborum novitatem interesse. quod si ita est, quid est causae quin, si Zenonis rationi consentaneum sit satis magnam vim in virtute esse ad beate vivendum, liceat idem Peripateticis dicere? rem enim opinor spectari oportere, non verba.

sie ließen sich weder durch den Ansturm des Schicksals noch durch die Meinung der Masse, noch durch Schmerz, noch durch Armut schrecken und alles liege für sie in ihnen selbst und es gebe nichts, das außerhalb ihrer Macht liege, was sie zu den Gütern rechneten. (31) So aber kann man überhaupt nicht damit einverstanden sein, daß sie sowohl das sagen, was zu einem großen und erhabenen Mann gehört, als auch gleichzeitig dasselbe wie die Masse zu den Gütern und Übeln rechnen. Durch solchen Ruhm[38] beeindruckt, tritt Epikur auf; auch ihm scheint der Weise – man sollte es kaum glauben – immer glücklich zu sein. Er läßt sich durch die Würde dieses Satzes beeindrucken, aber er würde das niemals sagen, wenn er auf sich selbst hörte. Denn was paßt weniger zusammen, als daß derselbe, der behauptet, das größte und einzige Übel sei der Schmerz, zugleich meint, der Weise werde dann sagen ›Wie angenehm das ist!‹, wenn er vom Schmerz gefoltert wird?[39] Philosophen dürfen also nicht nach einzelnen Aussagen beurteilt werden, sondern nach der Beständigkeit und Folgerichtigkeit ihrer Lehre.

11 (32) A: Du bringst mich dazu, dir zuzustimmen. Aber sieh zu, daß man nicht auch bei dir Folgerichtigkeit vermißt.

M: Wieso?

A: Weil ich neulich dein viertes Buch »Über die Ziele des menschlichen Handelns«[40] gelesen habe; ich glaube, darin willst du in einem Streitgespräch mit Cato zeigen – das ist allerdings auch meine Ansicht –, daß zwischen Zenon und den Peripatetikern außer der Neuartigkeit der Begriffe kein Unterschied bestehe. Warum sollten dann, unter der Voraussetzung, daß nach Zenons Lehre folgerichtig ist, daß die Tugend genügend Kraft habe, um glücklich zu leben, dasselbe nicht auch die Peripatetiker sagen dürfen? Denn man muß, wie ich meine, auf die Sache, nicht auf die Begriffe schauen.

(33) Tu quidem tabellis obsignatis agis mecum et testificaris, quid dixerim aliquando aut scripserim. cum aliis isto modo, qui legibus impositis disputant: nos in diem vivimus; quodcumque nostros animos probabilitate percussit, id dicimus, itaque soli sumus liberi. verum tamen, quoniam de constantia paulo ante diximus, non ego hoc loco id quaerendum puto, verumne sit, quod Zenoni placuerit quodque eius auditori Aristoni, bonum esse solum, quod honestum esset, sed si ita esset, tum ⟨fueritne consentaneum⟩, ut totum hoc beate vivere in una virtute poneret. (34) quare demus hoc sane Bruto, ut sit beatus semper sapiens – quam sibi conveniat, ipse viderit; gloria quidem huius sententiae quis est illo viro dignior? –, nos tamen teneamus, ut sit idem beatissimus.

12 Et si Zeno Citieus, advena quidam et ignobilis verborum opifex, insinuasse se in antiquam philosophiam videtur, huius sententiae gravitas a Platonis auctoritate repetatur, apud quem saepe haec oratio usurpata est, ut nihil praeter virtutem diceretur bonum. velut in Gorgia Socrates, cum esset ex eo quaesitum, Archelaum Perdiccae filium, (35) qui tum fortunatissimus haberetur, nonne beatum putaret, 'haud scio' inquit; 'numquam enim cum eo conlocutus sum. – ain tu? an aliter id scire non potes? – nullo modo. – tu igitur ne de Persarum quidem rege magno potes dicere, beatusne sit? – an ego possim, cum ignorem, quam sit doctus, quam vir bonus? – quid? tu in eo sitam vitam beatam putas? – ita prorsus existimo, bonos beatos, improbos miseros. –

(33) M: Du verhandelst mit mir mit gesiegelten Dokumenten[41] und führst als Beweis an, was ich einmal gesagt oder geschrieben habe. Geh auf diese Art mit anderen um, die nach aufgestellten Gesetzen diskutieren: wir leben von einem Tag auf den anderen; was auch immer unseren Geist durch Wahrscheinlichkeit beeindruckt[42], das sagen wir, und deswegen sind wir allein frei. Ich meine aber, weil wir kurz zuvor[43] über Folgerichtigkeit gesprochen haben,[44] daß wir an dieser Stelle nicht untersuchen sollen, ob die Lehre Zenons und seines Schülers Ariston wahr ist, daß nur das ein Gut sei, was auch tugendhaft sei, sondern ob es, vorausgesetzt, das wäre so, dann nicht auch konsequent wäre, daß er das ganze glückliche Leben allein in die Tugend legt. (34) Deshalb wollen wir gewiß auch Brutus zugeben, daß der Weise immer glücklich ist – wie er in seiner Lehre dann konsequent ist, soll er selbst sehen; wer ist denn des Ruhmes dieses Lehrsatzes würdiger als er? – Wir dagegen wollen daran festhalten, daß der Weise auch vollkommen glücklich ist.

12 Und wenn Zenon aus Kition[45], ein Zugereister und unbedeutender Wortemacher, sich in die alte Philosophie eingeschlichen zu haben scheint, so möge die Würde dieses Lehrsatzes von der Autorität Platons hergeleitet werden, bei dem oft die Rede darauf kam, daß nichts außer der Tugend ein Gut genannt werden könne. So antwortet Sokrates etwa im *Gorgias*[46] auf die Frage, ob er Archelaos[47], den Sohn des Perdikkas, (35) der damals als der glücklichste galt, nicht für glücklich halte: »Ich weiß es nicht; denn ich habe nie mit ihm gesprochen. – Wie? Kannst du das auf andere Art nicht feststellen? – Keineswegs. – Du kannst also nicht einmal vom Großkönig der Perser sagen, ob er glücklich ist? – Wie sollte ich das können, da ich nicht weiß, wie gelehrt und wie sittlich-gut er ist? – Was? Glaubst du, daß das glückliche Leben darauf beruht? – Dieser Überzeugung bin ich in der Tat, daß die Sittlich-Guten glücklich, die Schlechten unglücklich sind. – Ist also Archelaos unglücklich? – Sicher-

miser ergo Archelaus? – certe, si iniustus.' (36) videturne omnem hic beatam vitam in una virtute ponere? Quid vero? in Epitaphio quo modo idem? 'nam cui viro' inquit 'ex se ipso apta sunt omnia, quae ad beate vivendum ferunt, nec suspensa aliorum aut bono casu aut contrario pendere ex alterius eventis et errare coguntur, huic optume vivendi ratio comparata est. hic est ille moderatus, hic fortis, hic sapiens, hic et nascentibus et cadentibus cum reliquis commodis, tum maxime liberis parebit et oboediet praecepto illi veteri: neque enim laetabitur umquam nec maerebit nimis, quod semper in se ipso omnem spem reponet sui.' ex hoc igitur Platonis quasi quodam sancto augustoque fonte nostra omnis manabit oratio.

13 (37) Unde igitur ordiri rectius possumus quam a communi parente natura? quae, quicquid genuit, non modo animal, sed etiam quod ita ortum esset e terra, ut stirpibus suis niteretur, in suo quidque genere perfectum esse voluit. itaque et arbores et vites et ea, quae sunt humiliora neque se tollere a terra altius possunt, alia semper virent, alia hieme nudata verno tempore tepefacta frondescunt, neque est ullum quod non ita vigeat interiore quodam motu et suis in quoque seminibus inclusis, ut aut flores aut fruges fundat aut bacas, omniaque in omnibus, quantum in ipsis sit, nulla vi impediente perfecta sint. (38) facilius vero etiam in bestiis, quod is sensus a natura est datus, vis ipsius naturae perspici potest. namque alias bestias nantis aquarum incolas esse voluit, alias volucres caelo frui libero, serpentis quasdam, quasdam esse gradientis, earum ipsarum partim solivagas,

lich, wenn er ungerecht ist.« (36) Scheint er nicht das glückliche Leben ganz allein auf die Tugend zu setzen? Wie aber? Und wie spricht derselbe Mann im *Epitaphios*[48]? »Denn dem Mann«, so sagt er, »bei dem alles, was zum glücklichen Leben führt, von ihm selbst abhängt und nicht verknüpft ist mit dem guten oder gegenteiligen Geschick anderer und nicht gezwungen wird, von den Taten eines anderen abzuhängen und in die Irre zu gehen, dem ist der Weg, wie man am besten lebt, bereitet. Das ist jener Maßvolle, Tapfere, Weise, er wird sich fügen, wenn die übrigen Güter und vor allem die Kinder geboren werden und wieder vergehen, und er wird jenem alten Gebot gehorchen: denn er wird sich niemals übermäßig freuen oder allzusehr trauern, weil er immer all seine Hoffnung in sich selbst setzt.« Aus dieser Lehre Platons wird gleichsam wie aus einer heiligen und ehrwürdigen Quelle unsere ganze Darstellung fließen.

13 (37) Womit können wir nun richtiger beginnen als mit unserer gemeinsamen Mutter Natur? Sie wollte, daß alles, was sie hervorbrachte, nicht nur das Lebewesen, sondern auch das, was so aus der Erde entstanden ist, daß es sich auf seine Wurzeln stützt, in seiner Art vollkommen ist. Und so sind denn Bäume und Weinstöcke und die Gewächse, die niedriger sind und sich von der Erde nicht höher erheben können, teils immer grün, teils verlieren sie im Winter ihre Blätter und bedecken sich in der Wärme des Frühlings wieder mit Laub, und es gibt nichts, was nicht durch einen gewissen inneren Trieb und die in einem jeden eingeschlossenen Samen die Kraft hat, daß es Blumen, Früchte oder Beeren reichlich hervorbringt und daß jedes in allem, soweit es an ihm selbst liegt, wenn keine äußere Kraft stört, vollkommen ist. (38) Noch leichter aber kann man bei den Tieren die Kraft der Natur selbst erkennen, weil ihnen von der Natur Empfindungsvermögen gegeben ist. Denn nach ihrem Willen sind die Tiere teils schwimmende Bewohner der Gewässer, teils genießen sie als Vögel den freien Himmelsraum, manche kriechen, manche gehen; und sie wollte, daß von

partim congregatas. inmanis alias, quasdam autem cicures, non nullas abditas terraque tectas. atque earum quaeque suum tenens munus, cum in disparis animantis vitam transire non possit, manet in lege naturae. et ut bestiis aliud alii praecipui a natura datum est, quod suum quaeque retinet nec discedit ab eo, sic homini multo quiddam praestantius; etsi praestantia debent ea dici, quae habent aliquam comparationem, humanus autem animus decerptus ex mente divina cum alio nullo nisi cum ipso deo, si hoc fas est dictu, comparari potest. (39) hic igitur si est excultus et si eius acies ita curata est, ut ne caecaretur erroribus, fit perfecta mens, id est absoluta ratio, quod est idem virtus. et si omne beatum est, cui nihil deest, et quod in suo genere expletum atque cumulatum est, idque virtutis est proprium, certe omnes virtutis compotes beati sunt.

Et hoc quidem mihi cum Bruto convenit, id est cum Aristotele Xenocrate Speusippo Polemone. sed mihi videntur etiam beatissimi. (40) quid enim deest ad beate vivendum ei, qui confidit suis bonis? aut, qui diffidit, beatus esse qui potest? at diffidat necesse est, qui bona dividit tripertito.
14 qui enim poterit aut corporis firmitate aut fortunae stabilitate confidere? atqui nisi stabili et fixo et permanente bono beatus esse nemo potest. quid ergo eius modi istorum est? ut mihi Laconis illud dictum in hos cadere videatur, qui glorianti cuidam mercatori, quod multas navis in omnem oram maritimam demisisset, ‘non sane optabilis quidem

eben diesen die einen Einzelgänger, die anderen Herdentiere seien, daß sie teils wild, teils aber zahm seien und daß einige versteckt und mit Erde bedeckt lebten. Und jedes von ihnen behält die ihm zugedachte Aufgabe, da es nicht in die Lebensform einer anderen Art überwechseln kann, und bleibt so unter dem Gesetz der Natur. Und wie jedem Tier von der Natur ein anderer Vorzug gegeben worden ist, den es als sein besonderes Merkmal bewahrt und von dem es nicht abweicht, so ist dem Menschen etwas viel Hervorragenderes gegeben; indes darf hervorragend nur genannt werden, was einen Vergleichspunkt hat; die menschliche Seele aber, die vom göttlichen Geist genommen ist[49], kann mit nichts anderem verglichen werden als mit Gott selbst, wenn man das sagen darf. (39) Wenn diese ausgebildet und ihre Sehkraft so gepflegt worden ist, daß sie nicht durch Irrtümer geblendet wird, dann wird daraus der vollkommene Geist, das heißt die unabhängige Vernunft, und eben das ist die Tugend. Und wenn all das glücklich ist, dem nichts fehlt und das in seiner Art erfüllt und vollendet ist, und dies das besondere Merkmal der Tugend ist, so sind gewiß alle, die die Tugend besitzen, glücklich.

Und darin stimme ich mit Brutus überein, also mit Aristoteles, Xenokrates, Speusippos und Polemon[50]. Aber mir scheinen sie auch vollkommen glücklich zu sein. (40) Denn was fehlt dem zum glücklichen Leben, der sich auf seine eigenen Güter verlassen kann? Oder wie kann jemand glücklich sein, der sich darauf nicht verlassen kann? Der aber kann sich gar nicht darauf verlassen, der die Güter in drei Gruppen teilt. **14** Denn wie soll er sich auf die feste Gesundheit des Körpers und die Beständigkeit des Schicksals verlassen können? Aber glücklich sein kann man nur auf Grund eines beständigen, festen und dauerhaften Gutes. Was also von dieser Art besitzen diese Leute? So scheint mir jener Ausspruch eines Spartaners auf sie zuzutreffen, der einem Kaufmann, der damit prahlte, viele Schiffe an jede Meeresküste entsandt zu haben, sagte: »Dieses Glück,

ista' inquit 'rudentibus apta fortuna.' an dubium est quin nihil sit habendum in eo genere, quo vita beata compleatur, si id possit amitti? nihil enim interarescere, nihil extingui, nihil cadere debet eorum, in quibus vita beata consistit. nam qui timebit ne quid ex is deperdat, beatus esse non poterit. (41) volumus enim eum, qui beatus sit, tutum esse, inexpugnabilem, saeptum atque munitum, non ut parvo metu praeditus sit, sed ut nullo. ut enim innocens is dicitur, non qui leviter nocet, sed qui nihil nocet, sic sine metu is habendus est, non qui parva metuit, sed qui omnino metu vacat. quae est enim alia fortitudo nisi animi adfectio cum in adeundo periculo et in labore ac dolore patiens, tum procul ab omni metu? atque haec certe non ita se haberent, nisi omne bonum in una honestate consisteret. (42) qui autem illam maxume optatam et expetitam securitatem – securitatem autem nunc appello vacuitatem aegritudinis, in qua vita beata posita est – habere quisquam potest, cui aut adsit aut adesse possit multitudo malorum? qui autem poterit esse celsus et erectus et ea, quae homini accidere possunt, omnia parva ducens, qualem sapientem esse volumus, nisi omnia sibi in se posita censebit? an Lacedaemonii Philippo minitante per litteras se omnia quae conarentur prohibiturum quaesiverunt, num se esset etiam mori prohibiturus: vir is, quem quaerimus, non multo facilius tali animo reperietur quam civitas universa? quid? ad hanc fortitudinem, de qua loquimur, temperantia adiuncta, quae sit moderatrix omnium commotionum, quid potest ad beate vivendum deesse ei,

das nur an den Schiffstauen hängt, ist gewiß nicht wünschenswert.« Oder besteht ein Zweifel darüber, daß man nichts zu den Dingen, durch die das glückliche Leben vollständig gemacht wird, rechnen darf, wenn man es verlieren kann? Denn nichts darf austrocknen, nichts verlöschen, nichts zerfallen von den Dingen, auf denen das glückliche Leben beruht. Denn wer fürchtet, etwas davon zu verlieren, wird nicht glücklich sein können. (41) Wir wollen nämlich, daß der Glückliche sicher, unbesiegbar, umhegt und geschützt ist, damit er nicht nur mit geringer Furcht lebe, sondern mit überhaupt keiner. Wie nämlich nicht der unschuldig genannt wird, der nur wenig schadet, sondern wer überhaupt nicht schadet, so darf nicht der als ein Mensch ohne Furcht angesehen werden, der nur Geringes fürchtet, sondern wer überhaupt von Furcht frei ist. Denn was ist die Tapferkeit anderes als die seelische Haltung, die Gefahr, Mühe und Schmerz auf sich nimmt und dabei geduldig ist, vor allem aber weit entfernt ist von jeder Furcht? Und dies verhielte sich sicherlich nicht so, wenn nicht jedes Gut in der Tugend allein bestände. (42) Wie aber kann jemand jene besonders erwünschte und erstrebte Sicherheit – Sicherheit aber nenne ich jetzt die Freiheit von Kummer, auf der das glückliche Leben beruht – haben, der in einer Menge von Übeln sich befindet oder sich befinden kann? Wie aber kann jemand erhaben und aufrecht sein und alles, was dem Menschen zustoßen kann, geringachten, so wie wir uns den Weisen vorstellen, wenn er nicht glaubt, daß für ihn alles in ihn selbst gelegt ist? Haben denn nicht die Lakedaimonier, als Philipp[51] ihnen brieflich drohte, er werde alles, was sie zu tun versuchten, verhindern, gefragt, ob er sie auch am Sterben hindern wolle: Wird sich nicht viel leichter ein Mann von solcher Gesinnung, den wir ja suchen, finden lassen als ein ganzes Volk? Wie? Wenn zu dieser Tapferkeit, über die wir sprechen, noch die Mäßigung hinzukommt, die die Lenkerin aller Erregungen sein soll, was kann dann noch zum glücklichen Leben dem fehlen, den die Tapferkeit von

quem fortitudo ab aegritudine et a metu vindicet, temperantia cum a libidine avocet, tum insolenti alacritate gestire non sinat? haec efficere virtutem ostenderem, nisi superioribus diebus essent explicata. **15** (43) Atque cum perturbationes animi miseriam, sedationes autem vitam efficiant beatam, duplexque ratio perturbationis sit, quod aegritudo et metus in malis opinatis, in bonorum autem errore laetitia gestiens libidoque versetur, quae omnia cum consilio et ratione pugnent, his tu tam gravibus concitationibus tamque ipsis inter se dissentientibus atque distractis quem vacuum solutum liberum videris, hunc dubitabis beatum dicere? atqui sapiens semper ita adfectus est; semper igitur sapiens beatus est.

Atque etiam omne bonum laetabile est; quod autem laetabile, id praedicandum et prae se ferendum; quod tale autem, id etiam gloriosum; si vero gloriosum, certe laudabile; quod laudabile autem, profecto etiam honestum; quod bonum igitur, id honestum. (44) at quae isti bona numerant, ne ipsi quidem honesta dicunt; solum igitur bonum, quod honestum; ex quo efficitur honestate una vitam contineri beatam. Non sunt igitur ea bona dicenda nec habenda, quibus abundantem licet esse miserrimum. (45) an dubitas quin praestans valetudine, viribus, forma, acerrumis integerrumisque sensibus, adde etiam, si lubet, pernicitatem et velocitatem, da divitias, honores, imperia, opes, gloriam – si fuerit is, qui haec habet, iniustus, intemperans, timidus, hebeti

Kummer und Furcht befreit, den die Mäßigung von der Begierde wegruft und den sie vor allem nicht in übermäßiger Ausgelassenheit sich freuen läßt? Ich würde jetzt zeigen, daß dies die Tugend bewirkt, wenn es nicht an den vorangegangenen Tagen bereits entwickelt worden wäre. **15** (43) Und da die Leidenschaften das Unglück, die Beruhigung aber ein glückliches Leben bewirken und es zwei Formen von Leidenschaften gibt, weil Kummer und Furcht auf vermeintlichen Übeln, die überschäumende Freude und die Begierde aber auf einer irrigen Vorstellung von Gütern beruhen, was alles zu Einsicht und Vernunft im Gegensatz steht, kannst du da zögern, denjenigen, den du von solch schweren Erregungszuständen, die so sehr voneinander abweichen und getrennt sind, unberührt, gelöst und frei siehst, glücklich zu nennen? Der Weise aber ist immer in einem solchen Zustand; der Weise ist also immer glücklich.

Und außerdem ist jedes Gut erfreulich[52]; was aber erfreulich ist, das muß man preisen und stolz vorzeigen; was aber so beschaffen ist, das ist auch rühmlich; wenn etwas aber rühmlich ist, dann ist es gewiß lobenswert; was aber lobenswert ist, ist in der Tat auch tugendhaft; was also gut ist, das ist auch tugendhaft. (44) Was diese Philosophen aber als Güter aufzählen, nennen nicht einmal sie selbst tugendhaft; also ist nur das gut, was tugendhaft ist; daraus ergibt sich, daß das glückliche Leben allein aus der Tugend besteht. Also darf man das, wovon man im Übermaß haben und doch sehr unglücklich sein kann, nicht als Güter bezeichnen und nicht dafür halten. (45) Oder zweifelst du, daß jemand, der mit Gesundheit, Kräften, einer schönen Gestalt, sehr scharfen und gesunden Sinnen beschenkt ist, füge meinetwegen noch Gewandtheit und Schnelligkeit hinzu und gib ihm Reichtum, Ehrenämter, Befehlshaberstellen, Macht und Ruhm – wenn er, der all dies hat, ungerecht, unbeherrscht, furchtsam und mit einem stumpfen oder auch gar keinem Geist bedacht ist, willst du dann zögern, ihn unglücklich zu nennen? Was also sind das für Güter, die man besitzen und

ingenio atque nullo, dubitabisne eum miserum dicere? qualia igitur ista bona sunt, quae qui habeat miserrimus esse possit? Videamus ne, ut acervus ex sui generis granis, sic beata vita ex sui similibus partibus effici debeat. quod si ita est, ex bonis, quae sola honesta sunt, efficiendum est beatum; ea mixta ex dissimilibus si erunt, honestum ex is effici nihil poterit; quo detracto quid poterit beatum intellegi? Etenim, quicquid est, quod bonum sit, id expetendum est; quod autem expetendum, id certe adprobandum; quod vero adprobaris, id gratum acceptumque habendum; ergo etiam dignitas ei tribuenda est. quod si ita est, laudabile sit necesse est; bonum igitur omne laudabile. ex quo efficitur, ut, quod sit honestum, id sit solum bonum. **16** (46) Quod ni ita tenebimus, multa erunt, quae nobis bona dicenda sint; omitto divitias – quas cum quivis quamvis indignus habere possit, in bonis non numero; quod enim est bonum, id non quivis habere potest –, omitto nobilitatem famamque popularem stultorum inproborumque consensu excitatam: haec, quae sunt minima, tamen bona dicantur necesse est, candiduli dentes, venusti oculi, color suavis et ea quae Anticlea laudat Ulixi pedes abluens:

'Lenitudo orationis, mollitudo corporis.'

ea si bona ducemus, quid erit in philosophi gravitate quam in volgi opinione stultorumque turba quod dicatur aut gravius aut grandius? (47) At enim eadem Stoici 'praecipua' vel 'producta' dicunt, quae 'bona' isti. dicunt illi quidem, sed is vitam beatam compleri negant; hi autem sine is esse nullam putant aut, si sit beata, beatissimam certe negant. nos autem

doch sehr unglücklich sein kann? Überlegen wir, ob nicht das glückliche Leben, so wie ein Kornhaufen aus Körnern derselben Art, aus ihm ähnlichen Teilen entstehen muß. Wenn das so ist, dann ist das Glück nur aus Gütern, die sittlich-gut sind, zu erreichen; wenn diese aus verschiedenartigen gemischt sind, wird daraus nichts Tugendhaftes entstehen können. Wenn das wegfällt, was kann dann noch als glücklich angesehen werden? Denn was auch immer das Gute ist, es ist erstrebenswert; was aber erstrebenswert ist, das muß man sicherlich billigen; was man aber billigt, das muß man auch als angenehm und willkommen ansehen; also muß man ihm auch Würde zuerkennen. Wenn das so ist, muß es lobenswert sein; also ist jedes Gut lobenswert. Daraus geht hervor, daß nur das, was tugendhaft ist, auch gut ist. **16** (46) Wenn wir das nicht so festhalten, wird es vieles geben, was wir gut nennen müssen; ich lasse den Reichtum beiseite – da ihn jeder, und sei er noch so unwürdig, besitzen kann, zähle ich ihn nicht zu den Gütern; denn was ein Gut ist, das kann nicht jeder beliebige haben –, ich lasse beiseite die vornehme Herkunft und das Ansehen beim Volk, das durch die Anerkennung dummer und schlechter Menschen entsteht. Folgendes aber, was ganz unbedeutend ist, muß man doch als Güter bezeichnen, weiße Zähne, schöne Augen, eine angenehme Hautfarbe und, was Antiklea[53] lobt, als sie Odysseus die Füße wäscht, »eine angenehme Art zu reden und sanfte Körperformen«. Wenn wir das als Güter ansehen, was wird es dann in der sittlichen Würde des Philosophen geben, was bedeutender und erhabener gesagt würde als in der Meinung des Volkes und der Masse der Dummen? (47) Indessen bezeichnen die Stoiker eben diese Dinge, die jene Leute (die Peripatetiker) ›Güter‹ nennen, als ›Vorteile‹ oder ›Vorzüge‹[54]. So bezeichnen sie sie zwar, aber sie sagen, daß dadurch das glückliche Leben nicht vollendet werden könne. Die Peripatetiker aber glauben, daß es ohne sie kein glückliches Leben geben könne, oder sie sagen, wenn es doch glücklich sei, so sei es sicher-

volumus beatissimam, idque nobis Socratica illa conclusione confirmatur. sic enim princeps ille philosophiae disserebat: qualis cuiusque animi adfectus esset, talem esse hominem; qualis autem homo ipse esset, talem eius esse orationem; orationi autem facta similia, factis vitam. adfectus autem animi in bono viro laudabilis; et vita igitur laudabilis boni viri; et honesta ergo, quoniam laudabilis. ex quibus bonorum beatam vitam esse concluditur. (48) Etenim, pro deorum atque hominum fidem! parumne cognitum est superioribus nostris disputationibus, an delectationis et otii consumendi causa locuti sumus, sapientem ab omni concitatione animi, quam perturbationem voco, semper vacare, semper in animo eius esse placidissimam pacem? vir igitur temperatus, constans, sine metu, sine aegritudine, sine alacritate ulla, sine libidine nonne beatus? at semper sapiens talis; semper igitur beatus. Iam vero qui potest vir bonus non ad id, quod laudabile sit, omnia referre, quae agit quaeque sentit? refert autem omnia ad beate vivendum; beata igitur vita laudabilis; nec quicquam sine virtute laudabile: beata igitur vita virtute conficitur. **17** (49) Atque hoc sic etiam concluditur: nec in misera vita quicquam est praedicabile aut gloriandum nec in ea, quae nec misera sit nec beata. et est in aliqua vita praedicabile aliquid et gloriandum ac prae se ferendum, ut Epaminondas:

'Consiliis nostris laus est attonsa Laconum',

ut Africanus:

'A sole exoriente supra Maeotis paludes
Nemo est qui factis aequiperare queat.'

lich nicht vollkommen glücklich. Wir aber suchen das vollkommen glückliche Leben, und das wird uns durch den bekannten sokratischen Schluß bestätigt. Denn so legte der erste unter den Philosophen es dar: Wie der seelische Zustand eines Menschen beschaffen sei, so sei der Mensch selbst; wie aber der Mensch selbst sei, so sei seine Rede geartet; seiner Rede aber seien seine Handlungen und seinen Handlungen sein Leben ähnlich. Der seelische Zustand aber ist bei einem guten Mann lobenswert; also ist auch das Leben eines guten Mannes lobenswert; also auch tugendhaft, da ja lobenswert. Daraus wird geschlossen, daß das Leben der sittlich Guten glücklich ist. (48) Bei allen Göttern und Menschen! Ist denn in unseren voraufgegangenen Diskussionen zu wenig deutlich geworden – oder haben wir nur zur Erbauung und zum Zeitvertreib diskutiert? –, daß der Weise von jeder Erregung der Seele, die ich Leidenschaft nenne, immer frei ist, daß in seiner Seele immer der sanfteste Frieden herrscht? Ein Mann also, gemäßigt, beständig, ohne Furcht, ohne Kummer, ohne irgendeine Ausgelassenheit, ohne Begierde, ist er etwa nicht glücklich? Der Weise aber ist immer in diesem Zustand; er ist also immer glücklich. Ferner: Wie sollte es möglich sein, daß ein sittlich-guter Mann nicht alles, was er tut und was er denkt, auf das, was lobenswert ist, bezieht? Er bezieht aber alles auf das glückliche Leben; das glückliche Leben also ist lobenswert; nichts aber ist ohne Tugend lobenswert: das glückliche Leben wird also durch die Tugend bewirkt. **17** (49) Und auch auf folgende Weise kommt man zu diesem Schluß: Weder in einem unglücklichen Leben ist etwas Preisenswertes oder Rühmliches, noch in einem Leben, das weder elend noch glücklich ist. Und es gibt doch in manchem Leben etwas Preisenswertes und Rühmliches und Vorzeigenswertes, wie sich Epameinondas rühmt: »Durch unsere Pläne ist der Ruhm Spartas beschnitten worden«[55], und wie Africanus sagt: »Vom Aufgang der Sonne an jenseits der Mäotischen Sümpfe[56] gibt es niemanden, der mir an Taten gleichkommen kann.«[57] (50) Wenn das so ist,

(50) quod si ⟨est⟩, beata vita glorianda et praedicanda et prae se ferenda est; nihil est enim aliud quod praedicandum et prae se ferendum sit. quibus positis intellegis quid sequatur. Et quidem, nisi ea vita beata est, quae est eadem honesta, sit aliud necesse est melius vita beata; quod erit enim honestum, certe fatebuntur esse melius. ita erit beata vita melius aliquid; quo quid potest dici perversius? Quid? cum fatentur satis magnam vim esse in vitiis ad miseram vitam, nonne fatendum est eandem vim ⟨in⟩ virtute esse ad beatam vitam? contrariorum enim contraria sunt consequentia.

(51) Quo loco quaero, quam vim habeat libra illa Critolai, qui cum in alteram lancem animi bona imponat, in alteram corporis et externa, tantum propendere illam bonorum animi lancem putet, ut terram et maria deprimat. **18** quid ergo aut hunc prohibet aut etiam Xenocratem illum gravissumum philosophorum, exaggerantem tantopere virtutem, extenuantem cetera et abicientem, in virtute non beatam modo vitam, sed etiam beatissimam ponere? (52) quod quidem nisi fit, virtutum interitus consequetur. nam in quem cadit aegritudo, in eundem metum cadere necesse est (est enim metus futurae aegritudinis sollicita expectatio); in quem autem metus, in eundem formido timiditas pavor ignavia; ergo, ut idem vincatur interdum nec putet ad se praeceptum illud Atrei pertinere:

'Proinde ita parent se in vita, ut vinci nesciant.'

hic autem vincetur, ut dixi, nec modo vincetur, sed etiam serviet; at nos [autem] virtutem semper liberam volumus,

dann ist das glückliche Leben zu rühmen und zu preisen und stolz zu zeigen; denn es gibt nichts anderes, das man preisen und stolz vorzeigen könnte. Wenn man das anerkennt, so siehst du, was daraus folgt: wenn nämlich nicht dies das glückliche Leben ist, das auch sittlich-gut ist, dann muß es noch etwas Besseres als das glückliche Leben geben; denn was sittlich-gut ist, das ist, so werden sie gestehen, gewiß besser. So wird es etwas Besseres als das glückliche Leben geben; was kann man Verkehrteres noch vorbringen als das? Wie? Wenn man zugesteht, in den Lastern liege genügend Kraft, um das Leben unglücklich zu machen, muß man dann nicht auch zugeben, daß dieselbe Kraft in der Tugend liege, um das Leben glücklich zu machen? Denn aus Gegensätzlichem folgt Gegensätzliches.

(51) An dieser Stelle frage ich, welche Bedeutung die berühmte Waage des Kritolaos[58] hat, der in die eine Schale die Güter der Seele legt, in die andere die des Körpers und die äußeren Güter und glaubt, jene Schale mit den Gütern der Seele habe ein solches Übergewicht, daß sie Erde und Meere hinunterdrücke. **18** Was also hindert ihn oder auch Xenokrates[59], den ehrwürdigsten der Philosophen, wenn sie die Tugend so hoch ansetzen, das übrige geringschätzen und verachten, auf der Tugend nicht nur das glückliche, sondern auch das vollkommen glückliche Leben zu begründen? (52) Wenn das nicht geschieht, wird der Untergang der Tugenden folgen. Denn wen der Kummer befällt, denselben muß auch die Furcht befallen (denn die Furcht ist die aufgeregte Erwartung künftigen Kummers); wen aber die Furcht befällt, denselben befallen Angst, Furchtsamkeit, Schrecken und Feigheit[60]; so daß er sich also bisweilen auch besiegen lassen wird und glaubt, auf ihn treffe der Grundsatz des Atreus nicht zu: »Sie sollen sich im Leben geradeso aufführen, daß sie es nicht kennen, besiegt zu werden.«[61] Dieser aber wird besiegt werden, wie ich sagte, und er wird nicht nur besiegt werden, sondern er wird auch Sklave sein; wir

semper invictam; quae nisi sunt, sublata virtus est. (53) Atque si in virtute satis est praesidii ad bene vivendum, satis est etiam ad beate; satis est enim certe in virtute, ut fortiter vivamus; si fortiter, etiam ut magno animo, et quidem ut nulla re umquam terreamur semperque simus invicti. sequitur, ut nihil paeniteat, nihil desit, nihil obstet; ergo omnia profluenter absolute prospere, igitur beate. satis autem virtus ad fortiter vivendum potest; satis ergo etiam ad beate. (54) Etenim ut stultitia, etsi adepta est quod concupivit, numquam se tamen satis consecutam putat, sic sapientia semper eo contenta est quod adest, neque eam umquam sui peanitet.

19 Similemne putas C. Laelii unum consulatum fuisse, et eum quidem cum repulsa (si, cum sapiens et bonus vir, qualis ille fuit, suffragiis praeteritur, non populus [a bono consule] potius quam ille [a bono populo] repulsam fert) – sed tamen utrum malles te, si potestas esset, semel ut Laelium consulem an ut Cinnam quater? (55) non dubito, tu quid responsurus sis; itaque video, cui committam. non quemvis hoc idem interrogarem; responderet enim alius fortasse se non modo quattuor consulatus uni anteponere, sed unum diem Cinnae multorum et clarorum virorum totis aetatibus. Laelius si digito quem attigisset, poenas dedisset; at Cinna collegae sui consulis Cn. Octavii praecidi caput iussit, P. Crassi L. Caesaris, nobilissimorum hominum, quorum virtus fuerat domi militiaeque cognita, M. Antonii, omnium

aber wollen, daß die Tugend immer frei, immer unbesiegt sei; wenn das nicht gegeben ist, ist die Tugend tot. (53) Und wenn in der Tugend genügend Hilfe liegt, um ein gutes Leben zu führen, dann auch, um glücklich zu leben; gewiß liegt in der Tugend genügend Kraft, daß wir tapfer leben; wenn tapfer, dann auch großgesinnt, und zwar so, daß wir uns durch keine Angelegenheit jemals schrecken lassen und immer unbesiegt sind. Es folgt, daß uns dann nichts reut, nichts uns fehlt, nichts hindert; also alles wird im Überfluß, vollkommen, blühend, also glücklich vorhanden sein. Genügend aber vermag die Tugend, um tapfer zu leben; genügend also auch, um glücklich zu leben. (54) Denn wie die Torheit, auch wenn sie erreicht hat, was sie wünschte, doch niemals glaubt, genug erreicht zu haben, so ist die Weisheit immer mit dem zufrieden, was da ist, und sie empfindet niemals über sich Reue.

19 Glaubst du, daß das eine Konsulat des C. Laelius, und zwar das nach der Wahlniederlage[62], vergleichbar gewesen ist[63] (wenn, so oft ein weiser und guter Mann, wie er war, bei einer Wahl eine Niederlage erleidet, nicht vielmehr das Volk [von einem guten Konsul] abgelehnt wird und nicht jener [von einem guten Volk][64]) – aber was von beidem wolltest du lieber, wenn du die Macht hättest, einmal Konsul zu sein wie Laelius oder viermal wie Cinna[65]? (55) Ich zweifle nicht, was du antworten wirst; und so sehe ich, an wen ich diese Frage richte. Denn nicht jedem beliebigen würde ich dieselbe Frage stellen; denn ein anderer würde vielleicht antworten, er ziehe nicht nur vier Konsulate einem einzigen vor, sondern einen Tag im Leben des Cinna der ganzen Lebenszeit vieler berühmter Männer. Wenn Laelius jemanden mit dem Finger angerührt hätte, wäre er bestraft worden; Cinna aber befahl, seinen Kollegen, den Konsul Cn. Octavius, zu enthaupten, und auch den P. Crassus[66] und den L. Caesar[67], sehr edle Männer, deren Tüchtigkeit in Krieg und Frieden bekannt war, den M. Antonius[68], den redegewandtesten von allen, die ich je

eloquentissimi quos ego audierim, C. Caesaris, in quo mihi videtur specimen fuisse humanitatis salis suavitatis leporis. beatusne igitur, qui hos interfecit? mihi contra non solum eo videtur miser, quod ea fecit, sed etiam quod ita se gessit, ut ea facere ei liceret (etsi peccare nemini licet; sed sermonis errore labimur; id enim licere dicimus, quod cuique conceditur). (56) utrum tandem beatior C. Marius tum, cum Cimbricae victoriae gloriam cum collega Catulo communicavit, paene altero Laelio – nam hunc illi duco simillimum –, an cum civili bello victor iratus necessariis Catuli deprecantibus non semel respondit, sed saepe: 'moriatur'? in quo beatior ille, qui huic nefariae voci paruit, quam is, qui tam scelerate imperavit. nam cum accipere quam facere praestat iniuriam, tum morti iam ipsi adventanti paulum procedere ob viam, quod fecit Catulus, quam quod Marius, talis viri interitu sex suos obruere consulatus et contaminare extremum tempus aetatis.

20 (57) Duodequadraginta annos tyrannus Syracusanorum fuit Dionysius, cum quinque et viginti natus annos dominatum occupavisset. qua pulchritudine urbem, quibus autem opibus praeditam servitute oppressam tenuit civitatem! atqui de hoc homine a bonis auctoribus sic scriptum accepimus, summam fuisse eius in victu temperantiam in rebusque gerundis virum acrem et industrium, eundem tamen maleficum natura et iniustum; ex quo omnibus bene veritatem intuentibus videri necesse est miserrimum. ea enim ipsa, quae concupierat, ne tum quidem, cum omnia se posse

gehört habe, und den C. Caesar[69], der mir ein Vorbild an Menschlichkeit, Witz, Milde und Anmut gewesen zu sein scheint. Ist denn der glücklich, der diese Männer umbringen ließ? Mir scheint er dagegen nicht nur deswegen unglücklich, weil er das getan hat, sondern auch, weil er sich so verhielt, daß ihm erlaubt war, das zu tun (freilich ist es niemandem erlaubt, Unrecht zu tun; aber wir gehen in die Irre durch einen falschen Sprachgebrauch; denn wir sagen, das sei erlaubt, was in jemandes Macht gelegt wird). (56) War C. Marius schließlich damals glücklicher, als er mit seinem Kollegen Catulus[70], fast einem zweiten Laelius – denn er ist nach meiner Ansicht diesem sehr ähnlich – den Ruhm des Sieges über die Kimbern teilte, oder als er nach seinem Sieg im Bürgerkrieg im Zorn den Angehörigen des Catulus auf ihre Bitten hin nicht nur einmal, sondern oft antwortete: »Er soll sterben!«? In dieser Lage war der glücklicher, der dieser frevelhaften Aufforderung gehorchte[71], als der, der einen so verbrecherischen Befehl gab. Denn wie es besser ist, Unrecht zu erleiden als zu tun[72], so ist es gewiß auch besser, dem Tod, wenn er denn schon naht, ein Stück entgegenzugehen, was Catulus tat, als das, was Marius tat, nämlich durch die Vernichtung eines solchen Mannes seine sechs Konsulatsjahre zu verdunkeln und den Rest seines Lebens zu beflecken.

20 (57) Achtunddreißig Jahre war Dionysios Tyrann von Syrakus[73], nachdem er im Alter von fünfundzwanzig Jahren die Herrschaft an sich gerissen hatte. Wie schön war die Stadt, mit welchem Reichtum aber war die Bürgerschaft ausgestattet, die er unterdrückt und in Knechtschaft hielt! Und doch lesen wir über diesen Menschen bei guten Schriftstellern, er sei in seiner persönlichen Lebensführung äußerst maßvoll, in seinen Handlungen tatkräftig und fleißig, doch von seiner Veranlagung her bösartig und ungerecht gewesen; daher muß er allen, die streng auf die Wahrheit schauen, als sehr unglücklich erscheinen. Denn gerade das, was er gewünscht hatte, erreichte er nicht einmal dann,

censebat, consequebatur. (58) qui cum esset bonis parentibus atque honesto loco natus – etsi id quidem alius alio modo tradidit – abundaretque et aequalium familiaritatibus et consuetudine propinquorum, haberet etiam more Graeciae quosdam adulescentis amore coniunctos, credebat eorum nemini, sed is quos ex familiis locupletium servos delegerat, quibus nomen servitutis ipse detraxerat, et quibusdam convenis et feris barbaris corporis custodiam committebat. ita propter iniustam dominatus cupiditatem in carcerem quodam modo ipse se incluserat. quin etiam ne tonsori collum committeret, tondere filias suas docuit. ita sordido ancillarique artificio regiae virgines ut tonstriculae tondebant barbam et capillum patris. et tamen ab is ipsis, cum iam essent adultae, ferrum removit instituitque, ut candentibus iuglandium putaminibus barbam sibi et capillum adurerent. (59) cumque duas uxores haberet, Aristomachen civem suam, Doridem autem Locrensem, sic noctu ad eas ventitabat, ut omnia specularetur et perscrutaretur ante. et cum fossam latam cubiculari lecto circumdedisset eiusque fossae transitum ponticulo ligneo coniunxisset, eum ipse, cum forem cubiculi clauserat, detorquebat. idemque cum in communibus suggestis consistere non auderet, contionari ex turri alta solebat. (60) atque is cum pila ludere vellet – studiose enim id factitabat – tunicamque poneret, adulescentulo, quem amabat, tradidisse gladium dicitur. hic cum quidam familiaris iocans dixisset: ‘huic quidem certe vitam tuam committis’ adrisissetque adulescens, utrumque iussit interfici, alterum, quia viam demonstravisset interimendi

als er glaubte, alles zu vermögen. (58) Obwohl er achtbare Eltern hatte und von vornehmer Herkunft war – freilich wird dies verschieden überliefert – und er in reichem Maß freundschaftlichen Umgang mit seinen Altersgenossen pflegte und Verbindung zu seinen Verwandten hatte und obwohl er auch nach griechischer Sitte einige Jünglinge hatte, die ihm in Liebe verbunden waren, traute er doch niemandem von ihnen, sondern übertrug seine persönliche Überwachung Sklaven, die er aus den Familien der Reichen ausgewählt und selbst aus der Sklaverei befreit hatte, sowie einigen Zugereisten und wilden Barbaren. So hatte er sich wegen seines ungerechten Verlangens nach Herrschaft gewissermaßen selbst in ein Gefängnis eingeschlossen. Ja, er brachte sogar seinen Töchtern das Schneiden der Haare bei, um seinen Nacken nicht einem Friseur darbieten zu müssen. So schnitten die Königskinder in dem schmutzigen und zu Mägden passenden Dienst wie Friseusen den Bart und die Haare des Vaters. Und doch nahm er auch ihnen, als sie schon herangewachsen waren, das Eisen und ordnete an, ihm Bart und Haare mit glühenden Nußschalen abzubrennen. (59) Und da er zwei Frauen hatte, Aristomache, eine Mitbürgerin, und Doris aus Lokroi, ging er nachts zu ihnen, nicht ohne vorher alles einer genauen Prüfung zu unterziehen. Und da er sein Schlafzimmerbett mit einem breiten Graben umgeben und diesen Graben mit einem kleinen Holzsteg überbrückt hatte, drehte er diesen, wenn er die Tür des Schlafzimmers geschlossen hatte, selbst weg. Und da er nicht wagte, sich auf die allgemeine Tribüne zu stellen, pflegte er von einem hohen Turm herab seine Reden zu halten. (60) Und wenn er Ball spielen wollte – denn das tat er oft und gern – und seine Tunica ablegte, soll er einem Jüngling, den er liebte, sein Schwert übergeben haben. Als da ein Vertrauter im Scherz sagte: »Diesem wenigstens vertraust du dein Leben an«, und der Jüngling lachte, ließ er beide töten, den einen, weil er einen Weg aufgewiesen habe, wie man ihn aus dem Weg räumen könne, den anderen, weil er

sui, alterum, quia dictum id risu adprobavisset. atque eo facto sic doluit, nihil ut tulerit gravius in vita; quem enim vehementer amarat, occiderat. sic distrahuntur in contrarias partis impotentium cupiditates. cum huic obsecutus sis, illi est repugnandum. **21** (61) Quamquam hic quidem tyrannus ipse iudicavit, quam esset beatus. nam cum quidam ex eius adsentatoribus, Damocles, commemoraret in sermone copias eius, opes, maiestatem dominatus, rerum abundantiam, magnificentiam aedium regiarum negaretque umquam beatiorem quemquam fuisse, 'visne igitur' inquit, 'o Damocle, quoniam te haec vita delectat, ipse eam degustare et fortunam experiri meam?' cum se ille cupere dixisset, conlocari iussit hominem in aureo lecto strato pulcherrimo textili stragulo, magnificis operibus picto, abacosque compluris ornavit argento auroque caelato. tum ad mensam eximia forma pueros delectos iussit consistere eosque nutum illius intuentis diligenter ministrare. (62) aderant unguenta coronae, incendebantur odores, mensae conquisitissimis epulis extruebantur. fortunatus sibi Damocles videbatur. in hoc medio apparatu fulgentem gladium e lacunari saeta equina aptum demitti iussit, ut impenderet illius beati cervicibus. itaque nec pulchros illos ministratores aspiciebat nec plenum artis argentum nec manum porrigebat in mensam; iam ipsae defluebant coronae; denique exoravit tyrannum, ut abire liceret, quod iam beatus nollet esse. satisne videtur declarasse Dionysius nihil esse ei beatum, cui semper aliqui terror impendeat? atque ei ne integrum quidem erat, ut ad iustitiam remigraret, civibus libertatem et iura redderet; is

durch sein Lachen das Gesagte gutgeheißen habe. Und diese Tat schmerzte ihn so, daß er in seinem Leben an nichts schwerer trug; denn er hatte denjenigen umbringen lassen, den er heftig geliebt hatte. So werden die Begierden der Unbeherrschten in gegenteilige Richtungen auseinandergerissen. Folgt man der einen, muß man der anderen widerstehen. **21** (61) Freilich sprach dieser Tyrann selbst das Urteil darüber, wie glücklich er sei. Denn als einer seiner Schmeichler, Damokles, im Gespräch seine Truppen, seine Macht, die Größe seiner Herrschaft, die Fülle seines Besitzes und die Pracht seines Palastes erwähnte und sagte, niemals habe es einen glücklicheren Menschen gegeben, fragte er: »Willst du also, Damokles, da dich ja dieses Leben erfreut, es selbst kosten und mein Glück erproben?« Als jener erwiderte, er wolle es, ließ er den Mann auf ein goldenes Ruhebett legen, das mit einem sehr schönen gewebten und mit kunstvollen Motiven bestickten Teppich bedeckt war, dann ließ er mehrere Tische mit getriebenem Silber- und Goldgeschirr decken. Dann ließ er an den Tisch auserwählte wohlgestaltete Jünglinge treten und hieß sie, auf dessen Wink zu achten und ihm sorgfältig zu dienen. (62) Es waren Parfüms und Kränze da, wohlriechende Duftstoffe wurden abgebrannt, auf die Tische wurden die erlesensten Speisen aufgetragen. Damokles kam sich glücklich vor. Inmitten dieses Aufwandes ließ er von der Decke ein an einem Roßhaar befestigtes funkelndes Schwert herabhängen, so daß es drohend über dem Hals jenes Glücklichen hing. Deshalb blickte er weder die schönen Diener an noch das kunstvolle Silber, noch streckte er seine Hand zum Tisch aus; schon fielen selbst die Kränze herab; schließlich bat er den Tyrannen, weggehen zu dürfen, weil er nicht mehr glücklich sein wolle. Hat Dionysios nicht, wie es scheint, hinreichend deutlich gemacht, daß nichts glücklich sein kann für den, dem immer irgendein Schrecken droht? Und ihm war nicht einmal möglich, zur Gerechtigkeit zurückzufinden und seinen Mitbürgern ihre Freiheit und ihre Rechte zurück-

enim se adulescens inprovida aetate inretierat erratis eaque commiserat, ut salvus esse non posset, si sanus esse coepisset. **22** (63) Quantopere vero amicitias desideraret, quarum infidelitatem extimescebat, declaravit in Pythagoriis duobus illis, quorum cum alterum vadem mortis accepisset, alter, ut vadem suum liberaret, praesto fuisset ad horam mortis destinatam, 'utinam ego' inquit 'tertius vobis amicus adscriberer!' quam huic erat miserum carere consuetudine amicorum, societate victus, sermone omnino familiari, homini praesertim docto a puero et artibus ingenuis erudito, musicorum vero perstudioso; poetam etiam tragicum – quam bonum, nihil ad rem; in hoc enim genere nescio quo pacto magis quam in aliis suum cuique pulchrum est; adhuc neminem cognovi poetam (et mihi fuit cum Aquinio amicitia), qui sibi non optumus videretur; sic se res habet: te tua, me delectant mea – sed ut ad Dionysium redeamus: omni cultu et victu humano carebat; vivebat cum fugitivis, cum facinerosis, cum barbaris; neminem, qui aut libertate dignus esset aut vellet omnino liber esse, sibi amicum arbitrabatur.

23 (64) Non ego iam cum huius vita, qua taetrius miserius detestabilius excogitare nihil possum, Platonis aut Archytae vitam comparabo, doctorum hominum et plane sapientium: ex eadem urbe humilem homunculum a pulvere et radio excitabo, qui multis annis post fuit, Archimedem. cuius ego quaestor ignoratum ab Syracusanis, cum esse omnino nega-

zugeben; denn als junger Mann hatte er sich in unbesonnenem Alter so in Irrtümer verstrickt und solche Verbrechen begangen, daß er seines Lebens nicht mehr sicher sein konnte, wenn er begonnen hätte, vernünftig zu werden. **22** (63) Wie sehr er sich aber nach Freundschaft sehnte, deren Unzuverlässigkeit er doch fürchtete, machte er selbst bei den beiden Pythagoreern[74] klar; den einen von ihnen hatte er als Bürgen für den Tod des anderen genommen, und als der andere, um seinen Bürgen zu befreien, zu der für die Hinrichtung bestimmten Stunde anwesend war, sagte er: ›Könnte ich doch als dritter eurem Freundschaftsbund zugerechnet werden!‹ Wie schlimm war es für ihn, Umgang mit Freunden, Lebensgemeinschaft, überhaupt jedes vertraute Gespräch zu entbehren, und vor allem, da er von Kind an gebildet und in den edlen Künsten erzogen war und sich sehr um die Musik bemühte; er war sogar ein tragischer Dichter – ein wie guter, das tut nichts zur Sache; denn in dieser Gattung ist irgendwie mehr als in anderen jedem das Eigene schön; bisher habe ich keinen Dichter kennengelernt (und ich war mit Aquinius[75] befreundet), der sich nicht selbst als der beste vorgekommen wäre; so verhält es sich: dir gefallen deine, mir meine Werke – aber um zu Dionysios zurückzukehren: Er mußte auf jeden kultivierten Umgang mit Menschen verzichten; er lebte mit Flüchtlingen, mit Verbrechern, mit Barbaren; er hielt niemanden, der der Freiheit würdig war oder überhaupt frei sein wollte, für seinen Freund.

23 (64) Ich werde nun nicht mit dem Leben dieses Mannes – ich kann mir nichts Abstoßenderes, Elenderes und Verabscheuenswürdigeres als dieses ausdenken – das Leben Platons oder des Archytas[76] vergleichen, gelehrter und wahrlich weiser Männer: Aus derselben Stadt werde ich ein bescheidenes Männlein von seinem Sand[77] und seinem Zeichenstift wegrufen, der viele Jahre später lebte, nämlich Archimedes[78]. Als Quästor[79] habe ich sein Grab, das die Syrakusaner nicht kannten und das, wie sie behaupteten,

rent, saeptum undique et vestitum vepribus et dumetis indagavi sepulcrum. tenebam enim quosdam senariolos, quos in eius monumento esse inscriptos acceperam, qui declarabant in summo sepulcro sphaeram esse positam cum cylindro. (65) ego autem cum omnia conlustrarem oculis – est enim ad portas Agragantinas magna frequentia sepulcrorum –, animum adverti columellam non multum e dumis eminentem, in qua inerat sphaerae figura et cylindri. atque ego statim Syracusanis – erant autem principes mecum – dixi me illud ipsum arbitrari esse, quod quaererem. inmissi cum falcibus multi purgarunt et aperuerunt locum. (66) quo cum patefactus esset aditus, ad adversam basim accessimus. apparebat epigramma exesis posterioribus partibus versiculorum dimidiatum fere. ita nobilissima Graeciae civitas, quondam vero etiam doctissima, sui civis unius acutissimi monumentum ignorasset, nisi ab homine Arpinate didicisset. sed redeat, unde aberravit oratio: quis est omnium, qui modo cum Musis, id est cum humanitate et cum doctrina, habeat aliquod commercium, qui se non hunc mathematicum malit quam illum tyrannum? si vitae modum actionemque quaerimus, alterius mens rationibus agitandis exquirendisque alebatur cum oblectatione sollertiae, qui est unus suavissimus pastus animorum, alterius in caede et iniuriis cum et diurno et nocturno metu. age confer Democritum Pythagoram, Anaxagoram: quae regna, quas opes studiis eorum et delectationibus antepones? (67) Etenim, quae pars optuma est in homine, in ea situm esse necesse est il-

überhaupt nicht mehr existiere, aufgespürt; es war von allen Seiten von Dornen und Gestrüpp umgeben und umwachsen. Ich hatte nämlich einige kleine Senare im Gedächtnis, die, wie ich erfahren hatte, auf dem Denkmal eingemeißelt waren und besagten, daß auf der Spitze des Grabmals eine Kugel mit einem Zylinder angebracht sei. (65) Als ich aber alles genau in Augenschein nahm – beim Agrigentinischen Tor nämlich gibt es eine große Anzahl von Gräbern –, bemerkte ich eine kleine Säule, die nicht weit über das Gestrüpp hinausragte und auf der sich die Darstellung einer Kugel und eines Zylinders befand. Und sofort sagte ich zu den Syrakusanern – die führenden Männer befanden sich in meiner Begleitung –, ich glaubte, daß eben dies es sei, wonach ich suchte. Viele Männer wurden mit Sicheln hingeschickt, schnitten und legten den Ort frei. (66) Als der Zugang dorthin offenlag, gingen wir zur Vorderseite der Basis. Es war das Epigramm sichtbar, von dessen Versen nur ungefähr die erste Hälfte lesbar war, da die Enden verwittert waren. So hätte die edelste und einst auch die gelehrteste Stadt Griechenlands das Grabmal ihres einzig scharfsinnigen Mitbürgers nicht gekannt, wenn sie es nicht von einem Mann aus Arpinum[80] erfahren hätte. Aber die Rede soll dorthin zurückkehren, von wo sie abgeirrt ist: Wer von allen, der auch nur irgendeinen Umgang mit den Musen, also mit Bildung und Wissenschaft hat, möchte nicht lieber dieser Mathematiker als jener Tyrann sein? Wenn wir nach ihrer Lebensweise und ihren Handlungen fragen, dann ist der Geist des einen genährt worden durch wissenschaftliche Überlegungen und Forschungen, verbunden mit der Freude über seine Fertigkeit, was allein die angenehmste Speise für den Geist ist, der des anderen bewegte sich in Mord und Ungerechtigkeiten, verbunden mit Furcht bei Tag und Nacht. Ziehe ferner zum Vergleich Demokrit, Pythagoras und Anaxagoras hinzu: Welche Königreiche, welche Schätze willst du ihren Studien und Freuden vorziehen? (67) Denn[81] in dem Teil, der der beste im Menschen ist, liegt notwendi-

lud, quod quaeris, optumum. quid est autem in homine sagaci ac bona mente melius? eius bono fruendum est igitur, si beati esse volumus; bonum autem mentis est virtus; ergo hac beatam vitam contineri necesse est. hinc omnia, quae pulchra honesta praeclara sunt, ut supra dixi, sed dicendum idem illud paulo uberius videtur, plena gaudiorum sunt. ex perpetuis autem plenisque gaudiis cum perspicuum sit vitam beatam existere, sequitur ut ea existat ex honestate.

24 (68) Sed ne verbis solum attingamus ea quae volumus ostendere, proponenda quaedam quasi moventia sunt, quae nos magis ad cognitionem intellegentiamque convertant. sumatur enim nobis quidam praestans vir optumis artibus, isque animo parumper et cogitatione fingatur. primum ingenio eximio sit necesse est; tardis enim mentibus virtus non facile comitatur; deinde ad investigandam veritatem studio incitato. ex quo triplex ille animi fetus existet, unus in cognitione rerum positus et in explicatione naturae, alter in discriptione expetendarum fugiendarumque rerum ⟨et in ratione be⟩ne vivendi, tertius in iudicando, quid cuique rei sit consequens quid repugnans, in quo inest omnis cum subtilitas disserendi, tum veritas iudicandi. (69) quo tandem igitur gaudio adfici necesse est sapientis animum cum his habitantem pernoctantemque curis! ut, cum totius mundi motus conversionesque perspexerit sideraque viderit innumerabilia caelo inhaerentia cum eius ipsius motu congruere certis infixa sedibus, septem alia suos quaeque tenere cursus multum inter se aut altitudine aut humilitate distantia,

gerweise auch das Beste, nach dem du suchst. Was aber gibt es in einem Menschen Besseres als einen scharfen und guten Geist? Dessen Gut also müssen wir genießen, wenn wir glücklich sein wollen; das Gut des Geistes ist aber die Tugend; also muß in ihr das glückliche Leben enthalten sein; von dorther ist alles, was schön, ehrenvoll, großartig ist, wie ich oben sagte – aber eben dies muß, wie es scheint, noch ein wenig umfangreicher ausgeführt werden –, voll von Freuden. Da es aber klar ist, daß das glückliche Leben aus beständigen und vollen Freuden besteht, so folgt daraus, daß es aus der Tugend besteht.

24 (68) Damit wir aber nicht nur mit Worten berühren, was wir zeigen wollen, müssen wir gewissermaßen die Beweggründe nennen, die uns mehr zur Erkenntnis und zur Einsicht bringen sollen. Nehmen wir einen Mann, ausgezeichnet in den besten Künsten; er soll in unserer Vorstellung und Überlegung ein wenig Gestalt annehmen. Zunächst muß er außerordentlich begabt sein; denn einen langsamen Geist begleitet die Tugend nicht so leicht; dann muß er das starke Bestreben haben, die Wahrheit aufzuspüren. Daraus wird sich jene dreifache Frucht des Geistes ergeben, die eine, die auf der Erkenntnis der Dinge und in der Erklärung der Natur beruht, die zweite, die in der Unterscheidung der zu erstrebenden und zu meidenden Dinge und in einer vernunftgemäßen Lebensführung liegt, und die dritte, die im Beurteilen dessen besteht, was einer jeden Sache folgt und was ihr widerspricht, worin sowohl die ganze Kunst des Erörterns als auch besonders die Wahrheit des Urteilens enthalten ist.[82] (69) Welche Freude also muß die Seele des Weisen eigentlich erfüllen, wenn sie zusammen mit diesen Gedanken lebt und die Nächte verbringt! Wenn er die Bewegungen und Umdrehungen des gesamten Weltalls durchschaut hat und gesehen hat, wie die Sterne, die unzählbar am Himmel haften, mit seiner Bewegung übereinstimmen, da sie an bestimmten Plätzen festgeheftet sind, und daß sieben andere[83], die an Höhe und Tiefe sich sehr

quorum vagi motus rata tamen et certa sui cursus spatia definiant – horum nimirum aspectus impulit illos veteres et admonuit, ut plura quaererent; inde est indagatio nata initiorum et tamquam seminum, unde essent omnia orta generata concreta, quaeque cuiusque generis vel inanimi vel animantis vel muti vel loquentis origo, quae vita, qui interitus quaeque ex alio in aliud vicissitudo atque mutatio, unde terra et quibus librata ponderibus, quibus cavernis maria sustineantur, qua omnia delata gravitate medium mundi locum semper expetant, qui est idem infimus in rutundo. **25** (70) haec tractanti animo et noctes et dies cogitanti existit illa ⟨a⟩ deo Delphis praecepta cognitio, ut ipsa se mens agnoscat coniunctamque cum divina mente se sentiat, ex quo insatiabili gaudio compleatur. ipsa enim cogitatio de vi et natura deorum studium incendit illius aeternitatem imitandi, neque se in brevitate vitae conlocatam putat, cum rerum causas alias ex aliis aptas et necessitate nexas videt, quibus ab aeterno tempore fluentibus in aeternum ratio tamen mensque moderatur. (71) Haec ille intuens atque suspiciens vel potius omnis partis orasque circumspiciens quanta rursus animi tranquillitate humana et citeriora considerat! hinc illa cognitio virtutis existit, efflorescunt genera partesque virtutum, invenitur, quid sit quod natura spectet extremum in bonis, quid in malis ultumum, quo referenda sint officia,

voneinander unterscheiden, ihre Bahnen beibehalten, so daß deren irrende Bewegungen doch regelmäßige und fest bestimmte Wegstrecken genau umschreiben – ohne Zweifel trieb der Anblick dieser Dinge jene Alten[84] an und ermunterte sie, weiter zu forschen. Daraus ist die Forschung nach den Anfängen und sozusagen nach den Samen hervorgegangen, aus denen alles entstanden, gezeugt und zusammengewachsen ist, und danach, was der Ursprung einer jeden Gattung ist, sei sie unbeseelt oder beseelt, stumm oder sprachbegabt, was ihr Leben ist, was ihr Tod und was der Wechsel und die Veränderung[85] von einem zum anderen ist, woher die Erde kommt und mit welchen Gewichten sie im Gleichgewicht gehalten wird, in welchen Vertiefungen die Meere getragen werden, durch welche Kraft alles nach unten sich bewegt und immer auf den Mittelpunkt des Weltalls zustrebt, der seinerseits der unterste Punkt im Weltenrund ist.[86] **25** (70) Wenn man dies in seinem Geist bedenkt und Tag und Nacht überlegt, entsteht jene vom Gott in Delphi[87] geforderte Erkenntnis, daß der Geist sich selbst erkennen und sich mit dem göttlichen Geist verbunden fühlen soll und dadurch von unermeßlicher Freude erfüllt wird. Denn gerade das Nachdenken über die Macht und das Wesen der Götter entzündet in ihm den Wunsch, der Ewigkeit nachzueifern, und der Mensch glaubt nicht, daß er auf die Kürze des menschlichen Lebens beschränkt sei, wenn er sieht, daß die Ursachen der Dinge jeweils voneinander abhängen und mit Notwendigkeit untereinander verknüpft sind und daß sie von Ewigkeit zu Ewigkeit dahinfließen und doch von der Vernunft und dem Geist gelenkt werden. (71) Wenn er dies betrachtet und darauf schaut oder vielmehr alle Teile und Bereiche ringsum überblickt, mit welcher Seelenruhe wiederum betrachtet er dann das Menschliche und das Irdische! Daraus entsteht dann das Wissen um die Tugend, es erblühen die Arten und Unterarten der Tugenden, man findet heraus, was die Natur als das Höchste unter den Gütern und was sie als Äußerstes unter den Übeln ansieht, worauf

quae degendae aetatis ratio deligenda. quibus et talibus rebus exquisitis hoc vel maxime efficitur, quod hac disputatione agimus, ut virtus ad beate vivendum sit se ipsa contenta. (72) Sequitur tertia, quae per omnis partis sapientiae manat et funditur, quae rem definit, genera dispertit, sequentia adiungit, perfecta concludit, vera et falsa diiudicat, disserendi ratio et scientia. ex qua cum summa utilitas existit ad res ponderandas, tum maxume ingenua delectatio et digna sapientia. Sed haec otii. transeat idem iste sapiens ad rem publicam tuendam. quid eo possit esse praestantius, cum †contineri prudentia utilitatem civium cernat, iustitia nihil in suam domum inde derivet, reliquis utatur tot tam variisque virtutibus? adiunge fructum amicitiarum, in quo doctis positum est cum consilium omnis vitae consentiens et paene conspirans, tum summa iucunditas e cotidiano cultu atque victu. Quid haec tandem vita desiderat, quo sit beatior? cui refertae tot tantisque gaudiis Fortuna ipsa cedat necesse est. quodsi gaudere talibus bonis animi, id est virtutibus, beatum est omnesque sapientes is gaudiis perfruuntur, omnis eos beatos esse confiteri necesse est.

26 (73) Etiamne in cruciatu atque tormentis?

An tu me in viola putabas aut in rosa dicere? an Epicuro, qui tantum modo induit personam philosophi et sibi ipse hoc nomen inscripsit, dicere licebit, quod quidem, ut habet se res, me tamen plaudente dicit, nullum sapienti esse tem-

alle Pflichten zu beziehen sind und welche Regel der Lebensführung man wählen muß. Wenn diese und ähnliche Dinge erforscht sind, dann ergibt sich besonders das, was wir in dieser Untersuchung behandeln, daß nämlich die Tugend zum glücklichen Leben genügt. (72) Es folgt als drittes die Lehre und die Wissenschaft des Erörterns, die durch alle Teile der Philosophie fließt und sich ergießt, die eine Sache definiert, die Unterarten einteilt, die Folgerungen anfügt, Ergebnisse zusammenfaßt, Wahres und Falsches unterscheidet. Daraus entsteht sowohl der höchste Nutzen, um die Dinge abzuwägen, als auch besonders eine edle und der Weisheit würdige Freude. Aber dies gehört in die Zeit der Muße. Der Weise soll auch dazu übergehen, sich am staatlichen Leben zu beteiligen. Was kann es Hervorragenderes geben, als wenn er sieht, daß das Interesse der Bürger durch seine Klugheit gewahrt wird, wenn er dank seiner Gerechtigkeit nichts von dort in sein eigenes Haus fließen läßt, wenn er die übrigen Tugenden, die so zahlreich und verschieden sind, anwendet?[88] Füge den Gewinn aus Freundschaften[89] hinzu, worin für Philosophen sowohl eine Übereinstimmung und fast völlige Gleichheit des Lebensplanes liegt, als auch besonders die höchste Annehmlichkeit auf Grund des täglichen Umgangs und der Lebensgemeinschaft. Wonach verlangt ein solches Leben denn noch, wodurch es glücklicher sein könnte? Ihm, das angefüllt ist mit so vielen und großen Freuden, muß die Glücksgöttin selbst weichen. Wenn es aber Glück bedeutet, sich an solchen Gütern der Seele, also an den Tugenden, zu erfreuen, und alle Weisen sie genießen, dann muß man auch zugestehen, daß sie alle glücklich sind.

26 (73) A: Auch in Foltern und Qualen?

M: Glaubst du, ich sagte, auf Veilchen und Rosen?[90] Soll Epikur, der nur die Maske eines Philosophen angelegt hat und sich selbst diesen Namen gegeben hat, sagen dürfen, was er jedenfalls nach Lage der Dinge doch unter meinem Beifall sagt, daß es für den Weisen, auch wenn er gebrannt,

pus, etiamsi uratur torqueatur secetur, quin possit exclamare: 'quam pro nihilo puto!' cum praesertim omne malum dolore definiat bonum voluptate, haec nostra honesta turpia inrideat dicatque nos in vocibus occupatos inanis sonos fundere, neque quicquam ad nos pertinere nisi quod aut leve aut asperum in corpore sentiatur: huic ergo, ut dixi, non multum differenti a iudicio ferarum oblivisci licebit sui et tum fortunam contemnere, cum sit omne et bonum eius et malum in potestate fortunae, tum dicere se beatum in summo cruciatu atque tormentis, cum constituerit non modo summum malum esse dolorem, sed etiam solum? (74) nec vero illa sibi remedia comparavit ad tolerandum dolorem, firmitatem animi, turpitudinis verecundiam, exercitationem consuetudinemque patiendi, praecepta fortitudinis, duritiam virilem, sed una se dicit recordatione adquiescere praeteritarum voluptatium, ut si quis aestuans, cum vim caloris non facile patiatur, recordari velit sese aliquando in Arpinati nostro gelidis fluminibus circumfusum fuisse. non enim video, quo modo sedare possint mala praesentia praeteritae voluptates – (75) sed cum is dicat semper beatum esse sapientem, cui dicere hoc, si sibi constare vellet, non liceret, quidnam faciendum est is qui nihil expetendum, nihil in bonis ducendum, quod honestate careat, existumant? Me quidem auctore etiam Peripatetici veteresque Academici balbuttire aliquando desinant aperteque et clara voce audeant dicere beatam vitam in Phalaridis taurum descensuram. **27** (76) sint enim tria genera bonorum, ut iam a laqueis Stoicorum, quibus usum me pluribus quam soleo intellego,

gequält und geschnitten werde, doch immer die Zeit gebe, auszurufen: ›Für wie nichtig halte ich das doch!‹. Zumal er doch jedes Übel nach dem Schmerz bemißt und jedes Gut nach der Lust und das, was wir sittlich-gut nennen, als häßlich verlacht und behauptet, wir vergeudeten, an den Begriffen hängend, leere Worte und es berühre uns nichts außer dem, was man als glatt oder rauh[91] am Körper spüre. Soll es also diesem, der sich, wie ich sagte, nicht sehr von der Urteilskraft der Tiere unterscheidet, erlaubt sein, sich selbst zu vergessen und bald das Schicksal zu verachten, obwohl sein ganzes Gut und Übel in der Macht des Schicksals liegt, bald zu behaupten, er sei glücklich bei der schlimmsten Folter und in Qualen, obwohl er doch festgestellt hat, der Schmerz sei nicht nur das größte Übel, sondern auch das einzige? (74) Aber er hat sich auch die bekannten Heilmittel nicht verschafft, um den Schmerz zu ertragen, Festigkeit der Seele, die Scheu vor Schande, Übung und Gewohnheit im Erdulden, die Lehren der Tapferkeit, männliche Härte, sondern er sagt, er komme allein durch die Erinnerung[92] an vergangene Freuden zur Ruhe, so wie jemand, der schwitzt und die Kraft der Hitze schwer ertragen kann, sich daran erinnern wollte, daß er einmal auf unserem Landgut in Arpinum von kalten Flüssen umspült war.[93] Denn ich verstehe nicht, wie vergangene Freuden gegenwärtiges Übel heilen können – (75) aber wenn er sagt, der Weise sei immer glücklich, er, der dies, wenn er sich selbst treu bleiben wollte, nicht sagen dürfte, was müssen dann diejenigen tun, die glauben, nichts erstreben und nichts zu den Gütern rechnen zu dürfen, was der Tugend entbehrt? Wenn es auf mich ankommt, sollen auch die Peripatetiker und die alten Akademiker einmal aufhören zu stammeln, und sie sollen offen und deutlich zu sagen wagen, daß das glückliche Leben auch in den Stier des Phalaris[94] hinabsteigen wird. **27** (76) Denn es mag drei Arten von Gütern geben, damit wir uns nun den Schlingen der Stoiker[95], die ich öfter als gewöhnlich gebraucht habe, entziehen, es mag ruhig diese Arten von

recedamus, sint sane illa genera bonorum, dum corporis ⟨et⟩ externa iaceant humi et tantum modo, quia sumenda sint, appellentur bona, animi autem illa divina longe lateque se pandant caelumque contingant; ut, ea qui adeptus sit, cur eum beatum modo et non beatissimum eliam dixerim?

Dolorem vero sapiens extimescet? is enim huic maxime sententiae repugnat. nam contra mortem nostram atque nostrorum contraque aegritudinem et reliquas animi perturbationes satis esse videmur superiorum dierum disputationibus armati et parati; dolor esse videtur acerrumus virtutis adversarius; is ardentis faces intentat, is fortitudinem, magnitudinem animi, patientiam se debilitaturum minatur. (77) huic igitur succumbet virtus, huic beata sapientis et constantis viri vita cedet? quam turpe, o dii boni! pueri Spartiatae non ingemescunt verberum dolore laniati. adulescentium greges Lacedaemone vidimus ipsi incredibili contentione certantis pugnis calcibus unguibus morsu denique, cum exanimarentur prius quam victos se faterentur. quae barbaria India vastior aut agrestior? in ea tamen gente primum ei, qui sapientes habentur, nudi aetatem agunt et Caucasi nives hiemalemque vim perferunt sine dolore, cumque ad flammam se adplicaverunt, sine gemitu aduruntur. (78) mulieres vero in India, cum est cuius earum vir mortuus, in certamen iudiciumque veniunt, quam plurumum ille dilexerit – plures enim singulis solent esse nuptae–; quae est victrix, ea laeta prosequentibus suis una cum viro

Gütern[96] geben, wenn nur die des Körpers und die äußeren Güter am Boden liegen bleiben und nur deswegen, weil man sie vorziehen muß,[97] Güter genannt werden, jene göttlichen der Seele aber sich weit und breit ausdehnen und den Himmel berühren; deshalb: warum soll ich den, der sie erlangt hat, nur glücklich und nicht auch vollkommen glücklich nennen?

Wird aber der Weise den Schmerz[98] fürchten? Denn er widerspricht dieser Lehre am meisten. Denn gegen unseren Tod und den unserer Angehörigen sowie gegen den Kummer und die übrigen Leidenschaften sind wir, wie es scheint, durch die Erörterungen der vorangegangenen Tage genügend gewappnet und vorbereitet; der Schmerz scheint der schärfste Gegner der Tugend zu sein; er entfacht brennende Fackeln, er droht, er werde die Tapferkeit, die Größe der Seele und die Geduld schwächen. (77) Wird ihm also die Tugend unterliegen, wird ihm das glückliche Leben eines weisen und standhaften Mannes weichen? Wie beschämend, ihr guten Götter! Die spartanischen Jünglinge[99] stöhnen nicht, wenn sie vom Schmerz der Schläge zerrissen werden. Wir selbst haben in Sparta Scharen von jungen Männern gesehen, die mit unglaublicher Anspannung in Kämpfen mit den Fäusten, den Füßen, den Nägeln und schließlich mit Bissen stritten, da sie eher sterben wollten, als zuzugeben, sie seien besiegt. Welches Barbarenland ist wüster und wilder als Indien? Doch verbringen, um damit zu beginnen, in diesem Volk die, die als Weise[100] gelten, nackt ihr Leben und ertragen den Schnee des Kaukasus und die Härte des Winters ohne Schmerz, und wenn sie sich einer Flamme genähert haben, lassen sie sich ohne Stöhnen verbrennen. (78) Ferner kommen in Indien die Frauen nach dem Tod ihres Mannes zu einem Wettstreit und einem Urteil darüber, welche von ihnen jener am meisten geliebt habe – denn gewöhnlich sind mehrere Frauen mit einem Mann verheiratet –; die Siegreiche wird froh unter dem Geleit der Ihren zusammen mit dem Mann auf den Scheiterhaufen gelegt,

in rogum imponitur, illa victa maesta discedit. numquam naturam mos vinceret; est enim ea semper invicta; sed nos umbris deliciis otio languore desidia animum infecimus, opinionibus maloque more delenitum mollivimus. Aegyptiorum morem quis ignorat? quorum inbutae mentes pravitatis erroribus quamvis carnificinam prius subierint quam ibim aut aspidem aut faelem aut canem aut corcodillum violent, quorum etiamsi inprudentes quippiam fecerint, poenam nullam recusent. (79) de hominibus loquor; quid? bestiae non frigus, non famem, non montivagos atque silvestris cursus lustrationesque patiuntur? non pro suo partu ita propugnant, ut vulnera excipiant, nullos impetus nullos ictus reformident? omitto, quae perferant quaeque patiantur ambitiosi honoris causa, laudis studiosi gloriae gratia, amore incensi cupiditatis. plena vita exemplorum est.

28 (80) Sed adhibeat oratio modum et redeat illuc, unde deflexit. dabit, inquam, se in tormenta vita beata nec iustitiam temperantiam in primisque fortitudinem, magnitudinem animi, patientiam prosecuta, cum tortoris os viderit, consistet virtutibusque omnibus sine ullo animi terrore ad cruciatum profectis resistet extra fores, ut ante dixi, limenque carceris. quid enim ea foedius, quid deformius sola relicta, ⟨a⟩ comitatu pulcherrimo segregata? quod tamen fieri nullo pacto potest; nec enim virtutes sine beata vita cohaerere possunt nec illa sine virtutibus. (81) itaque eam tergiversari non sinent secumque rapient, ad quemcumque ipsae

jene aber, die besiegt ist, geht traurig davon. Niemals würde die Sitte die Natur besiegen[101]; denn sie ist immer unbesiegbar; wir aber haben unsere Seele an schattigen Plätzen, mit Genüssen, Muße, Nichtstun und Trägheit vergiftet, und wir haben sie durch falsche Vorstellungen und schlechte Gewohnheit verweichlicht und geschwächt. Wer kennt nicht die Sitte der Ägypter? Ihr Sinn, von verschrobenen und irrigen Vorstellungen durchtränkt, würde eher jede Marter auf sich nehmen, als einen Ibis, eine Schlange, eine Katze, einen Hund oder ein Krokodil zu verletzen; auch wenn sie so etwas versehentlich gemacht haben, so schrecken sie doch vor keiner Strafe zurück.[102] (79) Ich spreche von Menschen. Wie? Erdulden Tiere nicht Kälte, Hunger, Läufe und Wanderungen durch Gebirge und Wald? Kämpfen sie nicht für ihre Brut so, daß sie Wunden empfangen und keine Angriffe und Stöße fürchten? Ich übergehe, was die Ehrgeizigen um der Ehre willen ertragen und erdulden und die Ruhmsüchtigen wegen des Ruhmes und die in Liebe Entbrannten wegen ihrer Begierde. Das Leben ist reich an Beispielen.

28 (80) Meine Rede aber soll sich beschränken und dorthin zurückfinden, von wo sie abgeirrt ist. Das glückliche Leben wird sich, wie ich sagte, den Martern überlassen, und es wird nicht, nachdem es die Gerechtigkeit, die Beherrschung, besonders aber die Tapferkeit, die Seelengröße und die Geduld begleitet hat, dann haltmachen, wenn es das Gesicht des Folterknechts sieht, und es wird nicht, wenn alle Tugenden ohne einen Schrecken der Seele bis zur Folter mitgekommen sind, außerhalb der Tür und der Schwelle des Kerkers, wie ich oben[103] sagte, haltmachen. Denn was ist schändlicher, was häßlicher, als wenn es allein zurückbleibt und getrennt ist von seiner herrlichen Begleitung? Doch das kann auf keine Weise geschehen; denn die Tugenden können ohne das glückliche Leben nicht bestehen und das glückliche Leben nicht ohne Tugenden. (81) Deshalb werden sie nicht zulassen, daß es den Rücken wendet, und sie

dolorem cruciatumque ducentur. sapientis est enim proprium nihil quod paenitere possit facere, nihil invitum, splendide constanter graviter honeste omnia, nihil ita expectare quasi certo futurum, nihil, cum acciderit, admirari, ut inopinatum ac novum accidisse videatur, omnia ad suum arbitrium referre, suis stare iudiciis. quo quid sit beatius, mihi certe in mentem venire non potest. (82) Stoicorum quidem facilis conclusio est; qui cum finem bonorum esse senserint congruere naturae cumque ea convenienter vivere, cum id sit in sapientis situm non officio solum, verum etiam potestate, sequatur necesse est, ut, cuius in potestate summum bonum, in eiusdem vita beata sit. ita fit semper vita beata sapientis.

Habes, quae fortissime de beata vita dici putem et, quo modo nunc est, nisi quid tu melius attuleris, etiam verissime.

29 Melius equidem adferre nihil possum, sed a te impetrarim lubenter, ut, nisi molestum sit, quoniam te nulla vincula impediunt ullius certae disciplinae libasque ex omnibus, quodcumque te maxime specie veritatis movet –, quod paulo ante Peripateticos veteremque Academiam hortari videbare, ut sine retractatione libere dicere auderent sapientis esse semper beatissimos, id velim audire, quem ad modum his putes consentaneum esse id dicere. multa enim a te contra istam sententiam dicta sunt et Stoicorum ratione conclusa.

werden es mit sich reißen, zu welchem Schmerz und welcher Folter auch immer sie selbst geführt werden. Denn es ist die Eigenschaft des Weisen, nichts zu tun, was er bereuen könnte, und nichts gegen seinen Willen, sondern alles großartig, beständig, würdig und ehrenhaft zu tun, und nichts so zu erwarten, als treffe es mit Sicherheit ein, sich über nichts, wenn es geschehen ist, zu wundern, so daß es unerwartet und neu sich ereignet zu haben scheint, alles nach seiner Entscheidung zu bemessen und bei seinen Urteilen zu bleiben. Ich kann mir gewiß nichts vorstellen, was glücklicher sein könnte als das. (82) Die Folgerung der Stoiker allerdings ist einfach: Weil sie zu der Ansicht gekommen sind, daß das höchste Gut darin liege, mit der Natur übereinzustimmen und mit ihr im Einklang zu leben,[104] und da dies nicht nur in der Pflicht, sondern auch in der Macht des Weisen liege, folgt notwendigerweise, daß in der Macht desjenigen, in dessen Macht das höchste Gut liegt, auch das glückliche Leben ist. So wird das Leben des Weisen immer glücklich.

Damit hast du, was nach meiner Ansicht am überzeugendsten und, wie es jetzt steht, auch mit größter Wahrscheinlichkeit gesagt werden kann. Es sei denn, du kannst etwas Besseres dazu beitragen.

29 A: Ich kann von meiner Seite nichts Besseres beitragen, ich möchte aber gerne von dir erfahren, falls es dir nicht lästig ist, daß, da dich ja nicht die Fesseln einer bestimmten Schule hindern und du aus allen Lehren schöpfst, was dich als das Wahrscheinliche am meisten beeindruckt[105] –, weil du kurz zuvor die Peripatetiker und die alte Akademie aufzufordern schienst, sie sollen ohne Beschränkung offen zu sagen wagen, daß die Weisen immer vollkommen glücklich seien, möchte ich gerne hören, wieso du glaubst, es sei für sie konsequent, dies zu sagen. Denn du hast vieles gegen ihre Lehrmeinung[106] gesagt und nach Art der Stoiker geschlossen.

(83) Utamur igitur libertate, qua nobis solis in philosophia licet uti, quorum oratio nihil ipsa iudicat, sed habetur in omnis partis, ut ab aliis possit ipsa per sese nullius auctoritate adiuncta iudicari. Et quoniam videris hoc velle, ut, quaecumque dissentientium philosophorum sententia sit de finibus, tamen virtus satis habeat ad vitam beatam praesidii, quod quidem Carneadem disputare solitum accepimus; sed is ut contra Stoicos, quos studiosissime semper refellebat et contra quorum disciplinam ingenium eius exarserat; nos illud quidem cum pace agemus – si enim Stoici finis bonorum recte posuerunt, confecta res est: necesse est semper beatum esse sapientem –, (84) sed quaeramus unam quamque reliquorum sententiam, si fieri potest, ut hoc praeclarum quasi decretum beatae vitae possit omnium sententiis et disciplinis convenire.

30 Sunt autem haec de finibus, ut opinor, retentae defensaeque sententiae: primum simplices quattuor, nihil bonum nisi honestum, ut Stoici, nihil bonum nisi voluptatem, ut Epicurus, nihil bonum nisi vacuitatem ⟨doloris⟩, ut Hieronymus, nihil bonum nisi naturae primis bonis aut omnibus aut maxumis frui, ut Carneades contra Stoicos disserebat. (85) haec igitur simplicia, illa mixta: tria genera bonorum, maxuma animi, secunda corporis, externa tertia, ut Peripatetici nec multo veteres Academici secus; voluptatem cum honestate Dinomachus et Callipho copulavit, indolentiam

(83) M: Wir wollen also die Freiheit gebrauchen, die in der Philosophie nur uns allein zu gebrauchen erlaubt ist; denn unsere Rede stellt keine eigenen Lehrsätze auf, sondern wendet sich nach allen Seiten[107], so daß sie auch von anderen nur aus sich heraus beurteilt werden kann, ohne an irgendeine Autorität gebunden zu sein. Du scheinst ja das zu wollen, daß ich zeige, was auch immer die Meinung der einander widersprechenden Philosophen über das Ziel des Lebens ist, daß doch die Tugend genug Hilfe bietet, um glücklich zu leben; das jedenfalls pflegte Karneades[108] zu lehren, wie wir gehört haben; aber er brachte es so vor, daß er gegen die Stoiker vorging, die er immer aufs eifrigste widerlegte und gegen deren Lehre sein Geist entbrannt war; wir werden das freilich friedlich tun – denn wenn die Stoiker das höchste Gut richtig gesetzt haben, ist die Angelegenheit entschieden: dann ist es notwendig, daß der Weise immer glücklich ist –; (84) wir wollen aber nach Möglichkeit eine jede Lehrmeinung der übrigen Philosophen prüfen, damit diese geradezu vortreffliche Entscheidung über das glückliche Leben zu den Meinungen und Lehren aller passen kann.

30 Es gibt aber, wie ich meine, über das Ziel des Lebens folgende Meinungen, an denen man festhält und die man verteidigt. Zunächst die vier einfachen: nichts außer dem Tugendhaften ist ein Gut, wie die Stoiker lehren, nichts ist ein Gut außer der Lust, wie Epikur behauptet, nichts ist ein Gut außer dem Freisein von Schmerz, wie Hieronymos[109] sagt, nichts ist ein Gut, außer die ersten Güter der Natur[110], entweder alle oder die wichtigsten, zu genießen, wie Karneades gegen die Stoiker darlegte. (85) Das sind also die einfachen, folgende sind die zusammengesetzten: Es gibt drei Arten von Gütern[111], als höchste die der Seele, als zweite die des Körpers, als dritte die äußeren, wie die Peripatetiker und nicht viel anders die alten Akademiker lehren; die Lust haben Deinomachos und Kalliphon[112] mit der Tugend verbunden, die Schmerzlosigkeit hat der Peripatetiker Dio-

autem honestati Peripateticus Diodorus adiunxit. haec sunt sententiae, quae stabilitatis aliquid habeant; nam Aristonis Pyrrhonis Erilli non nullorumque aliorum evanuerunt. hi quid possint optinere, videamus omissis Stoicis, quorum satis videor defendisse sententiam.

Et Peripateticorum quidem explicata causa est praeter Theophrastum et si qui illum secuti imbecillius horrent dolorem et reformidant; reliquis quidem licet facere id quod fere faciunt, ut gravitatem dignitatemque virtutis exaggerent. quam cum ad caelum extulerunt, quod facere eloquentes homines copiose solent, reliqua ex conlatione facile est conterere atque contemnere. nec enim licet is, qui laudem cum dolore petendam esse dicant, negare eos esse beatos, qui illam adepti sunt. quamquam enim sint in quibusdam malis, tamen hoc nomen beati longe et late patet. **31** (86) nam ut quaestuosa mercatura, fructuosa aratio dicitur, non si altera semper omni damno, altera omni tempestatis calamitate semper vacat, sed si multo maiore ex parte exstat in utraque felicitas, sic vita non solum si undique referta bonis est, sed si multo maiore et graviore ex parte bona propendent, beata recte dici potest. (87) sequetur igitur horum ratione vel ad supplicium beata vita virtutem cumque ea descendet in taurum Aristotele Xenocrate Speusippo Polemone auctoribus nec eam minis blandimentisve corrupta deseret. Eadem Calliphontis erit Diodorique sententia, quorum uterque honestatem sic complectitur, ut omnia, quae sine ea sint, longe [et] retro ponenda censeat. Reliqui

dor[113] an die Tugend geknüpft. Das sind Lehrmeinungen, die eine gewisse Beständigkeit haben; denn die Lehren des Ariston, Pyrrhon[114], Herillos[115] und einiger anderer sind untergegangen. Was diese behaupten können, wollen wir sehen, wobei wir die Stoiker beiseite lassen, deren Lehre ich, wie mir scheint, zur Genüge verteidigt habe.

Und die Sache der Peripatetiker ist klar, abgesehen von Theophrast[116] und wenn ihm welche gefolgt sind und aus zu großer Schwäche heraus den Schmerz fürchten und vor ihm zurückschrecken; die übrigen dürfen tun, was sie auch meist tun, um die Würde und das Ansehen der Tugend zu steigern. Wenn sie die Tugend zum Himmel erhoben haben, was sie als beredte Menschen wortreich zu tun pflegen, ist es leicht, im Vergleich mit ihr das übrige für wertlos zu halten und zu verachten. Denn diejenigen, die behaupten, man müsse nach Ruhm auch unter Schmerzen streben, dürfen nicht leugnen, daß die glücklich sind, die ihn erlangt haben. Denn mögen sie sich auch in manchen Übeln befinden, so darf man den Begriff Glück doch in einer großzügigen und weitreichenden Bedeutung anwenden. **31** (86) Denn wie der Handel gewinnbringend und die Landwirtschaft einträglich genannt werden, nicht wenn der eine immer von jedem Schaden, die andere immer von jeder Unbill der Witterung frei ist, sondern wenn beide zum weitaus größeren Teil erfolgreich sind, so kann das Leben mit Recht glücklich genannt werden, nicht nur, wenn es überall voll von Gütern ist, sondern wenn zum weitaus größeren und gewichtigeren Teil die Güter überwiegen. (87) Es wird also nach deren Lehre[117] das glückliche Leben der Tugend bis zur Hinrichtung folgen und mit ihr in den Stier[118] hinabsteigen unter der Autorität des Aristoteles, Xenokrates, Speusipp und Polemon[119], und es wird sie nicht, durch Drohungen oder Schmeicheleien verdorben, im Stich lassen. Dies wird auch die Ansicht des Kalliphon und Diodor sein, die beide die Tugend so hochschätzen, daß sie meinen, man müsse alles, was ohne sie ist, weit hintansetzen. Die übrigen scheinen in

habere se videntur angustius, enatant tamen, Epicurus Hieronymus et si qui sunt qui desertum illum Carneadeum ⟨finem⟩ curent defendere; nemo est enim eorum quin bonorum animum putet esse iudicem eumque condocefaciat, ut ea, quae bona malave videantur, possit contemnere. (88) nam quae tibi Epicuri videtur, eadem erit Hieronymi et Carneadis causa et hercule omnium reliquorum. quis enim parum est contra mortem aut dolorem paratus?

Ordiamur ab eo, si placet, quem mollem, quem voluptarium dicimus. quid? is tibi mortemne videtur aut dolorem timere, qui eum diem, quo moritur, beatum appellat maxumisque doloribus adfectus eos ipsos inventorum suorum memoria et recordatione confutat? nec haec sic agit, ut ex tempore quasi effuttire videatur. de morte enim ita sentit, ut dissoluto animante sensum extinctum putet, quod autem sensu careat, nihil ad nos id iudicet pertinere. item ⟨in⟩ dolore certa habet quae sequatur, quoniam magnitudinem brevitate consolatur, longinquitatem levitate. (89) qui tandem isti grandiloqui contra haec duo, quae maxime angunt, melius se habent quam Epicurus?

An ad cetera, quae mala putantur, non et Epicurus et reliqui philosophi satis parati videntur? quis non paupertatem extimescit? neque tamen quisquam philosophorum. **32** hic vero ipse quam parvo est contentus! nemo de tenui victu plura dixit. etenim, quae res pecuniae cupiditatem adferunt, ut amori, ut ambitioni, ut cotidianis sumptibus copiae suppetant, cum procul ab his omnibus rebus absit, cur

größerer Bedrängnis zu sein, können aber doch an das rettende Ufer schwimmen, nämlich Epikur, Hieronymos und wenn es welche gibt, die sich darum bemühen, die schon preisgegebene Lehre des Karneades zu verteidigen; denn jeder von ihnen glaubt, daß der Geist der Richter über die Güter sei, und erzieht ihn dazu, daß er das, was gut oder schlecht erscheint, verachten kann. (88) Denn was dir als die Sache des Epikur erscheint, dasselbe ist auch die Sache des Hieronymos und des Karneades und in der Tat all der übrigen. Wer ist denn zu wenig gegen den Tod oder den Schmerz gerüstet?

Wir wollen, wenn es dir gefällt, mit dem beginnen, den wir weich und genußsüchtig[120] nennen. Wie? Scheint dir der den Tod oder den Schmerz zu fürchten, der den Tag, an dem er stirbt, als glücklich bezeichnet und der unter den größten Schmerzen eben diese durch die Erinnerung und das Gedenken an seine Lehrsätze dämpft? Und dabei handelt er nicht so, als würde er nur den Umständen entsprechend daherreden. Über den Tod nämlich denkt er so, daß er glaubt, mit der Auflösung des Lebewesens sei auch die Empfindung erloschen, und daß das, was keine Empfindung habe, uns nichts angehe. Ebenso hat er im Schmerz eine feste Lehre, der er folgt; denn er tröstet sich über seine Stärke mit seiner Kürze und über seine Länge mit seiner Schwäche. (89) Inwiefern verhalten sich also diese Großsprecher[121] gegenüber diesen beiden Dingen, die uns am meisten ängstigen, besser als Epikur?

Oder scheinen dem übrigen gegenüber, das als Übel gilt, Epikur und die anderen Philosophen nicht genügend gerüstet? Wer fürchtet nicht die Armut? Jedenfalls keiner von den Philosophen. **32** Mit wie wenigem ist doch Epikur selbst zufrieden. Niemand hat über die bescheidene Lebensführung mehr gesagt. Denn wenn es Dinge gibt, die die Gier nach Geld mit sich bringen, daß nämlich für die Liebe, den Ehrgeiz und den täglichen Aufwand eine ausreichende Menge vorhanden ist, warum sollte jemand, wenn er all die-

pecuniam magnopere desideret vel potius cur curet omnino? (90) an Scythes Anacharsis potuit pro nihilo pecuniam ducere, nostrates philosophi facere non poterunt? illius epistula fertur his verbis: 'Anacharsis Hannoni salutem. Mihi amictui est Scythicum tegimen, calciamentum solorum callum, cubile terra, pulpamentum fames, lacte caseo carne vescor. quare ut ad quietum me licet venias. munera autem ista, quibus es delectatus, vel civibus tuis vel diis inmortalibus dona.' omnes fere philosophi omnium disciplinarum, nisi quos a recta ratione natura vitiosa detorsisset, eodem hoc animo esse potuerunt. (91) Socrates, in pompa cum magna vis auri argentique ferretur, 'quam multa non desidero!' inquit. Xenocrates, cum legati ab Alexandro quinquaginta ei talenta attulissent, quae erat pecunia temporibus illis, Athenis praesertim, maxuma, abduxit legatos ad cenam in Academiam; is apposuit tantum, quod satis esset, nullo apparatu. cum postridie rogarent eum, cui numerari iuberet, 'quid? vos hesterna' inquit 'cenula non intellexistis me pecunia non egere?' quos cum tristioris vidisset, triginta minas accepit, ne aspernari regis liberalitatem videretur. (92) at vero Diogenes liberius, ut Cynicus, Alexandro roganti, ut diceret, si quid opus esset, 'nunc quidem paululum' inquit 'a sole.' offecerat videlicet apricanti. et hic quidem disputare solebat, quanto regem Persarum vita fortunaque superaret; sibi nihil deesse, illi nihil satis umquam

sen Dingen fernsteht, besonders nach Geld verlangen oder vielmehr sich überhaupt darum kümmern? (90) Konnte zwar der Skythe Anacharsis[122] Geld für nichts erachten, unsere Philosophen aber sollen das nicht tun können? Von ihm wird ein Brief mit folgendem Wortlaut überliefert: »Anacharsis grüßt Hannon. Meine Kleidung ist eine skythische Decke, meine Schuhe sind die Schwielen an den Fußsohlen, mein Bett die Erde, meine Delikatesse ist der Hunger, ich ernähre mich von Milch, Käse und Fleisch. Daher komm zu mir, und du wirst einen bedürfnislosen Mann finden können. Deine Geschenke aber, an denen du dich erfreut hast, gib deinen Mitbürgern oder den unsterblichen Göttern.« Fast alle Philosophen aller Schulen hätten eben diese Gesinnung haben können, wenn nicht eine fehlerhafte Veranlagung manche von der rechten Einsicht weggeführt hätte. (91) Als bei einem Festzug eine große Menge Gold und Silber mitgeführt wurde, sagte Sokrates: »Nach wie vielem habe ich kein Verlangen!« Als die Gesandten Alexanders dem Xenokrates[123] fünfzig Talente gebracht hatten, was zur damaligen Zeit, besonders in Athen[124], sehr viel war, führte er die Gesandten zu einem Mahl in die Akademie; er tischte ihnen nur so viel auf, wie genug war, ohne Aufwand. Als sie am nächsten Tag fragten, wem sie das Geld auszahlen sollten, sagte er: »Wie? Habt ihr bei der bescheidenen Mahlzeit gestern nicht gemerkt, daß ich kein Geld nötig habe?« Als er sie ziemlich verstimmt sah, nahm er dreißig Minen an, damit es nicht so aussähe, als verachte er die Großzügigkeit des Königs. (92) Freimütiger dagegen, da er ja ein Kyniker war, antwortete Diogenes[125] dem Alexander, als er ihn bat zu sagen, ob er etwas nötig habe: »Jetzt geh mir ein wenig aus der Sonne!« Offenbar war Alexander ihm, als er sich sonnte, vor das Sonnenlicht getreten. Und er pflegte auch darzulegen, wie sehr er den König der Perser an Lebensart und Glück übertreffe; ihm selbst fehle nichts, er aber werde niemals genug haben; er verlange nicht nach dessen Freuden, durch die jener niemals befriedigt werden

fore; se eius voluptates non desiderare, quibus numquam satiari ille posset, suas eum consequi nullo modo posse.

33 (93) Vides, credo, ut Epicurus cupiditatum genera diviserit, non nimis fortasse subtiliter, utiliter tamen: partim esse naturales et necessarias, partim naturales et non necessarias, partim neutrum; necessarias satiari posse paene nihilo; divitias enim naturae esse parabiles; secundum autem genus cupiditatum nec ad potiendum difficile esse censet nec vero ad carendum; tertias, quod essent plane inanes neque necessitatem modo, sed ne naturam quidem attingerent, funditus eiciendas putavit. (94) hoc loco multa ab Epicureis disputantur, eaeque voluptates singillatim extenuantur, quarum genera non contemnunt, ⟨non⟩ quaerunt tamen copiam. nam et obscenas voluptates, de quibus multa ab illis habetur oratio, facilis communis in medio sitas esse dicunt, easque si natura requirat, non genere aut loco aut ordine, sed forma aetate figura metiendas putant, ab isque abstinere minime esse difficile, si aut valetudo aut officium aut fama postulet, omninoque genus hoc voluptatum optabile esse, si non obsit, prodesse numquam. (95) Totumque hoc de voluptate sic ille praecipit, ut voluptatem ipsam per se, quia voluptas sit, semper optandam ⟨et⟩ expetendam putet, eademque ratione dolorem ob id ipsum, quia dolor sit, semper esse fugiendum; itaque hac usurum compensatione sapientem, ⟨ut⟩ et voluptatem fugiat, si ea maiorem dolorem effectura sit, et dolorem suscipiat maiorem efficientem voluptatem; omniaque iucunda, quamquam sensu corporis iu-

könne; seine Freuden aber könne der König auf keine Weise erreichen.

33 (93) Du weißt, so meine ich, wie Epikur die Arten der Begierden unterteilt hat, vielleicht nicht allzu genau, aber doch brauchbar: sie seien teils naturgemäß und notwendig, teils naturgemäß und nicht notwendig, teils keines von beidem; die notwendigen könnten fast durch ein Nichts befriedigt werden; denn der Reichtum der Natur stehe zur Verfügung; die zweite Gruppe der Begierden, so meint er, könne man leicht befriedigen, aber auch leicht entbehren; die der dritten Gruppe aber müsse man nach seiner Meinung, da sie ja völlig überflüssig seien und nicht nur mit der Notwendigkeit, sondern auch mit der Natur nichts zu tun hätten, vollends verwerfen. (94) In diesem Zusammenhang erörtern die Epikureer vieles, und sie stellen die Arten der Genüsse im einzelnen als gering dar; sie verachten sie zwar nicht, versuchen aber doch nicht, sie in größerem Maß zu erlangen.[126] Denn sie lehren, die schmutzigen Gelüste, über die sie vieles sagen, seien leicht zu erfüllen, allgemein zugänglich und auf der Straße anzutreffen, und sie glauben, wenn die Natur nach ihnen verlange, solle man nicht auf Herkunft, Rang oder Stand, sondern auf Aussehen, Alter und Gestalt sehen, und es sei keineswegs schwer, sich ihrer zu enthalten, wenn die Gesundheit, die Pflicht oder der gute Ruf es verlangten, und überhaupt sei diese Gruppe der Genüsse wünschenswert, wenn sie nicht schade; sie nütze aber niemals. (95) Im ganzen lehrt er über die Lust so, daß er der Ansicht ist, die Lust selbst sei an sich, weil sie eben Lust sei, immer zu wünschen und zu erstreben, und aus eben diesem Grund sei der Schmerz, weil er ja Schmerz sei, immer zu meiden; deshalb werde der Weise den Ausgleich dadurch herbeiführen, daß er eine Lust dann meide, wenn sie einen größeren Schmerz mit sich bringe, und den Schmerz auf sich nehme, wenn er eine größere Lust bewirke; alles Angenehme beziehe sich, obschon es mit der Sinneswahrnehmung des Körpers beurteilt werde, doch auf die Seele.

dicentur, ad animum referri tamen. (96) quocirca corpus gaudere tam diu, dum praesentem sentiret voluptatem, animum et praesentem percipere pariter cum corpore et prospicere venientem nec praeteritam praeterfluere sinere. ita perpetuas et contextas voluptates in sapiente fore semper, cum expectatio speratarum voluptatum ⟨cum⟩ perceptarum memoria iungeretur. **34** (97) Atque his similia ad victum etiam transferuntur, extenuaturque magnificentia et sumptus epularum, quod parvo cultu natura contenta sit. etenim quis hoc non videt, desideriis omnia ista condiri? Darius in fuga cum aquam turbidam et cadaveribus inquinatam bibisset, negavit umquam se bibisse iucundius. numquam videlicet sitiens biberat. nec esuriens Ptolomaeus ederat; cui cum peragranti Aegyptum comitibus non consecutis cibarius in casa panis datus esset, nihil visum est illo pane iucundius. Socraten ferunt, cum usque ad vesperum contentius ambularet quaesitumque esset ex eo, quare id faceret, respondisse se, quo melius cenaret, obsonare ambulando famem. (98) quid? victum Lacedaemoniorum in Philitiis nonne videmus? ubi cum tyrannus cenavisset Dionysius, negavit se iure illo nigro, quod cenae caput erat, delectatum. tum is qui illa coxerat: ‘minime mirum; condimenta enim defuerunt.’ ‘quae tandem?’ inquit ille. ‘labor in venatu, sudor, cursus ad Eurotam, fames, sitis. his enim rebus Lacedaemoniorum epulae condiuntur.’ atque hoc non ex hominum more solum, sed etiam ex bestiis intellegi potest, quae, ut quicquid obiectum est, quod modo a natura non sit alie-

(96) Deshalb freue sich der Körper so lange, wie er die Lust gegenwärtig fühle, die Seele nehme einerseits die gegenwärtige Lust zusammen mit dem Körper wahr und sehe andererseits die kommende Lust voraus und lasse die vergangene nicht einfach aus dem Gedächtnis entschwinden. So seien im Weisen immer dauernde und miteinander verwobene Lustempfindungen, da sich die Erwartung erhoffter Gelüste mit der Erinnerung an genossene verbinde. **34** (97) Und ähnliche Vorstellungen werden auch auf die Lebensführung übertragen, und der Prunk und der Aufwand bei Gastmählern wird getadelt, weil die Natur mit einer bescheidenen Lebensweise zufrieden sei. Wer sieht denn nicht, daß alles nur dadurch gewürzt wird, daß ein Verlangen danach vorliegt? Als Dareios[127] auf der Flucht trübes und von Kadavern verunreinigtes Wasser getrunken hatte, sagte er, er habe niemals besser getrunken. Offenbar hatte er niemals getrunken, weil er Durst hatte. Und Ptolemaios[128] hatte nicht gegessen, weil er Hunger hatte; als er Ägypten durchreiste, seine Begleiter nicht folgten und man ihm in einer Hütte gewöhnliches Brot reichte, erschien ihm nichts köstlicher als dieses Brot. Als Sokrates, so erzählt man, bis zum Abend unentwegt umherging und man ihn fragte, weshalb er das tue, antwortete er, er kaufe durch das Gehen als Zukost noch den Hunger ein, um so besser zu speisen. (98) Wie? Sehen wir nicht die Lebensweise der Lakedaimonier bei den Philitien[129]? Als der Tyrann Dionysios[130] dort gespeist hatte, sagte er, jene schwarze Suppe, die das Hauptgericht war, habe ihm nicht geschmeckt. Da sagte der Koch: »Keineswegs verwunderlich; denn die Gewürze fehlten.« »Welche sind das denn?« fragte jener. »Anstrengung auf der Jagd, Schweiß, ein Lauf am Eurotas[131], Hunger und Durst. Denn damit werden die Mahlzeiten der Lakedaimonier gewürzt.« Und das kann man nicht nur an der Gewohnheit der Menschen, sondern auch an den Tieren erkennen, die, sobald ihnen etwas vorgeworfen wird, was nur ihrer Natur nicht zuwider ist, damit zufrieden sind und nicht nach mehr

num, eo contentae non quaerunt amplius. (99) civitates quaedam universae more doctae parsimonia delectantur, ut de Lacedaemoniis paulo ante diximus. Persarum a Xenophonte victus exponitur, quos negat ad panem adhibere quicquam praeter nasturcium. quamquam, si quaedam etiam suaviora natura desideret, quam multa ex terra arboribusque gignuntur cum copia facili, tum suavitate praestanti! adde siccitatem, quae consequitur hanc continentiam in victu, adde integritatem valetudinis; confer sudantis ructantis refertos epulis tamquam opimos boves: (100) tum intelleges, qui voluptatem maxime sequantur, eos minime consequi, iucunditatemque victus esse in desiderio, non in satietate. **35** Timotheum, clarum hominem Athenis et principem civitatis, ferunt, cum cenavisset apud Platonem eoque convivio admodum delectatus esset vidissetque eum postridie, dixisse: 'vestrae quidem cenae non solum in praesentia, sed etiam postero die iucundae sunt.' quid quod ne mente quidem recte uti possumus multo cibo et potione completi? est praeclara epistula Platonis ad Dionis propinquos, in qua scriptum est his fere verbis: 'quo cum venissem, vita illa beata, quae ferebatur, plena Italicarum Syracusiarumque mensarum, nullo modo mihi placuit, bis in die saturum fieri nec umquam pernoctare solum ceteraque, quae comitantur huic vitae, in qua sapiens nemo efficietur umquam, moderatus vero multo minus. quae enim natura tam mirabiliter temperari potest?' (101) quo modo igitur iucunda vita potest esse, a qua absit prudentia, absit moderatio? ex quo Sardanapalli,

verlangen. (99) Manche Staaten, durch ihre Gewohnheit geleitet, erfreuen sich in ihrer Gesamtheit an der Sparsamkeit, wie wir kurz zuvor von den Lakedaimoniern sagten. Xenophon schildert die Lebensweise der Perser und erklärt, zum Brot nähmen sie nichts hinzu als Kresse. Doch wenn die Natur einmal nach etwas noch Angenehmerem verlangen sollte, wie vieles wächst aus der Erde und auf Bäumen in leicht zu erreichender Fülle und von besonders angenehmem Geschmack! Bedenke auch die Abhärtung, die dieser Enthaltsamkeit in der Lebensweise folgt, bedenke die unversehrte Gesundheit; vergleiche diejenigen, die schwitzen und aufstoßen und die mit Speisen wie fette Rinder vollgestopft sind. (100) Dann wirst du erkennen, daß die, die am meisten der Lust nachlaufen, sie am wenigsten erreichen und daß die Annehmlichkeit der Lebensweise in der Erwartung, nicht in der Sättigung besteht. **35** Timotheos[132], ein berühmter Athener und Staatsführer, habe, so wird berichtet, einmal bei Platon gespeist; und an diesem Gastmahl habe er sehr großes Gefallen gefunden, und er habe zu Platon, als er ihn am folgenden Tag wiedersah, gesagt: »Eure Gastmähler sind nicht nur, während sie stattfinden, angenehm, sondern auch noch am folgenden Tag.« Wie steht es damit, daß wir nicht einmal unseren Geist richtig gebrauchen können, wenn wir mit viel Speise und Trank gefüllt sind? Es gibt einen berühmten Brief Platons[133] an die Verwandten des Dion, in dem er etwa folgendermaßen schreibt: »Als ich dorthin gekommen war, gefiel mir jenes sogenannte glückliche Leben, das voll von italischen und syrakusanischen Gerichten war, überhaupt nicht, nämlich daß man zweimal am Tag satt wurde und niemals allein die Nacht verbrachte, und all das übrige, was ein solches Leben begleitet, in dem niemand jemals weise wird, geschweige denn maßvoll. Denn welcher Charakter kann sich so unglaublich beherrschen?« (101) Wie kann also ein Leben angenehm sein, dem die Klugheit und die Selbstbeherrschung fehlen? Daran erkennt man den Irrtum des Sardanapal[134],

opulentissimi Syriae regis, error adgnoscitur, qui incidi iussit in busto:

> 'Haec habeo, quae edi, quaeque exsaturata libido
> Hausit; at illa iacent multa et praeclara relicta.'

'quid aliud' inquit Aristoteles 'in bovis, non in regis sepulcro inscriberes? haec habere se mortuum dicit, quae ne vivus quidem diutius habebat quam fruebatur.' (102) Cur igitur divitiae desiderentur, aut ubi paupertas beatos esse non sinit? signis, credo, tabulis studes. si quis est qui his delectetur, nonne melius tenues homines fruuntur quam illi qui is abundant? est enim earum rerum omnium ⟨in⟩ nostra urbe summa in publico copia. quae qui privatim habent, nec tam multa et raro vident, cum in sua rura venerunt; quos tamen pungit aliquid, cum, illa unde habeant, recordantur. dies deficiat, si velim paupertatis causam defendere. aperta enim res est, et cotidie nos ipsa natura admonet, quam paucis, quam parvis rebus egeat, quam vilibus.

36 (103) Num igitur ignobilitas aut humilitas aut etiam popularis offensio sapientem beatum esse prohibebit? vide ne plus commendatio in vulgus et haec, quae expetitur, gloria molestiae habeat quam voluptatis. leviculus sane noster Demosthenes, qui illo susurro delectari se dicebat aquam ferentis mulierculae, ut mos in Graecia est, insusurrantisque alteri: 'hic est ille Demosthenes.' quid hoc levius? at quantus orator! sed apud alios loqui videlicet didicerat, non multum ipse secum. (104) intellegendum est igitur nec gloriam popularem ipsam per se ⟨es⟩se expetendam nec ignobilita-

des sehr reichen assyrischen Königs, der folgendes auf seinen Grabstein meißeln ließ: »Das besitze ich, was ich gegessen habe und was meine Begierde bis zur Sättigung genossen hat; jenes aber, vieles und Erhabenes, bleibt verlassen liegen.« »Was anderes«, sagt Aristoteles, »würde man auf das Grab eines Rindes, nicht auf das eines Königs schreiben? Er sagt, als Toter besitze er das, was er als Lebender nicht einmal länger besaß, als er es genoß.« (102) Warum also sollte man nach Reichtum streben, oder wo läßt die Armut nicht zu, glücklich zu sein? Ich glaube, du interessierst dich für Statuen und Gemälde. Wenn es jemanden gibt, der sich daran erfreut, haben die Menschen mit dünnem Geldbeutel nicht einen größeren Genuß als die, die daran Überfluß haben? Denn es gibt von all diesen Dingen in unserer Stadt an öffentlichen Plätzen eine sehr große Menge. Diejenigen, die als Privatleute diese Gegenstände besitzen, sehen nicht so vieles und nur selten, nämlich dann, wenn sie auf ihre Landgüter kommen; doch es quälen sie irgendwie noch Gewissensbisse, wenn sie bedenken, woher sie es haben.[135] Der Tag dürfte nicht ausreichen, wenn ich die Sache der Armut verteidigen wollte. Denn die Sache ist klar, und täglich erinnert uns die Natur selbst daran, mit wie wenigen, mit wie geringen, mit wie billigen Dingen sie zufrieden ist.

36 (103) Können also etwa Unbekanntsein oder ein niederer Rang oder auch Unbeliebtheit beim Volk den Weisen daran hindern, glücklich zu sein? Sieh zu, daß Beliebtheit beim Volk und der Ruhm, den man erstrebt, nicht mehr Beschwerlichkeit als Vergnügen mit sich bringen. Gewiß ist unser Freund[136] Demosthenes ein wenig eitel, der sagte, er habe Gefallen an dem Flüstern einer wassertragenden Frau – dies ist Sitte in Griechenland –, die einer anderen zuraunte: »Das ist der berühmte Demosthenes.« Was ist nichtiger als das? Doch welch ein Redner war er! Offenbar aber hatte er gelernt, vor anderen zu reden, aber kaum, mit sich selbst. (104) Man muß also erkennen, daß das Ansehen beim Volk nicht schon an sich erstrebenswert ist und daß man das

tem extimescendam. 'veni Athenas' inquit Democritus 'neque me quisquam ibi adgnovit.' constantem hominem et gravem, qui glorietur a gloria se afuisse! an tibicines ique, qui fidibus utuntur, suo, non multitudinis arbitrio cantus numerosque moderantur, vir sapiens multo arte maiore praeditus non quid verissimum sit, sed quid velit vulgus, exquiret? an quicquam stultius quam, quos singulos sicut operarios barbarosque contemnas, eos aliquid putare esse universos? ille vero nostras ambitiones levitatesque contemnet honoresque populi etiam ultro delatos repudiabit; nos autem eos nescimus, ante quam paenitere coepit, contemnere. (105) est apud Heraclitum physicum de principe Ephesiorum Hermodoro; universos ait Ephesios esse morte multandos, quod, cum civitate expellerent Hermodorum, ita locuti sint: 'nemo de nobis unus excellat; sin quis extiterit, alio in loco et apud alios sit.' an hoc non ita fit omni in populo? nonne omnem exsuperantiam virtutis oderunt? quid? Aristides – malo enim Graecorum quam nostra proferre – nonne ob eam causam expulsus est patria, quod praeter modum iustus esset? quantis igitur molestiis vacant, qui nihil omnino cum populo contrahunt! quid est enim dulcius otio litterato? is dico litteris, quibus infinitatem rerum atque naturae et in hoc ipso mundo caelum terras maria cognoscimus.

37 (106) Contempto igitur honore, contempta etiam pecunia quid relinquitur quod extimescendum sit? exilium,

Unbekanntsein nicht fürchten muß. »Ich kam nach Athen«, sagte Demokrit, »und niemand kannte mich dort.« Ein gestandener und würdiger Mann, der sich rühmt, dem Ruhm fern gewesen zu sein. Gestalten die Flötenspieler und Lyraspieler ihre Lieder und Rhythmen denn nicht nach ihrem eigenen Urteil und nicht nach dem der Menge; soll der Weise aber, der mit einer viel größeren Kunst begabt ist, nicht das, was das Wahrscheinlichste ist, suchen, sondern das, was die Menge möchte? Gibt es etwas Dümmeres, als zu glauben, diejenigen, die man einzeln als Tagelöhner und Barbaren geringschätzt, hätten in ihrer Gesamtheit eine Bedeutung? Der Weise wird vielmehr unseren Ehrgeiz und unsere Eitelkeiten verachten und die Ehren des Volkes, selbst wenn sie ihm freiwillig dargeboten werden, zurückweisen; wir aber können sie nicht verachten, bevor wir nicht beginnen, Reue zu verspüren.[137] (105) Bei dem Naturphilosophen Heraklit[138] findet sich eine Geschichte über den führenden Mann der Ephesier, Hermodoros; er sagt, alle Ephesier seien mit dem Tod zu bestrafen, weil sie, als sie Hermodoros aus der Stadt vertrieben hatten, folgendes gesagt hätten: »Niemand von uns soll als einziger herausragen; wenn aber jemand hervortritt, dann soll er an einem anderen Ort und bei anderen Menschen sein.« Geschieht das nicht so in jedem Volk? Haßt man nicht jede überragende Tüchtigkeit? Wie? Ist nicht Aristeides – ich will lieber Beispiele aus der griechischen als aus unserer Geschichte anführen – aus dem Grunde aus seiner Heimat verbannt worden, weil er über die Maßen gerecht war? Von wieviel Kümmernissen also sind die frei, die überhaupt nicht mit dem Volk in Berührung kommen! Was ist nämlich angenehmer als Mußezeit, die man mit der Wissenschaft verbringt? Ich meine die Wissenschaft, durch die wir die Unendlichkeit der Dinge und der Natur und in diesem Weltall den Himmel, die Erde und die Meere kennenlernen.

37 (106) Wenn man also die Ehre und auch das Geld verachtet, was bleibt noch, was man fürchten müßte? Die Ver-

credo, quod in maxumis malis ducitur. id si propter alienam et offensam populi voluntatem malum est, quam sit ea contemnenda, [sicut a] paulo ante dictum est. sin abesse patria miserum est, plenae miserorum provinciae sunt, ex quibus admodum pauci in patriam revertuntur. (107) 'at multantur bonis exules.' quid tum? parumne multa de toleranda paupertate dicuntur? iam vero exilium, si rerum naturam, non ignominiam nominis quaerimus, quantum tandem a perpetua peregrinatione differt? in qua aetates suas philosophi nobilissimi consumpserunt, Xenocrates Crantor Arcesilas Lacydes Aristoteles Theophrastus Zeno Cleanthes Chrysippus Antipater Carneades Clitomachus Philo Antiochus Panaetius Posidonius, innumerabiles alii, qui semel egressi numquam domum reverterunt. 'at enim sine ignominia.' ⟨an potest exilium ignominia⟩ adficere sapientem? de sapiente enim haec omnis oratio est, cui iure id accidere non possit; nam iure exulantem consolari non oportet. (108) postremo ad omnis casus facillima ratio est eorum, qui ad voluptatem ea referunt quae secuntur in vita, ut, quocumque haec loco suppeditetur, ibi beate queant vivere. itaque ad omnem rationem Teucri vox accommodari potest:

> 'Patria est, ubicumque est bene.'

Socrates quidem cum rogaretur, cuiatem se esse diceret, 'mundanum' inquit; totius enim mundi se incolam et civem arbitrabatur. quid? T. Albucius nonne animo aequissimo Athenis exul philosophabatur? cui tamen illud ipsum non accidisset, si in re p. quiescens Epicuri legibus paruisset.

bannung, glaube ich, die man zu den größten Übeln zählt. Wenn sie wegen der entfremdeten und feindlichen Stimmung des Volkes ein Übel ist, so ist kurz zuvor schon gesagt worden, wie sehr man diese verachten muß. Wenn es aber ein Unglück bedeutet, der Heimat fern zu sein, dann sind die Provinzen voll von Unglücklichen, von denen nur ganz wenige in ihre Heimat zurückkehren.[139] (107) ›Aber die Verbannten werden mit dem Verlust ihres Vermögens bestraft.‹ Was folgt daraus? Wird immer noch nicht genug über das Ertragen der Armut gesagt? Wie sehr unterscheidet sich denn die Verbannung, wenn wir auf das Wesen der Dinge und nicht auf die Schande, die in dem Begriff liegt, schauen, von einer lang dauernden Reise? Damit verbrachten sehr angesehene Philosophen ihr Leben, nämlich Xenokrates, Krantor, Arkesilas, Lakydes, Aristoteles, Theophrast, Zenon, Kleanthes, Chrysipp, Antipater, Karneades, Kleitomachos, Philon, Antiochos, Panaitios, Poseidonios[140] und unzählige andere, die, einmal fortgegangen, niemals mehr nach Hause zurückkehrten. ›Aber doch ohne Schande.‹ Kann die Verbannung dem Weisen überhaupt Schande bereiten? Denn diese ganze Rede beschäftigt sich mit dem Weisen, dem von Rechts wegen so etwas nicht zustoßen kann; denn jemanden, der zu Recht in der Verbannung lebt, soll man nicht trösten. (108) Schließlich ist bei allen Schicksalsschlägen die Überlegung derjenigen die einfachste, die die Ereignisse des Lebens auf die Lust beziehen, so daß sie, wo auch immer sie zur Verfügung steht, dort glücklich leben können. Deshalb kann man das Wort des Teukros auf jede Lage anwenden: »Wo immer es gut ist, dort ist meine Heimat.«[141] Als Sokrates gefragt wurde, was für ein Landsmann er sei, sagte er: »Ein Weltbürger.« Denn er glaubte, Bewohner und Bürger der ganzen Welt zu sein. Wie? Philosophierte denn nicht T. Albucius[142] mit größter Gelassenheit in Athen als Verbannter? Doch selbst das wäre ihm nicht zugestoßen, wenn er sich in seinem Staat ruhig verhalten und den Lehren Epikurs[143] gehorcht hätte.

(109) qui enim beatior Epicurus, quod in patria vivebat, quam, quod Athenis, Metrodorus? aut Plato Xenocratem vincebat aut Polemo Arcesilam, quo esset beatior? quanti vero ista civitas aestimanda est, ex qua boni sapientesque pelluntur? Damaratus quidem, Tarquinii nostri regis pater, tyrannum Cypselum quod ferre non poterat, fugit Tarquinios Corintho et ibi suas fortunas constituit ac liberos procreavit. num stulte anteposuit exilii libertatem domesticae servituti?

38 (110) Iam vero motus animi, sollicitudines aegritudinesque oblivione leniuntur traductis animis ad voluptatem. non sine causa igitur Epicurus ausus est dicere semper in pluribus bonis esse sapientem, quia semper sit in voluptatibus. ex quo effici putat ille, quod quaerimus, ut sapiens semper beatus sit. (111) 'etiamne, si sensibus carebit oculorum, si aurium?' etiam; nam ista ipsa contemnit. primum enim horribilis ista caecitas quibus tandem caret voluptatibus? cum quidam etiam disputent ceteras voluptates in ipsis habitare sensibus, quae autem aspectu percipiantur, ea non versari in oculorum ulla iucunditate, ut ea, quae gustemus olfaciamus tractemus audiamus, in ea ipsa, ubi sentimus, parte versentur. in oculis tale nil fit; animus accipit, quae videmus. animo autem multis modis variisque delectari licet, etiamsi non adhibeatur aspectus. loquor enim de docto homine et erudito, cui vivere est cogitare. sapientis autem cogitatio non ferme ad investigandum adhibet oculos advocatos. (112) etenim si nox non adimit vitam beatam, cur dies nocti similis adimat? nam illud Antipatri Cyrenaici est qui-

(109) Wieso sollte denn Epikur glücklicher gewesen sein, weil er in seiner Heimat lebte, als Metrodor[144], weil er in Athen lebte? Oder hat Platon den Xenokrates oder Polemon[145] den Arkesilas an Glück übertroffen? Wie hoch aber darf man einen solchen Staat schätzen, aus dem gute und weise Männer vertrieben werden? Damaratos[146] jedenfalls, der Vater unseres Königs Tarquinius, floh, weil er den Tyrannen Kypselos nicht ertragen konnte, von Korinth nach Tarquinii und gründete dort seinen Reichtum und zeugte Kinder. War es etwa töricht von ihm, die Freiheit im Exil der Knechtschaft zu Hause vorzuziehen?

38 (110) Auch die seelischen Erregungen, Sorgen und Kummer werden gelindert durch das Vergessen, wenn die Seelen zur Lust hingezogen werden.[147] Nicht ohne Grund also wagte Epikur zu behaupten, der Weise sei immer in einer größeren Menge von Gütern, weil er sich immer in Freuden befinde. Er glaubt, daher ergebe sich das, was wir suchen, nämlich daß der Weise immer glücklich sei. (111) ›Auch wenn er kein Augenlicht und kein Gehör mehr hat?‹ Auch dann; denn gerade das hält er für unwichtig. Denn erstens: welche Freuden entbehrt denn jene schreckliche Blindheit? Wo doch einige sogar behaupten, die übrigen Lustempfindungen lägen in den Sinnen selbst, was man aber durch das Sehen aufnehme, das sei nicht mit einer angenehmen Empfindung für die Augen verbunden, während das, was wir schmecken, riechen, berühren und hören, gerade in dem Körperteil wirksam ist, wo wir es wahrnehmen. In den Augen geschieht solches nicht[148], der Geist nimmt auf, was wir sehen. Mit dem Geist aber können wir auf viele verschiedene Arten uns erfreuen, auch wenn man dabei nichts anblickt. Ich spreche nämlich über den gelehrten und gebildeten Menschen, für den Leben Denken bedeutet. Das Nachdenken des Weisen aber benötigt zum Forschen gewöhnlich nicht die Hilfe der Augen. (112) Wenn denn die Nacht nicht das glückliche Leben beseitigt, warum sollte ein der Nacht ähnlicher Tag es tun? Denn der be-

dem paulo obscenius, sed non absurda sententia est; cuius caecitatem cum mulierculae lamentarentur, 'quid agitis?' inquit, 'an vobis nulla videtur voluptas esse nocturna?'

Appium quidem veterem illum, qui caecus annos multos fuit, et ex magistratibus et ex rebus gestis intellegimus in illo suo casu nec privato nec publico muneri defuisse. C. Drusi domum compleri a consultoribus solitam accepimus; cum, quorum res esset, sua ipsi non videbant, caecum adhibebant ducem. pueris nobis Cn. Aufidius praetorius et in senatu sententiam dicebat nec amicis deliberantibus deerat et Graecam scribebat historiam et videbat in litteris. **39** (113) Diodotus Stoicus caecus multos annos nostrae domi vixit. is vero, quod credibile vix esset, cum in philosophia multo etiam magis assidue quam antea versaretur et cum fidibus Pythagoreorum more uteretur cumque ei libri noctes et dies legerentur, quibus in studiis oculis non egebat, tum, quod sine oculis fieri posse vix videtur, geometriae munus tuebatur verbis praecipiens discentibus, unde quo quamque lineam scriberent. Asclepiadem ferunt, non ignobilem Eretricum philosophum, cum quidam quaereret, quid ei caecitas attulisset, respondisse, puero ut uno esset comitatior. ut enim vel summa paupertas tolerabilis sit, si liceat quod quibusdam Graecis cotidie, sic caecitas ferri facile possit, si non desint subsidia valetudinum. (114) Democritus luminibus amissis alba scilicet discernere et atra non

kannte Ausspruch des Antipater von Kyrene ist zwar ein wenig unanständig, aber der Gedanke ist nicht abwegig; als Frauen seine Blindheit beklagten, sagte er: »Was macht ihr denn? Scheint es für euch denn kein nächtliches Vergnügen zu geben?« Von jenem alten Appius[149], der viele Jahre blind war, wissen wir sowohl auf Grund seiner Ämterführung als auch seiner Taten, daß er trotz seines Schicksals weder eine private noch eine öffentliche Pflicht versäumt hat. Wir wissen, daß das Haus des C. Drusus[150] von Ratsuchenden gewöhnlich voll war; wenn sie selbst, deren Aufgabe es doch war, in ihren eigenen Angelegenheiten nicht klar sahen, nahmen sie einen Blinden als Führer. In unserer Jugend sagte der ehemalige Prätor Cn. Aufidius[151] im Senat seine Meinung, versagte sich nicht den Beratungen seiner Freunde, schrieb ein Geschichtswerk in griechischer Sprache und war in der Wissenschaft ein Sehender. **39** (113) Der Stoiker Diodotus[152] lebte viele Jahre blind in unserem Haus. Er hat aber, was kaum glaublich ist, während er sich mit der Philosophie noch beständiger als zuvor beschäftigte, nach Sitte der Pythagoreer sich dem Saitenspiel widmete und sich bei Tag und Nacht Bücher vorlesen ließ, Beschäftigungen, bei denen er der Augen nicht bedurfte, vor allem Unterricht in der Geometrie gegeben, was man ohne Augen anscheinend kaum tun kann, indem er den Schülern mit Worten erklärte, von wo und wohin sie eine jede Linie ziehen sollten. Asklepiades[153], ein recht bekannter Philosoph aus Eritrea, hat, so berichtet man, als ihn jemand fragte, was ihm seine Blindheit eingebracht habe, geantwortet, daß seine Begleitung um einen Sklaven zugenommen habe.[154] Denn wie die größte Armut erträglich sein dürfte, wenn man tun kann, was manchen Griechen täglich erlaubt ist[155], so könnte man wohl auch die Blindheit leicht ertragen, wenn die Hilfsmittel für dieses Gebrechen nicht fehlen. (114) Als Demokrit[156] sein Augenlicht verloren hatte, konnte er freilich weiß und schwarz nicht unterscheiden, er konnte aber Gutes und Schlechtes, Gerechtes und Ungerechtes, Ehrenhaftes und

poterat, at vero bona mala, aequa iniqua, honesta turpia, utilia inutilia, magna parva poterat, et sine varietate colorum licebat vivere beate, sine notione rerum non licebat. atque hic vir impediri etiam animi aciem aspectu oculorum arbitrabatur, et cum alii ⟨hi⟩s saepe, quod ante pedes esset, non viderent, ille infinitatem omnem peragrabat, ut nulla in extremitate consisteret. traditum est etiam Homerum caecum fuisse; at eius picturam, non poesin videmus: quae regio, quae ora, qui locus Graeciae, quae species formaque pugnae, quae acies, quod remigium, qui motus hominum, qui ferarum non ita expictus est, ut, quae ipse non viderit, nos ut videremus, effecerit? quid ergo? aut Homero delectationem animi ac voluptatem aut cuiquam docto defuisse umquam arbitramur? (115) aut, ni ita se res haberet, Anaxagoras aut hic ipse Democritus agros et patrimonia sua reliquissent, huic discendi quaerendique divinae delectationi toto se animo dedissent? itaque augurem Tiresiam, quem sapientem fingunt poetae, numquam inducunt deplorantem caecitatem suam; at vero Polyphemum Homerus cum inmanem ferumque finxisset, cum ariete etiam conloquentem facit eiusque laudare fortunas, quod, qua vellet, ingredi posset et, quae vellet, attingere. recte hic quidem; nihilo enim erat ipse Cyclops quam aries ille prudentior. 40 (116) In surditate vero quidnam est mali? erat surdaster M. Crassus, sed aliud molestius, quod male audiebat, etiamsi, ut mihi videbatur, iniuria. [Epicurei] nostri Graece fere nesciunt nec Graeci Latine. ergo hi in illorum et illi in horum sermone

Schändliches, Nützliches und Unnützes, Großes und Kleines auseinanderhalten, und ohne die Vielfalt der Farben konnte er glücklich leben, ohne Begriff von den Dingen konnte er es nicht. Und dieser Mann glaubte, durch das Sehen mit den Augen werde sogar die Schärfe des Geistes behindert, und während andere mit ihren Augen häufig das nicht sahen, was vor ihren Füßen lag, durchwanderte jener mit seinem Geist die ganze Unendlichkeit, so daß er an keiner Grenze haltmachte. Der Überlieferung nach war auch Homer blind; aber wir sehen sein Werk als ein Gemälde, nicht als eine Dichtung: welche Gegend, welche Küste, welcher Ort Griechenlands, welches Bild und welche Form des Kampfes, welche Schlachtreihe, welches Ruder, welche Bewegung der Menschen und Tiere hat er nicht so ausgemalt[157], daß er erreicht hat, daß wir sehen, was er nicht gesehen hat? Wie also? Nehmen wir noch an, daß Homer oder irgendeinem anderen gebildeten Mann jemals die Freude und das Vergnügen des Geistes gefehlt haben? (115) Oder hätten, wenn es sich nicht so verhielte, Anaxagoras[158] oder eben Demokrit ihre Äcker und ihr Erbgut verlassen und sich dieser göttlichen Freude des Lernens und Forschens mit ganzem Herzen gewidmet? Deshalb schildern die Dichter den Seher Teiresias[159], den sie als Weisen darstellen, niemals so, daß er seine Blindheit beklagt; Homer aber läßt den Polyphem, da er ihn als roh und wild dargestellt hatte, sogar mit dem Widder sprechen und dessen Schicksal preisen, weil er gehen könne, wohin er wolle, und berühren könne, was er wolle.[160] Er tat das gewiß zu Recht; denn um nichts war der Kyklop selbst klüger als jener Widder.

40 (116) Welches Übel liegt denn gar in der Taubheit? M. Crassus[161] war schwerhörig, aber übler für ihn war, daß er Schlechtes über sich hörte, wenn auch, wie mir schien, zu Unrecht. Unsere Landsleute sprechen kaum Griechisch und die Griechen kaum Lateinisch. Also sind diese in der Sprache jener und jene in der Sprache dieser taub, und ebenso

surdi, omnesque item nos in is linguis quas non intellegimus, quae sunt innumerabiles, surdi profecto sumus. 'at vocem citharoedi non audiunt.' ne stridorem quidem serrae, tum cum acuitur, aut grunditum, cum iugulatur, suis nec, cum quiescere volunt, fremitum murmurantis maris; et si cantus eos forte delectant, primum cogitare debent, ante quam hi sint inventi, multos beate vixisse sapientes, deinde multo maiorem percipi posse legendis his quam audiendis voluptatem. (117) tum, ut paulo ante caecos ad aurium traducebamus voluptatem, sic licet surdos ad oculorum. etenim, qui secum loqui poterit, sermonem alterius non requiret.

Congerantur in unum omnia, ut idem oculis et auribus captus sit, prematur etiam doloribus acerrumis corporis. qui primum per se ipsi plerumque conficiunt hominem; sin forte longinquitate producti vehementius tamen torquent, quam ut causa sit cur ferantur, quid est tandem, dii boni, quod laboremus? portus enim praesto est, quoniam mors †ibidem est, aeternum nihil sentiendi receptaculum. Theodorus Lysimacho mortem minitanti 'magnum vero' inquit 'effecisti, si cantharidis vim consecutus es'; (118) Paulus Persi deprecanti, ne in triumpho duceretur, 'in tua id quidem potestate est.' multa primo die, cum de ipsa morte quaereremus, non pauca etiam postero, cum ageretur de dolore, sunt dicta de morte, quae qui recordetur, haud sane periculum est ne non mortem aut optandam aut certe non timendam putet. **41** mihi quidem in vita servanda videtur illa

sind wir alle in der Tat in den Sprachen taub, die wir nicht kennen, und das sind unzählige. ›Aber sie hören die Stimme des Zitherspielers nicht.‹ Allerdings auch nicht das Kreischen der Säge, wenn sie geschärft wird, oder das Quieken des Schweines, wenn es geschlachtet wird, und nicht das Dröhnen des rauschenden Meeres, wenn sie ruhen wollen; und wenn Menschen vielleicht Freude an Gesängen haben, dann müssen sie zunächst überlegen, daß schon viele Weise glücklich gelebt haben, ehe sie erfunden wurden, und dann, daß man ein viel größeres Vergnügen beim Lesen der Texte als beim Hören empfinden kann. (117) Ferner: wie wir kurz zuvor die Blinden auf das Vergnügen des Hörens, so können wir jetzt die Tauben auf das des Sehens verweisen. Denn wer in der Lage ist, mit sich selbst zu sprechen, der wird das Gespräch mit einem anderen nicht suchen.

Es mögen nun alle Gebrechen bei einem Menschen zusammenkommen, so daß derselbe Mensch blind und taub ist und auch noch von schlimmsten körperlichen Schmerzen gequält wird. Diese richten zunächst allein durch sich sehr häufig schon einen Menschen zugrunde; wenn sie sich in die Länge ziehen und doch heftiger quälen sollten, als daß es einen Sinn gäbe, sie zu ertragen, warum, ihr guten Götter, sollten wir uns abmühen? Denn es steht ein Hafen zur Verfügung, weil es ja den Tod gibt, einen ewigen Zufluchtsort, an dem man nichts mehr empfindet. Theodoros sagte zu Lysimachos[162], der ihm mit dem Tod drohte: »Großes hast du in der Tat erreicht, wenn du die Kraft einer giftigen Fliege erlangt hast.« (118) Paulus sagte zu Perseus[163], als er ihn bat, nicht im Triumphzug mitgeführt zu werden: »Es liegt ganz in deiner Macht.« Vieles ist am ersten Tag, als wir über den Tod nachdachten, und nicht weniges auch am zweiten Tag, als es um den Schmerz ging, über den Tod gesagt worden; bei dem, der das beherzigt, besteht keine Gefahr, daß er den Tod nicht für wünschenswert, mit Sicherheit aber nicht für furchtbar hält. **41** Mir jedenfalls scheint, man muß im Leben das Gebot beachten, das bei

lex, quae in Graecorum conviviis optinetur: 'aut bibat' inquit 'aut abeat.' et recte. aut enim fruatur aliquis pariter cum aliis voluptate potandi aut, ne sobrius in violentiam vinolentorum incidat, ante discedat. sic iniurias fortunae, quas ferre nequeas, defugiendo relinquas. Haec eadem, quae Epicurus, totidem verbis dicit Hieronymus.

(119) Quodsi is philosophis, quorum ea sententia est, ut virtus per se ipsa nihil valeat, omneque, quod honestum nos et laudabile esse dicamus, id illi cassum quiddam et inani vocis sono decoratum esse dicant –, ⟨si⟩ i tamen semper beatum censent esse sapientem, quid tandem a Socrate et Platone profectis philosophis faciendum videtur? quorum alii tantam praestantiam in bonis animi esse dicunt, ut ab is corporis et externa obruantur, alii autem haec ne bona quidem ducunt, in animo reponunt omnia. (120) quorum controversiam solebat tamquam honorarius arbiter iudicare Carneades. nam cum, quaecumque bona Peripateticis, eadem Stoicis commoda viderentur neque tamen Peripatetici plus tribuerent divitiis bonae valetudini ceteris rebus generis eiusdem quam Stoici, cum ea re, non verbis ponderarentur, causam esse dissidendi negabat. quare hunc locum ceterarum disciplinarum philosophi quem ad modum optinere possint, ipsi viderint; mihi tamen gratum est, quod de sapientium perpetua bene vivendi facultate dignum quiddam philosophorum voce profitentur.

(121) Sed quoniam mane est eundum, has quinque dierum disputationes memoria comprehendamus. equidem me

den Gastmählern der Griechen befolgt wird. Es besagt: »Man soll entweder trinken oder weggehen.«[164] Und zu Recht. Denn entweder soll jemand in gleicher Weise mit den anderen die Freude des Trinkens genießen, oder er soll, damit er nicht nüchtern in die Ausgelassenheit der Trunkenen gerät, vorher weggehen. So soll man sich auch den Schlägen des Schicksals, die man nicht ertragen kann, durch Flucht entziehen. Dasselbe wie Epikur sagt ebenso ausführlich Hieronymos.

(119) Wenn aber den Philosophen, deren Ansicht es ist, daß die Tugend aus sich selbst nichts vermag, und die alles, was wir als tugendhaft und lobenswert bezeichnen, als eitel und mit leerem Wortgeklingel geschmückt ansehen – wenn diese dennoch meinen, der Weise sei immer glücklich, was schließlich müssen nach deiner Ansicht die Anhänger des Sokrates und Platon tun? Die einen[165] von ihnen behaupten, in den Gütern der Seele liege ein so großer Vorzug, daß von ihnen die Güter des Körpers und die äußeren Güter überdeckt werden, die anderen[166] aber halten diese nicht einmal für Güter, sondern legen alles in die Seele. (120) Deren Meinungsverschiedenheit pflegte gleichsam als ein Schiedsrichter ehrenhalber Karneades zu entscheiden. Denn da die Stoiker dasselbe, was die Peripatetiker als Güter ansahen, für Vorzüge hielten und die Peripatetiker dennoch Reichtum, Gesundheit und den übrigen Dingen dieser Art nicht mehr Gewicht beimaßen als die Stoiker, sagte er, es bestehe kein Grund, sich zu entzweien, wenn man dies nach der Sache und nicht nach den Worten abwäge. Deshalb sollen die Philosophen der anderen Schulen selbst sehen, wie sie diesen Punkt behaupten können; mir ist es dennoch willkommen, daß sie über die dauernde Möglichkeit der Weisen, gut zu leben, etwas sagen, was der Stimme der Philosophen würdig ist.

(121) Weil wir aber morgen zeitig abreisen müssen, wollen wir die Erörterungen dieser fünf Tage im Gedächtnis festhalten. Ich freilich glaube, ich werde sie auch aufschrei-

etiam conscripturum arbitror – ubi enim melius uti possumus hoc, cuicuimodi est, otio? –, ad Brutumque nostrum hos libros alteros quinque mittemus, a quo non modo inpulsi sumus ad philosophiae scriptiones, verum etiam lacessiti. in quo quantum ceteris profuturi simus, non facile dixerim, nostris quidem acerbissimis doloribus variisque et undique circumfusis molestiis alia nulla potuit inveniri levatio.

ben – wie nämlich könnte ich diese Mußezeit, wie auch immer sie beschaffen ist, besser nutzen – und ich werde diese weiteren fünf Bücher[167] an unseren Freund Brutus senden, von dem wir nicht nur zur philosophischen Schriftstellerei angeregt, sondern geradezu herausgefordert[168] worden sind. Wieweit wir damit anderen Menschen nützen werden, kann ich nur schwer sagen; für unsere sehr bitteren Schmerzen allerdings und für die verschiedenen Kümmernisse, die uns von allen Seiten bedrängen, ließ sich keine andere Linderung finden.

Anhang

Zur Textgestalt

Der lateinische Text folgt der Ausgabe von M. Pohlenz: M. Tulli Ciceronis scripta quae manserunt omnia. Fasc. 44: Tusculanae disputationes. Leipzig: Teubner, 1918. Nachdruck Stuttgart: Teubner, 1982. Unter Beachtung der verdienstvollen Ausgabe von M. Giusta (Tusculanae disputationes, Turin: Paravia, 1984), die die neueren Forschungsergebnisse berücksichtigt, weicht die Reclam-Ausgabe an folgenden Stellen von der Ausgabe von M. Pohlenz ab:

		Pohlenz	*Reclam*
I	4,7	[operam] dedimus	operam dedimus
	6,11	Si ergo . . ., ne sunt quidem apud inferos ulli.	Ergo apud . . ., si ne sunt quidem apud inferos ulli.
	7,14	miser est Crassus	miser est ⟨M.⟩ Crassus
	8,17	Superbum id quidem est	Superbum id quidem es⟨se⟩t
	10,20	et duas partes parere voluit	et duas partes ei parere voluit
	12,26	cernebant	cernebat
	12,27	multis aliis rebus	⟨e⟩ multis aliis rebus
	15,35	arbitrabimur	arbitramur
	16,38	cum [honore] disciplina	cum honore disciplinae
	17,41	aliquid . . . animus	aliquid ani⟨mum pute⟩mus
	22,51	si enim, quod	nisi enim, quod
	24,58	cumque nihil esset . . ., ut omnibus	cumque nihil esset ⟨eorum, quae sensibus perciperentur⟩, ut omnibus
	24,59	aut unde nat[ur]am	aut unde naturam
	26,65	animus qui . . ., ut	animus, qui ⟨viget, qui sapit, qui invenit, qui meminit⟩, ut
	30,72	humanis vitiis	huius vitiis
	35,85	aut quinquaginta Priamus	at quinquaginta Priamus

		Pohlenz	*Reclam*
	35,86	† Anon liberi … possiderentur	non liberi … possiderentur
	36,88	nec sensus in mortuo	nec est sensus in mortuo
	40,97	Quis hanc maximi animi aequitatem in ipsa morte laudaret	Quis hac maximi animi aequitate in ipsa morte luderet
	40,97	vadit enim	vadit [enim]
	45,109	perfectae perfecto functus est	perfectae per[fecto]functus est
	46,110	verum multitudinis iudicium de bonis ⟨bonum⟩ si quando est	verum multitudinis iudicium de bonis si quando est
	48,116	sanguinem; ⟨nam⟩ Iphigenia Aulide	sanguinem; ⟨neque⟩ Iphigenia; ⟨nam⟩ Aulide
II	5,14	Non audeo id dicere equidem	Non audeo id quidem dicere
	11,26	Philo et proprium nrt	et proprium numerum
	11,26	verti enim multa	verti etiam multa
	13,32	audieris	audies
	16,37	geruntur	gerunt[ur]
	17,39	⟨non minus autem exercitatum⟩ ubi tantum	Ubi tantum
	22,52	[sed fac totum dolere corpus]	(sed fac totum dolere corpus)
III	3,6	opibus viribus	opibus et viribus
	6,12	si' inquit 'fuero	si' inquit 'fuerim
	11,24	altera, cupiditas, quae recte vel libido dici potest, quae est inmoderata adpetitio opinati magni boni rationi non obtemperans	altera, quae est inmoderata adpetitio opinati magni boni rationi non obtemperans, vel cupiditas recte vel libido dici potest
	12,26	carebas	care[ba]s
	16,35	qui, ⟨quod⟩ a natura datum est, auxilium	qui a natura datum [est] auxilium

		Pohlenz	*Reclam*
	22,53	servierunt, Macedones	servierunt, multi Macedones
	23,55	*ergo . . . repentina*	ergo . . . repentina
	25,61	aut non attingat aegritudo aut	aut non attingat ⟨omnino⟩ aut
	29,71	idem tamen	et tamen
	31,76	putent malum illud	putent ⟨docere⟩ malum illud
	31,76	accidisse, ⟨ut Cyrenaici . . .⟩ nihil mali	accidisse, nihil mali
IV	6,12	laetitia ut	laetitia ⟨a⟩ut⟨em⟩
	13,30	cum curatione et purgatione medicorum	cum curatione medicorum
	14,32	non enim multa ecferata	sunt enim multa ecferata
	16,36	quodnisi eo nomine virtutes	quodnisi eo nomine ⟨omnes⟩ virtutes
	17,39	ne opprimare, mente	ne opprimare ⟨metuens⟩, mente
	36,77	Ira vero, quae quam diu	Ira vero, [quae] quam diu
V	9,26	qua enim sibi	quam autem sibi
	16,48	sine alacritate futtili	sine alacritate ulla
	20,59	eum ipsum	eum ipse
	29,83	posiverunt	posuerunt
	31,88	cuius magnitudinem	quoniam magnitudinem
	36,104	per sese expetendam	per se ⟨es⟩se expetendam
	39,114	alii saepe	alii ⟨hi⟩s saepe
	39,114	⟨in⟩ infinitatem omnem peregrinabatur	infinitatem omnem peragrabat

Anmerkungen

Die Fragmente der lateinischen Tragödien- und Komödiendichter werden zitiert nach O. Ribbeck: Scenicae Romanorum poesis fragmenta. Bd. 1: Tragicorum Romanorum fragmenta. Leipzig: Teubner, 1897. Bd. 2: Comicorum Romanorum fragmenta. Leipzig: Teubner, 1898. Fragmente anderer Werke des Ennius werden zitiert nach J. Vahlen: Ennianae poesis reliquiae. Leipzig: Teubner, 1903. Bei Fragmenten anderer Autoren ist jeweils der Herausgeber angegeben.

Buch I

1 Cicero erwähnt hier nur seine Verteidigungsreden. Anklagereden erschienen ihm als unwürdig (vgl. de off. II 49–51). Seine Anklagen gegen Verres und Catilina konnte Cicero als Verteidigungsreden für den Staat ansehen.

2 Als ehemaliger Konsul war Cicero Mitglied des Senats und hatte an dessen Sitzungen und Amtsgeschäften teilzunehmen. Ciceros politische Untätigkeit war bedingt durch Caesars Monarchie. Er versucht allerdings, sich den Verzicht auf öffentliche Betätigung zu erleichtern, indem er behauptet, er habe sich längst gewünscht, endlich einmal von allen Aufgaben frei zu sein.

3 Mit dieser Anrede widmet Cicero dem Brutus das Werk. M. Iunius Brutus, geb. 85 v. Chr., war mit Caesar eng befreundet, gehörte später aber zu seinen Mördern. Er fiel in der Schlacht bei Philippi, 42 v. Chr. Cicero schätzte ihn sehr und widmete ihm neben den *Tusculanen* auch seine Werke *Orator, De finibus* und den Dialog *Brutus*.

4 Cicero hatte sich seit etwa 90 v. Chr. mit der Philosophie beschäftigt, 79 ging er für sechs Monate nach Athen. Im Frühjahr 45 nahm er nach mehr als 30jähriger Unterbrechung die Studien wieder auf.

5 *studium sapientiae* ist die lateinische Übersetzung des griechischen Wortes φιλοσοφία.

6 In Rom unterrichteten viele Griechen als Hauslehrer die Söhne der vornehmen Familien.
7 Cicero räumt die Überlegenheit der Griechen in Wissenschaft und Literatur ein. Die Römer waren Praktiker, und ihre Stärke lag auf dem Gebiet des Ingenieur-, Kriegs- und Rechtswesens.
8 Griechischer Lyriker, 1. Hälfte 7. Jh. Hesiod setzt man heute etwa um 700 v. Chr. an. Cicero datiert also etwas zu früh.
9 Nach Varro (bei Gellius, Noct. Att. XVII 21,42) führte Livius Andronicus 240 v. Chr. in Rom ein griechisches Theaterstück in lateinischer Übersetzung auf. Mit der Angabe »ungefähr 510 Jahre nach der Gründung Roms« datiert Cicero die Gründung der Stadt auf 750.
10 Ein historisches Werk, verfaßt vom Zensor M. Porcius Cato; erhalten sind nur Fragmente.
11 M. Fulvius Nobilior unterwarf 189 v. Chr. als Konsul die Ätoler. Er war ein Freund griechischer Bildung und wurde deshalb von Cato kritisiert.
12 C. Fabius, ein Mitglied der vornehmen Familie der Fabier, malte den Tempel der Salus auf dem Quirinal, der 302 v. Chr. eingeweiht worden war, aus und erhielt deswegen den Beinamen »Pictor«.
13 Zur musikalischen Bildung des Epameinondas vgl. Nepos, Epam. c. 2. Epameinondas war nach Cic. de off. I 155 und de or. III 139 auch philosophisch gebildet.
14 Zur Zeit des Themistokles (er besiegte 480 v. Chr. die Perser bei Salamis) verlangte man von einem Gebildeten, daß er nicht nur ein kurzes Lied, sondern auch zur Lyra ein größeres Werk aus der Chorlyrik vortragen konnte.
15 Cicero denkt z. B. an Archimedes, gest. 212 v. Chr.
16 M. Porcius Cato lebte von 234 bis 149 v. Chr. Servilius Galba, Scipio Africanus Minor und C. Laelius Sapiens waren jüngere Zeitgenossen des Cato. Servilius Galba setzte als erster griechische Techniken ein. M. Aemilius Lepidus, Papirius Carbo, Tiberius und Gaius Gracchus bilden die nächste Gruppe der Redner. Die volle Eleganz der griechischen Redekunst erreichte als erster M. Aemilius Lepidus, etwa 137 v. Chr. (vgl. Cic. Brut. 52 ff.).
17 Cicero strebte eine durch die Philosophie vertiefte Redekunst an, wie aus dem im Jahr 55 v. Chr. geschriebenen Dialog *De oratore* deutlich wird.
18 Trag. inc. 111.

19 Es ist unklar, ob diese Verse Lucilius oder Ennius zuzuschreiben sind. Vgl. M. Giusta, S. 8.
20 Er galt als unermeßlich reich. 53 v. Chr. fiel er in der Schlacht bei Carrhae gegen die Parther.
21 Er wurde nach seiner Niederlage bei Pharsalos 48 v. Chr. in Ägypten ermordet.
22 Der Vergleich mit dem Zustand vor der Geburt findet sich ständig bei den Epikureern und in den Trostschriften.
23 An der Porta Capena begann die Via Appia, die von Familiengräbern gesäumt war.
24 Cicero will zeigen, daß es auf den sprachlichen Ausdruck, hier also die Weglassung der Copula, nicht ankommt. Denn wenn der Ausdruck *miser M. Crassus* einen Sinn haben soll, muß er ein Urteil enthalten.
25 Epicharmos, geb. 540 v. Chr., ist der erste faßbare Vertreter der dorischen Komödie. Cicero hatte als Quästor auf Sizilien den Scharfsinn und Witz der Sizilianer kennengelernt. Zum Zitat siehe Epicharmos, frg. B 11 (Diels).
26 Cicero berührt dieses in der Tat ziemlich schwierige Problem nur kurz und kommt erst in I 82 nochmals flüchtig darauf zurück.
27 D. h. wie ein Orakel.
28 Cicero folgt der neueren Akademie, die sagt, Sicherheit sei unmöglich, es gebe aber Stufen der Wahrscheinlichkeit, die im Bereich unserer Möglichkeiten lägen.
29 Gemeint sind die Dogmatiker, besonders die Stoiker, die zwar für sich die Bezeichnung σοφοί nicht in Anspruch nehmen, aber am Ideal eines σοφός, der volle Erkenntnis besitzt, festhalten.
30 Vgl. Plat. Phaid. 64c.
31 Gemeint sind wohl die am Ende von I 18 und Anfang von I 19 angeführten Lehren.
32 Epikur und seine Anhänger.
33 Die Stoiker.
34 Pythagoras und Platon.
35 Dies war wohl eine volkstümliche Auffassung. Cicero lehnt sich an Chrysipp an, der zeigen wollte, daß das Zentralorgan der Seele im Herzen seinen Sitz habe und daher die Volksmeinung komme, die sich die Seelenvorgänge im Herzen vorstelle.
36 Publius Cornelius Scipio Nasica, Konsul 162 v. Chr., war ein tüchtiger Redner und Rechtsgelehrter.
37 Konsul 198 v. Chr., ein bekannter Rechtsgelehrter.

38 Diese Auffassung vertrat Ende des 6. Jh.s v. Chr. der Arzt Alkmaeon von Kroton.

39 Diese Anschauungen setzen die Seele nicht mit körperlichen Organen gleich, sondern denken sie nur als an solche gebunden. Zur ersten Gruppe gehören die Stoiker, zur zweiten Ärzte wie Herophilos und Erasistratos.

40 Die Auffassung, daß Seele und Hauch identisch seien, wird gestützt durch lateinische Ausdrücke, in denen *animus* und *anima* dieselbe Bedeutung haben.

41 Gemeint sind die Vorsokratiker.

42 Plat. Phaid. 89.

43 Vgl. I 8, 9, 10. Er erklärte, die Seele sei ἀριθμὸν ἑαυτὸν κινοῦντα (Aristot. de an. 404b, 27).

44 νοῦς (*ratio*), θυμός (*ira*), ἐπιθυμία (*cupiditas*); vgl. Pol. 438d ff.

45 Erde, Feuer, Luft, Wasser. Das fünfte Element ist der Äther, aus dem die Himmelskörper bestehen. Den Namen αἰθήρ vermeidet Aristoteles aber meistens, weil die völlige Verschiedenheit dieses Stoffes zu den vier Elementen dabei nicht empfunden wird.

46 Mit diesem Begriff stoßen wir auf ein bislang ungeklärtes Problem. Nach Pohlenz (vgl. den Kommentar zu seiner Ausgabe, S. 53) hat Cicero hier zwei unterschiedliche Begriffe verwechselt. Er fand wohl in seiner Vorlage das Wort ἐντελέχεια (»Vollendung, der vollendete Zustand«) mit der Verschreibung ἐνδελέχεια. Dieses Wort hat die Bedeutung »ununterbrochene Dauer«. Gigon (vgl. den Kommentar zu seiner Ausgabe, S. 462) hingegen vertritt die Ansicht, ἐνδελέχεια sei »für eine Seele, deren Substanz dieselbe ist, wie die des die sublunare Welt erfüllenden Kreiskörpers, bzw. fünften Elementes, [...] eine sinnvolle Charakterisierung; daß sie nur durch das Versehen eines Doxographen zustande gekommen wäre, wird man ungern annehmen«.

47 In I 9. Cicero lenkt die Unterhaltung so, daß die Lehren nicht im einzelnen behandelt werden müssen.

48 So lehrten die Pythagoreer und Platon, nach denen sich die Seele nur zeitweilig mit dem Körper verbindet. Räumlich im Himmel denkt sich Platon die Seele nicht, wohl aber Poseidonios. Vgl. I 43 ff., 51.

49 Platons *Phaidon* war damals das Standardwerk über die Unsterblichkeit der Seele.

50 Der Glaube der Urzeit, die man sich als ein götternahes Goldenes Zeitalter vorstellte, wurde häufig als Beweis angeführt.

51 *cascus* bedeutet alt; so Varro de ling. Lat. VII 28. Der Vers des Ennius lautet: *Quam prisci casci populi tenuere Latini* (Enn. ann. 24).

52 Das *ius pontificium* umfaßt die sakralen Ordnungen, zu denen auch die Pflicht gehört, die Toten nach genau festgelegten Formalien zu bestatten. Cicero schließt von dem Totenkult in Anlehnung an Aristoteles (eth. Eud. frg. 39) auf den allgemeinen Glauben an die Unsterblichkeit.

53 Die Römer glaubten, wenn ein Leichnam ordnungsgemäß bestattet worden sei, gehe die Seele unter die Erde in die Unterwelt. Ohne ordnungsgemäße Bestattung irre der Geist umher und sei eine Gefahr für die Lebenden. Berühmte Männer und Frauen steigen sofort zum Himmel auf, wie Cicero in dem berühmten »Somnium Scipionis« (de re publ. VI 9 ff.) zeigt.

54 Enn. ann. 115.

55 Liber ist der Name einer alten italischen Gottheit, die später mit Dionysos gleichgesetzt wurde.

56 Die Dioskuren Kastor und Pollux. Sie hatten 499 v. Chr. in der Schlacht am See Regillus die Römer unterstützt und die Siegesbotschaft nach Rom gebracht.

57 Matuta ist die alte italische Gottheit der Morgendämmerung und der Geburt. Sie wurde gleichgesetzt mit der griechischen Göttin Ino, die sich ins Meer stürzte und in die Seegöttin Leukothea verwandelt wurde.

58 Cicero führt dies nicht weiter aus; er selbst war Eingeweihter und deshalb zum Schweigen verpflichtet. Auf Grund des Schweigegelübdes der Eingeweihten wissen wir wenig über den Inhalt der Mysterienkulte. Diese Geheimkulte beschäftigten sich meist mit Geburt, Leben und Sterben der Götter.

59 Neben Logik und Ethik war die Physik ein Teil der Philosophie. Zu ihr gehörten nicht nur Überlegungen über die Beschaffenheit der Welt, sondern auch die gesamte Theologie.

60 Vgl. I 36.

61 Dem Gedankengang dieses Abschnittes ist schwer zu folgen.

62 Stat. frg. 210.

63 Der Gedanke, daß man den Normaltyp einer Gattung nach ihrem vollkommensten Vertreter bestimmen muß, findet sich bereits bei Aristoteles (eth. Nic. I 6 ff.).

64 Das selbstlose Helfen rühmt Cicero auch in de off. III 25 und de re publ. VI 13.

65 Durch Cicero sind uns vier Epigramme auf Ennius überliefert. Das erste der beiden hier aufgeführten ist eine Bildunterschrift, das zweite ein Grabepigramm. Dieses Epigramm, von dem Cicero nur Teile wiedergibt, lautet vollständig: *Nemo me lacrumis decoret nec funera fletu faxit. Cur? Volito vivus per ora virum.*

66 Die linke Hand der berühmten Athena-Statue im Parthenon ruhte auf einem Schild, auf dem Phidias sich selbst und Perikles unter anderen Kriegern im Kampf gegen die Amazonen dargestellt hatte.

67 Verse aus einer unbekannten griechischen Tragödie. Ähnlich beginnt die *Hecuba* des Euripides.

68 Vgl. Hom. Od. XI.

69 Bei Cumae am Golf von Neapel. Der von einem dichten Wald umgebene Kratersee galt als ein Eingang zur Unterwelt.

70 Pherekydes von Syros verfaßte im 6. Jh. eine Prosaschrift über die Entstehung der Welt. Darin schrieb er auch über die Seelenwanderung und galt deshalb als Lehrer des Pythagoras.

71 Die angebliche Verwandtschaft mit dem König Servius Tullius ist ein Scherz Ciceros.

72 Um 389 v. Chr. kam Platon nach Tarent, um den Pythagoreer Archytas zu besuchen. Er blieb daraufhin in dauernder Verbindung mit der Schule.

73 Cicero wollte wahrscheinlich fortfahren: »daß die Mathematiker die Wahrheit lehren«, hält dann aber inne, weil ihm der Ton zu dogmatisch ist, und fragt schließlich: »Darf ich mich so ausdrükken, oder muß nicht auch dies, wie das meiste, mit einem Zweifel vorgebracht werden?« Der Skeptiker beruhigt sich aber dann mit dem Gedanken, daß gerade bei den Mathematikern, deren Wissenschaft als die genaueste galt, der Zweifel am ehesten zurücktreten muß.

74 Dikaiarchos leugnete das selbständige Wesen der Seele neben dem Körper.

75 Aristoxenos lehrte, die körperlichen Organe erzeugten in passender Verbindung Lebensvorgänge wie ein Instrument Töne, und das Zusammenwirken dieser Lebensvorgänge bringe eine Einheit hervor, die der Harmonie der Töne entspreche (vgl. den Kommentar von Pohlenz, S. 70 f.).

76 Die Stoiker glaubten, die Seele sei πνεῦμα ἔνθερμον.

77 Aus Ennius' *Medea exul* (scaen. 209–210). Vgl. Eur. Med. 5. Die Argonauten segelten unter der Führung Jasons zum Schwarzen Meer, um das Goldene Vlies zu holen. Bosporus und die Meer-

enge von Gibraltar waren die beiden äußersten Punkte, die Forschungsreisende besonders gern aufsuchten.

78 Enn. ann. 302.

79 Die Eindrücke von den wahrnehmbaren Dingen gelangen durch die fünf Sinne gleichsam wie durch Fenster- und Türöffnungen zum Geist. Das Irdische und Körperhafte behindert jedoch die Erkenntnis.

80 Als Wohltäter der Menschheit glaubte Epikur göttliche Ehren beanspruchen zu können. Er wurde in seiner Schule auch wie ein Gott verehrt. Vgl. Lucr. de rer. nat. V 8.

81 Ein Vers aus Ennius' *Andromacha Aechmalotis* (scaen. 70–71).

82 Vgl. I 39.

83 Vgl. I 41.

84 Die Worte **Γνῶθι σαυτόν** waren über dem Eingang zum Tempel des Apoll in Delphi eingemeißelt. Vgl. Paus. X 24,1.

85 Plat. Phaidr. 245c ff. Die Selbstbewegung der Seele führt Cicero hier als den ersten Unsterblichkeitsbeweis für die Seele an.

86 Cic. de re publ. VI 27.

87 Gemeint sind die Epikureer. Wie in I 29 auf die Götter, so werden hier auf die Philosophen Begriffe aus dem römischen Staatswesen übertragen.

88 Es beginnt der zweite Unsterblichkeitsbeweis, der bis I 66 weitergeführt wird: die Leistungen der Seele, durch die sie sich von Pflanze und Tier unterscheidet. Sie bestehen vor allem in der Erinnerung und darin, daß die Seele Vergangenheit und Zukunft umfassen kann, sowie in den großen Kulturleistungen (Zivilisation, Sprache, Musik, Astronomie).

89 Plat. Men. 81e–86c.

90 **ἀνάμνησις** ist die Erinnerung an Dinge, die die Seele in einer Existenz gesehen hat, in der sie noch nicht mit dem Körper verbunden war.

91 Plat. Phaid. 72e–77d.

92 Hier verläßt Cicero Platons Lehre von der Wiedererinnerung der Seele an Dinge, die sie in der Präexistenz geschaut hat, und bedenkt die Kräfte des Gedächtnisses, durch die wir die Dinge des täglichen Lebens behalten.

93 Beispiele von Männern, die wegen ihres phänomenalen Gedächtnisses berühmt waren: Simonides von Keos (1. Hälfte 5. Jh.), nicht nur als Lyriker, sondern auch als Erfinder einer Mnemotechnik bekannt; Theodektes, Freund des Aristoteles und Verfasser von Tragödien und einer Rhetorik; Kineas, Bera-

ter des Königs Pyrrhos, der 280 v. Chr. vor dem römischen Senat auftrat; Charmadas, Akademiker und Schüler des Karneades; Metrodoros von Skepsis, Akademiker und Schüler des Karneades, Redelehrer und Verfasser einer Mnemotechnik; Q. Hortensius Hortalus (Konsul 69 v. Chr.), Anwalt und Rivale Ciceros.

94 Cicero ist der Ansicht, daß die Sprache durch bewußte Setzung (θέσει) und nicht von Natur aus (φύσει) entstanden ist. Auch in gesellschaftlichen und staatlichen Dingen dachte er sich die Fortschritte als »Erfindungen« eines einzelnen, wie das folgende zeigt.

95 Cicero schreibt in de nat. deor. II 51, daß die fünf Planeten Saturn, Jupiter, Mars, Venus und Merkur fälschlich »irrende Sterne« genannt werden; denn nichts irrt, das in alle Ewigkeit eine feste Bahn einhält.

96 Ein Modell, durch das die Bewegungen der Sonne, des Mondes und der fünf Planeten (man kannte damals Uranus und Neptun nicht) dargestellt werden konnten, wenn man es in Bewegung setzte. M. Marcellus nahm es bei der Einnahme von Syrakus im zweiten Punischen Krieg mit. Cicero beschreibt das Modell in de re publ. I 22.

97 Plat. Tim. 47b (τῷ θνητῷ γένει δωρηθὲν ἐκ θεῶν).

98 Iuventas ist eine altrömische Göttin, die später der Hebe gleichgesetzt wurde.

99 Homer sagt (Il. XX 231 ff.), daß Tros drei Söhne hatte, Ilus, Assaracus und Ganymed, und daß Laomedon der Sohn des Ilus war. Cicero scheint Laomedon als Ganymeds Vater anzusehen.

100 Eur. frg. 1018 (Nauck).

101 Vgl. I 22.

102 Cicero schrieb die nicht erhaltene *Consolatio*, um sich über den Tod seiner Tochter Tullia im Jahr 45 v. Chr. hinwegzutrösten.

103 Ein sicher beabsichtigter Anakoluth. Die Fülle der sich aufdrängenden Gedanken ist so groß, daß sie die grammatische Form sprengt. Dem *ut* zu Beginn des Satzes entspricht erst in I 70 ein *sic*.

104 Gemeint ist der Tierkreis.

105 Hier liegt eine Vorstellung von der Erde als einer Landmasse vor, die ringsum vom Meer umflossen ist und aus diesem herausragt.

106 Ein Vers des Dichters Accius (trag. 566 f.).

107 Trag. inc. 133–137.

108 Im *Timaios*.
109 Aristot. cael. II 1. Cicero läßt die Entscheidung zwischen der Lehre, nach der die Welt durch einen göttlichen Demiurgen geschaffen ist, und der aristotelischen, nach der Gott nur der Lenker des ewigen Kosmos ist, offen.
110 Sokrates wurde 399 v. Chr. hingerichtet. Seine Verteidigungsrede schildert Platon in der *Apologie*, seine Argumentation gegen eine mögliche Flucht im Dialog *Kriton* und die Stunden vor seinem Tod, die Sokrates mit einem Gespräch über die Unsterblichkeit der Seele verbringt, in dem Dialog *Phaidon*.
111 Cicero folgt hier Plat. Phaid. 84e ff.
112 Vgl. Plat. Phaid. 85d.
113 M. Porcius Cato, der Onkel des Brutus, dem die *Tusculanen* gewidmet sind, beging 46 v. Chr. aus Schmerz über den Untergang der Republik im nordafrikanischen Utica Selbstmord und erhielt deswegen den Beinamen Uticensis.
114 Die Stoiker betrachteten den Selbstmord unter bestimmten Voraussetzungen als Recht des Menschen. Anders jedoch Platon (Phaid. 61d ff.).
115 Plat. Phaid. 67d.
116 Schon Hesiod (frg. 304 [Merkelbach/West]) sagt von den Krähen, sie überlebten neun Generationen von Menschen. Horaz (car. III 17,13) spricht von der *annosa cornix*.
117 Dies sagt Cicero als Anhänger des akademischen Skeptizismus, der die Möglichkeit absoluter Erkenntnis leugnete. Vgl. Einleitung, S. 7 f.
118 Vgl. I 42.
119 In der Tatsache, daß Kinder ihren Eltern nicht nur äußerlich, sondern auch in seelischen und charakterlichen Eigenschaften gleichen, sah er einen Beweis dafür, daß auch die Seele des Kindes aus Samen und Eizelle entstehe, also körperlich bedingt sei und deshalb mit dem Körper wieder vergehe.
120 Nämlich Platon, der in polit. IV 439 den rationalen Teil (λογιστικόν) und den irrationalen Teil (ἀλόγιστόν τε καὶ ἐπιθυμητικόν) in der Seele unterscheidet. Alle Affekte gehören in den niederen Teil der Seele, sind also ihrem wahren Wesen fremd.
121 Ähnlichkeit tritt im Körper viel stärker hervor als im Geist. Wo sich also die geistige Ähnlichkeit mehr zeigt, ist damit zu rechnen, daß der Geist durch den Körper beeinflußt ist. Dieselben körperlichen Eigenschaften bei Eltern und Kindern können dieselben Wirkungen im geistigen Bereich bewirken.

122 Wir verstehen heute unter Melancholie etwas anderes. Aristoteles (probl. XXX 1) war der Ansicht, ein Überwiegen schwarzer Galle führe zu einer geistigen Anomalie und könne ebenso Irrsinn wie Genialität bewirken.

123 Quintus, der Bruder des Scipio Africanus Minor, wurde von einem Fabier adoptiert und hatte Q. Fabius Maximus Aemilianus Allobrogicus zum Sohn, der 121 v. Chr. Konsul war. Der Sohn des letzteren ist hier erwähnt.

124 P. Licinius Crassus Dives, Konsul 97 v. Chr., Vater des Triumvirn, hatte von einem anderen Sohn einen Enkel, der als Verschwender berüchtigt war.

125 In seiner *Consolatio*, vgl. I 65.

126 Ptolemaios Philadelphos von Ägypten regierte von 283–246 v. Chr.

127 Kallimachos war Dichter und Gelehrter in Alexandria unter der Regierung des Ptolemaios Philadelphos. Gemeint ist hier sein 23. Epigramm. Das Buch Platons ist der *Phaidon*.

128 Gemeint ist der Tod seiner Tochter Tullia.

129 Cicero spielt darauf an, daß er sich unter der Herrschaft Caesars nicht mehr politisch betätigen kann.

130 Q. Metellus Macedonicus, gest. 115 v. Chr. Er war Konsul, Zensor und Augur gewesen und hatte einen Triumph feiern können.

131 Priamus, König von Troja, wurde nach zehnjährigem Kampf am Altar des Zeus von Neoptolemos, dem Sohn Achills, getötet.

132 Enn. scaen. 83–84 (*Andromacha Aechmalotis*).

133 Enn. scaen. 86–88 (*Andromacha Aechmalotis*).

134 Nämlich mit Iulius Caesar. Pompeius heiratete dessen Tochter 59 v. Chr. Sie starb 54 v. Chr. Nach ihrem Tod entfremdeten sich die beiden Männer einander.

135 Dieser Satz scheint eine Glosse zu sein.

136 Nämlich die Gegner.

137 Cicero sagt zunächst, daß *carere* stets ein Wünschen dessen, was man nicht hat, beinhaltet. *carere* kann im allgemeinen Sprachgebrauch auch die Bedeutung haben »frei sein von«, z. B. »frei sein von Fieber«. Doch diese Bedeutung kommt hier nicht in Betracht. Denn beim Tod bedeutet *carere* immer etwas Schmerzliches, ein Übel, nämlich das Nichtbesitzen von Gütern. Im Wort *carere* liegt immer die Bedeutung eines individuellen Bedürfnisses. Unter der Wendung *regno carere* kann man

sich bei einem Lebenden noch etwas vorstellen, bei einem Toten aber nicht. Nur die Lebenden fühlen, und sie haben das Gefühl eines Mangels von etwas; die Toten haben keine Empfindung und können deswegen auch nicht den Mangel an etwas verspüren.

138 Tarquinius Superbus war Roms letzter König; er wurde 510 v. Chr. von L. Brutus vertrieben (vgl. I 89).

139 Decius Mus kämpfte 340 v. Chr. gegen die Latiner, sein Sohn 295 v. Chr. gegen die Samniten, sein Enkel 279 v. Chr. gegen Pyrrhus.

140 P. und Cn. Scipio wurden 211 v. Chr. von Hasdrubal in Spanien besiegt.

141 216 v. Chr.

142 208 v. Chr.

143 215 v. Chr.

144 213 v. Chr.

145 Agamemnon wird als historische Persönlichkeit angesehen.

146 M. Furius Camillus, der Retter Roms, wurde 396 v. Chr. nach der Einnahme Roms durch die Gallier zum Diktator gewählt und schlug die Gallier völlig. 389 v. Chr. eroberte er Veji.

147 Cicero meint: Das zukünftige Schicksal Roms wird uns bewegen, weil wir, solange wir leben, ein großes Interesse daran haben, was nach unserem Tod mit der Vaterstadt geschieht. Hinzu kommt im folgenden der Gedanke an den Nachruhm, der zwar auch kein reales Weiterleben bedeutet, aber doch als ein gewisser Ersatz dafür gelten kann.

148 Tod kann da nicht sein, wo Leben ist; wo Leben ist, da ist kein Tod.

149 Homer nennt den Schlaf den Bruder des Todes (Il. XIV 231). Bei Platon (apol. 40d) heißt es, der traumlose Schlaf, dem der Tod im Fall der Vernichtung des Bewußtseins gleiche, sei viel angenehmer als das Leben. Diese Ansicht wird hier allerdings bestritten. Denn niemand würde sich ein Leben wünschen, das nur aus Schlaf besteht.

150 Geliehene Gelder konnten fristlos zurückgefordert werden.

151 Kallimachos, frg. 491 (Pfeiffer). Troilus, ein Sohn des Priamos, wurde als Knabe im Trojanischen Krieg von Achill getötet. Vgl. Verg. Aen. I 475.

152 Die Herkunft der Verse ist unbekannt.

153 Das Insekt ἐφήμερον bei Aristoteles (hist. an. 552b) ist nicht sicher zu bestimmen.

154 Gemeint ist der osteuropäische Fluß Bug.
155 Chaldäer war einst der Name eines Volksstammes. Er wurde zur Bezeichnung für Astrologen.
156 Theramenes war der gemäßigteste der dreißig Tyrannen, die Athen 404/405 v. Chr. regierten. Er wurde 404 von seinem Kollegen Kritias gezwungen, den Giftbecher zu trinken.
157 Der Sinn des Spiels κότταβος war es, etwas Wein oder Wasser in eine schwimmende oder frei schwebende Schale zu werfen, so daß es klatschte. Theramenes verband hiermit die Sitte des Zutrinkens, die mit dem Spiel eigentlich nichts zu tun hat.
158 403 v. Chr. in der Schlacht zwischen den dreißig Tyrannen und dem Heer des Thrasybulos bei Piraeus.
159 Plat. apol. 40c ff.
160 Zu den sonst üblichen drei Totenrichtern setzen die Attiker ihren Nationalheros Triptolemos.
161 Musaios war ein mythischer Sänger Attikas, der Weissagungen und Weihelieder verfaßt haben soll.
162 Helden des Trojanischen Krieges. Palamedes hatte den vorgetäuschten Wahnsinn des Odysseus enttarnt und ihn so gezwungen, am Krieg teilzunehmen. Er wurde auf Veranlassung des Odysseus von den Griechen vor Troja gesteinigt. Aias wurde wahnsinnig, weil Odysseus ihm die Waffen Achills vorenthielt.
163 Nämlich Agamemnon.
164 Die Ephoren waren richterliche Beamte, die später großen politischen Einfluß in Sparta erlangten.
165 In den *Origines*, frg. 83 (Peter).
166 Das Epigramm wurde erst später dem Simonides zugeschrieben. Herodot (VII 228) zitiert es noch ohne Verfasserangabe. Die folgende Übersetzung ist die bekannte von Schiller (»Der Spaziergang«, V. 97 f.).
167 Herodot VII 226.
168 Cicero will sagen, bei den Spartanern sei eine solche Tapferkeit schon selbstverständlich; denn von Kind auf würden sie dazu erzogen. Gerade aber die Kyrenäer, die doch als weichlich gelten, hätten einen Mann wie Theodorus hervorgebracht.
169 Plat. Phaid. 115.
170 Ein ionischer Naturphilosoph (500–428 v. Chr.), der dreißig Jahre in Athen lebte und mit Perikles befreundet war.
171 Stadt am Hellespont.

172 In Kleinasien.
173 Andromache, die Gattin Hektors. Die Verse stammen aus dem gleichnamigen Stück des Ennius (scaen. 91–92).
174 Accius trag. 667.
175 Verse aus der *Iliona* des Pacuvius (frg. 197–201). Deiphilos war der Sohn des thrakischen Königs Polymnestor und der Iliona, der Tochter des Priamos. Diese hatte den ihr zur Pflege übergebenen Bruder aus Vorsicht mit ihrem eigenen Sohn Polydoros vertauscht. Als Polymnestor auf Betreiben der Griechen Polydoros töten wollte, brachte er so den eigenen Sohn um. Der Schatten des Deiphilos erscheint nun der Mutter im Schlaf und bittet um Bestattung, damit sein Leichnam nicht von wilden Tieren zerfleischt wird. Im weiteren Verlauf bittet er um Verbrennung.
176 Lateinisches Versmaß. In Wirklichkeit handelt es sich jedoch hier um Oktonare.
177 Thyest und Atreus sind die Söhne des Pelops. Atreus hatte die Kinder seines Bruders getötet und ihm das Fleisch als Speise vorgesetzt (frg. 362).
178 Vgl. Herodot I 140.
179 Landschaft am Kaspischen Meer.
180 Cicero denkt hier an sein Konsulat, den Höhepunkt seines Lebens.
181 Herodot I 31.
182 Pind. frg. 2,3 (Christ).
183 Erzieher und Begleiter des Dionysos.
184 Eur. frg. 449 (Nauck).
185 Stadt an der Westküste von Bruttien.
186 Erechtheus, Stammvater Athens. Als der Thraker Eumolpos gegen Athen zieht, erhält Erechtheus das Orakel, Athen werde siegen, wenn er seine Töchter opfere.
187 Kodros, letzter König von Athen, opferte sich im Kampf gegen die Dorer.
188 Menoikeus, Sohn Kreons, erstach sich während der Belagerung Thebens durch die »Sieben«, um den Kriegsgott Ares zu versöhnen.
189 Agamemnon hatte eine der Artemis heilige Hirschkuh erlegt und sollte dafür seine Tochter Iphigenie opfern, damit die Griechen günstigen Wind zum Auslaufen ihrer Flotte gegen Troja erhielten. Artemis entrückte das Mädchen bei der Opferung nach Tauris.

190 Sie ermordeten 514 v. Chr. in Athen den Tyrannen Hipparchos und begründeten so die Demokratie.
191 Er verteidigte mit dreihundert Spartanern die Thermopylen gegen die Perser und fiel.
192 Thebanischer Feldherr und Staatsmann, 418–362 v. Chr. In der Schlacht bei Leuktra (371) befreite er Theben von der spartanischen Herrschaft.
193 Vgl. I 34.
194 Sol. frg. 22,5–6 (Diehl).

Buch II

1 Zunächst polemisiert Cicero gegen einen Vers des Ennius, um ihm kurz darauf doch teilweise recht zu geben. Der Vers (scaen. 340) stammt aus einer Tragödie, in der Neoptolemos (vgl. I 85) mit Nestor über Nutzen und Nachteil philosophischer Bildung streitet. Das Problem wird in ähnlicher Weise bereits bei Platon (Gorg. 484c) diskutiert, wo Kallikles darlegt, es reiche, wenn man in der Jugend etwas philosophiere. Cicero widerspricht dieser Auffassung, räumt aber dann doch ein, daß die Philosophie auch für den anderweitig Tätigen (wie Neoptolemos) dasein muß. Der Gewinn, den auch ein solches Publikum aus der Philosophie ziehen kann, ist die Befreiung von Leidenschaften.
2 Vgl. Cic. Brut. 185. Ziel des Redners ist es, die Zuhörer nach seinem Willen zu beeinflussen.
3 Um die Mitte des ersten Jahrhunderts v. Chr. konkurrieren in Rom zwei Stilrichtungen: der Asianismus und der Attizismus. Der asianische Stil war reich und ausgeschmückt, während der attische Einfachheit und Schlichtheit forderte. Hauptvertreter des asianischen Stils in Rom war Hortensius. Cicero, der eine gemäßigte Richtung vertrat, bekämpft in seinen Schriften die Attiker, zu denen auch Caesar zählte.
4 Die Redekunst fand ihren Höhepunkt in Hortensius und Cicero; ihr Niedergang beginnt mit Caesars Alleinherrschaft. Das Aufblühen der Philosophie wird durch den Mangel an öffentlicher Betätigung begünstigt.
5 Vgl. I 17.
6 Er meint Amafinius und andere Epikureer; vgl. I 6.
7 Nämlich Akademiker, Peripatetiker und Stoiker.

8 Bedeutendster Schüler Epikurs.
9 Philon von Larissa kam 88 v. Chr. nach Rom.
10 Cicero hatte auf seinem Landsitz in Tusculum zwei Gymnasien errichten lassen; das höher gelegene nannte er Lyzeum, das tiefer gelegene Akademie.
11 Iuvenal (sat. II 3) spricht von heuchlerischen Stoikern.
12 Aus dem *Atreus* des Accius (trag. 234).
13 Aristippos, Schüler des Sokrates und Gründer der kyrenäischen Schule, vertrat die Ansicht, daß das Vergnügen des Augenblicks das Höchste sei.
14 Hieronymos gehörte zu den Peripatetikern und lebte um 300 v. Chr.
15 Zenon war der Gründer der Stoa, Ariston sein Schüler; Pyrrhon, der den Skeptizismus begründete, war Maler und begleitete Alexander den Großen auf seinen Feldzügen.
16 Vgl. II 8.
17 Der Tyrann Phalaris von Agrigent (Mitte 6. Jh.) wurde zum Inbegriff des grausamen Herrschers. Er briet angeblich seine Gegner in einem ehernen Stier.
18 Epikur behauptete, selbst in einem solchen Augenblick werde der Weise so viel geistige Freuden haben, daß sie den Schmerz überlagerten und er die Glückseligkeit behalte.
19 Gemeint sind die Stoiker.
20 Dies soll auf die Inkonsequenz hinweisen.
21 Siehe Verzeichnis der Eigennamen, S. 555.
22 Diese Verse stammen aus dem *Philoktet* des Accius (trag. 552–553).
23 Accius trag. 562–565.
24 V. 1046 ff.
25 Eurystheus erlegte Herakles die zwölf Arbeiten auf, die weiter unten erwähnt werden.
26 Im Kampf der Götter und Giganten.
27 Hyllos, Sohn der Deianira und des Herakles.
28 Ehe Aischylos (frg. 324 [Mette]) zitiert wird, bringt Cicero noch Verse aus dem *Philoktet* des Accius (trag. 533–536).
29 Gemeint ist der Προμηθεὺς λυόμενος, ein nicht erhaltenes Drama des Aischylos. Prometheus, einer der Titanen, stahl von Lemnos das Feuer und gab es den Menschen. Zur Strafe wurde er an den Kaukasus geschmiedet. Ein Adler fraß die ständig nachwachsende Leber.
30 Von ihm wissen wir sonst nichts.

31 Das Leben des wahren Römers spielte sich im Freien, also unter der Sonne, ab.
32 Plat. pol. II 398a.
33 Die spitzfindigen Syllogismen, mit denen die Stoiker beweisen wollen, daß der Schmerz kein Übel ist, haben keinen Sinn. Wichtig ist nur die Überzeugung, daß neben Tugend und Laster andere Güter und Übel nicht ins Gewicht fallen. Andere Philosophen lehren, es gebe drei Klassen von Gütern, so etwa Aristoteles und seine Schüler; vgl. Buch V.
34 Vgl. hierzu und zu den folgenden Zitaten SVF I 185.
35 Der Schmerz zählt zu den ἀποπροηγμένα, den Dingen, die zwar abzulehnen, aber keine Übel sind. Zu den ἀδιάφορα (Dinge, die weder ein Gut noch ein Übel an sich sind) zählt Zenon alles außer Tugend und Laster. Die ἀδιάφορα aber werden noch einmal unterteilt in Dinge, die vorzuziehen sind (προηγμένα), da sie κατὰ φύσιν sind (wie z. B. die Gesundheit), und ἀποπροηγμένα, Dinge, die abzulehnen sind.
36 So Platon, Aristoteles und ihre Anhänger.
37 Nämlich die orthodoxen Stoiker.
38 In II 14.
39 Die *prudentia* bildet mit der *temperantia*, *fortitudo* und *iustitia* die vier Kardinaltugenden.
40 Oft erwähnte kostbare Gefäße aus einer Metallmischung von Erz, Gold und Silber.
41 Cicero denkt daran, daß man nach Kleanthes eine Tugend nicht verlieren kann, und korrigiert sich.
42 Nach der stoischen Lehre sind alle Tugenden untrennbar und derjenige, der eine hat, besitzt alle. Denn alle Tugenden sind eigentlich nur verschiedene Seiten der richtigen Erkenntnis vom Guten und Schlechten.
43 Verse aus dem *Philoktet* des Accius (trag. 49–51).
44 Sprichwörtlich sind die Waffen Achills, die Volcanus für ihn auf Bitten seiner Mutter Thetis fertigte. Vgl. Hom. Il. XVIII 478.
45 Kreta und Sparta galten als die Staaten mit den besten Gesetzen. Dabei führte man die Gesetzgebung auf einen einheitlichen Akt eines Gesetzgebers zurück, der aber von der Gottheit inspiriert ist.
46 Ursprünglich handelte es sich um eine religiöse Geißelung am Altar der Artemis Orthia.
47 Trag. inc. 209.
48 Etwa 78 v. Chr., bei seiner Rückkehr aus Asien.

49 Cicero geht von dem Wort πόνος aus, das sowohl »Anstrengung« als auch »Schmerz« bedeutet. Unter φιλόπονος versteht der Grieche allerdings nur *amans laboris*. Cicero legt dem Wort, ausgehend von den Bedeutungen des Wortes πόνος, auch die Bedeutung *amans doloris* bei.

50 Vgl. II 53.

51 Trag. inc. 205–208. Die Herkunft der Verse ist unbekannt. Der Sinn der spartanischen Frau ist mehr auf männliche Betätigung gerichtet als auf Fruchtbarkeit, die als barbarisch bezeichnet wird. Man denke etwa an die fünfzig Kinder des Priamos.

52 *exercitus* ist nach Varro (ling. Lat. V 87) abgeleitet von *exercitando*.

53 Cicero denkt an die Schlacht bei Pharsalos, 48 v. Chr., bei der Caesars ältere, aber geübtere Truppen mehr leisteten als die jungen, aber noch ungeübten des Pompeius.

54 Die Verse stammen aus *Hectoris Lytra* des Ennius (scaen. 314–325). Ennius schildert in Anlehnung an Homer (Il. XI 806 ff.), wie der verwundete Eurypylos in das Zelt des Achill kommt und Patroklos vom Vordringen Hektors berichtet.

55 Gemeint sind die Ärzte Podalirios und Machaon; vgl. Hom. Il. II 732.

56 Patroklos und Achill klagen über das Geschick des Eurypylos und der Griechen.

57 Ein bekannter Schauspieler, der mit Cicero befreundet war. Er kann zwar die Rolle des Eurypylos auf der Bühne spielen, aber nicht die Schmerzen ertragen wie ein geübter Soldat.

58 Vergleichbar unseren Boxhandschuhen, hatten die Faustkämpfer ihre Hände mit metallbeschlagenen Riemen umwickelt.

59 Cicero ist der Ansicht, daß in alter Zeit das Konsulat nur verdienten Männern zukam, während man es jetzt durch die Gunst eines Mannes wie Caesar erlangen kann, der sogar einen seiner Freunde zum Konsul für einen Tag ernannte.

60 Zum Zeichen der Niederlage.

61 Ein Vers aus der Satire des Lucilius (frg. 150 [Marx]).

62 Früher ließ man nur Verbrecher oder Gefangene kämpfen, jetzt treten eigens dafür geschulte Kämpfer an, was nach Seneca (ad Luc. 7,3) *mera homicidia* sind.

63 Vgl. II 29.

64 Weil dann bald der Tod eintritt.

65 Ein Vers aus der *Iliona* des Pacuvius (V. 202).

66 Cicero spielt ironisch darauf an, daß für Epikur alles Seiende aus Atomen besteht.

67 Cicero meint die Alte Akademie und die Peripatetiker, für die die Tugend nicht das einzige Gut (so die Stoa), sondern das höchste Gut unter vielen ist. Am Schluß von II 46 kommt er allerdings der stoischen Auffassung sehr nahe.

68 Vgl. Plat. pol. 430e.

69 Nach Lehre der Stoiker bildet sich der λόγος allmählich bis zum 14. Lebensjahr; es bedarf aber dann einer langen Arbeit bis zu seiner Vervollkommnung, die in der Tugend besteht. Die Tugend ist das Wissen, das die Grundlage des Handelns ist. Vgl. SVF III 200a: *ratio perfecta virtus vocatur.*

70 Da er sich wie ein Sklave nicht aus eigener Kraft beherrschen kann, müssen Freunde und Verwandte einspringen, und da er auf die Vernunft nicht hört, müssen sie erreichen, daß er sich seines unmännlichen Verhaltens schämt.

71 Pacuvius 256–267. Pacuvius behandelt in diesem Stück nach dem Vorbild des Sophokles Heimkehr und Tod des Odysseus. Der Titel *Niptra* (»Das Bad«) scheint sich auf die Szene zu beziehen, in der Eurykleia Odysseus die Füße wäscht (vgl. Hom. Od. XIX 349 ff.).

72 Pacuvius 268–269.

73 Nicht der Gründer der Stoa, sondern ein Mann aus Magna Graecia, um 460 v. Chr.

74 Der Demokritschüler Anaxarchos stammte aus Abdera in Thrakien, begleitete Alexander den Großen und wurde später von Timokreon oder Nikokreon, dem König von Zypern, unter Foltern getötet.

75 Callanus, ein Freund Alexanders des Großen, war Brahmane und ließ sich zum Beweis seiner Weltverachtung verbrennen.

76 Nämlich in der falschen Ansicht, der Schmerz sei ein Übel.

77 Die Faustkämpfer umwickelten ihre Hände und Arme mit ledernen Riemen, in die Blei eingenäht war oder die mit Eisen besetzt waren.

78 Ein Pferd stemmt sich mit den Vorderkanten der Hufe auf den Boden, um eine Last auf einen steilen Hügel zu ziehen.

79 Nach diesem Gesetz wurden 91 v. Chr. alle angeklagt, die die italischen Bundesgenossen zum Aufstand veranlaßt hatten.

80 Von Natur streben die Menschen nach dem Guten, und dies ist es, was sie Schmerz und Tod ertragen läßt. Der durchschnittliche Mensch wird dabei an die Anerkennung von seiten der anderen

denken. Das Ideal aber wäre, sich eben nur von dem Gedanken an das Sittlichgute leiten zu lassen und daraus seine Kraft zu schöpfen.

81 Vgl. II 46.

82 Vgl. I 89.

83 In der Schlacht bei Mantineia, 362 v. Chr.; vgl. I 4.

84 Er ging im Alter vom Stoizismus zum Hedonismus über und erhielt deshalb den Beinamen μεταθέμενος (Überläufer).

85 Kleanthes ist Nachfolger Zenons als Leiter der stoischen Schule.

86 Eine Tragödie des Aischylos, von Accius ins Lateinische übertragen. Sie hat den Zug der Sieben gegen Theben zum Inhalt. Der argivische Seher Amphiaraos wurde von der Erde verschlungen. Kleanthes bezieht den Vers auf seinen Lehrer Zenon, der zu den Toten gehörte.

87 78 v. Chr.

88 62 v. Chr.

89 Vor Einführung der Wahlurne 139 v. Chr. wurden die Stimmen mündlich abgegeben und auf einer Tafel als Punkte bei dem jeweiligen Kandidaten notiert.

90 Xen. Kyr. I 6,25: τῶν ὁμοίων σωμάτων οἱ αὐτοὶ πόνοι οὐχ ὁμοίως ἅπτονται ἄρχοντός τε ἀνδρὸς καὶ ἰδιώτου, ἀλλ' ἐπικουφίζει τι ἡ τιμὴ τοὺς πόνους τῷ ἄρχοντι.

91 Die philosophisch Ungebildeten (*insipientes*) vermögen das Wesen des Sittlichguten nicht zu erfassen; sie folgen der Meinung der Masse und betrachten sie als Maßstab. Wahre Tugend ist allerdings, das Gute um seiner selbst willen zu tun und nur dem eigenen Urteil zu folgen.

92 Vgl. II 53.

93 Cicero erkennt die philosophische Begabung der Griechen an. Die volle *prudentia* gesteht er ihnen jedoch nicht zu, weil hierfür zur wissenschaftlichen Veranlagung auch die praktische Klugheit, etwa in der Politik, treten muß.

94 Die Kimbern waren Germanen, die Keltiberer Spanier.

95 Der Sänger Arion lebte um 600 v. Chr. Mit Schätzen reich beladen fuhr er auf einem Schiff von Italien nach Lesbos. Die Seeleute warfen ihn ins Meer, um sich seine Schätze anzueignen. Ein Delphin nahm Arion auf und trug ihn sicher ans Land. Vgl. Herodot I 23.

96 Pelops erhielt von seinem Vater Poseidon für seine Fahrt nach Elis, wo er sich um die Tochter des Königs Oinomaos bewerben wollte, einen goldenen Wagen und geflügelte Rosse. Denn

Oinomaos forderte jeden Bewerber zu einer Wettfahrt auf und tötete ihn, wenn er unterlag.

97 Nach der Wasseruhr (*klepshydra*) wurde bei den Griechen und Römern die Redezeit bei Gericht und in Rhetorenschulen bemessen.

98 Rhetorik und Philosophie.

Buch III

1 Nämlich der Erfindung des Apollon und seines Sohnes Asklepios.

2 Der Vater hob ein neugeborenes Kind vom Boden auf (*suscipere*), um es als das seinige anzuerkennen.

3 Von den Ammen.

4 Falsche Vorstellungen und Vorurteile, die auf Erziehung und Umwelt beruhen.

5 Vgl. II 27.

6 Anspielung auf Caesar und Pompeius.

7 Enn. scaen. 360 f.

8 Vor allem in den im Jahr zuvor verfaßten Büchern *De finibus* und *Academica*.

9 Vgl. II 9.

10 *aegritudo* ist die Übersetzung des griechischen λύπη.

11 Die These des Gesprächspartners wird auf die übrigen Leidenschaften übertragen, von denen zunächst drei, dann nochmals vier genannt werden. »Krankheit« (*morbus*) als Übersetzung für πάθος lehnt Cicero ab. *morbus* würde auch eher dem griechischen νόσος entsprechen. Cicero übersetzt πάθος also mit *perturbatio*, dem genaugenommen das griechische Wort ταραχή entsprechen würde. Vgl. auch de fin. III 35. Auch die deutsche Übersetzung steht vor dem Problem, den richtigen Begriff zu finden. Dem griechischen Wort πάθος entspricht besser der Begriff »Leidenschaft« als das Wort »Verwirrung«, das ja das lateinische *perturbatio* wiedergibt. Da Cicero das Wort *perturbatio* für πάθος verwendet, soll im folgenden *perturbatio* mit »Leidenschaft« übersetzt werden.

12 Von den drei Teilen der Philosophie (Logik, Physik, Ethik) führte man die Ethik auf Sokrates zurück.

13 *insania* ist eigentlich die ›Ungesundheit‹.

14 Nämlich die Stoiker.

15 *amentia* und *dementia. amens* ist der seiner Vernunft Beraubte, *demens* ist derjenige, dessen Geist vom rechten Weg abweicht, der unvernünftig handelt.
16 *sanus.*
17 Zum Unterschied von Zorn und Jähzorn vgl. IV 27.
18 Die *stultitia* ist im Gegensatz zu *scientia* die unrichtige Vorstellung vom Wert der Dinge und bildet die Grundlage für jede Leidenschaft.
19 Tab. V 7: *Si furiosus escit, adgnatum gentiliumque in eo pecuniaque eius potestas esto.* Der *insanus* ist ein Tor, der noch beschränkt handlungsfähig ist, der *furiosus* ist nicht mehr handlungsfähig.
20 Die Stoiker unterschieden zwischen den *media officia*, den Erfordernissen der täglichen Moral, und den *perfecta officia*, den Handlungen des Weisen, der sich allein von der Tugend leiten läßt. Vgl. de off. III 14.
21 Den Stoikern zufolge kann den Weisen kein Wahnsinn befallen, denn Wahnsinn ist dasselbe wie Torheit, und der Weise kann nicht töricht sein. Wer einmal weise ist, kann nach der stoischen Lehre nicht mehr in den Zustand der Torheit zurückfallen. Irrsinn als klinische Krankheit kann dagegen auch den Weisen befallen.
22 Bei Griechen und Römern eine sprichwörtliche Redensart. Vgl. Hom. Od. XIX 163; Verg. Aen. IV 366.
23 Der Akademiker Krantor, ein Schüler des Xenokrates, stammte aus Kilikien und schrieb ein Werk περὶ πένθους (*de consolatione*), das Cicero nachahmte. Vgl. I 115.
24 Die Schmerzlosigkeit (ἀναλγησία) war das stoische Ideal.
25 D. h. notwendig, um nicht in völlige Gefühllosigkeit zu verfallen.
26 Die Argumentation um das ›Ideal des Weisen‹ war in der älteren Stoa üblich und wurde von Hekaton wieder aufgenommen. Panaitios mied sie, weil dieses Ideal nach seiner Auffassung nicht völlig zu erreichen war. Cicero schließt sich hier wohl den jüngeren Stoikern an, die ihrerseits wieder der altstoischen Tradition folgten.
27 Der Nachsatz folgt erst am Schluß von III 18 mit *qui sit frugi igitur.* Die Argumentation verliert sich in einem Exkurs über Terminologie, bedingt durch die Schwierigkeit, einen dem Griechischen entsprechenden Ausdruck zu finden. Dies veranlaßte

Cicero, mehrfach einen Satz in den anderen einzuschieben und von der begonnenen Konstruktion abzuweichen.

28 Weder im Lateinischen noch im Deutschen findet sich ein genau entsprechender Ausdruck für σωφροσύνη.

29 *frugi* bzw. *frugalitas* beschreibt hier einen Menschen als aufrecht, klug, selbstbeherrscht, unbestechlich und uneigennützig sowie maßvoll in all seinen Handlungen. Vgl. IV 36. *frugalitas* entspricht also weitgehend dem griechischen σωφροσύνη.

30 L. Piso war 149 v. Chr. Tribun und 133 Konsul. Er hatte den Beinamen »Frugi«, weil er besonders uneigennützig handelte.

31 Die Tugenden überschneiden sich: Wer σώφρων ist, wird in der Ausübung seiner Pflichten gegenüber den Menschen auch gerecht sein und in seinen Handlungen mutig. Der rechtschaffene Mensch, der *frugalitas* besitzt, zeigt nach Cicero sowohl Gerechtigkeit als auch Tapferkeit und Klugheit. *frugalitas* umfaßt also einerseits diese drei Kardinaltugenden, hat aber auch ihre eigene Bedeutung; deswegen ist sie nach Cicero die entsprechende Übersetzung für die vierte Tugend, die σωφροσύνη.

32 Dieselbe Etymologie für *nequitia* gibt Varro de ling. Lat. X 89.

33 Vgl. II 60.

34 Il. IX 646.

35 Mitleid und Neid gehören zum Kummer. Mitleid ist Kummer über das Unglück eines anderen, Neid der Kummer über das Glück eines anderen.

36 Ein von Cicero gebildetes Wort, das nicht weiter in Gebrauch gekommen ist.

37 Accius trag. 424. Melanippos verteidigte Theben gegen die »Sieben«. Er ist der Held des Stückes von Accius, über dessen Inhalt wir nicht viel wissen.

38 Accius gebrauchte *invidere* mit dem Akkusativ, sonst steht nach *invidere* der Dativ.

39 Kallisthenes, der Neffe des Aristoteles, war Mitschüler Alexanders des Großen. Er begleitete ihn als Historiograph nach Persien, wurde der Teilnahme an der Verschwörung des Hermolaos beschuldigt und getötet. Theophrast widmete seinem Andenken die verlorene Schrift Καλλισθένης ἢ περὶ πένθους.

40 Hier wird Ciceros Zwiespalt zwischen der Lehre der Stoiker, der er schulmäßig fernsteht, und der der Peripatetiker deutlich. Die Stoa fordert die Freiheit von jeder Leidenschaft, die ἀπάθεια, der Peripatos das rechte Maß, die μετριοπάθεια, also die Ausgeglichenheit zwischen zwei Extremen. So ist z. B. Tapfer-

keit das rechte Maß zwischen Tollkühnheit und Feigheit. Seine Bedenken gegen die Lehre des Peripatos erklärt Cicero am Vergleich der Leidenschaften mit der Erkrankung des Körpers. Dies führt wieder zu dem in III 7 bereits angedeuteten Übersetzungsproblem: Die Wiedergabe des griechischen λύπη mit *aegritudo* wird als treffend herausgestellt; denn von den vier Affekten gleicht nur der Kummer einer physischen Erkrankung (*aegrotatio*). Die Griechen hingegen, so Cicero, nennen alle Affekte πάθη (Leiden, Erkrankungen).

41 Die Einsicht in die Ursachen ist für die Medizin wie für die anderen Wissenschaften das Ziel jedes wissenschaftlichen Nachdenkens.

42 Alle Tugenden gründen sich auf Wissen und richtige Erkenntnis. Im Gegensatz dazu beruhen die Leidenschaften auf der Vorstellung (*opinio* – δόξα), daß Dinge begehrenswert oder furchtbar seien, die es in Wirklichkeit nicht sind.

43 Dies ist ein stoischer Gedanke. Die Peripatetiker würden sagen, wir wollen Kummer empfinden, aber mit Maß, wir wollen verlangen, aber gemäßigt u. ä.

44 Trag. inc. 108 f. Die Herkunft der beiden folgenden Verse ist unklar. Thyestes (vgl. I 107) ist Sohn des Pelops, Enkel des Tantalos und Großenkel des Iuppiter und bricht trotzdem in unwürdiger Weise zusammen. Pelops gewann Hippodameia durch einen Sieg in einem Wagenrennen; vgl. II 67.

45 Diese Verse stammen aus dem *Thyestes* des Ennius (scaen. 303–305). Thyestes spricht sie, nachdem ihm seine Kinder von seinem Bruder Atreus als Speise vorgesetzt worden sind.

46 Gemeint ist Aietes, der Sohn des Helios und der Persis, Vater der Medeia. Nachdem ihm Iason mit Medeias Hilfe das Goldene Vlies genommen hatte, wurde er von seinem Bruder Perses auch der Herrschaft beraubt, später aber von Medeia und ihrem Sohn Medos wieder eingesetzt. Die Verse (trag. inc. 189–192) stammen vielleicht aus dem *Medus* des Pacuvius und schildern den Zustand, in dem Medeia ihren Vater wiederfindet.

47 Dionysios der Jüngere folgte seinem Vater 367 v. Chr. Cicero will mit diesem und dem folgenden Beispiel zeigen, wie groß die Begierde zu herrschen ist: Dionysios wollte wenigstens über Knaben herrschen, wenn er schon nicht mehr über Bürger herrschen konnte.

48 Es folgt eine Kontroverse zwischen Epikur und den Kyrenaikern: Für Epikur bewirkt jedes Vermeinen eines Übels Kum-

mer, nicht nur des gegenwärtigen, sondern auch des kommenden, und die Erinnerung an ein vergangenes Unglück; für die Kyrenaiker erzeugt nur ein unerwartetes Unglück Kummer.

49 Trag. inc. 85–87.Vielleicht stammen die Verse aus dem *Telamon* des Ennius. Man kann sie so deuten, daß Telamon von seinen Söhnen Aias und Teukros spricht, die er in den Trojanischen Krieg schickte.

50 Eur. frg. 964 (Nauck).

51 Vgl. I 104.

52 Aus Ter. Phorm. II 1,11 ff.

53 M. Crassus, bekannt als Agelastos, war 105 v. Chr. Prätor. Er war Großvater des Triumvirn.

54 Lucilius, geb. etwa 148 v. Chr., ist ein bekannter Satirendichter.

55 Nämlich unkultiviert, ohne Eleganz in Stil und Ausdruck.

56 Das Gesetz nämlich, daß alle Menschen demselben Schicksal unterworfen sind. Ihm zu gehorchen ist für die Stoiker höchstes Gebot.

57 Das Vergessen ist widernatürlich, da es unmöglich ist.

58 Siehe III 16.

59 Nach Ansicht der Stoiker bezieht sich die Gerechtigkeit nur auf das Verhalten zu den Mitmenschen.

60 Wir haben von der Gottheit die Dinge nur zum Nießbrauch erhalten und dürfen uns nicht beklagen, wenn sie diese zurückfordert, wann sie will. Vgl. I 93.

61 'Αρχὴ καὶ ῥίζα παντὸς ἀγαθοῦ ἡ τῆς γαστρὸς ἡδονή. τιμητέον τὸ καλὸν καὶ τὰς ἀρετὰς καὶ τὰ τοιουτότροπα, ἐὰν ἡδονὴν παρασκευάζῃ. So lehrt Epikur (Diog. Laert. Athen. VII 279 F).

62 Cicero hörte ihn 79 v. Chr. in Athen. Zenon war der bedeutendste der damaligen Epikureer.

63 Telamon verbannte nach dem Trojanischen Krieg seinen Sohn Teukros und wurde selbst der Herrschaft beraubt. Später aber wurde er mit Hilfe des von Zypern zurückkehrenden Teukros wieder eingesetzt. Die folgenden Verse (trag. inc. 93–95) stammen wahrscheinlich aus dem *Eurysaces* des Accius.

64 Gemeint ist die Schrift περὶ τέλους. Cicero übersetzt den Titel hier mit *de summo bono*.

65 Wenn sie auch prahlerisch über Tugend sprechen, so wissen sie doch nichts anderes zu sagen, als daß die Wirkung der Tugend in den sinnlichen Genüssen besteht.

66 Die Verse stammen vermutlich aus dem *Thyestes* des Ennius (scaen. 369–371).
67 Enn. scaen. 89.
68 Aus der *Andromacha* des Ennius (scaen. 75–88).
69 Euphorion von Chalkis lebte im 3. Jh. v. Chr. und gehörte zur alexandrinischen Schule. Zu Ciceros Zeit hatte er Bewunderer in Rom, die ihn dem Ennius vorzogen.
70 Vgl. I 85.
71 Mit den Kyrenaikern und anderen.
72 Die *lex Sempronia*. Danach konnte jeder Römer Getreide zum halben Preis bekommen; das Gesetz wurde 123 v. Chr. von C. Sempronius Gracchus durchgesetzt.
73 In einer politischen Auseinandersetzung wäre Leidenschaft eher angebracht als in einer philosophischen, bei der es um Erforschung der Wahrheit geht.
74 Nämlich alle, die eine Entschuldigung für ihr Leben in Vergnügungen suchen.
75 Dies ist eine sprichwörtliche Redensart, mit der Cicero sagen will, daß es nicht lohne, sich mit der Sache weiter auseinanderzusetzen.
76 Cato pflegte im Senat jede seiner Reden mit dem berühmten Satz *ceterum censeo Carthaginem esse delendam* zu beenden. Obwohl Lentulus eine andere Ansicht vertrat, kam es doch nie zu einer persönlichen Auseinandersetzung. Bei unterschiedlicher Auffassung in politischen Fragen läßt sich also Leidenschaft vermeiden – um wieviel mehr müßte das in philosophischen Auseinandersetzungen möglich sein.
77 III 28; 30.
78 168 v. Chr., nach der Schlacht bei Pydna.
79 Cicero hielt sich 79–77 v. Chr. in Griechenland und Kleinasien auf. Korinth war 146 v. Chr. zerstört worden. Cicero konnte also nur sehr alten Menschen begegnet sein, die sich noch an die Zerstörung ihrer Heimatstadt erinnerten.
80 Vgl. III 45.
81 Diese waren nicht von einem ähnlichen Unglück betroffen.
82 Kleitomachos aus Karthago wurde um 129 v. Chr. der Nachfolger des Karneades als Leiter der Akademie. Er schrieb die Lehre des Karneades auf, der selbst nichts Schriftliches hinterlassen hatte.
83 Der bekannte Kyniker Diogenes wird hier neben Sokrates als vorbildlich für seine Lebensführung angeführt.

84 Caec. 266. Der Komödiendichter Caecilius Statius starb 168 v. Chr.
85 C. Fabricius, der Sieger über die Lukaner, ließ sich von Pyrrhus nicht bestechen.
86 Ein lateinisches Versmaß, vgl. II 37. Der König ist Agamemnon.
87 Siehe Eur. Iph. A. 16–18.
88 Siehe III 28.
89 Siehe III 29.
90 Siehe III 30.
91 Antiochus, ein gebürtiger Syrer, war Schüler des Philo und Freund Ciceros. Er versuchte die stoische und peripatetische Lehre mit der der Akademie in Einklang zu bringen.
92 Aus dem verlorenen Drama *Hypsipyla* (frg. 757 [Nauck]).
93 Er leitet λύπη von λύειν (auflösen) ab. So auch Plat. Krat. 419c.
94 Siehe Hom. Il. X 15; auch in einem Drama des Accius kam diese Szene vor.
95 Bion, der Borysthenit, ein kyrenaischer Philosoph des 3. Jh.s v. Chr.
96 Aischin. or. III 77.
97 Hom. Il. VI 201 f.
98 Niobe wurde in Stein verwandelt, nachdem ihre Kinder von Apollon und Artemis getötet worden waren. Vgl. Hom. Il. XXIV 617 und Ov. met. VI 305 ff.
99 Hecuba wurde, als sie sich an dem Thrakerkönig Polymestor wegen der Ermordung ihres Sohnes Polydoros gerächt hatte, in einen Hund verwandelt. Siehe Ov. met. XIII 549 ff.
100 In der *Medea exul* (Enn. scaen. 216–217).
101 Ter. Haut. I 1,95 f.
102 Ter. Haut. I 1,83.
103 Hom. Il. XIX 226 ff.
104 48 v. Chr. in Ägypten.
105 Aus dem *Phrixus*, frg. 821 (Nauck).
106 Die vollkommene Weisheit ist das stoische Ideal. Wer es noch nicht erreicht hat, befindet sich im größten Unglück; denn alle Nichtweisen sind unglücklich.
107 Aristoteles dachte besonders an Heraklit und die Eleaten. Die besten Philosophen erkennen ihre Unvollkommenheit, trauern aber darüber nicht. Aristoteles tröstete sich mit dem Glauben an den Fortschritt der Philosophie, Theophrast mit dem Gedanken, daß ein längeres Leben Vollkommenheit gebracht hätte.

108 Peripatetischer Philosoph, Schüler des Platon und des Aristoteles. Vgl. III 21 und I 45.
109 Vgl. I 77.
110 Q. Fabius Maximus Verrucosus Cunctator war 218 v. Chr. Diktator.
111 L. Aemilius Paulus eroberte Makedonien; er hatte einen seiner Söhne von P. Scipio, dem Sohn des älteren Africanus, den zweiten von L. Fabius Labeo adoptieren lassen; seine beiden jüngeren Söhne starben an dem Tag, als er über Perses triumphierte.
112 Der Sohn des M. Porcius Cato starb 152 v. Chr.
113 Soph. frg. 666 (Nauck).
114 Vgl. III 71.
115 Gemeint sind die Peripatetiker. Vgl. III 22.
116 Artemisia lebte zur Zeit Alexanders des Großen. Das sogenannte ›Mausoleum‹ zählte zu den Sieben Weltwundern.
117 Vgl. II 60.
118 Aischyl. Prom. 377 ff.
119 Nur ein Weiser wird der These, allein das Sittlich-Schlechte sei ein Übel, Glauben schenken. Einen anderen davon aber zu überzeugen ist unmöglich, solange er von Leidenschaft erregt ist.
120 Vgl. Plat. symp. 215e; von einem späteren Philosophen wurde die Äußerung des Alkibiades ausgeschmückt.
121 Lykon war etwa 270–226 v. Chr. Leiter der peripatetischen Schule.
122 Vgl. III 76.
123 Gemeint ist der Standpunkt, von dem aus der Redner einen Streitfall behandelt. Zu berücksichtigen sind drei Momente: der Zeitpunkt der Tat, die Natur der Tat und das Wesen des Täters.
124 Nämlich das Leid beim Tod von Angehörigen.
125 In Buch IV.
126 Weil er sich vom öffentlichen Leben zurückgezogen hatte; vgl. I 1.
127 Vgl. III 7.
128 In der Akademie des Tusculanums.

Buch IV

1 Numa Pompilius lebte 715–673 v. Chr., Pythagoras 580–500 v. Chr.
2 Flötenspieler und Sänger mußten, sollten Gesang und Musik harmonisch sein, je ein Exemplar mit Noten vor Augen haben. Diese Stelle gilt als Beleg für die Existenz einer Notenschrift schon in recht früher Zeit. Vgl. G. Wille, *Musica Romana. Die Bedeutung der Musik im Leben der Römer*, Amsterdam 1967, S. 489.
3 Tab. VIII: *Qui malum carmen incantassit.*
4 *pulvinaria* sind Ruhesofas; zu bestimmten Anlässen; z. B. nach Siegen, ließ der Senat die Statuen von Göttern darauflegen und ihnen Speisen servieren; diese Feierlichkeiten hießen *lectisternia*.
5 Etwa aus Anlaß eines Amtsantritts.
6 Appius Claudius Caecus ließ 312 v. Chr. die Via Appia bauen. Sein Gedicht war wahrscheinlich eine Sammlung von moralischen Sprüchen.
7 Q. Aelius Tubero, Neffe des P. Cornelius Scipio Africanus Minor, Prätor 123 v. Chr., war Anhänger der Stoa und befreundet mit Panaitios und dessen Schüler Hekaton.
8 Das ist unrichtig. Cicero will wahrscheinlich den Abstand zu den Griechen etwas beschönigen.
9 155 v. Chr. wurden der Stoiker Diogenes, der Akademiker Karneades und der Peripatetiker Kritolaos (hier von Cicero nicht erwähnt) als Gesandte nach Rom geschickt. Die Athener waren zu Schadenersatz verurteilt worden, weil sie die Stadt Oropus geplündert hatten. Die drei Gesandten sollten die Strafe abwenden. Scipio war damals dreißig, Laelius achtunddreißig Jahre alt.
10 In Buch IV von *De finibus* kritisiert Cicero Zenon, er übernehme Lehrmeinungen von anderen, formuliere sie um und gebe sie so als seine eigenen weiter.
11 Vgl. I 6.
12 Vgl. II 9.
13 Vgl. I 108.
14 Zum Problem der Übersetzung des griechischen Wortes πάθος vgl. III 7 und Anm. 11 hierzu! Die lateinischen Begriffe wie z. B. *perturbatio*, *morbus*, *aegrotatio*, *laetitia*, *libido* u. a., die sich im vierten Buch in großer Anzahl finden, lassen sich häufig im Deutschen nur unzulänglich wiedergeben. So decken sich *laetitia* und die hier verwendete Übersetzung »Lust« nicht ganz. *laetitia* ist die überschäumende Freude des Nicht-Weisen an Din-

gen, an denen der Weise wahre Freude zu empfinden für unnötig hält. *gaudium* hingegen ist die Freude des Weisen (vgl. IV 67), und sie ist, wie es später Seneca formuliert (epist. ad Luc. 23) eine ernste Sache. Im deutschen Wort »Lust« sind zwei Bedeutungen enthalten, einmal die angenehme Empfindung über etwas, das große Vergnügen an einer Sache, zum zweiten Verlangen, Begierde, wie etwa in ›Lust auf etwas haben‹. Wenn *laetitia* hier mit Lust übersetzt wird, dann nur in der ersten Bedeutung.

15 Cicero gerät hier in einen Widerspruch zur Lehre der älteren Stoa, die die Leidenschaften als *iudicia* und *opiniones* ansah, während er sie hier mit Platon und Pythagoras in den vernunftlosen Teil der Seele verlegt. Mit der Rückführung der Lehre von der Zweiteilung der Seele auf Pythagoras wird diese Lehre als sehr alt hingestellt. Platon hat sich ihr nur teilweise angeschlossen. Ein Ausgleich mit seiner Lehre von der Dreiteilung der Seele wird dadurch hergestellt, daß der unvernünftige Teil sowohl Zorn als auch Begierde enthält. Die Lehre von der Zweiteilung der Seele entwickelt Cicero bereits in II 47–51 und führt sie dort auf Aristoteles zurück. Hier versucht Cicero Platon und Aristoteles zu harmonisieren und die Lehre auf Pythagoras zurückzuführen. Seine Quelle war vielleicht ein Vertreter der mittleren Stoa, vielleicht Hekaton, ein Schüler des Panaitios, der auch die alte Lehre von der Zweiteilung übernommen hatte (vgl. Cic. de off. I 101 und de re publ. I 60 und II 67).

16 Auch hier ist Cicero ungenau. Die *tranquillitas* besteht doch gerade darin, daß der vernunftlose Teil der Seele der Vernunft gehorcht. Vgl. de off. I 102: *Efficiendum autem est, ut appetitus rationi oboediant . . . sintque tranquilli atque omni animi perturbatione careant; ex quo elucebit omnis constantia omnisque moderatio.*

17 Diog. Laert. VII 110: ἡ ἄλογος καὶ παρὰ φύσιν ψυχῆς κίνησις ἢ ὁρμὴ πλεονάζουσα.

18 Die vier Hauptarten heißen hier *partes*; im folgenden nennt Cicero die Hauptarten *genera* und die Unterarten *partes*.

19 Allen Wesen ist der Trieb nach dem der Natur Entsprechenden eingegeben. Der Unterschied zwischen dem natürlichen Trieb und der Leidenschaft besteht also darin, daß sich die Leidenschaft auf ein vermeintliches Gut, das in Wirklichkeit keines ist, bezieht und daß sie sich der Herrschaft der Vernunft entzieht.

20 Diog. Laert. VII 116: τῇ δὲ ἐπιθυμίᾳ ἐναντίαν φασὶν εἶναι τὴν βούλησιν οὖσαν εὔλογον ὄρεξιν.

21 Diog. Laert. VII 116: τὴν χαρὰν ἐναντίαν φασὶν εἶναι τῇ ἡδονῇ.
22 Diog. Laert. VII 116: τὴν δὲ εὐλάβειαν [ἐναντίαν φασὶν εἶναι] τῷ φόβῳ.
23 Nämlich: Begierde – Wille; Lust – Freude; Furcht – Vorsicht; Kummer.
24 Cicero definiert das Meinen (δόξα) als schwache Zustimmung, d. h. »die voreilige und damit unsichere Reaktion des Geistes auf die von außen kommenden Eindrücke«. (Gigon, Kommentar, S. 532). Dagegen führt das sichere Ergreifen des Eindrucks zum Wissen (ἐπιστήμη).
25 Die griechischen Begriffe für die meisten der von Cicero hier angeführten Leidenschaften finden sich bei Diog. Laert. VII 111.
26 Hier fehlt die Definition von *pudor.*
27 Der Vers stammt aus dem *Alcumaeo* des Ennius (scaen. 21). Vgl. Cic. de or. III 218.
28 *libido* (Begierde) bezieht sich auf die Prädikate, *indigentia* (Bedürfnis) auf die Dinge selbst, d. h., man begehrt, Reichtum zu besitzen, gesund zu sein, bedarf aber des Reichtums selbst, um ihn gebrauchen zu können. Die Stoiker waren stolz auf solche spitzfindigen Unterscheidungen.
29 In IV 23 ff. wird deutlich, daß Cicero seine Vorlage stark gekürzt oder ungenau bearbeitet hat; vielleicht hat er aber auch eine bereits gekürzte oder unzulängliche Vorlage benutzt. Cicero bringt zunächst drei Begriffe, *morbi*, *aegrotationes* und *offensiones*, ohne die Unterschiede zu erklären. Erst in IV 28 versucht er, den Begriff *aegrotatio* (*ad aegrotandum proclivitas*) zu definieren. Fragen offen läßt auch der Satz, daß »das, wovon er spricht, nur begrifflich, nicht aber in der Realität unterschieden« ist (IV 24; vgl. auch IV 29 und Anm. 35). Außerdem bleibt offen, ob *morbi* und *aegrotationes* nur aus den Leidenschaften Begierde und Lust entstehen (IV 24), die *offensiones* aus der Furcht (IV 28), oder ob aus allen drei Leidenschaften *morbi* und *aegrotationes* erwachsen, wie man es dem Anfang von IV 23 entnehmen könnte, und die *offensiones* etwas ganz anderes sind. Aus IV 24 f. könnte man schließen, daß Krankheiten und Schwächen aus der Begierde und der Lust erwachsen. Ein Beispiel ist die Ruhmsucht. Die entgegengesetzten Abneigungen entstehen aus der Furcht, z. B. Haß auf die Menschheit. Jedenfalls scheint Cicero sich über die begrifflichen Unterschiede nicht klar gewesen zu sein.

30 Atilius, ein Komödiendichter um 200 v. Chr., übersetzte vielleicht Menanders Stück Μισογύνης.

31 Timon lebte zur Zeit des Sokrates; er hatte sich in Athen, fern von allem Verkehr, ein turmartiges Haus erbaut, um mit keinem Menschen in Kontakt zu kommen.

32 Auch dies ist verwirrend. Denn nach IV 23 sind es die *offensiones*, die Abneigungen, die aus der Furcht entstehen.

33 Bei Stobaeus (ecl. II 182) wird νόσημα (*morbus*) so definiert: νόσημα δ' εἶναι δόξαν ἐπιθυμίας ἐρρυηκυῖαν εἰς ἕξιν καὶ ἐνεσκιρωμένην καθ' ἣν ὑπολαμβάνουσι τὰ μὴ αἱρετὰ σφόδρα αἱρετὰ εἶναι, οἷον φιλογυνίαν, φιλοινίαν, φιλαργυρίαν. Es handelt sich also hierbei um ein falsches Urteil, durch das man Dinge für erstrebenswert hält, die es nicht sind. ἀρρωστήματα (*aegrotationes*) werden erklärt als νοσήματα μετ'ἀσθενείας συμβαίνοντα. Nach Chrysipp (Gal. de plac. Hippokr. et Plat. IV p. 396: οὐ γὰρ ἐν τῷ κρίνειν ἀγαθὰ ἕκαστα τούτων λέγεται ἀρρωστήματα ταῦτα, ἀλλὰ κατὰ τὸ ἐπὶ πλέον ἐκπεπτωκέναι πρὸς ταῦτα τοῦ κατὰ φύσιν) besteht die Schwäche der Seele (*aegrotatio*) darin, daß man sich nicht beherrschen kann, auch wenn man das Falsche der Leidenschaft erkennt. Es wird also wiederum deutlich, daß Cicero die beiden Begriffe (νόσημα, *morbus* – ἀρρώστημα, *aegrotatio*) nicht klar trennt.

34 Also ein körperliches Gebrechen wie Lahmheit und ähnliches.

35 Wiederum (vgl. IV 24) sagt Cicero, daß sich im Gegensatz zum Körper *morbus* und *aegrotatio* bei der Seele nur theoretisch unterscheiden lassen. Besagt dies, daß in der Seele das eine ohne das andere nicht vorkommt, oder sind beide Begriffe nur Umschreibungen für eine Sache?

36 Nicht bei jedem Fehler ist der Zwiespalt der Gedanken und des Handelns gleich groß. Wenn auch die Stoiker alle Nichtweisen als Toren bezeichneten, so gaben sie doch zu, daß ein Unterschied bestehe zwischen denen, die der Weisheit nahe, und denen, die von ihr weit entfernt waren.

37 Auch in diesem Abschnitt sind die Begriffe nicht deutlich geschieden. *vitiositas* (griech.: κακία) bezeichnet allgemein den kranken Zustand der Seele und ist das Gegenteil von *sanitas*. *vitia* (griech.: κακίαι) sind die den Tugenden entgegengesetzten Eigenschaften der Seele. Verwirrend ist, daß Cicero sagt, *morbus* und *aegrotatio* seien Teile der *vitiositas*, während er oben (IV 28) *morbus*, *aegrotatio* und *vitium* als drei voneinander getrennte Eigenschaften bezeichnet hat.

38 Nach Ansicht der Stoiker beruhen die Leidenschaften auf falschen Vorstellungen und Urteilen der Seele, sie kommen also aus dem denkenden Teil der Seele. Die Triebe der Tiere dagegen sind naturgemäß.
39 κακία ›Schlechtigkeit‹ ist der Gegensatz zur Tugend. Der Plural κακίαι ›Laster‹ entspricht dem lateinischen *vitia*.
40 Cicero zitiert Q. Trabea (com. 6), einen römischen Komödiendichter um 200 v. Chr.
41 Vgl. I 3.
42 Vgl. III 16.
43 Auf die Lehre der Peripatetiker von der Beschaffenheit der Seele und der Natur der Leidenschaften geht Cicero nur wenig ein. Nach Aristoteles sind die Affekte natürlich, müssen aber von dem denkenden Teil der Seele beherrscht werden.
44 C. Fannius war der Schwiegersohn des Laelius; er schrieb ein Geschichtswerk.
45 P. Rupilius Lupus war 132 v. Chr. Konsul.
46 Felsen am Südende der Insel Leukas, von dem Sappho sich ins Meer gestürzt haben soll.
47 Vgl. IV 21.
48 Aus einer unbekannten Komödie des L. Afranius (frg. 409 [Ribbeck]). Er lebte nach dem dritten Punischen Krieg und war ein Meister der *fabula togata*, der Komödie, die römische Themen behandelte.
49 Cicero will betonen, daß sich die Akademiker, zu denen er sich selbst zählt, nicht auf den Meinungsstreit einlassen, sondern sich einzig und allein der Wahrheitsfindung verpflichtet fühlen.
50 Vgl. IV 11.
51 Die Quelle dieses Zitates ist unbekannt.
52 Lucilius 153–158 (Marx). Lucilius schrieb Satiren; er starb 102 v. Chr. Pacideianus war ein berühmter Gladiator, den auch Horaz erwähnt (sat. II 7,97).
53 Hom. Il. VII 211 ff.
54 Homer sagt, daß die Trojaner zittern, nicht Hektor.
55 M. Manlius Torquatus schlug 362 v. Chr. am Anio einen riesigen Gallier im Zweikampf nieder und entriß ihm die Halskette (*torques*).
56 M. Claudius Marcellus, ein Held des zweiten Punischen Krieges, tötete in der Schlacht bei Clastidium 222 v. Chr. Viridomarus, den Anführer der Gallier.

57 P. Cornelius Scipio Africanus Minor; er eroberte 146 v. Chr. Karthago.
58 L. Brutus vertrieb 510 v. Chr. den König Tarquinius Superbus und begründete damit die römische Republik.
59 Theseus fing den feuerschnaubenden Stier, den Neptun dem Minos geschenkt hatte und den später Eurystheus gegen Attika losließ.
60 P. Cornelius Scipio Serapio, Konsul 138 v. Chr., war verantwortlich für den Tod des Ti. Gracchus 133 v. Chr.
61 P. Mucius Scaevola wollte keine Gewalt gegen Ti. Gracchus anwenden.
62 Enn. inc. 18.
63 Achill und Agamemnon stritten, weil Agamemnon Achill die schöne Briseis weggenommen hatte. Vgl. Hom. Il. I 122 ff.
64 Im Streit um die Waffen Achills wurde Odysseus dem Aias vorgezogen. Daher rührten der Zorn und der Wahnsinn des Aias. Vgl. Hom. Od. XI 542 ff.
65 Verse aus einem unbekannten Stück.
66 Das höchste Gesetz ist die Vernunft, die die ganze Welt durchdringt. Ihr muß der Mensch sich willig unterordnen.
67 SVF I 628 und III 285.
68 Schüler des Zenon und Kleanthes und Mitschüler des Chrysipp.
69 Außer der besonnenen Tapferkeit noch Zorn.
70 Die Stoiker lehren, alle Leidenschaften seien Krankheiten und die von ihnen Befallenen seien Toren. Nähme man nun den Zorn oder eine andere Leidenschaft davon aus, dann erwiese sich die Lehre als in sich widersprüchlich und damit unsinnig.
71 Vgl. IV 28.
72 Ihn loben die Peripatetiker.
73 Teil eines Verses aus dem *Atreus* des Accius (trag. 233).
74 Ein mit Cicero befreundeter Schauspieler.
75 Vgl. IV 44.
76 Vgl. IV 20.
77 Cicero spielt auf die Redner an: Reden mußten den verschiedenen Situationen verschiedener Menschen angepaßt sein, die überredet oder beeinflußt werden sollten. Philosophie hingegen hatte es nur mit dem Weisen zu tun.
78 Vgl. III 22.
79 Nämlich die Peripatetiker; vgl. IV 47.

80 Die Stoiker lehrten, nichts sei gut, was auch eine schlechte Anwendung finden könne; was also naturgemäß sei, könne auch, wenn es übersteigert wäre, diesen Charakter nicht verlieren. Die Affekte sind nicht Steigerungen natürlicher Zustände, sondern etwas völlig Verschiedenes.
81 Die vier Affekte sind: *libido*, *laetitia*, *metus*, *aegritudo*. Vgl. IV 11.
82 Wendet man sich in seiner Rede gegen den Kummer insgesamt und richtet nichts aus, dann bleibt noch die Möglichkeit, sich gegen den speziellen Fall zu wenden. Wendet man sich aber zunächst gegen den speziellen Fall und richtet nichts aus, so wird auch eine nachfolgende Rede gegen den Kummer im allgemeinen keinen Erfolg haben.
83 Vgl. III 77 f.
84 Cicero hat das Problem der Armut in Buch III, in dem es um den Kummer geht, im einzelnen behandelt.
85 Die Methode, zu zeigen, daß das, was Lust und Begierde hervorruft, kein Gut ist und das, was Kummer und Furcht erzeugt, kein Übel ist, und damit den Kummer zu beseitigen, ist selten erfolgreich. Denn diejenigen, die z. B. unter Armut leiden, können selten zu der Einsicht gebracht werden, Armut sei kein Übel.
86 Vgl. III 77.
87 So die Akademiker.
88 So lehrt Epikur.
89 Diesen Gedanken des *consensus* vertreten Kalliphon und Dinomachos; vgl. V 85.
90 Nämlich Tugend, körperliche Vorzüge und äußere Güter, wie Antiochos lehrte; vgl. V 23.
91 Vgl. III 76. Beim Tod seiner Tochter Tullia ließ Cicero seiner Trauer freien Lauf. Chrysipp lehrte, daß Tröstende den Betroffenen klarmachen sollen, daß Trauer keine Pflicht sei und man ihr nicht nachgeben dürfe.
92 Nach stoischer Lehrmeinung war nur das Tugendhafte ein Gut, das ein Tor aber nicht besitzen konnte.
93 Vgl. IV 13.
94 Vgl. IV 14 und I 90.
95 Verse aus der Tragödie *Hector proficiscens* des Naevius (trag. 15).
96 Zitat aus einer Komödie des Q. Trabea (com. 1–5).
97 Stat. frg. 259–264 (Ribbeck).

98 Nämlich Jason, der zu Medea spricht. Die Verse stammen aus der Tragödie *Medea* des Ennius (scaen. 233).

99 Vielleicht in der *Medea* des Pacuvius (trag. inc. 174–175).

100 Nämlich Platon und die Stoiker.

101 Epikur warnt vor dem Eros, während andere Philosophen, Platon und die Stoiker, ihn verteidigen, und zwar den ἔρως παιδικός, die Knabenliebe, wie aus dem folgenden hervorgeht.

102 Aus einem unbekannten Stück des Ennius (scaen. 378).

103 In einem verlorenen Stück mit dem Titel *Chrysippos* (p. 632 [Nauck]). Laios, König von Theben, wurde von Amphion und Zethos vertrieben, ging zur Peloponnes und liebte und raubte dort Chrysippos, den Sohn des Pelops.

104 Alkaios von Mytilene auf Lesbos (um 600 v. Chr.) dichtete Trink- und Liebeslieder.

105 Anakreon von Teos (6. Jh. v. Chr.) lebte am Hof des Polykrates von Samos, später in Athen. Er schrieb hauptsächlich Liebeslieder.

106 Auch er verkehrte am Hof des Polykrates.

107 Er spielt auf Platons *Symposion* und den *Phaidros* an. Platon führte in die Philosophie den Begriff des ἔρως ein, d. h. das Verlangen nach dem Schönen, das mit der sinnlichen Liebe nichts zu tun hat. Vgl. Plat. pol. III 403a.

108 SVF III 650 ff.

109 Ein Stück des Komikers Turpilius (V. 115–120 [Ribbeck]), eines Zeitgenossen des Terenz.

110 Dies bezieht sich alles auf Liebende.

111 Verse aus dem *Eunuchus* des Terenz (I 1,14 ff.).

112 Wie der zwischen Agamemnon und Menelaos, der hier als Beispiel angeführt wird. Die Verse stammen wahrscheinlich aus der *Iphigenia* des Ennius (scaen. 191–192).

113 Nämlich Thyestes.

114 Accius trag. 200–201.

115 Accius trag. 229–230.

116 Ein Pythagoreer und Freund Platons. Archytas frg. 7 A (Diels).

117 Ein unklarer und schwer verständlicher Satz, in dem Cicero mit den Begriffen Vertrauen – Mißtrauen und Hoffnung – Furcht arbeitet, um noch einmal Furcht als *perturbatio*, als Leidenschaft herauszustellen.

118 Vgl. IV 29.

Buch V

1 Gemeint ist ein verlorenes Buch des M. Brutus mit dem Titel *De virtute*.
2 Chrysipp, nach Diog. Laert. VII 127.
3 Cicero denkt an seine Verbannung, den Niedergang der römischen Republik und an den Tod seiner geliebten Tochter Tullia.
4 Der Stoiker M. Porcius Cato Uticensis, der Urenkel Catos des Älteren, der sich aus Kummer über den Untergang der Republik 46 v. Chr. in Utica in Nordafrika das Leben nahm.
5 Hier beginnt der berühmte sogenannte »Hymnus auf die Philosophie«, vergleichbar einem Gebet zu einem Gott.
6 Die sieben Weisen sind Thales aus Milet, Bias aus Priene, Solon aus Athen, Kleoboulos aus Lindos, Chilon aus Sparta, Periandros aus Korinth und Pittakos aus Mytilene. Die Zusammensetzung des Kanons ist nicht fest, manchmal finden sich auch andere Namen in der Liste.
7 Atlas, Bruder des Prometheus, wurde nach dem Kampf der Titanen gegen Zeus dazu verurteilt, mit Kopf und Händen das Himmelsgewölbe zu tragen.
8 Siehe II 23. Prometheus rühmt sich bei Aischylos (Prom. 458), er habe den Menschen als erster die Sternenkunde beigebracht.
9 Kepheus, König von Äthiopien, war Gatte der Kassiopeia und Vater der Andromeda.
10 Archelaos aus Milet, um 450 v. Chr.
11 Siehe I 104.
12 Cicero denkt an die ionischen Naturphilosophen von Thales aus Milet bis Anaxagoras und Archelaos.
13 Vgl. II 9.
14 Vgl. III 54.
15 M. Atilius Regulus wurde im ersten Punischen Krieg 255 v. Chr. in Afrika besiegt. Q. Servilius Caepio wurde 105 v. Chr. von den Kimbern geschlagen; ihm wurde die Befehlsgewalt aberkannt, und sein Vermögen wurde eingezogen. M'. Aquilius wurde 88 v. Chr. von Mithridates gefangengenommen und grausam umgebracht.
16 Xerxes ist ein Beispiel dafür, daß äußere Güter nicht glücklich machen können, sondern nur neues Verlangen entfachen.
17 Der Sinn der Stelle ist etwa folgender: Wenn schon Xerxes demjenigen eine Belohnung versprach, der ihm ein neues sinnliches

Vergnügen erfinden würde, dann müssen wir diejenigen um so mehr schätzen, die uns die Überzeugung geben, daß die Tugend zum glücklichen Leben genüge.

18 Aristos war der Bruder des Antiochos. Er gehörte zur Akademie und war ein Freund Ciceros. Zu Antiochos vgl. III 59.

19 Die Peripatetiker waren der Auffassung, es gebe drei Arten von Gütern: Güter der Seele, des Körpers und äußere Güter.

20 Nämlich im Jahr 79 v. Chr., als Cicero sich zu Studien in Athen aufhielt.

21 50 v. Chr., als Cicero aus Kilikien, wo er sich als Prokonsul aufgehalten hatte, nach Rom zurückkehrte.

22 Nach einem erfolgreichen Gefecht gegen die Parther bei Issus war Cicero von den Soldaten zum Imperator ausgerufen worden.

23 Peripatetiker und Akademiker nannten Krankheiten, Schmerz, Armut u. ä. Übel; die Stoiker bezeichneten sie als nachteilige Dinge (ἀποπροηγμένα). Cicero vertritt die strenge stoische Lehre, daß es im Bereich der äußeren Güter nichts wahrhaft Gutes oder Übles gebe, da sonst das Glück des Weisen immer gefährdet sei. Antiochos vertritt dagegen zwei Thesen: 1. Die Tugend bewirkt ein glückliches, aber nicht das vollkommen glückliche Leben. 2. Vom Besitz der äußeren Güter sprechen wir dann, wenn sie überwiegend vorhanden sind. Dieses quantitative Prinzip wird auf die ethische Qualifikation übertragen.

24 Cicero gibt die Argumentation der Stoiker wieder: Das höchste Gut hat keine Stufen, es kann weder zu- noch abnehmen. Wenn das glückliche Leben das höchste Gut, also vollkommen ist, dann muß es auch vollkommen glücklich sein.

25 Die Peripatetiker, vgl. V 76.

26 Wie es drei Arten von Gütern gibt, so gibt es auch drei Arten von Übeln. Wenn das Leben glücklich ist, solange die Güter überwiegen, so muß es unglücklich sein, wenn die Übel überwiegen. Wenn also der Weise von Übeln bedrängt ist, dann ist er unglücklich – eine Ansicht, die für die Stoiker unverständlich war.

27 Nämlich daß der Weise auch unter Schmerzen glücklich sein könne.

28 Die Peripatetiker waren der Ansicht, es gebe drei Arten von Gütern, Güter der Seele, des Körpers und äußere Güter. Theophrast kann man also nicht tadeln, wenn er konsequenterweise sagt, daß derjenige, der unter körperlichen Übeln und äußeren

Übeln leidet, nicht glücklich sein kann. Es sind die Voraussetzungen, die kritisiert werden müssen, sagt Cicero, also die Lehre von den drei Arten der Güter. Erkennt man allerdings die Voraussetzungen an, dann hat man kein Recht mehr, die Folgerungen zu tadeln.

29 Vgl. III 21.

30 Antisthenes war ein Schüler des Sokrates und Gründer der kynischen Schule.

31 Vgl. II 8.

32 Vgl. II 15.

33 Aristos und Antiochos.

34 Speusippos war ein Neffe Platons und dessen Nachfolger als Leiter der Akademie.

35 Siehe I 20.

36 Nachfolger des Xenokrates als Leiter der Akademie.

37 Die Bezeichnung »Philosophen«.

38 Gemeint ist der Ruhm, der mit dem Titel »Philosoph« verbunden ist.

39 Vgl. II 17.

40 *De finibus*.

41 Dokumente wurden versiegelt, damit kein Wort mehr geändert werden konnte. Vor Gericht konnten sie dann als Beweismittel vorgebracht werden.

42 Vgl. II 9.

43 V 21 f.

44 Der Sinn ist: Ich will zeigen, daß auch ich konsequent bin. Denn es geht hier nicht darum, ob der stoische Satz, die Tugend allein sei ein Gut, richtig ist, sondern darum, daß, wenn dies so ist, die Tugend allein zum vollkommenen Glück genüge.

45 Kition war eine phönizische Kolonie auf Zypern.

46 Plat. Gorg. 470e.

47 Archelaos war König von Makedonien zur Zeit des Sokrates.

48 Gemeint ist die Grabrede in Platons *Menexenos* (247e ff.), die Aspasia auf die im Peloponnesischen Krieg Gefallenen hält.

49 Nach stoischer Lehre ist die menschliche Seele ein Teil der göttlichen Weltseele.

50 Vgl. V 30.

51 Philipp von Makedonien, der Vater Alexanders des Großen.

52 Denselben Beweis bietet Cicero kürzer in de fin. III 8,27.

53 Dies ist der Name der Mutter des Odysseus. Aber nicht sie, sondern seine Amme Eurykleia hat Odysseus die Füße ge-

waschen. Der Vers stammt aus den *Niptra* des Pacuvius (frg. 247).

54 Alles, was nicht sittlich-gut oder schlecht war, nannten die Stoiker ἀδιάφορα, gleichgültige Dinge. Diese teilten sie in προηγμένα, Vorzüge, wie Reichtum, Gesundheit, Ehre u. ä., und ἀποπροηγμένα, Nachteile, wie Armut, Krankheit u. ä., ein.

55 Der erste Vers eines Epigramms auf einer Statue des Epameinondas in Theben. Vgl. Paus. IX 15,6.

56 Gemeint ist das Asowsche Meer.

57 Das Epigramm stammt von Ennius (var. 21–22).

58 Kritolaos sollte also, da er den äußeren Gütern doch so wenig Bedeutung beimißt, gleich erklären, daß die Tugend allein das glückliche Leben bewirken könne. Kritolaos, ein Peripatetiker, nahm als dritter bei der in Buch IV 5 erwähnten Philosophengesandtschaft teil.

59 Vgl. I 20.

60 Vgl. IV 19.

61 Wahrscheinlich ein Vers aus dem *Atreus* des Accius (trag inc. frg. 112).

62 C. Laelius Sapiens, der Freund des Scipio Africanus Minor, fiel 120 v. Chr. bei seiner Bewerbung um das Konsulat durch. Im folgenden Jahr war er Konsul mit Q. Servilius Caepio.

63 Bei diesem Anakoluth fehlt der zweite Teil des Vergleichs. In veränderter Form wird der Gedanke dann mit »aber was ... wolltest du lieber« wiederaufgenommen.

64 Berühmte Männer wie Aemilius Paulus und Porcius Cato fielen als Kandidaten durch.

65 Im Jahr 87 v. Chr. wurde L. Cornelius Cinna von seinem Kollegen Cn. Octavius gewaltsam aus der Stadt vertrieben, kehrte aber mit Hilfe des Marius wieder zurück und ernannte auch während der drei folgenden Jahre sich und seine Kollegen zu Konsuln, ohne das Volk zu fragen. Er wurde kurz vor Sullas Rückkehr von seinen eigenen Soldaten ermordet.

66 P. Licinius Crassus Dives, Vater des Triumvirn, Konsul 97 v. Chr., tötete sich selbst, um nicht Marius in die Hände zu fallen.

67 L. Iulius Caesar Strabo war 90 v. Chr. Konsul.

68 Zu M. Antonius vgl. II 57.

69 C. Iulius Caesar war der Bruder des oben erwähnten L. Iulius Caesar.

70 C. Marius schlug mit Q. Lutatius Catulus 101 v. Chr. die Kimbern bei Vercellae. Er war sechsmal Konsul und starb 86 v. Chr. in seinem siebten Konsulatsjahr.
71 Catulus tötete sich selbst.
72 Vgl. Plat. Gorg. 469c: **Εἰ δ' ἀναγκαῖον εἴη ἀδικεῖν ἢ ἀδικεῖσθαι, ἑλοίμην ἂν μᾶλλον ἀδικεῖσθαι ἢ ἀδικεῖν.**
73 Dionysios I. (der Ältere) herrschte von 405–367 v. Chr. über Syrakus.
74 Nämlich Damon und Phintias. Phintias war zum Tode verurteilt worden wegen einer Verschwörung gegen Dionysios I. Damon bürgte dafür, daß sein Freund zu der für die Hinrichtung festgesetzten Stunde erscheinen würde. Vgl. F. Schillers Ballade, *Die Bürgschaft* (bei der Damon der Verschwörer ist).
75 Aquinius war ein schlechter Dichter; vgl. Catull. carm. XIV 18.
76 Vgl. IV 78.
77 Die Mathematiker zeichneten ihre geometrischen Darstellungen in feinen Sand.
78 Archimedes wurde bei der Einnahme von Syrakus im Jahr 212 v. Chr. von einem römischen Soldaten getötet. Vor seinem Tod soll er dem Soldaten den berühmt gewordenen Ausspruch zugerufen haben: *Noli turbare circulos meos!*
79 Cicero hielt sich 75 v. Chr. als Quästor auf Sizilien auf.
80 Arpinum in Latium ist Ciceros Geburtsort.
81 Der nun folgende neue Beweis schließt sich an die in V 18 gegebenen an: das höchste Gut ist das der Natur am meisten Entsprechende. Was aber der Natur eines jeden Lebewesens am meisten entspricht, wird bestimmt durch den eigentümlichen Teil seines Wesens, und das ist beim Menschen der Geist.
82 Die Stoiker unterteilen die Philosophie in Physik, Ethik und Logik, während die Epikureer nur die beiden ersten Teile kannten. Die drei Bereiche werden dann im folgenden genauer charakterisiert: V 69 f. die Physik, V 71 die Ethik, V 72 die Logik.
83 Nämlich die fünf damals bekannten Planeten Merkur, Venus, Mars, Jupiter, Saturn sowie Sonne und Mond.
84 Gemeint sind die Naturphilosophen wie Thales, Heraklit, Anaximenes u. a.
85 Dies bezieht sich auf die Lehre von den Elementen, die durch wechselnde Verbindungen miteinander Veränderungen hervorbringen.
86 In dem hier beschriebenen geozentrischen Weltbild ist die Erde von allen Gestirnen das unterste; über ihr verlaufen die Kreise

der Planeten und des Fixsternhimmels; vgl. Cic. de re publ. VI 17.

87 Vgl. I 52.

88 Die Charakteristik des idealen Staatsmannes erinnert an Buch V von *De re publica*.

89 Den Wert der Freundschaft behandelte Cicero in seiner Schrift *Laelius de amicitia*, die nach den *Tusculanen* veröffentlicht wurde.

90 Bei üppigen Gelagen pflegte man auf mit Veilchen oder Rosenblättern gefüllten Kissen zu liegen.

91 Angenehme Empfindungen gehen auf glatte, unangenehme auf rauhe, scharfe Atome zurück.

92 Das ist hier zu einseitig dargestellt. Denn Epikur gibt als Trost noch an, daß der Schmerz entweder seinen höchsten Grad erreicht habe oder aber von kurzer Dauer sei. Vgl. III 17 und V 88.

93 Bei Arpinum floß der Fibrenus in den Liris.

94 Vgl. II 17.

95 Cicero will an dieser Stelle mit den stoischen Syllogismen aufhören. Er läßt sogar die Drei-Güter-Lehre gelten, die bisher mit dem stoischen Grundsatz, nur die Tugend genüge zum glücklichen Leben, als unvereinbar galt. Von hier an arbeitet Cicero auf einen Konsens der verschiedenen Lehren hin.

96 Nach der Einteilung der Peripatetiker.

97 Die προηγμένα der Stoiker; vgl. V 47.

98 Der Schmerz ist das Thema von Buch II. Cicero erwähnt es an dieser Stelle nicht. Möglicherweise ist das zweite Buch nach dem fünften geschrieben. Vgl. aber V 118.

99 Vgl. II 34.

100 Gemeint sind die Brahmanen. Vgl. II 22, 52.

101 Man darf nicht annehmen, daß die Sitte die Natur besiegt und die Inder Frost und Feuer nicht fühlen. Die Sitte gibt ihnen vielmehr die Stärke, Schmerz zu ertragen, während sie in Rom das Volk verweichlicht.

102 Vgl. Herodot, II 65.

103 Vgl. V 13.

104 Die griechische Fassung dieses bekannten Lebensziels der Stoiker lautet: Ὁμολογουμένως τῇ φύσει ζῆν.

105 Vgl. II 9.

106 Nämlich daß der Weise zwar glücklich, aber nicht vollkommen glücklich sei. Vgl. V 22.

107 Vgl. V 11.

108 Vgl. III 54. Auch Karneades war der Meinung, daß die Tugend zum glücklichen Leben genüge, nicht aber, daß das Sittlich-Gute das einzige Gut sei. Vgl. V 33.
109 Vgl. II 15.
110 Gemeint sind körperliche und geistige Vorzüge.
111 Vgl. V 21.
112 Deinomachos und Kalliphon sind kyrenäische Philosophen.
113 Er ist ein Schüler des Kritolaos.
114 Vgl. II 15.
115 Herillos von Karthago war ein Schüler des Stoikers Zenon.
116 Vgl. V 24.
117 Nach der Lehre der Peripatetiker und der alten Akademie; vgl. V 22.
118 Der Stier des Phalaris; vgl. II 17.
119 Vgl. V 30.
120 Nämlich mit Epikur; vgl. V 45.
121 Gemeint sind die Stoiker. Cicero gerät hier in Widerspruch zu seinen eigenen Ansichten, was sich damit erklärt, daß er eine Stelle aus einer epikureischen Schrift übersetzt.
122 Anacharsis soll der Bruder eines skythischen Königs gewesen und zu Solons Zeiten nach Athen gekommen sein.
123 Vgl. I 20.
124 Athen war nach mehreren Kriegen mit den Bundesgenossen und Philipp verarmt.
125 Vgl. I 104.
126 Gemeint sind die beiden ersten Arten der Begierden. Die Epikureer stellten sie im einzelnen als gering, wenn nicht sogar als entbehrlich dar, zumindest die der zweiten Gruppe. Sie forderten aber eine leichte und bequeme Befriedigung der Begierden der zweiten Art; sollten sie jedoch nur mit Mühe zu erfüllen sein, so sei ganz darauf zu verzichten.
127 Dareios III. (›Kodomannos‹) nach seiner Niederlage gegen Alexander den Großen 331 v. Chr. bei Arbela.
128 Wahrscheinlich Ptolemaios I., König von Ägypten, 323–284 v. Chr.
129 Schon im Altertum war die Bedeutung des Wortes unklar: entweder φιλίτια ›Freundschaftsmahl‹ oder φιδίτια (von φείδομαι) ›sparsames Mahl‹.
130 Dionysios I.
131 Dort lag die Rennbahn.

132 Sohn des Konon und athenischer General zwischen 378 und 356 v. Chr.
133 Plat. epist. 7,326b.
134 Sardanapal, der letzte König von Assyrien, war bekannt für seinen üppigen Lebenswandel. 883 v. Chr. wurde er von den Medern angegriffen und ließ sich mit seinen Frauen auf einem Scheiterhaufen verbrennen.
135 Die römischen Statthalter und ihre Beamten raubten viele Kunstwerke aus den Provinzen. Der bekannteste ›Kunsträuber‹ ist Verres.
136 »Freund« nennt ihn Cicero, weil er Demosthenes als Redner nahestand.
137 Cicero denkt an seinen eigenen Ruhm während seines Konsulats, dem sehr bald die Verbannung folgte, an die stürmische Begrüßung bei seiner Rückkehr aus der Verbannung und an die dann folgende Ohnmacht gegenüber den Triumvirn.
138 Heraklit wurde um 500 v. Chr. in Ephesos geboren.
139 Römische Soldaten und auch Geschäftsleute verbrachten oft ihr ganzes Leben in den Provinzen.
140 Alle diese Philosophen verließen ihre Heimat; sie lebten in Athen und Rom, den Bildungszentren der damaligen Welt. Jeweils zwei Vertreter einer bestimmten Schule werden genannt: Xenokrates aus Chalkedon und Krantor aus Soloi in Kilikien vertreten die ältere Akademie, Arkesilas aus Pitane in Ätolien und sein Schüler Lakydes aus Kyrene sind Vertreter der mittleren Akademie. Es folgen die beiden Peripatetiker Aristoteles aus Stageira und Theophrast aus Eresos auf Lesbos; dann folgen die beiden Stoiker Zenon aus Kition auf Zypern und Kleanthes aus Assos in der Troas. Anschließend werden genannt die Erneuerer der Stoa, Chrysippos aus Soloi und Antipater von Tarsos. Es folgen die Vertreter der neueren Akademie, Karneades aus Kyrene und sein Schüler Kleitomachos aus Karthago, und die Vertreter der neuesten Akademie, Philon von Larissa und Antiochos von Askalon. Den Schluß bilden die bedeutendsten neueren Stoiker, Panaitios von Rhodos und Poseidonios von Apameia in Syrien.
141 Trag. inc. 92.
142 Er verwaltete als Prätor Sardinien, wurde aber 103 v. Chr. wegen Erpressungen verurteilt und ging nach Athen in die Verbannung.
143 Epikur lehrte: »Lebe im Verborgenen!« (λάθε βιώσας). Der

Weise sollte sich nur in äußersten Notlagen an der Politik beteiligen.

144 Metrodoros von Lampsakos; vgl. III 3.

145 Polemon, Schüler des Xenokrates und nach dessen Tod (314 v. Chr.) Leiter der Akademie.

146 Vater des L. Tarquinius Priscus; vgl. Liv. I 34; Cic. de re publ. II 19,34 ff.

147 So die Lehre Epikurs. Vgl. III 33.

148 Vgl. I 46.

149 Ap. Claudius Caecus, der Erbauer der Via Appia 312 v. Chr.

150 C. Livius Drusus, Bruder des M. Livius Drusus, der als Tribun den C. Gracchus bekämpfte.

151 Cn. Aufidius war Prätor um 108 v. Chr.

152 Er war Ciceros Lehrer in der Dialektik und Philosophie.

153 Asklepiades aus Phlius, Freund des Menedemos von Eretria, Stifter der eretrischen Schule.

154 Reiche Männer wurden in der Öffentlichkeit von einer großen Zahl von Freunden begleitet. Arme Philosophen gingen allein.

155 Viele gelehrte Männer benutzten wegen ihrer Armut die Gastfreundschaft reicher römischer Familien und speisten in ihren Häusern.

156 Vgl. I 22.

157 Bei Lukian (Imag. 8) heißt es, Homer sei **ὁ ἄριστος τῶν γραφέων**.

158 Vgl. I 104.

159 Blinder Seher im alten Theben.

160 Vgl. Hom. Od. IX 447 ff.

161 M. Licinius Crassus Dives, Triumvir, Konsul 70 und 55 v. Chr.

162 Lysimachos war General Alexanders des Großen. Zu ihm war Theodoros als Gesandter von Ptolemaios Lagi geschickt worden.

163 Perseus, König von Makedonien, Sohn Philipps III., wurde 168 v. Chr. in der Schlacht bei Pydna von Aemilius Paulus geschlagen und gefangengenommen.

164 **ἢ πῖϑι ἢ ἄπιϑι.**

165 Nämlich die Peripatetiker und Akademiker.

166 Die Stoiker.

167 Cicero hatte Brutus bereits die fünf Bücher *De finibus bonorum et malorum* gewidmet.

168 Brutus hatte Cicero eine Schrift mit dem Titel *De virtute* gewidmet.

Literaturhinweise

Ausgaben, Übersetzungen, Kommentare

M. Tulli Ciceronis Tusculanae disputationes. Recognovit M. Pohlenz. Leipzig: Teubner, 1918. Nachdr. Stuttgart: Teubner, 1982. [Zugrunde gelegter Text.]

Cicéron: Tusculanes. Bd. 1: Buch I–II. Bd. 2: Buch III–V. Texte établi par G. Fohlen et traduit par J. Humbert. Paris: Les Belles Lettres, 1931. Nachdr. ebd. 1960–64.

M. Tulli Ciceronis Tusculanae disputationes. Ed. M. Giusta. Turin: Paravia, 1984. (Corpus Scriptorum Latinorum Paravianum.)

Cicero: Tusculan Disputations. With an English translation by J. E. King. London: Loeb, 1971.

M. Tullius Cicero: Gespräche in Tusculum. Lat./Dt. Mit ausführlichen Anmerkungen. Hrsg. von O. Gigon. München: Artemis, [5]1984.

M. Tullius Cicero: Gespräche in Tusculum. Lat./Dt. Hrsg., eingel. und übers. von K. Büchner. Zürich: Artemis, [2]1966. München: Deutscher Taschenbuch Verlag, 1984. (dtv 6130.)

M. Tullius Cicero: Tuskulanische Gespräche. Ins Deutsche übertr. und erl. von A. Kabza. München [o. J.].

Ciceronis Tusculanarum disputationum libri V. Mit Benutzung von O. Heines Ausgabe erkl. von M. Pohlenz. Erstes Heft: Libri I et II. Stuttgart: Teubner, 1912. Nachdr. ebd. 1957.

Ciceronis Tusculanarum disputationum libri V. Erkl. von O. Heine. Zweites Heft: Libri III–V. Stuttgart: Teubner, 1929. Nachdr. ebd. 1957.

Ausgewählte Forschungsliteratur

Arnim, J. v.: Stoicorum veterum fragmenta. 4 Bde. Leipzig 1903–05. Nachdr. Stuttgart 1964. [Zit. als SVF.]

Bleistein, M.: Analyse und Synthese: ein Ciceronisches Denkmuster in den Tusculanenproömien. In: Acta Antiqua Academiae Scientiarum Hungaricae 54. 4 (2014) S. 393–406.

Bringmann, K.: Cicero. Darmstadt 2010.

Büchner, K.: Cicero. Bestand und Wandel seiner geistigen Welt. Heidelberg 1964.
– (Hrsg.): Das neue Cicerobild. Darmstadt 1972. (Wege der Forschung. 27.)
Everitt, A.: Cicero. Ein turbulentes Leben. Köln 2003.
Fuchs, H.: Ciceros Hingabe an die Philosophie. In: Museum Helveticum 16 (1959) S. 12–28.
Fuhrmann, M.: Cicero und die römische Republik. Eine Biographie. München/Zürich 1991. Tb.-Ausgabe Düsseldorf [2]2005.
Gelzer, M. / Kroll, W. / Philippson, R. / Büchner, K.: M. Tullius Cicero. In: RE VII A. Stuttgart 1939. Sp. 827–1274.
Gelzer, M.: Cicero. Ein biographischer Versuch. Wiesbaden 1969.
Giebel, M.: Cicero. Reinbek b. Hamburg 1977, [15]2004 (Rowohlts Monographien. 261.)
Gigon, O.: Die Erneuerung der Philosophie in der Zeit Ciceros. In: Entretiens de la Fondation Hardt. Bd. 3. Vandoevres/Genf 1955. S. 33–61.
Gildenhard, I.: Paideia Romana. Cicero's Tusculan Disputations. Cambridge Classical Journal. Supp. Vol. 30. Cambridge 2007.
Glaesser, R.: Wege zu Cicero. Heidelberg 2007.
Görler, W.: Untersuchungen zu Ciceros Philosophie. Heidelberg 1974.
Graver, M. R.: Cicero and the perverse: The origins of error in De Legibus 1 and Tusculan Disputations 3. In: Cicero's practical philosophy. Hrsg. Von W. Nicgorski. University of Notre Dame, Ind. 2012. S. 113–132.
Hanchey, D. P.: Rhetorik and The Immortal Soul in *Tusculan disputation* 1. In: Syllecta Classica (Department of Classics at the University of Iowa) 24 (2013) S. 77–103.
Harder, R.: Die Einbürgerung der Philosophie in Rom. In: R. Harder: Kleine Schriften. München 1960. S. 330–353.
– Das Prooemium von Ciceros *Tusculanen*. In: R. Harder: Kleine Schriften. München 1960. S. 413–430.
Hartung, H.-J.: Ciceros Methode bei der Übersetzung griechischer philosophischer Termini. Diss. Hamburg 1970.
Hommel, H.: Ciceros Gebetshymnus an die Philosophie. Sitzungsber. der Heidelberger Akademie. Phil.-Hist. Kl. 3. 1968.
Klingner, F.: Cicero. In: Römische Geisteswelt. München [4]1961. S. 110–159.
Knoche, U.: Cicero – Ein Mittler griechischer Geisteskultur. In: Hermes 87 (1959) S. 57–74.

Koch, B.: Philosophie als Medizin für die Seele. Untersuchungen zu Ciceros *Tusculanae Disputationes*. Stuttgart 2006.
Kroll, W.: Die Kultur der ciceronischen Zeit. Darmstadt 1963.
Kytzler, B. (Hrsg.): Ciceros literarische Leistung. Darmstadt 1973. (Wege der Forschung. 215.)
Lefèvre, E.: Philosophie unter der Tyrannis. Ciceros Tusculanae Disputationes. Heidelberg 2008.
Luck, G.: Der Akademiker Antiochos. Bern 1953. (Noctes Romanae. 7.)
Maurach, G. (Hrsg.): Römische Philosophie. Darmstadt 1976. (Wege der Forschung. 193.)
– Geschichte der römischen Philosophie. Eine Einführung. Darmstadt 1989.
Morkel, A.: Marcus Tullius Cicero. Was wir heute noch von ihm lernen können. Würzburg 2012.
Philippson, R.: Das dritte und vierte Buch der *Tusculanen*. In: Hermes 67 (1932) S. 245–294.
Pohlenz, M.: Das dritte und vierte Buch der *Tusculanen*. In: Hermes 41 (1906) S. 321–355.
– Das zweite Buch der *Tusculanen*. In: Hermes 44 (1909) S. 23–40.
– Die Stoa. Geschichte einer geistigen Bewegung. Bd. 1. Göttingen [6]1984. Bd. 2. Göttingen [5]1980.
Ribbeck, O.: Scaenicae Romanorum poesis fragmenta. Bd. 1: Tragicorum Romanorum fragmenta, Leipzig 1897. Bd. 2: Comicorum Romanorum fragmenta. Leipzig 1898.
Schuller, W.: Cicero oder Der letzte Kampf um die Republik. Eine Biographie. München 2013.
Seel, O.: Cicero. Wort, Staat, Welt. Stuttgart 1967.
Seng, H.: Aufbau und Argumentation in Ciceros *Tusculanae disputationes*. In: Rheinisches Museum für Philologie 141 (1998) S. 329–347.
Stroh, W.: Cicero. Redner, Staatsmann, Philosoph. München 2008.
Stull, W.: Reading the Phaedo in Tusculan Disputations. In: Classical Philology 107. (Chicago 2012) S. 38–52.
Süss, W.: Die dramatische Kunst in den philosophischen Dialogen Ciceros. In: Hermes 80 (1952) S. 419–436.
– Cicero. Eine Einführung in seine philosophischen Schriften. Wiesbaden 1966.
Vahlen, J.: Ennianae poesis reliquiae. Leipzig 1903.
Weil, B.: 2000 Jahre Cicero. Zürich 1962.
Weische, W.: Cicero und die Neue Akademie – Untersuchungen zur

Entstehung und Geschichte des antiken Skeptizismus. Münster 1961. (Orbis antiquus. 18.)

Zeller, E.: Die Philosophie der Griechen in ihrer geschichtlichen Entwicklung. Hrsg. von W. Nestle. Leipzig [7]1923.

Zielinski, Th.: Cicero im Wandel der Jahrhunderte. Leipzig/Berlin 1912. Nachdr. Darmstadt 1967.

Zimmermann, B. (Hrsg.): Vitae philosophia dux. Studien zur Stoa in Rom. Freiburg 2009.

Verzeichnis der Eigennamen

Die Eigennamen sind nach dem lateinischen Text aufgeführt, d. h. griechische Eigennamen werden in der lateinischen Schreibweise aufgeführt; im deutschen Text erscheinen sie in der Regel in der griechischen Schreibweise.

ACADEMIA, 1. von Platon im Hain des Heros Akademos in Athen gegründete Philosophenschule II 4, 9; III 12; V 82,
2. Schulgebäude der platonischen Schule V 91,
3. so benanntes Gymnasium im Haus Ciceros in Tusculum; Ort der Gespräche II 9; III 7

ACADEMICUS, Anhänger der Akademie IV 5, 6, 47; V 75, 85

ACADEMICI LIBRI, Schrift Ciceros II 4

L. ACCIUS, etwa 170–87 v. Chr., römischer Tragiker I 105; II 13; III 20, 62 (Accianus); IV 55

ACHERON, Fluß in der Unterwelt I 10, 37 (Acheruns), 48 (Acherusia)

ACHILLES, Sohn des Peleus, Königs von Thessalien, und der Nymphe Thetis, der berühmteste Held vor Troja I 105; III 18; IV 52

AEACUS, mythischer König von Ägina, wegen seiner Gerechtigkeit Richter in der Unterwelt I 98

AEETA (AIETES), König von Kolchis, Sohn des Helios, Vater der Medea; mit ihrer Hilfe entführten ihm die Argonauten das Goldene Vlies III 26, 39

AEGYPTUS, Ägypten V 97

AEGYPTUS, Einwohner von Ägypten I 108; V 78

SEX. AELIUS PAETUS CATUS, Konsul 198 v. Chr. I 18

Q. AELIUS TUBERO, Neffe des Scipio Africanus Minor; Stoiker, Freund des Panaitios IV 4

M. AEMILIUS LEPIDUS PORCINA, Konsul 198 v. Chr. I 5

L. AEMILIUS PAULUS, Konsul 182 und 168 v. Chr.; Sieger in der Schlacht bei Pydna, 168 v. Chr. III 70; V 118

L. AEMILIUS PAULUS, Konsul 219 und 216 v. Chr.; fiel in der Schlacht bei Cannae, 216 v. Chr. I 89, 110

AESCHINES, attischer Redner; Zeitgenosse des Demosthenes III 63

ANACHARSIS, soll der Bruder eines skythischen Königs gewesen sein und zu Solons Zeiten nach Athen gekommen sein V 90

ANACREON, 6. Jh. v. Chr.; griechischer Lyriker; lebte zunächst am Hof des Polykrates von Samos, später bei den Peisistratiden in Athen IV 71

ANAXAGORAS, 500–428 v. Chr., aus Klazomenä in Lydien; griechischer Philosoph der ionischen Schule; Freund und Lehrer des Thukydides und Euripides; er starb in Lampsakos in der Verbannung I 104; III 30, 58; V 10, 66, 115

ANAXARCHUS, Anhänger des Demokrit; er soll zu Tode gefoltert worden sein, weil er den Tyrannen von Kypros beleidigt hatte II 52

ANDROMACHA, Gattin Hektors III 53

ANTICLEA, Mutter des Odysseus V 46

ANTIOCHUS, von Askalon; Akademiker, Schüler des Philon; lebte in Athen, Alexandria und Rom; Lehrer Ciceros III 59; V 21, 22, 107

ANTIPATER, von Kyrene, um 360 v. Chr.; Schüler des Aristippos V 112

ANTIPATER, von Tarsos, gest. 129; nach Diogenes Leiter der stoischen Schule; Lehrer des Panaitios V 107

ANTISTHENES, Schüler des Sokrates, Gründer der kynischen Schule V 26

M. ANTONIUS, Konsul 99 v. Chr.; Großvater des Triumvirn; 87 von den Marianern ermordet; ein bedeutender Redner I 10; II 57; V 55

APOLLO, griechischer Gott I 17, 52, 73, 114; IV 73

APPIUS *s.* Claudius

M'. AQUILIUS, Konsul 101 v. Chr.; wurde 88 v. Chr. von Mithridates gefangengenommen und grausam getötet V 14

AQUILO, der Nordwind I 68

AQUINIUS, ein schlechter Dichter des 1. Jh.s v. Chr. V 63

ARCESILAS, gest. 241 v. Chr.; Gründer der mittleren Akademie V 107, 109

ARCHELAUS, griechischer Philosoph aus Milet; Schüler des Anaxagoras; Lehrer des Sokrates V 10

ARCHELAUS, König von Makedonien; 413–399 v. Chr. V 34, 35

ARCHILOCHUS, frühgriechischer Dichter um 650 v. Chr. I 3

ARCHIMEDES, 287–212 v. Chr.; Mathematiker und Mechaniker in Syrakus; Cicero entdeckte bei seinem Aufenthalt auf Sizilien sein in Vergessenheit geratenes Grab wieder I 63; V 64

CALATINUS *s.* Atilius
CALLANUS, Freund Alexanders d. Großen II 52
CALLIMACHUS, griechischer Lyriker aus Kyrene, etwa 260–235 v. Chr. Leiter der Bibliothek in Alexandria I 84, 93
CALLIPHON, Philosoph; wahrscheinlich Kyrenaiker V 85, 87
CALLISTHENES, Neffe und Schüler des Aristoteles, Freund des Theophrast, Begleiter Alexanders d. Großen nach Persien III 21; V 25
L. CALPURNIUS PISO FRUGI, Konsul 133 v. Chr.; wegen seiner Rechtschaffenheit erhielt er den Beinamen »Frugi« III 16, 48
CAMILLUS *s.* Furius
CANNAE, Ort in Apulien, wo die Römer 216 v. Chr. schwer geschlagen wurden I 89
CARBO *s.* Papirius
CARIA, Landschaft im Südwesten Kleinasiens I 92; III 75
CARNEADES, 210–129 v. Chr., aus Kyrene; Gründer der neuen Akademie; Teilnehmer an der bekannten Philosophengesandtschaft nach Rom 155 v. Chr. III 54, 59; IV 5, 53; V 11, 83, 84, 87 (Carneadeus), 88, 107, 120
CATO *s.* Porcius
CATULUS *s.* Lutatius
CAUCASUS II 23, 25, 52; V 8, 77
CELTIBERI, Volksstamm Spaniens, galt als äußerst tapfer II 65
CENTAURUS, sagenhaftes Ungeheuer, Mensch mit Pferdeleib; hier ist Nessos gemeint, der von Herakles getötet wurde, als er sich an Deianira vergreifen wollte; vor seinem Tod gab er ihr etwas von seinem Blut als Liebeszauber II 20
CEPHEUS, König von Äthiopien, Gatte der Kassiopeia, Vater der Andromeda V 8
CERBERUS, der dreiköpfige Höllenhund I 10, 12
CHALDAEI, Einwohner von Chaldaea, dem Mündungsgebiet von Euphrat und Tigris; sie waren berühmt durch ihre Sternenkunde und Wahrsagerei I 95
CHARMADAS, Schüler des Karneades und Anhänger der Akademie; lehrte um 109 v. Chr. in Athen I 59
CHIUS, Einwohner der Insel Chios (vor der kleinasiatischen Westküste) V 27
CHREMES, Figur aus dem *Heautontimorumenos* des Terenz III 65
CHRYSIPPUS, etwa 280–204 v. Chr., von Soloi in Kilikien; Stoiker, Leiter der Schule nach Kleanthes I 108; III 52, 59, 61, 76, 79; IV 9, 23, 53, 63; V 107

HIPPOLYTUS, Sohn des Theseus; er wies die Liebe seiner Stiefmutter Phädra zurück; von Euripides als Frauenhasser dargestellt IV 27

HISPANIA (Spanien) I 89

HOMERICUS III 62; IV 52

HOMERUS, der älteste griechische Dichter, über dessen Person nichts bekannt ist; ihm werden *Ilias* und *Odyssee* zugeschrieben I 3, 37, 65, 79, 98; III 18, 63, 65; IV 49; V 7, 114, 115

Q. HORTENSIUS HORTALUS, bedeutender römischer Redner; Zeitgenosse und Rivale Ciceros I 59

HORTENSIUS, Schrift Ciceros II 4; III 6

HYDRA, Wasserschlange, hier gleichgesetzt mit Echidna, die mit Typhon Kerberos, den Höllenhund, zeugte II 22

HYPANIS, Fluß in Sarmatien, heute Bug I 94

HYRCANIA, Landschaft in Asien I 108

IBYCUS, von Regium, griechischer Lyriker; lebte am Hof des Polykrates von Samos IV 71

INDIA V 77, 78

INDUS (Inder) II 40, 52

INO (LEUKOTHEA), Tochter des Kadmos; stürzte sich auf der Flucht vor ihrem rasenden Gatten Athamas ins Meer und wurde zur Göttin der Morgenröte; die römische Wachstumsgöttin Matuta wurde später der griechischen Ino-Leukothea gleichgesetzt I 28

IPHIGENIA, Tochter des Agamemnon; als sie in Aulis geopfert werden sollte, um günstigen Wind zu erhalten, wurde sie von Artemis entrückt I 116

ISOCRATES, 436–338 v. Chr.; Rhetor in Athen I 7

ITALIA I 38, 39, 86; IV 2, 7; V 10

ITALICUS V 100

C. IULIUS CAESAR STRABO, gest. 87 v. Chr.; Bruder des L. Iulius Caesar V 55

L. IULIUS CAESAR, Konsul 90 v. Chr.; von den Marianern 87 v. Chr. ermordet V 55

L. IUNIUS BRUTUS, Konsul 509 v. Chr.; vertrieb Tarquinius Superbus und beendete damit die Königsherrschaft in Rom I 89; IV 2, 50

M. IUNIUS BRUTUS, Freund Ciceros, 21 Jahre jünger als Cicero; Redner und Philosoph; ihm widmet Cicero neben anderen Werken die *Tusculanae disputationes*; Brutus wird später als Caesar-Mörder bekannt I 1; II 1; III 1; IV 1; V 1, 4, 12, 21, 22, 30, 34, 39, 121

SICYONII, Bewohner von Sikyonia auf der nördlichen Peloponnes III 53

SILENUS, Sohn des Hermes oder Pan und einer Nymphe; Begleiter des Apollon I 114

SIMONIDES, 556–468 v. Chr.; griechischer Dichter von der Insel Keos; er hatte ein bewundernswertes Gedächtnis I 59, 101

SISYPHUS, Sohn des Aeolus, König von Korinth; zur Strafe für seine Freveltaten wurde er in der Unterwelt dazu verurteilt, einen Felsblock einen Berg hinaufzuwälzen, der, sobald er den Gipfel erreicht hatte, zurückrollte I 10, 98

SOCRATES, 469–399 v. Chr.; griechischer Philosoph, Lehrer Platons I 8, 53, 55, 57, 71, 74, 97, 100, 102; III 8, 10, 31, 36, 56, 77; IV 6, 63, 80; V 10, 11, 26, 30, 34, 91, 97, 108, 119

SOCRATICUS I 8; II 8, 15, 62; III 43; IV 24; V 47

SOL, Sonnengott III 26

SOLON, athenischer Gesetzgeber, Staatsmann und Dichter des 6. Jh.s v. Chr.; gehörte zu den Sieben Weisen I 110, 117

SOPHOCLES, 497–406 v. Chr.; der zweite der drei klassischen griechischen Tragiker II 20, 49; III 71

SPARTA I 100, 101; II 34

SPARTIATAE I 102; II 36, 37; V 77

SPEUSIPPUS, Neffe Platons; leitete nach dessen Tod acht Jahre lang die Akademie V 30, 39, 87

SPHAERUS, Stoiker; Mitschüler des Chrysipp IV 53

STATIUS *s.* Caecilius

STOICUS, Anhänger der stoischen Lehre I 19, 77, 78; II 26, 29, 42; III 10, 13, 22, 84; IV 5, 6, 9, 11, 12, 23, 27, 33, 36, 47, 51, 53, 54, 72; V 13, 18, 27, 47, 76, 82, 83, 84, 85, 113, 120

SER. SULPICIUS GALBA, Konsul 144 v. Chr. I 5

SUPERBUS *s.* Tarquinius

SYNEPHEBI, Komödie des Statius Caecilius I 31

SYRACUSAE, Stadt auf Sizilien III 27

SYRACUSANI, Einwohner der Stadt Syrakus auf Sizilien V 57, 64, 65

SYRACUSIUS V 100

SYRIA II 61; V 101

SYRIUS, Pherecydes von der Insel Syrus (siehe dort) I 38

TANTALUS, Sohn des Zeus, König von Phrygien; weil er Geheimnisse der Götter ausplauderte, mußte er in der Unterwelt Hunger und Durst leiden I 10; III 26; IV 35

rufen; ihm wurde dann von Atreus der eigene Sohn als Speise vorgesetzt I 106; III 26, 39; IV 77

TIMAEUS, um 400 v. Chr.; pythagoreischer Philosoph aus Lokroi, nach dem Platon einen seiner Dialoge benannte I 63

TIMOCREON, gemeint ist wahrscheinlich Nikokreon, Tyrann von Kypros II 52

TIMON, lebte in Athen im 5. Jh. v. Chr. IV 25, 27

TIMOTHEUS, Sohn des Konon; athenischer General zwischen 378 und 356 v. Chr. V 100

TIRESIAS, blinder Seher in Theben V 115

TITANES, von Zeus aus dem Olymp vertriebenes Göttergeschlecht II 23

TORQUATUS *s.* Manlius

Q. TRABEA, römischer Komödiendichter, 2. Hälfte des 2. Jh.s v. Chr. IV 67

TRACHINIAE, Tragödie des Sophokles II 20

TRIPTOLEMUS, Sohn des Keleos, des Königs von Elis; Richter in der Unterwelt I 98

TROIA, Stadt in Kleinasien, die nach zehnjähriger Belagerung von den Griechen erobert wurde I 98; III 28

TROILUS, Sohn des Priamos I 93

TROPHONIUS, erbaute zusammen mit seinem Bruder Agamedes den Apollon-Tempel in Delphi I 114

TUBERO *s.* Aelius

TUDITANUS *s.* Sempronius

TUSCULANAE DISPUTATIONES V 1

TUSCULANUM, Landgut Ciceros bei Tusculum; der Gesprächsort der *Tusculanae disputationes* I 7, 119; II 2, 9; III 6; IV 7; V 11

TYNDARIDAE, Söhne des Tyndareus und der Leda (Kastor und Pollux) I 28

TYRUS, Hafenstadt in Phönikien III 66

ULIXES, König von Ithaka; Held vor Troja; seine zehnjährige Irrfahrt nach Ende des Trojanischen Krieges schildert Homer in der *Odyssee* I 98; II 49; V 7, 46

VARIA LEX DE MAIESTATE, ein Gesetz aus dem Jahr 90 v. Chr., nach dem alle bestraft werden sollten, die die italischen Bundesgenossen zum Krieg veranlaßt hatten II 57

VEIENTES, Einwohner der alten etruskischen Stadt Veii III 27

VENERIAE VOLUPTATES, die Freuden der Liebe IV 68

Inhalt